国家社科基金
后期资助项目
GUOJIA SHEKE JIJIN HOUQI ZIZHU XIANGMU

地方公议
16—18 世纪中国绅士耆老的政治参与

Local Deliberation: The Political Participation of Gentry and
Elders in 16th- to 18th-Century China

毛亦可　著

北京大学出版社
PEKING UNIVERSITY PRESS

图书在版编目（CIP）数据

地方公议：16—18世纪中国绅士耆老的政治参与／毛亦可著. －－北京：北京大学出版社，2025.5.

ISBN 978-7-301-36143-6

Ⅰ. D691.71

中国国家版本馆 CIP 数据核字第 2025FG7939 号

书　　　名	地方公议：16—18世纪中国绅士耆老的政治参与	
	DIFANG GONGYI: 16—18 SHIJI ZHONGGUO SHENSHI QILAO	
	DE ZHENGZHI CANYU	
著作责任者	毛亦可　著	
责 任 编 辑	张　晗	
标 准 书 号	ISBN 978-7-301-36143-6	
出 版 发 行	北京大学出版社	
地　　　址	北京市海淀区成府路 205 号　　100871	
网　　　址	http://www.pup.cn　　新浪微博：@北京大学出版社	
电 子 邮 箱	编辑部 wsz@pup.cn　　总编室 zpup@pup.cn	
电　　　话	邮购部 010-62752015　　发行部 010-62750672	
	编辑部 010-62755217	
印 　刷 　者	天津中印联印务有限公司	
经 销 者	新华书店	
	650 毫米×980 毫米　　16 开本　　19.5 印张　　350 千字	
	2025 年 5 月第 1 版　　2025 年 5 月第 1 次印刷	
定　　　价	88.00 元	

国家社科基金后期资助项目
出版说明

后期资助项目是国家社科基金设立的一类重要项目，旨在鼓励广大社科研究者潜心治学，支持基础研究多出优秀成果。它是经过严格评审，从接近完成的科研成果中遴选立项的。为扩大后期资助项目的影响，更好地推动学术发展，促进成果转化，全国哲学社会科学工作办公室按照"统一设计、统一标识、统一版式、形成系列"的总体要求，组织出版国家社科基金后期资助项目成果。

全国哲学社会科学工作办公室

目　录

序章　地方公议：自治与专制之间的明清社会史论

第一节　明清地方公议的多面相

一、什么是地方公议？

什么是地方公议？如果贸然提出这个问题，或许大多数不太熟悉明清历史的读者，首先会想到的是地方上的公众议论、公共舆论吧。"公议"一词，《辞源》解释为"众人的议论，舆论"①。《汉语大词典》的解释有二，一同"公义"，一为"按公利标准而议论，公众共同议论"；同书对"公义"的解释亦有二，一为"公正的义理"，一为"公众的议论，舆论"②。可见这种理解是有据可循的。不过，在明清时代的语境下，"天下公议""士林公议"不妨理解为天下人或读书人的公共舆论，但一旦将"公议"的范围限定到"地方"，那就不只是如风影般难以捕捉的议论或舆论了，而是存在切实踪迹的公共议事乃至公共会议。

对明清历史稍微熟悉的读者，大概都知道黄宗羲在《明夷待访录·学校》篇中提出的学校公议的理想。在黄宗羲笔下，理想的政治是"天子之所是未必是，天子之所非未必非，天子亦遂不敢自为非是，而公其非是于学校"。他描绘的学校公议的场景也甚为著名：

> 郡县学官，毋得出自选除，郡县公议，请名儒主之。自布衣以至宰相之谢事者，皆可当其任，不拘已仕未仕也。其人稍有干于清议，则诸生得共起而易之，曰："是不可以为吾师也。"……郡县朔望，大会一邑

---

① 《辞源（修订版）》，商务印书馆，1979年，第313页。
② 罗竹风主编：《汉语大词典》第2卷，汉语大词典出版社，1988年，第75、79页。

之缙绅士子。学官讲学，郡县官就弟子列，北面再拜。师弟子各以疑义相质难。其以簿书期会不至者罚之。郡县官政事缺失，小则纠绳，大则伐鼓号于众。其或僻郡下县，学官不能骤得名儒，而郡县官之学行过之者，则朔望之会，郡县官南面讲学可也。若郡县官少年无实学，妄自压老儒而上之者，则士子哗而退之。①

在这段经典叙述中，黄宗羲建议地方儒学学官的选任出自"郡县公议"（也就是本书中要讨论的"地方公议"）。之后，他又描述了发生在每月朔望府州县学校讲学之后的公议场景。公议的主要参与者是"一邑之缙绅士子"，即一州县的乡绅、生员。公议的内容，是"郡县官政事缺失"者，目标是纠正官员行政的缺失，"小则纠绳，大则伐鼓号于众"。在无法邀请到名儒担任学官的"僻郡下县"，黄宗羲同意由府州县官暂代学官之职讲学，但需以学问为根柢，若"少年无实学"，反而试图压服地方上的老儒，则地方士子可以"哗而退之"。

我们都知道《明夷待访录》是政论性质的作品，黄宗羲在其中描述的是他理想中的政治。近代以来，上述这段描写虽然得到学界的重视，但学者大多是在思想史的意义上理解这一段话的。多数人视之为黄宗羲个人的美好愿望，并把这种愿望看作明清之际的"启蒙思想"。当然，这在一定程度上是对的，《学校》篇的描述并非史实，明清时期的地方公议绝不像黄宗羲想象得那般美好。不过，也需明白，黄宗羲的思想并不是空中楼阁，他绝非在脱离明清社会实际的状况下空想出这种郡县公议的场景。在明末清初的地方社会中，地方公议虽然在形式上与黄宗羲的期待有所出入，但其真实存在本身，正是《学校》篇立论的基础。

不妨举一个简单的例子。崇祯四年，常熟县乡绅钱谦益写给知县杨鼎熙的信中提到的，正是当时社会现实中存在的地方公议。这一年是十年一次的编审之年，按照明代制度应当大造黄册，决定此后十年间赋役的摊派方案。适值江南地区推行均田均役法改革，要求乡绅让渡优免特权，以货币化形式分担民户的徭役负担。常熟县知县杨鼎熙却害怕得罪本县的乡绅大户，迟迟不能决计是否推行改革。钱谦益为此给知县写信，建议他施行全县公议，以求改革获得最大程度的支持。他在信中写道：

> 为台下计，与其独裁之，不若公议之也；与其拮据料理于一堂，不

---

① 黄宗羲：《明夷待访录》不分卷《学校》，《黄宗羲全集》第 1 册，浙江古籍出版社，2012 年，第 10—11 页。

若疏通商榷于一邑也。今将通县优免数目，本邑乡绅、举贡等项若干，客户若干，别户若干，据现造册籍，先送阖邑缙绅公议，或免或否，各各公同注定。一则为通邑清役，一则为父母分怨，料缙绅必不辞也。次则送本学师长，集诸生公议。诸生公为桑梓，私为门户，苟有所见，必竭诚相对，不敢讳且隐也。又次则行首告之法，或投匦，或面陈，许其直言情弊，核实施行。则言者摩厉争进，而其可采者必十得五六。虽桀黠之上下其手者，亦将形见而计穷也。①

钱谦益在此将全县"公议"与知县一人"独裁"对立起来，建议知县以"疏通商榷于一邑"代替"拮据料理于一堂"。他还建议了公议的几种方式，包括缙绅公议、诸生公议以及没有固定对象的、公开的"首告"。总之，在知县颁布新定优免政策之前，应征集该县全体乡绅、生员与其余人等的意见，让所有人畅所欲言，再决定优免方案。尤其要注意的是，除了"首告之法"面向全体人民、不可能以会议方式举办外，一县的乡绅、生员人数都是有限的，他们的公议有一定的办法可循。信中虽在提到乡绅公议时未言及会议，只是提出造册传送，让乡绅各各在册籍上"公同注定"，但在言及诸生公议时，很明确地提出了"集诸生公议"，即采用集会会议的方式。后者何尝不是《明夷待访录·学校》篇的现实写照呢？

这般景象，或许有违多数读者对明清地方行政与地方社会的刻板印象：知县老爷高坐县衙中发号施令，衙役们把知县老爷的命令传达乡里；里甲、保甲、乡约等基层组织各各分工，执行官府的命令；绅士们则协调配合乡里的工作，保证官府的指令都能顺利贯彻。是的，这是明清时期地方行政与地方社会的一个侧面，但这并不是故事的全部。本书中要讨论的"地方公议"，是这个故事的另一面：知县其实并不能事事独裁，他在许多事务上都需要听取当地士民的意见，征求他们的同意；即使是上峰交办的事务，知县作为最基层政府的长官，也需要与本地士民充分沟通，争取他们的支持，拟定因地制宜的具体方案。晚清曾国藩有云："国家定例，督抚以司详为凭，司道以县禀为凭，州县以绅民公呈为凭。"②张之洞则云："凡遇有大政事，诏旨交廷臣会议，外吏令绅局公议，中国旧章所有也。即或咨询所不

---

① 钱谦益：《牧斋初学集》卷八七《与杨明府论编审》，钱仲联标校，上海古籍出版社，2009年，第1827—1828页。
② 曾国藩：《曾文正公书札》卷一九《复沈中丞（同治元年七月二十三日）》，《曾文正公全集》第6册，中国书店，2011年，第200页。

及,一省有大事,绅民得以公呈达于院司道府,甚至联名公呈于都察院。"①
他们二人所说虽是19世纪的情形,但也是自16世纪中叶以来明清两代官
府与绅士耆老之间的基本关系。

官府与绅士耆老之间沟通的方式多种多样,可以通过集体文书,可以
通过集会会议,可以通过张榜求言。广义上说,无论文书、会议或张榜求
言,只要是具有公共目的与公开性质,官府以外的社会人士可以参与,都可
以被称为"地方公议"。甚至在更为广泛的意义上,"地方公议"还可以包括
所谓的"公众议论""公共舆论"。我们一般所说的"公众议论""公共舆
论",是发生在社会内部的,最初并不是为了官府与社会之间的沟通,但其
结果仍有可能影响官府决策,因此也可以被包含在广义的地方公议之内。
不过,明清时期的"地方公议"还可以更进一步,如钱谦益在书信中建议的
那样,它可以更为直接地发生在官府与地方社会之间,发起的目的就是把
地方社会的意见纳入官府决策之中,故而不止发生在社会内部,还可以以
地方社会与地方官合议的形式展开。除了如钱谦益所说,由官府主动发起
合议之外,地方公议也可以由地方社会主动发起。乡绅、生员或其他公众
都可以以单独或联合向地方官府投递文书的形式,发出他们的诉求,可以
主动召集会议,邀请地方官参加,甚至可能以聚众哄闹的方式请愿,发生群
体性事件乃至民变。这些都包含在广义的"地方公议"的范围之内。

各种不同方式的地方公议,在明清两代都曾普遍存在,就官府听取当
地士民意见的目的而言,也都可以发挥相当作用。不过,这不等于说不同
方式在性质、意义上是完全等价的。譬如张榜求言,虽然在形式上是公开
的、面向公众的,但地方官府接受首告时,包括了接收个别人士的单独陈
告。此时,官府与社会的关系包含了多组一对一的关系,地方官府处在多
组关系网络中的中心位置。最终,地方官得以在汇总、整合公众陈告信息
的基础上,自行对政策作出裁断。公开求言的最后,仍然会回到官府的独
裁。又譬如聚众哄闹,虽然公众通过这种方式,也可以向地方官府表达他
们的意愿,但其手段是激烈而暴力的,并往往伴随着公众对地方官府的挟
制、强迫。如果此时公众的愿望不能得到满足,随之而来的往往是群体性
事件乃至民变、起义,最终导向社会秩序的混乱、动荡直至颠覆。

集体文书和集会会议的方式则不然。如果把官府听取地方社会意见
的方式看作一条连续的光谱,在这条光谱的一端是地方官一对一听取社会

---

① 张之洞:《劝学篇》上《正权第六》,湖北人民出版社,2002年,第94页。

意见后的独裁，另一端是民众用集体行动逼迫官府就范，那么，在这条光谱的中间位置，则是集体文书和集会会议形式的地方公议。当乡绅、生员或耆老群体以文书或会议形式与地方官相对时，他们之间构成一组多对一的关系。地方官无论是接受集体文书，还是莅临集体会议的现场，都将强烈地感受到来自社会一侧的人数压力。哪怕地方官仍然拥有府州县内的最高决策权，他仍然不得不打起百分百的精神，更加积极地应对地方公议的意见。同时，文书或会议形式的公议可以以井然有序的方式进行，并不一定对地方官构成挟制或强迫。于是，在官府独裁与群众暴动的两极之间，社会与官府通过文书或会议形式合议，方才构筑起明清中国社会参与政治的秩序型路径。本书要研究的对象，正是这种集体文书或集会会议形式的、狭义上的地方公议。

二、社会史研究中的地方公议

在明清社会史领域，无论广义还是狭义上的地方公议，几乎从不是研究者关注的重点。究其原因，在国家—社会关系中，中国社会史研究向来更关注自上而下的统治力量。对于权力结构金字塔底端的基层社会，研究者主要关心它能否从国家权力的大网中挣脱出来，获取一定的独立性——在学术讨论中，具体表现为"地方自治论"与"皇权专制论"之争（详见本章第二节）。自下而上展开的地方公议，只在少数时刻获得个别研究者的正视，多数时间则隐藏在"地方自治""乡绅支配""地域社会""公共领域"等社会史解释框架中，被当作反映社会群体与官府关系的个别历史现象，而不是一种具有广泛联系与内在特质的历史问题，更没有被当作解释明清国家与社会关系的一种独特路径。

即便如此，地方公议在明清历史上普遍存在，使其不可能被忽略、被无视。迄今为止，学界对明清国家—社会关系的研究，虽然几乎没有聚焦地方公议本身，但却已经为我们积累了大量牵涉地方公议的个案研究，并提供了从各个角度切入、在各种理论框架下解释探讨地方公议的众多样本。这些研究都将构成本书的重要研究基础。

以下，笔者尝试从两个方面总结前人研究中涉及明清时期地方公议的讨论：一是立足于广义上的地方公议，即官府以外的地方社会人士，不拘以何种形式，只要是抱有公共目的并能够以相对公开形式进行的参与地方政治的行为。凡是牵涉明清地方官民关系的研究，多少都会涉及这种广义上的地方公议，累积个案已不胜枚举。问题在于，这些地方公议的内容、性质其实各不相同,学者研究时的理论框架又各有不同,故而演变出各式各样的解释体系。笔者在此希望厘清各种地方公议的性质差异,在此基础上对前人研究中主要理论框架进行梳理,尝试总结出相关研究发展的大致脉络。二是就狭义上的地方公议,即以集体文书或集会会议形式、在官民之间进行的地方公议而言,真正直接相关并对公议过程有较多展开的案例研究尚不多见。笔者将就管见所及,一一细数这些研究,并基于至今为止的研究,大致描摹出我们目前已知的明清时期地方公议的基本印象。

（一）广义地方公议的类型

在明清社会史与近代社会史领域,至今为止被学者谈及的广义上的地方公议,大致可以分为三种类型。笔者在此分别称之为"自治型公议""舆论型公议"和"参政型公议"。

自治型公议,即地方官府完全不干涉、任由社会自行办理的事务,绅士、耆老、宗族乃至行会自行召集会议,决策办理。早在1899年,梁启超在描述传统中国"自治之特质"时,就曾如此描述绅士耆老自行会议乡间公事的习惯:

> 乡之中有所谓绅士耆老者焉,有事则聚而议之,即自治之议会也;……乡族中有争讼之事,必诉于祖祠,诉于乡局,绅士耆老集议而公决之;非有大事,不告有司,即自治之裁判也。[①]

梁启超将乡族自治说成是中国"数千年来"的惯例,未免夸大其词,但他以当时人论当时事,这些习惯存在于晚清的广东境内,则必不虚言。既然存在乡族自治的事务,乡村社会中自然也就存在为办理这些事务而聚集会议、协商决策的习惯。此即所谓"自治型公议"。

20世纪40年代以降,在国内学界对传统中国地方社会究竟是"地方自治"还是"国家控制"的争论中,立场相反的双方都承认,从明清时期直至民国年间,中国地方社会普遍存在着绅士发挥重要作用的地方自治事业,包括善堂、积谷、修路、造桥、兴学等等。至于乡团、救灾、赈饥、丈量土地、举办捐税等非常事务,也必由绅士领导[②]。既然承认地方自治事业的存在,其举办的方式必然包括了自治型公议。不过,绅士耆老如何以公议的方式办

---

①　梁启超:《饮冰室文集》之三《论中国人种之将来》,《饮冰室合集》第2册,中华书局,2015年,第253页。

②　费孝通:《基层行政的僵化》,收入《乡土中国》,上海人民出版社,2006年,第145—152页。吴晗:《论绅权》,收入费孝通、吴晗等:《皇权与绅权》,观察社,1948年,第48—55页。

理地方自治事业，并非当时学者关注的重点。

直至 20 世纪 80、90 年代之交，萧邦奇、冉玫铄、罗威廉等西方学者，借用哈贝马斯理论中"公共领域"（public sphere）、"市民社会"（civic society）等概念，探讨晚清中国地方精英经营的福利、教育、水利等公共事业的具体情况①。随后，海内外均有不少学者专注于类似领域的研究，在晚清社会史研究中，积累了大量成果②。上溯至明清时期，地方精英经营的事业要比晚清少得多，因而这方面的研究也不如近代史活跃，但也有部分学者在这一思路下讨论绅士对地方社会的"经营"。同时，在近年来活跃的地方社会研究中，围绕着宗族与绅士的研讨，虽未必以他们对地方事业的经营为核心问题，但也往往多有涉及，逐渐积累了丰硕的研究成果③。这些研究成果以数量庞大的案例研究，在实证层面上丰富了我们对明清时期地方自治事业内容和举办方式的认识。

从以上研究中，学界已经充分认识到明清时期地方自治事业的普遍存在，并且就绅士耆老等人如何领导、组织、协商办理这些自治事业，积累了丰富的经验研究成果。不过，如果这些地方自治事业仅限于官府弃之不顾、交由地方社会自办的事务，那么，地方社会在这些事业上展开"自治"，并不构成社会权力的抬头、对国家权力的挑战，反倒是对皇权专制的修补。因此，自治型公议的存在虽然得到学界的广泛认同，但对其存在的意义、其

---

① R. Keith Schoppa, *Chinese Elite and Political Change: Zhejiang Province in the Early Twentieth Century*, Cambridge, Mass., and London: Harvard University Press, 1982. Mary B. Rankin, *Elite Activism and Political Transformation in China: Zhejiang Province, 1865–1911*, Stanford: Stanford University Press, 1986; William T. Rowe, *Hankow: Conflict and Community in a Chinese City*, 1796–1895, Stanford: Stanford University Press, 1989. Mary B. Rankin, "The Origins of a Chinese Public Sphere: Local Elites and Community Affairs in the Late Imperial Period", *Études Chinoises*, vol. IX, n° 2 (automne 1990), pp. 13–60.

② 参见余新忠《中国的民间力量与公共领域——近年中美关于近世市民社会研究的回顾与思考》，《学习与探索》1999 年第 4 期。

③ 由于相关成果众多，无法一一遍数，在此仅列举已出版专著：徐茂明：《江南士绅与江南社会(1368—1911)》，商务印书馆，2004 年。杜正贞：《村社传统与明清士绅：山西泽州乡土社会的制度变迁》，上海辞书出版社，2007 年。徐斌：《明清鄂东宗族与地方社会》，武汉大学出版社，2010 年。冯玉荣：《明末清初松江士人与地方社会》，中国社会科学出版社，2011 年。衷海燕：《儒学传承与社会实践：明清吉安府士绅研究》，世界图书出版广东有限公司，2012 年。冯贤亮：《明清江南的州县行政与地方社会研究》，上海古籍出版社，2015 年。章毅：《理学、士绅和宗族：宋明时期徽州的文化与社会》，浙江大学出版社，2017 年。施由明：《明清江西乡绅与县域社会治理》，中国社会科学出版社，2018 年。李永菊：《明清河南归德府地区研究》，中国社会科学出版社，2019 年。徐彬：《明清乡村绅权建构与社会认同研究：以徽州士绅修谱为中心》，中国社会科学出版社，2021 年。孙竞昊：《经营地方：明清时期济宁的士绅与社会》，广西师范大学出版社，2023 年。

历史地位，一直存在争议。如果想要更深入探讨近代早期中国历史上的政治转型问题，那就必须要超越地方自治（自治型公议）的研究，将舆论型公议和参政型公议纳入研究视野。

舆论型公议，即地方社会通过传言、歌谣、传单、揭帖、演剧、出版，乃至书院讲学、社盟等多种方式，形成地方社会内部的"舆论场"，进而向外爆发出影响力。甚至，明清时期频发的士变、民变、奴变，其初始阶段往往也是地方舆论的酝酿、发酵，只不过最终以暴力形式向外爆发。因此，这些士变、民变、奴变，在一定程度上也可以认作"舆论型公议"的一种变形。明中后期以降，出版业蓬勃发展，庶民文化日益兴盛，信息传播广泛且迅速，构成了明清地方舆论场高度发达的外在环境。关于这些现象，新闻史、书籍史、文学史等不同领域的学者都已广泛论及。在此无法详细列举所有相关研究，笔者仅简要回顾明清社会史研究中对地方社会舆论场的一些探讨，尝试检讨舆论型公议研究的现状与不足。

20 世纪 70、80 年代之交，日本明清史学界曾有过一波研究明末清初民变的热潮。在这波浪潮中，森正夫通过对太仓乌龙会奴变的探讨，开启了将地方社会视作"场域"的地域社会研究①。所谓"场域"，其中一个重要组成部分，就是地方社会中广泛存在的舆论场。地方官、绅士耆老乃至庶民、奴仆，都参与这一舆论场的塑造，也受到这一舆论场的影响，在场域中抉择、博弈并推动历史的发展。这一地域社会论的观点，也是迄今为止明清社会史学界对地方舆论场的最广泛认识。在地域社会研究中，尤其值得一提的，是岸本美绪对地方社会舆论与权力来源的关注。岸本美绪指出，地方社会中的权力结构，部分源自社会舆论（日文"世論"）与民望（民众对道德领袖的向望）；16 世纪中叶以后，在社会构造的激烈变动中，社会舆论与民望方向急剧转变，并影响到不同社会群体以及国家与社会间权力的流动，以致社会秩序持续震荡，直至 16 世纪中叶彻底崩解②。此后，滨岛敦俊也表达过类似观点，讨论了明代乡绅丧失民望的过程，及其与社会秩序变

---

① 森正夫：「一六四五年太倉州沙溪鎮における烏龍會の反亂について」、『中山八郎教授頌寿紀念明清史論叢』、燎原書店、1977 年；「明末の社会関係における秩序の変動について」、『名古屋大学文学部三十周年紀念論文集』、1979 年；「明代の郷紳—士大夫と地域社会との関連についての覚書—」、『名古屋大学文学部研究論集』26、1980 年；「中国前近代史研究における地域社会の視点」、『名古屋大学文学部研究論集』83、1982 年。

② 岸本美緒：『明清交替と江南社会』、東京大学出版会、1999 年。

动的关系①。岸本美绪、滨岛敦俊等人的这些研究,揭示了 16 世纪以降,中国地方社会中生员、庶民阶层(相对于官绅阶层)权力的成长,并指出舆论场在这种社会秩序变动中的重要地位。相比于一直以来更强调绅士作用的"地方自治论",他们将对 16、17 世纪中国社会成长的认识,向前推进了一大步。

在 80、90 年代西方学者对晚清中国是否存在"公共领域"的论争中,讨论也涉及"公共舆论"或"公共意见"(public opinion)的问题。罗威廉特别强调了清代政治话语中"公共意见"观念的存在,指出其表达方式包括公论、公评、公议、舆论、民论、民情、民心等等,官僚体系制定政策需要适合这些公共意见的要求②。诚然,如魏斐德反驳的那样,西方人进入之前的中国还不存在如《申报》一般发行量巨大的媒体,作为公共舆论的载体与媒介。因此,明清中国的公议或许并不适用哈贝马斯理论中的"公共舆论"概念③。尽管如此,罗威廉等人指出的,清代政治话语中"公共意见"观念的存在及其影响,同样是不可否认的史实。

相对于自治型公议的内敛性质,舆论型公议更具有开放性。各种社会群体通过参与地方舆论场的构建,不仅完成社会内部权力的再分配,还能够影响到地方官府乃至朝廷的决策,对传统国家的专制权力构成挑战。不过,舆论型公议也具有混沌、暧昧的特性。这不只是说后世研究者很难清晰剖解地方舆论场内部的构造,总结出社会力量通过舆论场发挥作用的具体途径。更重要的是,明清时期各种势力在地方场域中的角逐、博弈,本就是彼此缠绕的、暧昧的过程。地方社会的舆论场,往往是在混沌中不断蓄积能量,直至这种能量溢满地方社会的场域,最终不得不对外喷发。正因如此,明清时期地方舆论场的成长,才常常酿成士变、民变、奴变等暴力形式的结果。如果只存在这种"混沌—爆发"的模式,那么,国家与社会关系

① [日]滨岛敦俊:《明代中后期江南士大夫的乡居和城居:从"民望"到"乡绅"》,吴大昕译,《明代研究》第 11 期,2008 年,第 59~94 页。
② [美]罗威廉:《近代中国的公共领域》,伍国译,收入张聪、姚平编:《当代西方汉学研究集萃·思想文化史卷》,上海古籍出版社,2012 年。[美]罗威廉:《晚清帝国的"市民社会"问题》,邓正来、杨念群译,收入邓正来、[美]杰弗里·亚历山大主编:《国家与市民社会:一种社会理论的研究路径(增订版)》,上海人民出版社,2005 年。冉玫铄也表达了相似观点,见 Mary B. Rankin, "The Origins of a Chinese Public Sphere: Local Elites and Community Affairs in the Late Imperial Period", *Études Chinoises*, vol. IX, n°2 (automne 1990), pp. 13~60。
③ [美]魏斐德:《市民社会和公共领域问题的论争——西方人对当代中国政治文化的思考》,张小劲、常欣欣译,收入邓正来、[美]杰弗里·亚历山大主编:《国家与市民社会:一种社会理论的研究路径》,上海人民出版社,2005 年。

只会在其中不断循环,舆论场的成长本身无法导向转型的历史出口。为了走出"混沌—爆发"的循环,寻找历史演变的其他可能性,就不得不超越国家—社会二元对立的视角,将聚焦点从最激烈的反抗运动上挪开,去观察从混沌的地方舆论场泄露出的点滴涓流,认真思考"公共意见"如何以更日常、更平和的方式,对明清时代各级官府的行政活动产生持续影响。这就是本书中所说的"参政型公议"。

参政型公议,即地方社会中的绅士耆老乃至庶民,通过口头或文书形式,而非暴力形式,直接向各级官府表达地方社会的公共意见,参与地方政务的决策或地方政策的制定。钱谦益写给常熟县知县杨鼎熙的书信中建议的三种形式的公议,都属于参政型公议的范畴。这类公议商讨的内容,是官府的行政事务,而非国家权力弃之不顾的社会"自治"事务。因此,这类公议构成社会与国家之间的权力分享乃至权力竞争,这一点与自治型公议不同。不过,这类公议的举办形式又是清晰的、具体的、惯例性的,这一点则近似于自治型公议,而不同于舆论型公议。迄今为止,已有学者在较含混的意义上提炼出"地方公议"的概念,并且主要指向这种参政型公议,但尚未明确辨析其与自治型、舆论型公议之间的异同,更未自觉地对参政型公议展开专门研究。

1980年,夫马进发表了题为《明末反地方官士变》的论文,并以"地方公议"作为该文第一节的标题,首次明确指出了明清时期参政型"地方公议"的存在①。在该文中,夫马进概述了明末清初江南地区乡绅公议与生员公议的基本情况。他指出,"邑有公事,常集诸绅会议"(《祝赵始末》语),是当时江南地区普遍存在的习惯。同时,当地也有不少生员在学校公议的案例,并且往往为地方官所承认。不过,生员公议有时会超过地方官承认的范围,随即演变为"士变"。夫马进所言"地方公议",其实即本书所说的"参政型公议",只不过受到当时日本学术氛围的影响,该文的主旨在于"士变",第二节以下即转入对"士变"的研究,而未对地方公议有进一步深入分析。

另一位日本学者滨岛敦俊,也基于他对明末乡绅、生员参与均田均役法改革的研究,指出了明末清初江南地区参政型公议的存在。滨岛敦俊将地方公议称作一种"政治习惯",并与黄宗羲的《学校》篇联系起来:

---

① 夫馬進:「明末反地方官士変」,『東方学報』52、1980年。

自上古以来的历史现象中，常常见到地方官拜访当地的士大夫、父老，将他们的意见反映在县政上，同时，士大夫与父老们也利用这样的地位与地方官接触，实现他们自身的利益的现象。但是特别在十六世纪中叶以后，因为商业化的发展使江南的经济力量提升，对于吸取本地经济的北京中央，在江南人中，形成了一种地方主义（localism），这样的思想发展升华为顾炎武的"封建论"。从此后黄宗羲"学校论"的形成来推测，被称为"士民公议"或"地方公议"的政治习惯已经形成。这使得知府、知县不能自行对地方上的大事做决定，必须在事前与府、县的士大夫、生员（士）以及庶民中的有力人士（耆老）进行合议。在此场合拥有霸权（hegemony）以及主导权（leadership）的是士大夫。对地方官员而言，他们面对的并不是过去的地方士大夫。"乡绅"概念出现与形成的基础，便是这样的政治空间出现的结果。①

除夫马进、滨岛敦俊两位日本学者外，国内冯玉荣也对明末清初江南地方的生员公议做出过大致概述②。但是，迄今为止，学界对明末清初参政型地方公议的认识，大致就停留在这种模糊概观的程度上，对其内部的组织办法等问题缺乏深入讨论，而且，认识范围也局限于明末清初的江南地区，对其历史沿革、所涉地区范围都没有更多展开。

在晚清史研究中，倒是有一种与明末清初的"地方公议"相类似的情况，更为学界所熟悉，这就是 19 世纪以后，尤其是太平天国运动以后遍布全国的绅士公局。不过，国内学者似乎更关注绅局如何在操作层面参与对基层社会的治理。无论是强调绅士协助地方政府的一面，还是强调他们代表地方社会的一面，总不脱于对"地方自治"或"国家控制"的争论③。山田贤、西川喜久子在对四川、广东等省公局的研究中，则部分揭示了晚清绅局的另一个侧面，即在晚清时期的地方财政与治安困境中，绅士、富户如何通过绅局与地方官共议对策，决定地方筹集捐税、维系治安的具体办法④。在

---

① ［日］滨岛敦俊：《明代中后期江南士大夫的乡居和城居：从"民望"到"乡绅"》，吴大昕译，《明代研究》第 11 辑，2008 年，第 81 页。

② 冯玉荣：《明伦、公议、教化——明末清初明伦堂与江南地方社会》，《史林》2008 年第 2 期。

③ 参见邱捷《晚清广东的"公局"——士绅控制乡村基层社会的权力机构》，《中山大学学报（社会科学版）》2005 年第 4 期；冯峰：《"局"与晚清的近代化》，《安徽史学》2007 年第 2 期；关晓红：《晚清局所与清末政体变革》，《近代史研究》2011 年第 5 期；王先明：《绅董与晚清基层社会治理机制的历史变动》，《中国社会科学》2019 年第 6 期。

④ 山田賢：「『紳糧』考—清代四川の地域エリート—」、『東洋史研究』50 巻 2 号、1991 年。西川喜久子：「珠江デルタの地域社会—新会県のばあい—」、『東洋文化研究所紀要』124、1994 年。

后一场合下，局绅、绅董们的角色就不再是"国家控制"或"地方自治"中的支配者，转而变成了参议者。在这一视角下，我们也可以把晚清绅局中的一部分纳入"参政型公议"的范畴。

接下去的问题在于，明末清初的地方公议与晚清的参政型绅局，是否只是社会动荡、失序时期的权宜之计？在社会秩序趋于安定的明中叶、清中叶，地方社会是否就完全失去了对政务的参议权，在国家与社会的权力杠杆中，沦为只能服从而没有议价权的被统治对象？如果地方社会还保留了哪怕一点议价权，那么，参政型公议的机制是否仍然在其中起着作用，又是如何起着作用的？对这些问题的困惑与思考，是本书的缘起。

（二）狭义地方公议的案例

本书要集中讨论的，是狭义上的地方公议。具体说来，就是参政型公议中，以集体活动方式展开的那些。在 18 世纪以前的中国，地方社会人士参议官府事务的方式其实有很多。譬如乡绅通过私人关系，以个人名义与地方官面谈或通信，提出个人的建议与请求。这些活动在前人研究中已有不少关注，但其实谈不上"公议"。又譬如钱谦益建议的"首告之法"，即官府公开征求地方社会的意见，而士民以分别首告的方式向官府进言。这勉强也可以算得上公议的一种形式，但以个人面对官府，力量未免过于悬殊。个人虽有进言建议的权利，却并没有真正与官府议价的能力。地方官面对个人的陈言，听或不听，完全可以自行独断。真正能够以公议形式与官府议价的，是社会而不是个人。只有当一定数量以上的个人聚集在一起，通过召开会议、写立集体文书等方式，代表民众公意而不是个人私意发出声音，这时我们才能够说，地方社会是以一种有力量而仍不失秩序的方式，参加了政治事务的讨论。

关于这种狭义上的地方公议，目前几乎没有针对性的研究，但这并不是说我们对它一无所知。在对明清地方社会与地方行政的经验研究中，不少学者已经或多或少地触碰到这种狭义上的地方公议。其中，有三桩明末清初江南地区的个案，是明清史学界比较熟悉的。以下将以这三桩个案及研究现况为例，说明学界目前对狭义上的地方公议的认知状况与局限之处。

第一桩是从明万历年间持续到崇祯年间的嘉兴府嘉兴、秀水、嘉善三县争田案。从 20 世纪 70 年代开始，川胜守、廖心一、冯贤亮等学者陆续对这桩大案做过专门研究，目前事件经过已经比较清楚①。该案缘起于明前期嘉兴县析为嘉、秀、善三县时界址不清，三县之人多坐拥他县土地，彼此多有过界田粮。此后，三县人买卖土地时，又不时有寄庄、诡推等弊，故多有田在此县、粮在彼县的弊病，其中又伴随着乡绅地主欺隐土地、将税粮飞洒小户等问题。三县由此互相讦讼，粮里、耆民、生员、举监纷纷上书，到处控告。三县地方官则在巡按御史与知府的协调之下，多次举行会勘，试图查核册籍，甚至重新丈量，却又遭到部分地方势力的反对。在这一过程中，三县绅士耆老多次出具连名呈、公呈等集体文书，表达社会各群体的意愿；嘉、秀、善三县乡绅还至少在万历四十二年七月二十二日、万历四十五年四月二十九日两次齐集府城城隍庙，与地方官共同商议三县田粮问题。这些情形，都属于本书所说的狭义上的地方公议，且在几位学者的研究中都有提及。

第二桩是发生在隆庆、万历之际的徽州府丝绢税案。1980 年，日本学者夫马进在《明末反地方官士变》一文中，首次揭明这一案件②。随后，他又发现了名为《丝绢全书》的专门史料集，并根据该集中所载公文，在 1981 年、2000 年的两篇后续文章中，对丝绢税案作了进一步探讨③。国内学者廖华生、秦庆涛、章亚鹏、李义琼、王浩、杜勇涛、戴赟也从各自的角度对徽州府丝绢税案做过个案研究④。作家马伯庸甚至还将该案写成通俗作品，让它进入了大众视野⑤。至此，徽州府丝绢税案，也以非常清晰的面目为学界

---

① 川勝守：「浙江嘉興府の嵌田問題—明末・郷紳支配の成立に関する一考察—」，『史学雑誌』82 編 4 号、1974 年；收入『中国封建国家の支配構造—明清賦役制度史の研究—』第九章、東京大学出版会、1980 年。廖心一：《略论明朝后期嘉兴府争田》，《明史研究论丛》第五辑，江苏古籍出版社，1991 年。冯贤亮：《明代江南的争田问题——以嘉兴府嘉、秀、善三县为中心》，《中国社会经济史研究》2000 年第 4 期。关于嘉兴府争田案的后续问题，参见刘文华《清代嘉兴府争田述论》，《古今农业》2009 年第 4 期。

② 夫馬進：「明末反地方官士変」，『東方学報』52、1980 年。

③ 夫馬進：「『明末反地方官士変』補論」，『富山大学人文学部紀要』4、1981 年。夫马进：《试论明末徽州府的丝绢分担纷争》，《中国史研究》2000 年第 2 期。

④ 廖华生：《明清婺源的官绅关系与地方政治：以地方公共事务为中心》，厦门大学博士学位论文，2006 年。秦庆涛：《〈丝绢全书〉的整理与研究》，江西师范大学硕士学位论文，2011 年。章亚鹏：《明代中后期徽州府丝绢分担纠纷与地方财政》，华中师范大学硕士学位论文，2014 年。李义琼《晚明徽州府丝绢事件的财政史解读》，《中国经济史研究》2014 年第 2 期。王浩：《在朝廷功令与地方公议之间——从嘉靖、万历年间休宁县的赋税争议看明代的知县行政与地方社会》，《安徽大学学报（哲学社会科学版）》2019 年第 4 期。杜勇涛：《徽郡的困境：1577 年徽州府人丁丝绢案中所见的地方性与国家》，《安徽大学学报（哲学社会科学版）》2020 年第 1 期。戴赟：《晚明徽州府丝绢纷争研究》，安徽大学硕士学位论文，2021 年。

⑤ 马伯庸：《显微镜下的大明》，湖南文艺出版社，2019 年。

所知。该案起于歙县军余帅嘉谟的状告，他因计算出徽州府丝绢税分摊不公，向巡抚、巡按提出申请，要求将歙县丝绢税均摊给徽州府六县。巡按御史将帅嘉谟的申请批发给徽州府，命令徽州府要求各县，召集"知识、耆民及里老人等到官"，调查丝绢税征收情况，并商议应否均摊至六县征收。在这一过程中，婺源、绩溪等五县绅士耆民多次提出应照原定税制征收的主张，与歙县士民针锋相对。然而，户部决定，要求徽州府丝绢税均摊给六县。于是，婺源等五县士民采取了聚众反对的行动，将公议转变成了"士变"。婺源县士民还将该县县丞带到紫阳书院拘禁，因为紫阳书院是他们公议丝绢税时设置的"议事局"。夫马进在研究中非常敏锐地注意到婺源县"议事局"这一公议组织的存在，并认为《丝绢全书》可能是根据议事局保存档案编纂而成。这一案件中，从徽州府各县召集士民耆老商议丝绢税问题开始，一直到士变发生以前，绅士耆民的活动都属于本书所说的狭义上的地方公议。

第三桩是明末清初江南地区的均田均役法改革。20世纪70、80年代，川胜守、滨岛敦俊已对均田均役法改革有深入研究[①]。特别是在滨岛敦俊的研究中，他对均田均役法改革过程中，乡绅、生员等群体公议改革内容、参与推进改革的活动，有较深入的揭示。在最初发表于1970年的文章中，滨岛敦俊首先注意到，嘉靖四十二年庞尚鹏巡按浙江时，湖州府附郭二县生员当众向其控诉均徭法不便的记载，以及万历二十九年，嘉善县生员称赞知县谢应祥的均田均役法改革、要求立碑的公启[②]。尔后，在发表于1983年的文章中，滨岛敦俊又以李日华的《味水轩日记》为核心史料，介绍了万历三十八年嘉兴府嘉兴、秀水二县乡绅两次集会公议、商讨均田均役改革的情况[③]。生员与乡绅的这些集体行动，无论是出于推动或阻拦均田均役法改革的目的，也都属于狭义上的地方公议。

以上三桩大案，无论是嘉、秀、善三县争田案，徽州府六县丝绢税案，还是江南地区的均田均役法改革，都是相当复杂的事件，前后持续时间自数年至数十年不等，牵涉到数万甚至数十万税粮、徭役的巨大利益。因此，这

---

①　川勝守：「明末、江南五府における均田均役法」、『史学雑誌』第85巻6号、1976年；収入『中国封建国家の支配構造—明清賦役制度史の研究—』第八章、東京大学出版会、1980年。滨島敦俊：『明代江南農村社会の研究』第二部「明清江南の均田均役法」、東京大学出版会、1982年、第209—417頁。

②　滨島敦俊：『明代江南農村社会の研究』、東京大学出版会、1982年、第480—481頁。

③　滨島敦俊：「明末清初の均田均役と郷紳（その四）—李日華<味水軒日記>をめぐって—」、『史朋』16、1983年。

三桩案件的展开过程，都充满了州县与州县之间、官府与社会之间、不同社会阶层之间的各种矛盾冲突。前辈研究者在梳理事件原委、经过之外，也都较多关注利益冲突。尤其是 20 世纪 80 年代以前的研究者，受到当时学术思潮的影响，多把主要关注点集中在了乡绅与士民之间的阶级利益冲突上。较晚近的研究，虽然能够更客观地分析矛盾冲突的不同层次，但仍然难以突破思维的局限，长期在"利益冲突—解决冲突"的框架中讨论问题。

上述三桩大案的研究，事实上也代表了近四十年来明清地方社会研究的总体面貌。80 年代以后，海内外学者对明清地方社会的微观研究成果颇丰，涉及地方政府与地方社会、地方社会各群体之间的种种复杂关系。其中，较多涉及地方公议的案例至少还包括：上田信对浙江省诸暨县水利工程兴修过程与徭役分派的研究[①]，青山一郎对福建省宁洋县建县过程的研究[②]，吴滔对南直隶嘉定县折漕案的研究[③]，冯玉荣对南直隶松江府生员参与修筑海塘的研究[④]，廖华生对南直隶婺源县保龙诉讼的研究[⑤]，钱杭对浙江省萧山县湘湖水利集团与何御史父子祭祀案的研究[⑥]，廖云德对江西省南昌、袁州、瑞州三府浮粮减派问题的研究[⑦]，等等。这些研究分别从其研究的具体问题出发，讨论地方社会各种势力在水利兴修、徭役分派、行政区划调整等事务中分别有何利益关系，如何维系本势力的利益。与上述三大案的研究类似，这些研究在区分不同社会群体、分析各群体的利益及其争取利益的活动等方面，做出了许多有益探索。不过，在地方社会与政府权力关系的问题上，这些研究停留在利益斗争的经验认知层面，并未在权力作用机制，或者说制度性层面上，提出更深入一层的新见解。

本书把关注焦点设置在"狭义的地方公议"这一命题上，是抱持着这样一种理念：在对地方社会的研究中，不仅各社会群体的利益是值得关注的，

---

①　上田信：「明清期・浙東における州県行政と地域エリート」、『東洋史研究』46 卷 3 号、1987 年。

②　青山一郎：「明代の新県設置と地域社会—福建漳州府寧洋県の場合—」、『史学雑誌』101 卷 2 号、1992 年。

③　吴滔：《从折布到折漕》，收入吴滔、佐藤仁史：《嘉定县事：14 至 20 世纪初江南地域社会史研究》，广东人民出版社，2014 年。

④　冯玉荣：《明末清初社会变动与海塘的修筑——以潆缺海塘为中心》，《农业考古》2008 年第 4 期。

⑤　廖华生：《士绅阶层地方霸权的建构和维护——以明清婺源的保龙诉讼为考察中心》，《安徽史学》2008 年第 1 期。

⑥　钱杭：《库域型水利社会研究——萧山湘湖水利集团的兴与衰》，上海人民出版社，2009 年。

⑦　廖云德：《明清时期江西重赋问题与地方社会：以南昌、袁州、瑞州三府为中心》，江西师范大学硕士学位论文，2008 年。

他们争取利益的机制更值得关注；在不同场合中，各社会群体的利益、争取利益的活动是具体的、分散的，而他们争取利益的机制是有共通点的、可以抽象的。因此，笔者希望将前人研究中丰富多彩的地方社会群像搁置在一边，在一切纷繁复杂的社会群体、具体事务、利益冲突中，仅仅关注"狭义的地方公议"的单一面相，尝试回答如下问题：明清时期的各类社会群体，平时究竟通过什么机制参加政策讨论，表达利益诉求，为自己争取利益？他们参加政策讨论的这一机制，在明清两代究竟已经发展到什么程度？在此机制下，国家与社会的关系究竟是什么样的，是否已经超越了我们所熟知的"皇权专制"的模式？这些问题是本书想要回答的核心问题，对这些问题的关心将贯彻本书始终。

三、思想史研究中的地方公议

社会史领域之外，明清时期的地方公议也关涉到中国古代政治思想史领域的一些重要命题。以下分三方面予以阐释：首先是与地方公议最直接相关的，对黄宗羲思想，特别是对《明夷待访录·学校》篇中学校公议场景的解读问题；其次是由黄宗羲的思想推而广之，对宋明理学中普遍存在的"公"的思想的探讨；最后是在思想史和政治史的交叉领域，对中国古代专制主义说的争论，其中也涉及社会力量对国家权力的约束问题。通过回顾这三方面的研究，笔者希望能够在中国古代政治思想史的谱系内，定位地方公议研究的意义。

（一）对黄宗羲《学校》篇的解读

清末民初以来，明末清初的思想，因其与西方启蒙思潮的同时代性，很早就受到近代维新派、革命派知识分子的高度重视。顾炎武、黄宗羲、王夫之三人，并称为"明末清初三大思想家"，其思想被视作中国本土的"启蒙思想"。在三人中，顾炎武受到推崇，是因为《郡县论》中"地方自治"的思想，合乎近代中国地方分权与伸张"绅权"的需要；王夫之受到推崇，是因为《黄书》等著作中"分辨华夷"的思想，合乎近代中国排满革命与民族主义兴起的需要；黄宗羲受到推崇，则是因为《明夷待访录》中的《原君》《学校》等篇，有反对君主独裁与提倡学校公议的思想，合乎近代中国民主革命的需要。三者结合，遂成为"明末清初的启蒙思想"。稍后，上述三种最初源于革命需要的"明末清初启蒙说"，也都融入了中国思想史学科的主流叙述框架中。

黄宗羲《明夷待访录·学校》篇中关于学校公议场景的描述，正是在上述近代革命—思想史构建的过程中，被解读为"近代民主主义"的"启蒙思想"。从 20 世纪 20 年代梁启超撰写《清代学术概论》《中国近三百年学术史》①开始，到 40、50 年代萧公权撰写的《中国政治思想史》、侯外庐主编的《中国思想通史》等经典专著，都延续着清末民初时期的革命观点，将黄宗羲解读为"民主主义"思想的先驱②。此说至今仍在国内占据主流地位。按照这些学者的理解，黄宗羲的《明夷待访录》描摹的是他的政治理想。其中，《原君》篇激烈地批判了三代以下君主以天下为自家产业、自私自利的面貌，于是被解读成反君主专制；《学校》篇提倡学校公议，提出要让"天子亦遂不敢自为非是，而公其非是于学校"，于是被解读为提倡民主。在这一思路下，黄宗羲被解读成了中国本土的"民主主义"倡议者，他对学校公议的倡议，则变成他笔下的民主形式。

在"民主主义"论的反面，则是"民本主义"的解读方式。"民本主义"一词，源于 20 世纪 20 年代以来新儒家派的中国哲学史研究。当时，梁漱溟、熊十力、冯友兰等人用"民本"概括中国的儒家学说，特别是源自孟子的学说，以此区别于西方的"民主"③。最早以"民本"解读黄宗羲，应推金耀基著于 1959 年的硕士论文《中国民本思想之史底发展》。该书初版于 1964 年，后于 1993 年以《中国民本思想史》为题重刊，方因与时代潮流相符而大受重视。金耀基吸取了新儒家学派以"民本"概括儒家伦理的观点，而在先秦、秦汉的民本思想之后，将唐、宋、明概括为民本思想的消沉时期，而以黄宗羲为近代民本思想复兴的首要人物④。2003 年以后，随着新儒家学说在大陆流行，大陆学者也开始反思以"民主主义"解读黄宗羲思想的固定程式，改为采信"民本主义"之说。近十数年来，黄宗羲一度再次成为国内思想史研究的热点，而争论焦点就集中于黄宗羲思想究竟属于"民主主义"还

---

① 梁启超:《清代学术概论》，上海古籍出版社，1998 年，第 17—18 页。梁启超:《中国近三百年学术史》，商务印书馆，2011 年，第 60—62 页。

② 萧公权:《中国政治思想史》，商务印书馆，1946 年，第 256—265 页；侯外庐主编:《中国思想通史》第五卷，人民出版社，1956 年，第 155—165 页。

③ 参见高秀昌《梁漱溟、熊十力、冯友兰早期政治思想特点论析》，《中州学刊》2015 年第 10 期。

④ 金耀基:《中国民本思想之史底发展》，嘉新水泥公司文化基金会，1964 年；《中国民本思想史》，台湾商务印书馆，1993 年。

是"民本主义"①。

在 21 世纪的争论中，最值得注意的，是冯天瑜等学者提出的"新民本主义"学说。冯天瑜放弃了生硬套用西方概念的"民主主义"，接受了新儒家派用"民本主义"对明代理学的理解，但是又指出，黄宗羲等明末清初思想家"是在对两千余年的君主专制这一庞然大物加以'解构'，以探寻新的政治文化组建之径"。他认为，黄宗羲在儒家学说中"发挥'重民'、'恤民'部分，扬弃、更替'尊君'、'卫君'部分，形成'民本—罪君'一体两翼的'新民本主义'"，有别于"民本—尊君"的"旧民本主义"②。这一学说调和了"民主主义""民本主义"两派旧说，根本目的是对黄宗羲思想的两个面向同时予以关照——它既植根于中国本土儒家学说，又表现出不同于早先时代的现代性。因此，冯天瑜最终将黄宗羲的思想定位为"一种介于传统民本与近代民主之间的过渡的政治思想"③。

从清末民初的"民主主义启蒙"说，到 21 世纪的"新民本主义"说，无论哪一派观点，都是把《明夷待访录》当作纯粹的思想史来考察的。不过，如果把黄宗羲描述的学校公议从思想映照进现实，上述研究成果仍然富有启发意义。对明清地方公议的社会史研究，同样需要在历史洪流中定位地方公议的地位：它究竟代表着中国传统民本观念的实践，还是可以对标于西方近代早期民主制度的兴起，抑或是介于二者之间的过渡？这些问题，都是本书需要思考的。

（二）日本学者论中国思想中的"公"

在"新民本主义"说之外，同样关照到明末清初思想的两个面向的，还有沟口雄三等人沿着宋明理学研究的理路、对明末清初思想史中的"公"做出的解读。

这一派观点同样与 20 世纪 20、30 年代的新儒家学说有着历史渊源。30 年代，深受新儒家学说影响的嵇文甫，先后撰写了《左派王学》《船山哲学》和《晚明思想史论》三书，以阳明心学的不同发展方向概括晚明思想的千变万化。嵇文甫的学说通过岛田虔次，对日本的中国思想史学科产生了

---

① 在此仅列举与黄宗羲直接相关的"民本主义"说专书：冯天瑜、谢贵安：《解构专制：明末清初"新民本"思想研究》，湖北人民出版社，2003 年；张师伟：《民本的极限：黄宗羲政治思想新论》，中国人民大学出版社，2004 年；杨庆球：《民主与民本：洛克与黄宗羲的政治及宗教思想》，三联书店（香港）有限公司，2005 年；吴光主编：《从民本走向民主：黄宗羲民本思想国际学术研讨会论文集》，浙江古籍出版社，2006 年。

② 冯天瑜、谢贵安：《解构专制：明末清初"新民本"思想研究》，"题记"，第 1—2 页。

③ 冯天瑜、谢贵安：《解构专制：明末清初"新民本"思想研究》，第 7 页。

深刻影响。在岛田虔次以后，小野和子和沟口雄三分别从"公""私"两个角度探讨晚明思想史。小野和子最早的研究就是关于黄宗羲的政治思想，尔后则上溯至东林派士人。她自 1958 年开始发表对东林党的系列研究，直至 1996 年结集出版为《明季党社考》一书，始终强调东林派到复社士人要求广开舆论，以"天下之公"来限制君主权力的特征①。沟口雄三则通过对李卓吾"私"的思想的研究，反观东林派士人"公"的思想，又在此基础上形成了他独特的"公—私论"。沟口雄三强调，中国人思想中的"公"更注重公正、公平而非公开；这种"公"与"天理"相联系，具有本来的正确性，跟与"人欲"相联系的"私"构成是非、正邪的伦理性的紧张②。

沟口雄三对中国式的"公"的理解，也受到了自橘朴以来日本社会史、法制史学者"中国式共同体论"的强烈影响。橘朴最早在对中国同业团体的研究中提出民主与专制并存的问题，认为中国的同业团体既是平民的结合，因而具备民主特征，又在其内部强调牺牲个人意志、服从团体，因而具有专制的特征③。尔后，这种强调团体内部上下有序、个人服从全体的"共同体论"，经过日本的中国法制史学者对中国"家族共同体"的研究④而得到发展。滋贺秀三等人一直就关注着中国的"家"这一共同体中的"公"，特别强调辨析家的财产的"公有"所有权与家长私人支配权之间的辩证关系⑤。沟口雄三将这种"共同体论"嫁接到明清思想史领域，遂发展为强调中国人的"公"的思想与一元的天理相连结的特性。

20 世纪 90 年代以后，日本的社会史、法制史学者与思想史学者，就明清时期一元性的"公"有了进一步交流。在法制史领域，寺田浩明将此前法制史研究中的"公有"所有权论和思想史研究中的"公—私论"相结合，并贯彻到对明清时期民事诉讼和契约性质问题的研究中去，认为明清时期土地买卖契约与中国地方官审判相关案件的法学伦理，最终都可以归结为追求

①　小野和子：「東林派とその政治思想」，『東方学報』28、1958 年；《明季党社考》，李庆、张荣湄译，上海古籍出版社，2013 年。

②　[日]沟口雄三：《所谓东林派人士的思想》，龚颖译，收入《中国的历史脉动》，生活·读书·新知三联书店，2014 年；《中国的公与私·公私》，郑静译，生活·读书·新知三联书店，2011 年；《中国前近代思想的屈折与展开》，龚颖译，生活·读书·新知三联书店，2011 年。

③　橘朴：「"支那"人气质の階級別の考察」，收入『"支那"思想研究』，日本评论社、1936 年、第 276—278 页。

④　仁井田陞：「中国社会の"仲間"主義と家族」，收入『中国法制史研究——奴隷農奴法·家族村落法』，東京大学出版会、1962 年。[日]滋贺秀三：《中国家族法原理》，张建国、李力译，法律出版社，2003 年。

⑤　[日]滋贺秀三：《中国家族法原理》，张建国、李力译，法律出版社，2003 年。

"齐心"或"同心"的状态，且这种齐心状态是靠有势力者的"首唱"和其他人对此"唱和"而达成的①。在社会史领域，岸本美绪指出，王阳明学说的传播顺应了晚明社会动荡不安的时代潮流，失去旧秩序保护的民众，不再仰望以士大夫为指归的道德标准，转向以"公"为名的集体行动；绅士阶层受到阳明学中"赤子之心""万物一体"等主张的影响，也承认甚至支持民众集体行动的道德性②。法制史、社会史领域的这些讨论，与思想史学者相呼应，使得对"公"的一元论解释超越了思想史层面，浸润到对明清社会方方面面的理解之中。

面对美国学者提出的"公共领域论""市民社会论"，日本学者同样立足于对中国思想中的"公"的探讨，从思想史角度给予过回应。1996 年，小岛毅在日本大学召开的关于"市民社会"的研讨会上作了口头报告，两年后整理为《中国近世的公议》一文发表③。该文所说的"公议"虽然是在更为宏观的思想史层面而言的，但其中也提到了夫马进等人研究过的具体的地方公议。小岛毅在该文中沿着沟口雄三等人思想史的路径，强调了明清中国的公议——无论是笼统的"天下之公议"或具体的地方公议——以追求全体的善的"公"为目标，因而与西方的市民社会论完全不同，其中不会诞生出西方式的市民社会。小岛毅该文虽然主要基于思想史的分析立论，但作为其基础的对中国式"公议"的理解，是在吸纳了明清社会史、法制史研究成果的基础上做出的。

日本学界的上述努力，打通了明清社会史与思想史研究，为在更为宏观的中国思想脉络下理解明清时期的地方公议提供了基础。日本思想史学界关心的主要问题，即传统中国思想中是否存在着一元的、以追求全体的善为目标的理念，也为明清地方公议研究设置了一个必须回应的标的。在对地方公议实践的研究中，有必要回答这样一个问题：地方公议的目标，究竟是在可以保留异议的前提下，达成暂时的解决问题的方案，还是必须达成所有人思想认识的一致、彻底消灭异议？这一问题的答案，将影响到我们对地方公议性质的理解，也将回答明清地方公议与西方近代早期公共领域之异同的问题。

---

① ［日］寺田浩明：《明清时期法秩序中"约"的性质》，王亚新译，收入《权利与冤抑：寺田浩明中国法史论集》，清华大学出版社，2012 年；《合意与齐心之间》，宋军译，收入森正夫等编：《明清时代史的基本问题》，商务印书馆，2013 年。

② 岸本美绪：『明清交替と江南社会』，東京大学出版会、1999 年、第 59—100 页。

③ 小岛毅：「中国近世の公議」、『思想』889、1998 年。

（三）中国古代专制主义问题的争论

思想史研究的上述两个方面，都关系到地方公议的性质问题——明清时期地方公议的思想基础，究竟是否包含了近代西方式的民主思想？更进一步说，这关系到中国古代国家政体发展到明清时代，究竟是否出现了民主主义的因素（无论是在思想层面还是在政治实践层面）？为了明确地方公议研究对于后一问题的意义，在此还有必要简要回顾一下学界关于中国古代专制主义问题的讨论。

将中国古代国家的政体归结为"专制政体"，始自18世纪孟德斯鸠等人的启蒙学说。尔后，随着西方近代民主革命的开展，"东方专制主义"作为一个"民主的反面"的样板，逐渐成为西方人对东方世界的刻板印象。及至19世纪后半叶，西方列强大举入侵东亚，东西方文明发生激烈的碰撞，西方人对东方世界的认知也被带到东亚世界。同时，日本、中国先后尝试进行君主立宪的改革，日、中两国知识分子出于鼓吹改革的需要，也先后宣扬西方人的学说，将中国数千年来的政体都归纳为"专制政体"。其后，虽也有钱穆等人对此说表示过不满，认为传统中国"虽有君主，然固非君主专制"[1]，但直至今日，"专制政体说"被中国主流观点普遍接受，无论是学术著作还是大中小学的历史教材，多数都把清末以前的中国政体概括为"君主专制"的政体[2]。

2008年以后，由侯旭东发表《中国古代专制主义说的知识考古》发端，中国历史学界针对近代以来的"中国古代专制说"是否成立的问题，发生了激烈的争论。一方面，"中国古代专制说"是20世纪以来在梁启超等人的推动下才成为中国人的主流历史观，这一知识考古的结论迅速被学界接受；但另一方面，黄敏兰、阎步克等学者也先后针对侯旭东对"中国古代专制说"的质疑，提出了重量级的反驳[3]。如反驳者指出的那样，中国人接受"中国古代专制说"，并不只是受到鼓动的"自我矮化"，而是经过几代学者严肃论证的结果。与之相对，对"中国古代专制说"的质疑意见，至今仍不过是钱穆当年提出的几个论点，包括平民可以通过察举制、科举制进入官

---

[1]　钱穆：《中国传统政治与五权宪法》，收入《政学私言》上卷，《钱宾四先生全集》第40册，联经出版事业股份有限公司，1998年，第6页。

[2]　参见侯旭东《中国古代专制主义说的知识考古》，《近代史研究》2008年第4期。

[3]　黄敏兰：《质疑"中国古代专制说"依据何在——与侯旭东先生商榷》，《近代史研究》2009年第6期；阎步克：《政体类型学视角中的"中国专制主义"问题》，《北京大学学报（哲学社会科学版）》2012年第6期。

僚队伍,相权对皇权的制约,以及监察权、封驳权的存在等;而这些论点实际上都不足以反驳"中国古代专制说"。侯旭东在知识考古以外,也并没有提出新的反驳"中国古代专制说"的论据。

诚如坚持"中国古代专制说"的学者所言,无论官僚制、察举制、科举制,还是相权、监察权、封驳权的存在,都不能在根本上改变中国古代皇权独尊的政治结构。然而,当我们把目光从朝堂转向地方,至少在明清两代,如本书中将要论述的那样,政府以外的社会势力(无论是乡绅、生员还是里长、老人)其实一直为地方官所召集,甚或自发集会,商议各类地方行政事务,亦即一直在参与政治。如果说像汉代朝廷召集贤良文学开"盐铁会议"那样的所谓"奇观",在明清地方行政中已经是实实在在的日常现象,那么,我们要怎么在"专制—民主"的二元对立中理解这种现象呢?

当然,笔者在此无意挑战明清两朝是专制国家的普遍认知。笔者只是再次想强调,明清时期的地方公议并不止存在于黄宗羲的理想中,而是切实存在于当时的地方社会与地方行政之中。既然如此,我们理应把地方公议的存在,也添加进对明清中国政治体制的认知图谱。如果我们在黄宗羲对学校公议的推崇里看到了"民主主义",或者至少是向近代民主"过渡"的思想,那么,现实存在于明清时代的地方公议,与当时的"专制国家"之间又是什么关系呢?是挑战、过渡,还是两不相碍的共存?无论我们站在何种立场来评说,至少应该对此有所解释。这同样是明清地方公议研究需要予以回答的问题。

第二节　近代早期中国中间群体论的再检讨

上一节以"地方公议"的议题为中心,回顾了明清社会史、思想史等领域中与地方公议相关的各类研究,尝试从不同角度凝视"地方公议",在学术研究的广阔海洋中,定位这一议题的意义与分量。本节则要将视野转移向本书从属的主要学术脉络,即 20 世纪以来海内外学界对近代早期中国"中间群体"的讨论。

"中间群体",指处于国家政权与广大庶民之间的人群或组织,亦即明清时期的"绅士耆老"。他们既构成国家统治社会的中间力量,也构成社会反作用于国家的中介。地方公议的主要参与者,同样也是这些中间群体。20 世纪以来,涉及中国传统国家与社会关系的一些根本问题,诸如皇权是否下县、地方是否自治、绅权是何性质、是否存在独立于国家的"公共领域"等等，都与中间群体研究密不可分。本书研究明清时期的地方公议，自然也会把关注重点聚焦到参与地方公议的中间群体身上。笔者希望通过对地方公议的研究，促进对明清时期中间群体问题的思考，进而推进对中国传统国家与社会关系的认知。为了为后续章节的研究提供铺垫，本节将梳理20世纪以来近代早期中国中间群体论的谱系，以"地方自治论"与"国家控制论"为这道光谱的两极，尝试展现二者内部与二者之间的复杂变化[①]。

一、近代早期全球史视野下的中间群体

（一）关于"中间群体"（corps intermédiaires）暨"绅士耆老"

明清时期参与地方公议的主体，包括地方社会中的各类人群，但主要是乡绅、生员、里长、老人、耆老等具备一定身份、被认为能够代表"公共意见"发言的人。本书中使用"中间群体"一词，作为对这些人的统合性称谓。所谓"中间群体"，泛指一切在权力关系中处于国家与社会之间、起到中介作用的群体。他们既是国家对社会施展权力的中介，也是社会反作用于国家权力的中介。除了乡绅、生员、里长、老人、耆老等人群外，明清中国的中间群体也包括宗族、行会、歇家、社盟等更具组织性的集团。不过，在18世纪以前，后者通常没有直接参与地方公议、对政策制定发言的权利，因此不是本书要讨论的对象。

绅士、耆老、宗族、行会等群体、组织，在16世纪以降的中国社会中异常活跃，在国家与社会关系中扮演着重要角色，这早已是学界的共识。不过，对于指称这一群体的统合性称谓，学界至今没有达成广泛共识。在19世纪中叶以降的近代史领域中，学者常常使用"士绅"或"绅士"，作为指称这些群体的惯用语，但这是建立在晚清捐纳制度高度发达的基础之上的。当时的商人与耆老、族长往往也拥有监生甚至捐官头衔，因而也可以被归入"士绅"的行列。追溯到清中叶以前，"士绅"或"绅士"的称呼，显然不足

---

①　关于20世纪以来的中国中间群体论，学界已有较丰富的综述与评论。不过，为了本书的完整性，以及展示笔者个人对这一问题的理解，本章内容仍无法省略。在此仅列举对本章写作有较大启发的述评文章：岸本美绪：「中国中间团体论の系谱」，收入氏编『岩波讲座「帝国」日本の学知』第三卷『东洋学の磁场』，岩波书店、2006年、第253—291页；《近一百年日本的清代社会史研究——以中间团体论为中心》，《清史研究》2015年第2期。胡恒：《清代佐杂的新动向与乡村治理的实际——质疑"皇权不下县"》，收入杨念群主编：《新史学》第5卷《清史研究的新境》，中华书局，2011年。高寿仙：《"官不下县"还是"权不下县"？——对基层治理中"皇权不下县"的一点思考》，《史学理论研究》2020年第5期。

以包罗里长、耆老等人及宗族、行会等组织在内。西方学者惯用的另一称谓"地方精英"（local elites）也有着类似的问题。所谓精英，是指一个社会中的上层人士、优秀分子，乡绅、生员、耆老、族长或许勉强能够算得上，但政府佥点的里长、老人等职役，行会、歇家等社会组织，都很难以"地方精英"一词来描述。而且，"地方精英"一词过于强调这些人在社会中的特异性，而非他们在国家与社会权力结构中的中介作用。近年来国内学界的研究中，也时常使用"地方社会"一词泛指这些人群，但这又有过于笼统之嫌。"地方社会"一词指出了这些群体与国家、政府间的分野，却同时掩盖了"地方社会"内部的差异，尤其是这些群体与更广大庶民之间的差异。

本书选用的"中间群体"一词，是对应于 18、19 世纪法国思想家孟德斯鸠、托克维尔等人使用的法文词汇 corps intermédiaires 的译词。在汉语中，corps intermédiaires 通常被翻译为"中间团体"或"中间性团体"。中国史学者偶尔也使用这一词语指称明清时期的绅士耆老及各种社会组织集团①。不过，总体而言，这一概念并未获得广泛接受，在明清史领域尤其少有学者使用。主要原因是明清中国的乡绅、生员、里长、老人等的自组织性明显不足，是否能将他们称为"团体"，让多数学者感到犹疑。

笔者在此想要指出，将 corps intermédiaires 翻译为"中间团体"或"中间性团体"，受到了法国大革命以后大量协会、社团性质的 corps intermédiaires 涌现的影响，也受到了英文译词 intermediate groups 的影响。法文中的 corps 本可以泛指一切实体、群体，并不一定指严格组织起来的社团。针对法国大革命以前的情况，孟德斯鸠、托克维尔都曾把当时的贵族群体、教士群体归入 corps intermédiaires 的行列，因为这些贵族、教士构成具有共同利益、因共同利益诉求而集体行事的小圈子、小团伙，但这并不意味着他们形成了有组织的社团或协会。排除这一误会之后，我们可以看到，18 世纪末以前，中国与同时期法国的情况在很多方面有着相似之处：明清时期的乡绅群体、生员群体、里长、老人群体，也可以视作一个个具有共同利益、因共同利益诉求而集体行事的小圈子。把他们称作"中间群体"，并视之为与法国的 corps intermédiaires 相似的人群，或许有助于消除我们的误会，从而在中西历史比较中建立起一道桥梁。

---

① 参见岸本美绪「中国中间团体论の系谱」，收入氏编『岩波讲座「帝国」日本の学知』第三卷『东洋学の磁场』，岩波书店、2006 年、第 253—291 页；《近一百年日本的清代社会史研究——以中间团体论为中心》，《清史研究》2015 年第 2 期。

（二）关于"近代早期"（early modern）暨"16—18世纪"

本书研究的主要时间段，是公元十六至十八世纪，即明后期至清中期。为什么要把地方公议的命题置于这样一段时期内来讨论呢？笔者有两方面的考虑。其一是出于地方公议自身发展演进历史的考虑。16—17世纪是中国的地方公议发展成熟、在历史舞台上发挥重要作用的时期。18世纪则是清廷整顿地方公议，地方公议转入沉寂的时期。这三个世纪连结在一起，正好构成地方公议第一段倒"U"型的发展轨迹。而在15世纪以前，绅士耆老等人虽然也通过回应官员的咨访、向官府上书言事等方式，在一定程度上参与地方公共事务，影响政府的决策，但这些活动只能算得上地方公议的前身。乡绅、生员、耆老共聚一堂，以各阶层联合会议形式举行的地方公议还没有正式开始。19世纪以后，地方公议再次活跃起来，进入了一个全新的阶段。历史环境的大幅变化、史料的极度膨胀，都使这个新阶段不得不被搁置在一旁，在另外的研究中单独处理。因此，本书仅选取16—18世纪作为研究时段，即使这有些不同于传统的断代分期方式。

其二，站在中西历史比较的立场上，笔者希望本书研究的时段，具有可供对话讨论的空间。公元16—18世纪，即明后期至清中期，大致上与全球史中的近代早期（early modern）相重合；全球史中的近代早期问题，也是本书希望对话的对象。采用"近代早期"这一概念，意味着本书自觉采取两种历史观：第一是认为历史是连续变化的，而非阶段跳跃式发展；古代（或者说中世）与近代之间，存在着作为过渡的近代早期阶段。地方公议作为中国的近代早期现象，在本书中将被视作古代与近代之间的连续性过渡。第二是认为全球各地的历史是具有"横向连续性"（horizontal continuity）的历史①，既非彼此共享一组"必经历史阶段"，亦非彼此独立发展、互不相干。在这一意义上，地方公议也将被视作可以与西欧国家同时期出现的早期议会相比较的现象。当然，它们不必被认为是同一历史发展阶段的产物，或者具有某种内在同质性。但是，它们在大致同一时代出现于欧亚大陆的东西两端，应该也不是偶然，至少可以被看作具有某种联系的、可以比较的共时性现象。

关于近代早期世界的共时性现象或共时性问题，傅礼初、岸本美绪等学者业已有较为丰富的阐述。他们所总结的近代早期全球共时性现象或

---

① 参见［美］傅礼初《整体史：早期近代的平行现象与相互联系（1500—1800）》，董建中译，《清史译丛》第十一辑《中国与十七世纪危机》，商务印书馆，2013年，第5页。

问题中,也都包含着中间群体的崛起与活跃。傅礼初将 1500—1800 年的全球共时性现象总结为七点:1.人口增长;2.日益加快的节奏;3.地区城镇的增长;4.城市商业阶级的兴起;5.宗教复兴和传教运动;6.农村的动荡;7.游牧的衰落①。其中,3、4、5 三点涉及手工业、商业团体与宗教团体的崛起,第 6 点涉及农村土地兼并的活跃,都与中间群体的发展紧密相连。岸本美绪则将全球共通的"后十六世纪问题"总结为三点:1.民族、宗教问题;2.社会编制问题;3.市场经济与财政的问题。其中第 1、3 两点分别涉及民族、宗教团体与商业团体的活跃,第 2 点更是直接关涉到新兴中间群体与国家之间的权力竞争②。

粗略地说,在全球史视野之下,目前学界对近代早期世界的中间群体问题,大致有着如下的共通认识:在蒙古帝国从欧亚大陆上逐渐退场之后,被蒙古征服所搅动的世界各地,人口流动与经济、文化、科技交流加快了速度与频率;大航海时代开始之后,这种社会变化更进一步加速。在经济发展与人口增长的环境中,中间群体或是利用其在旧制度中享有的特权(如贵族、宗教团体),或是利用其身处旧秩序缝隙处而带来的游离者优势(如城市工商业者、边境民族、海上团体),攫取了时代发展的红利。于是,中间群体如雨后春笋般崛起,形成众多的新兴势力,并由此撬动了旧秩序的一角。接下来,为了巩固自己的利益,新兴中间群体进一步要求改变旧有的政治结构,扩大自己的权力,并推动了近代政治秩序的建立。

虽然上述对近代早期历史的白描,最早出现在对欧洲史的研究中,但如同傅礼初、岸本美绪等学者业已指出的那样,在包括东亚在内的欧亚大陆的其他地方,存在着相似的历史演变迹象。这绝非"欧洲中心论"者以欧洲为模板,从其他地方强行"发现"的与欧洲历史相似的东西,而是切实存在于欧亚大陆的历史之中。在近代早期的中国,类似现象同样也存在:在东北崛起了从事皮毛、人参贸易的满洲人,在东南海面上活跃着走私海商集团,在城市与市镇中出现了"资本主义萌芽",在农村则有绅士、宗族乃至秘密宗教。所有这一切,都是近代早期新兴的中间群体。参与地方公议的,也是本书所要关注的乡绅、生员、里长、老人、耆老等,只是其中的一小部分。在众多中间群体之中,他们是居住在汉民族核心区的、与旧秩序有着较多勾连的一部分。然而,无可否认,他们与同时代的其他

---

① 〔美〕傅礼初:《整体史:早期近代的平行现象与相互联系(1500—1800)》,董建中译,《清史译丛》第十一辑《中国与十七世纪危机》,第 4—36 页。

② 〔日〕岸本美绪:《"后十六世纪问题"与清朝》,《清史研究》2005 年第 2 期。

中间群体一样，也是地区新兴势力的代表。既往的研究者，正是由于对这些人群更代表地方社会还是更代表国家秩序相持不下，对明清国家与社会的权力结构观也形成了截然对立的两派意见——"地方自治论"与"国家控制论"。

二、"地方自治论"诸说

（一）梁启超与"乡村自治说"

20 世纪以来，以为中国传统乡村实行"自治"的观点，肇始者当推梁启超。1899 年，戊戌政变后亡命日本的梁启超，在日本进步党机关杂志《大帝国》上发表了一篇题为《论中国人种之将来》的文章。在该文中，梁启超提出，"吾中国则数千年来，有自治之特质"，并且做出了如下的具体描述：

> 乡之中有所谓绅士耆老者焉，有事则聚而议之，即自治之议会也。设族长堡长，凡议定之事，交彼行之，即自治之行政官也。其一族之祖祠，一乡之庙宇，或乡局或社学，即自治之中央政府也。祖祠、庙宇、乡局，皆有恒产，其岁入岁出有定额，或有临时需费，则公议税其乡所产之品物，即自治之财政也。岁秒必布告其所出入，即财政之预算、决算也。乡族中有争讼之事，必诉于祖祠，诉于乡局，绅士耆老集议而公决之；非有大事，不告有司，即自治之裁判也。每乡每族，必有义学，即自治之学校也。每乡族必自设巡丁，保里闾，禁盗贼，即自治之警察也。凡此诸端，凡关于自治之体制者，几于具备。……朝廷之与地方团体，其关系殆仅如属国；政府与民间，痛痒不甚相关。无论何姓代有天下，而吾民之自治也如故，故民亦不甚以为意焉。此实中国人种固有之习俗，大异于诸国者。①

这一篇宏论，连同此后播扬更远的《新民说·论自治》一文②，一同构筑了中国传统社会"乡族自治""皇权不下县"的最初形象：乡村社会以绅士耆老为核心，组织管理公共事务，而地方政府在负责钱粮、刑名事务之外，一般不干预乡村内部的公共事务。

梁启超以当时人论当时事，自然不可能全无根据。联系到他出身的广东省也是当时宗族势力最发达的省份之一，他对地方社会状况的这种认

---

① 梁启超：《饮冰室文集》之三《论中国人种之将来》，《饮冰室合集》第 2 册，第 252—253 页。
② 梁启超：《饮冰室专集》之四《新民说》第十节"论自治"，《饮冰室合集》第 19 册，第 5032—5036 页。

识，或许多少有着一些现实基础。但是，他所说当然也并不完全是当时的现实，至少，所谓"政府与民间，痛痒不甚相关"，"无论何姓代有天下，而吾民之自治也如故，故民亦不甚以为意焉"，在历朝历代中国的绝大多数地方，都绝不会是真实情况。不然，《桃花源记》中"不知有汉、无论魏晋"的小村庄，就不再是值得被书写、被惊叹的世外之地了。

梁启超如此论自治，除了出于他对晚清广东地方的认识之外，更主要的是，还包含着他对中国社会变革方向的期望。他在《论中国人种之将来》一文中还写道：

> 泰西所谓文明自由之国，其所以保全人权、使之发达者，有二端：曰参政权，曰自治权。而此两权之中，又以自治权为尤切要，此政治学者之公论也。虽然，参政权者，可以鼓国民之气，一跃而获之；自治权者，则恒因其历史习惯，积久而后成，非可以强致而骤得也。[1]

在梁启超的认识中，自治权是实现民主政治的基础，而自治能力不可骤得，需依赖长期历史习惯的积累。因此，他把中国描述成有数千年自治传统的国家，归根结底，无非是为了证明中国有不输于西方的自治能力，因此具备实行民主政治的现实基础，进而推动晚清的维新、立宪改革。概括地说，他其实是为民主而求自治，为自治而论证有自治。这样的论说，当然不能直接等同于晚清的社会现实，更不能推广至两千年来的中国帝制时期，认为中国乡村一贯是自治的社会。

（二）费孝通与"分层—双轨说"

梁启超之后，第二位被认为持"地方自治论"观点且影响重大的中国学者，当数费孝通。1946年，费孝通在《大公报》发表《基层行政的僵化》一文，系统地阐释了他对中国传统政治结构的认识：

> 一、中国传统政治结构是有着中央集权和地方自治的两层。二、中央所做的事是极有限的，地方上的公益不受中央的干涉，由自治团体管理。三、表面上，我们只看见自上而下的政治轨道执行政府命令，但是事实上，一到政令和人民接触时，在差人和乡约的特殊机构中，转入了自下而上的政治轨道，这轨道并不在政府之内，但是其效力却很大的，就是中国政治中极重要的人物——绅士。绅士可以从一切社会关系：亲戚、同乡、同年等等，把压力透到上层，一直可以到皇帝本人。

---

[1] 梁启超：《饮冰室文集》之三《论中国人种之将来》，《饮冰室合集》第2册，第252—253页。

四、自治团体是由当地人民具体需要中发生的，而且享受着地方人民所授予的权力，不受中央干涉。于是人民对于"天高皇帝远"的中央权力极少接触，履行了有限的义务后，可以鼓腹而歌，帝力于我何有哉！①

这篇文章当时就引起了社会学界、政治学界、史学界各方的关注，《观察》《大公报》等报刊纷纷刊登各家与之争论的文章，费孝通亦积极予以回应。最终，这些讨论成果结集成了费孝通的《乡土重建》一书，以及他与吴晗等学者共著的《皇权与绅权》一书。

由于费孝通在《基层行政的僵化》一文中，不断强调"中央集权"与"地方自治"的分层，甚至提到了"天高皇帝远"的说法，于是，当时各家与之争论时，都认为费孝通的主张与梁启超当年大致相同，是把基层地方当成了高度自治的"独立王国"。当时的反对意见亦集中于此。不过，费孝通本人在回应这些争论时，对他自己的说法进行了一定修正。在《再论双轨政治》一文中，费孝通强调，他的重点在"双轨"而不在"分层"。他说：

> 为了要形容政治结构的全部形态，包括有形、无形、法定、实有的各种组织，用"两橛"不如用"双轨"形容来得切当。两橛是分层的，双轨是平行的。②

这一提法与前一篇文章其实不尽相同。综合起来看，费孝通的理论包含了"分层说"与"双轨说"两个部分，二者所指的内容有所不同。"分层"指的是地方自治的事务，比如公益，中央完全不干涉，交由地方自治团体管理。"双轨"指的却是官府要干涉的事务，自上而下通过行政轨道执行命令，自下而上则通过绅士的社会关系向上渗透压力。前者是费孝通理论中关于"地方自治"的部分，后者则在自治之外，是社会与政府产生联系、相互作用的部分。但费孝通在论述时把这两个部分交错在了一起，没有做明确区分。

费孝通不做明确区分的原因，是这两个部分都共同服务于他想要提倡的目标，即在抗战胜利后的基层重建中重视绅士（即40年代的知识分子）的功能。在费孝通看来，无论是组织、举办地方上自治的公益事业，还是自下而上反馈意见、把地方社会的压力渗透给中央，都少不了绅士的作用。需要认识到，他对"传统中国政治结构"的这种观点，与梁启超的观点一样，都是理想的、服务于现实目标的，而不是基于学术研究的、对过去的客观考

---

①　费孝通：《基层行政的僵化》，收入《乡土中国》，第149—150页。
②　费孝通：《再论双轨政治》，收入《乡土中国》，第156页。

察。因此，就如同古代士大夫吹捧"三代之治"一般，必然少不了夸大、理想化的成分。他所引发的批判，部分原因亦在于此。

（三）2000 年前后的"皇权不下县"论

1949 年以后，绅士地主阶级作为封建势力的代表，在很长一段时间内遭到集中批判打击，一切"地方自治论"或鼓吹绅士正面作用的讨论，也都偃旗息鼓。中国大陆再一次兴起认为传统中国存在"地方自治"的声音，要到 90 年代以后。

2000 年前后，中国社会经济的发展，使得城市反哺农村成为可能，"三农"问题的重要性日益凸显。在农村已经走出人民公社、完全推行联产承包制的新时代，如何推动乡村建设、防止城乡差距日益扩大，一时间成为热点问题。与此同时，国内社会科学界对"宪政""市民社会"等问题的兴致亦正浓厚。刚刚在欧美学界兴起的对明清中国"公共领域""市民社会"的探讨，也伴随着哈贝马斯的理论，一同传入中国。这些学说的影响力虽然也波及近代史、明清史领域，但在史学界其实遭到不少质疑，反而是在政治学、社会学、经济学、法学、新闻学等社会科学界，因为符合当时社会科学的关注热点，得到了更为广泛的传播。冉玫铄、罗威廉等人探讨的，晚清地方精英经营的福利、教育、水利等公共事业，又与梁启超、费孝通等中国前辈学者对传统社会地方自治的鼓吹恰相吻合，进一步加深了社会科学界的刻板印象。正是在这种社会环境与学术脉络的交相作用下，中国社会科学界的不少学者都相信，人民公社推广以前的中国传统农村社会，是在绅士领导下进行"自治"的社会，并且希望借鉴这种"自治"，应对当时的"三农"问题，进行农村税费制度改革。

1999 年，温铁军在《战略与管理》上发表了《半个世纪的农村制度变迁》一文，第一次明确提出"皇权不下县"的说法。

> 由于小农经济剩余太少，自秦置郡县以来，历史上从来是"皇权不下县"。解放前县以下虽然设立派驻性质的区、乡公所，但并不设财政，不是一级完全政府。农村仍然维持乡村自治，地主和自耕农纳税，贫雇农则只交租。这种政治制度得以延续几千年的原因在于统治层次简单、冗员少，运行成本低。①

在同年发表于《经济工作导刊》上的《农村税费制度改革不可孤军深入》一

---

① 温铁军：《半个世纪的农村制度变迁》，《战略与管理》1999 年第 6 期，第 81 页。

文中，他再度表达了"乡村自治"的观点，并且把"乡村自治"等同于"乡绅自治"：

> 历史上由于农村人口庞大、农业剩余少，农民作为纳税主体数量多而且过度分散，政府征收农业税费的交易成本高到无法执行的程度。因此，历代统治者才允许农村基层长期维持"乡村自治"。自秦代"郡县制"以来，政治只设置到县一级。这是我们这个农业剩余太少的农民国家能够维持数千年的最经济的制度。

> 解放前的地主占有约 50% 土地，收取 50% 地租，占人口约 10% 的地主既是农村的主要纳税人，又是农村实际上自然产生的、起管理作用的社区精英。所以，"乡村自治"其实是"乡绅自治"。政府既不必要对全体农民征税，也不必要直接控制农民。因此国家对农村的管理成本也较低。[①]

从引文中可以看到，温铁军发表两篇文章的直接目标，是服务于当时农村税费改革的需要。他所谓的中国传统社会的"皇权不下县""乡村自治"，针对的标的是1949年以后农村粮食统购统销制度，以及与之相适配的税费征收办法。

与1949年以后的粮食购销制度相比，传统国家对农村社会的控制当然从来也不曾达到如此深入的程度。不过，温铁军的叙述中，也含混地夹杂着对传统税收制度的若干误解。他把"占人口约 10% 的地主"当作"农村的主要纳税人"，认为政府税收主要针对地主，而非针对全体农民，并基于此产生"乡村自治"的认识。这种在税收结构中无视自耕农、佃雇农的观点，不仅夸大了地主的土地占有，也把土地税当成了中国古代农业税收的全部，而完全抹杀了户税、徭役的存在。显然，在清中叶摊丁入地以前，这种认识是不能成立的。

遗憾的是，尽管此后史学界对"皇权不下县"的提法屡有批判，但在社会科学内部，这种观点至今仍相当普遍。考虑到社会科学界通常是以当今社会为参照系，而使用"皇权不下县""乡村自治"一类的说法，或许可以对之采取稍稍理解的态度。不过，从梁启超、费孝通到温铁军等当代社会科学学者，反复使用此类具有误导性的概括之词，对大众认识产生了巨大影响，甚至有侵蚀史学认知的危险。在这一方面，从"乡村自治"到"皇权不下县"之类越来越极端的提法，仍然是令人担忧的。

---

① 温铁军：《农村税费制度改革不可孤军深入》，《经济工作导刊》1999 年第 7 期，第 26 页。

三、"国家控制论"的反论

（一）20 世纪 70 年代以前的"皇权专制论"与"乡村控制论"

在中国历史学界，地方自治论其实从未占据主流地位。20 世纪以来，中国古代史的主流学说是，秦以下两千年帝制时期，中国的专制主义集权不断加强。多数历史学者认同，在皇权专制制度下，国家控制力通过"编户齐民"，一直渗透到基层，才是中国古代的常态。至于绅士阶层，在 20 世纪 70 年代以前，历史学者往往只承认他们是官僚的另一重身份，代表皇权统治地方、残害民众，并不认为他们具备代表社会限制皇权的能力。

在 20 世纪 40 年代的争论中，吴晗对费孝通提出的反驳，大致可以代表史学界的这种认识。在《论绅权》《再论绅权》两篇文章中，吴晗集中提出了他对传统绅权的看法，归结起来，大致上有三点：第一，传统政治结构下，绅士只是官员的另一重身份，故绅权是皇权的延长，绅权在地方治理中的作用，表现的是皇权的延伸，而非地方自治的存在。第二，中国历史上，官绅阶层享有重要权力、能够与皇权共天下的，是门阀制度的魏晋六朝时期；唐宋以下直至明清，官员在皇帝面前日益矮化，绅权已成为皇权的奴役。第三，无论是门阀制度下的士族，还是后世的绅士，都只会利用特权谋求私利、剥削百姓，这才是绅权的本质①。

不过，值得注意的是，吴晗虽然否认绅权具有独立于皇权的意义，但他却认为地方上存在着"官绅共治"。吴晗称：

> 以此，与其说，绅士和地方官合作，不如说地方官得和绅士合作。在通常的情形下，地方官到任以后的第一件事，是拜访绅士，联欢绅士，要求地方绅士的支持。历史上有许多例子指出，地方官巴结不好绅士，往往被绅士们合伙告掉，或者经由同乡京官用弹劾的方式把他罢免或调职。
>
> 官僚是和绅士共治地方的。绅权由官权的合作而相得益彰。②

可见，吴晗与费孝通的不同意见，主要在于绅权是代表皇权还是限制皇权，对于绅士参与地方事务的治理这一点，他倒是与费孝通所见略同。只不过，既然认为绅权是服务于皇权的，他自然不同意绅士在地方上的所作所

---

① 吴晗：《论绅权》《再论绅权》，收入费孝通、吴晗等：《皇权与绅权》，观察社，1948 年，第 48—65 页。

② 吴晗：《论绅权》，收入费孝通、吴晗等：《皇权与绅权》，观察社，1948 年，第 50 页。

为称得上"地方自治"，因此称之为"官绅共治"。

另一位以反对"地方自治论"知名的学者是萧公权。1960 年，萧公权用英文出版《中国乡村：19 世纪的帝国控制》(*Rural China*：*Imperial Control in the Nineteenth Century*) 一书，主张清朝国家对中国乡村实施了强有力的控制。

萧公权的观点大致可以总结为如下三点：第一，清代乡村组织可以分为两大类，一类是清朝官方建立的基层行政组织，如里甲、保甲、社仓、乡约，一类是乡村自发的社区性结构，如村庄、宗族。前者起着国家控制乡村的作用，与地方自治毫不相干。第二，由于后者的组织或活动可以用来加强基层控制，它们通常受到清政府的包容，但它们公共活动的范围是有限的，几乎没有所有村民在平等基础上进行的大众活动；中国乡村中存在着社会分层和利益分歧，因而无法发展成坚固的共同体，普通村民常常受到绅士的控制。第三，绅士在维持乡村秩序与繁荣中起到重要作用，但他们倾向于维护现政权，通常发挥着稳定乡村社会的作用，清王朝通过设法控制绅士以控制乡村；但是，清政府的控制仍无法阻止劣绅欺压平民，当劣绅的破坏性破坏了乡村的平衡、引起农民的不满和反抗时，他们不再是清政府可以用以统治乡村的辅助力量，反而构成对清王朝统治的威胁[①]。

关于官方基层组织与绅士在乡村的作用，萧公权的多数观点与吴晗等历史学者相去不远。比较独特、值得注意之处有两点：其一，是他承认村庄、宗族等社区组织的存在，但用村庄、宗族内部的不平等性否认乡村共同体的存在。这样的主张明显受到西方政治学思想，尤其是卢梭社会契约论思想的影响，即认为只有平等的人才能自发结成自治的共同体，进而成为民主制度的基石。这仍然是基于理论而非史实的判断。其二，是他提到了乡绅对抗国家的一面，譬如晚清乡绅就收取地租召开"全邑会议"，对抗地方政府[②]。在这一方面，萧公权的叙述比吴晗略多一点。不过，他还是把这种对抗解释为劣绅谋求私利的行为，认为只会欺压农民并招致反抗，促使社会秩序被破坏，而不包含约束国家权力的积极意义。

总体上说，70 年代以前，持"国家控制论"的学者与"地方自治论"者的分歧，主要不在对史实的认识，也不在理论预设，而在于面对现实的立场。多数持"地方自治论"的学者，都希望从中国本土经验寻找走向民主的契机，并认为绅士主导下的地方自治就是希望所在，因而更愿意强调绅士对

---

① 萧公权：《中国乡村——19 世纪的帝国控制》，张皓、张升译，九州出版社，2018 年。

② 萧公权：《中国乡村——19 世纪的帝国控制》，第 379 页。

国家权力的约束，而把绅士对下施展权力理解为"地方自治"。反之，多数持"国家控制论"的学者，则对中国古代历史持纯粹批判态度，并不认为其中有生长出近代民主制的希望，因此否认"地方自治"的存在，也否认绅士对皇权的约束，认为绅权的本质是代表皇权控制基层社会。

不过，正反双方在两个问题上倒是颇具共通性：第一，他们都承认"自治"是近代民主的基石，因此才需要争论传统中国究竟有无"自治"。基于西方政治学的这一理论预设，从未被怀疑。这一争论的核心问题自此被奠定，长期影响了此后的学术讨论。直至今日，在思考中国古代国家与社会关系时，社会是否"自治"仍然是多数学者关心的核心问题。第二，他们都认为绅士在传统乡村社会的公共生活中发挥了很大作用。对于这一点，梁启超、费孝通、萧公权的认识都是基于晚清社会的经验得出的，吴晗的认识则大概来源于晚明社会，但二者恰恰相似。双方都不太重视明前期、清前期等国家权力更大、乡绅作用相对较小的历史时期。这种片面的经验认识也影响到了此后的学术界，尤其是社会科学界的学者；当代部分学者所谓的"皇权不下县"，正是基于这种片面认识的产物。

（二）日本明清史学界的见解及其对中国学界的影响

日本知识界对中国中间群体问题的关注，几乎与中国同时代发轫，并且出于相似的问题意识，即对东西方世界国家与社会关系的比较，以及对中国政治改革的关心与期待。出于这种思考，20世纪上半叶的日本知识分子，也聚焦于中国的"地方自治"问题展开论争。其中，地方自治论者以内藤湖南为代表。他认为传统中国的"乡党"就是中国的"社会组织之单位，又为社会组织之最大团体"。他把晚清的湘军等乡兵组织视作"自治体之完备"，认为中国"若有有力之政治家，以施其一乡者施之一国，亦必得与近世文明国之社会组织无大差矣"①，即认为乡党自治中孕育着中国民主政治的希望。这样的观点，大抵与同时代的梁启超相近。反对方的观点则可以橘朴为代表。1925年，橘朴在对内藤学说的评论中指出，晚清的湘军组织虽然不同于官—民权力结构，但仍然是以曾国藩为中心的"垂直结构组织"，因而不足以称为"平等主义"②。在1936年出版的《"支那"社会研究》

---

① 内藤湖南：「清国改革難」、收入『内藤湖南全集』第三卷、筑摩書房、1971年、第283—304页，并见内藤湖南：「清国の立憲政治」、收入『内藤湖南全集』第五卷、筑摩書房、1972年、第411—431页。

② 橘朴：「"支那"はどうなるか—内藤虎次郎氏の新"支那"論を読む—」、收入『"支那"思想研究』、日本評論社、1936年、第360—408页。

中，橘樸进一步将官僚、乡绅视作统一的支配阶级，与被支配的民众阶级相
对立，认为应该把官绅阶级剔除出自治团体①。不过，橘樸并未完全放弃中
国社会"自治"的观点，只不过他将目光转向了完全由庶民组成的"水平结
构组织"（如都市行会等），希望从中发掘中国传统社会"民主"与"自治"的
种子。无论内藤湖南还是橘樸的观点，都可以称作"国家与社会游离
论"——国家只关心收取赋税与维持治安，民众除此以外的日常生活则寄
托于社会中间层组织（宗族、家族、村落、行会等），区别只在于乡绅被归于
社会一侧还是国家一侧。

　　然而，从第二次世界大战开始直到战后，日本明清史学界对中国国家
与社会关系的主流看法，从"游离论"转向了"统一论"。二战期间，松本善
海受到委托，研究明代中国的保甲制度与村落制度。战后，他在旧稿的基
础上重新写作，并在其去世后的 1977 年，最终出版了《中国村落制度史研
究》一书。尽管松本善海的遗著面世甚晚，但从其早年对明代里长、老人、
乡约等制度的研究开始，松本已经意识到明代国家对底层农民强大的控制
力，以及以政治力量干涉甚至重新编成村落组织的能力。由此，他开始背
离此前日本学者持有的那种"中国地方社会自治论"或者"国家与社会游离
论"，开始强调中国国家权力的强大，以及国家与社会的统一性。②

　　二战结束之后，日本史学界一方面因为反思日本的战时体制而集中批
判东亚传统的国家专制主义，另一方面则受到马克思主义的影响而批判地
研究地主经济与地主阶级。在此背景下，一方面是松本善海的"国家—社
会统一论"被广泛接受，进而开启了日本明清史学界对明代里甲制度、赋役
制度的持续关注；另一方面是北村敬直于 1949 年发表了对明末清初城居乡
绅地主大土地所有的研究③，开启了日本学者对明末清初乡绅地主的关注，
并逐渐形成"明清封建论"的历史分期论调。从 50 年代到 70 年代，以上两
种研究思路在日本明清史学界长期共存，逐渐形成在明代前中期强调国家
对乡村社会的直接控制④，在明后期尤其是明末清初强调乡绅地主对乡村

---

①　橘樸：「"支那"の村落及び家族組織」，收入『"支那"社会研究』、日本評論社、1936 年、第
448—485 页。

②　松本善海：『中国村落制度の史的研究』、岩波書店、1977 年；「旧中国社会の特質論への反
省」、『东洋文化研究』9、1948 年；「旧中国国家の特質論への反省」、『東洋文化研究』10、1949 年。

③　北村敬直：「明末・清初における地主について」、『歷史学研究』140 号，1949 年；后收入
氏著『清代社会経済史研究』、大阪市立大学経済学会、1972 年。

④　参见鹤见尚弘「明代における郷村支配」、『岩波講座 世界歴史』12、岩波書店、1971 年。

社会的控制①的研究状况。1970、1971年，重田德在对这段学术史做出回顾时，以"国家支配论""乡绅支配论"概括二者的理论共识，并强调乡绅支配不仅是乡绅地主对土地的所有权，更是包括人身控制等一系列封建权力在内的统治结构②。

乍见之下，"乡绅支配论"似乎有接近于"地方自治论"之处，但其实质并不相同。重田德等学者特别强调，乡绅地主是凭借优免特权才凌驾于庶民地主之上的，而优免权的来源正是国家权力，最终形成的是国家—在城乡绅地主—乡村社会的多层权力关系。因此，"乡绅支配论"是支持"国家与社会统一论"而非"游离论"的，其实质也可以称为"国家—乡绅二重支配论"。这种观点，与中国的吴晗、萧公权等学者比较接近。

20世纪70、80年代之交，伴随着对单线型历史发展观与阶级斗争论的反思，多数日本明清史学者都抛弃了支持阶级斗争、批判乡绅地主的研究思路，转而出现了"地域社会论"的新潮流。引导了这一潮流的森正夫，把地域社会视作表现出特定秩序的"场"，并认为经世济民型的乡绅在地域社会的"场"中负有相当责任，是地域社会的"指导者"，而不仅是阶级斗争中的"支配者"③。"地域社会论"的另一特点，在于关注社会中各群体的主观能动性，将地方政府、绅士、庶民都看作行动的主体，而不再强调他们在特定社会结构中的固有地位。在这一潮流之下，国家与社会的关系是"控制"还是"自治"，不再被视作某种确定的结构，而是作为不同主体交互行动的动态过程，去接受学者的观察与深描。国家与社会的关系究竟如何，看似也不再存在某种确定的结论。不过，国家——特别是地方政府作为国家的代表——作为行动主体之一，在地域社会论的讨论框架中一直具有在场的地位。地方社会从未被视作独立于国家的"自治共同体"。从这一意义上说，日本明清史学界80年代以后的研究走向，仍然延续了从"国家支配论"到"乡绅支配论"的学术脉络。

"地域社会论"开始占据日本明清史学界主流以来，也恰逢中国学界与

---

① 除上述北村敬直论文外，主要贡献来自小山正明（「明末清初の大土地所有」，『史学雜誌』66卷12号、67卷1号，1957、1958年）。

② ［日］重田德：《乡绅支配的权力与结构》，邱添生译，收入《日本学者研究中国史论著选译》第二卷《专论》，中华书局，1993年，第199—247页。

③ 森正夫：「一六四五年太倉州沙溪鎮における烏龍會の反亂について」，『中山八郎教授頌寿紀念明清史論叢』，燎原書店，1977年；「明末の社会関係における秩序の変動について」，『名古屋大学文学部三十周年紀念論文集』，1979年；「明代の郷紳—士大夫と地域社会との関連についての覚書一」，『名古屋大学文学部研究論集』26、1980年；「中国前近代史研究における地域社会の視点」，『名古屋大学文学部研究論集』83、1982年。

日本学界交流颇多的时代。从 80、90 年代开始直至近年来，中国的明清社会经济史研究，尤其是以华南研究为代表的区域社会史研究、历史人类学研究，也多展现出与日本学界"地域社会论"相似的学术倾向。地方官与地方社会中各种人群的不同利益诉求、他们之间的相互博弈，被置于地方社会的一个个场境中予以考量。在不断探问具体历史过程时，此类研究日益追求着精细化的描摹，却不免有着"失焦"的嫌疑。对不同时空、不同场境中各色人群相似或相反的抉择，要如何在宏观层面上予以比较和把握，大概是目今地方社会研究者们面临的最大挑战。

在近三十年中文学界对明清地方社会的丰富研究中，究竟是否存在对国家与社会关系的共通认识？这本身或许就是个问题。不过，笔者不揣浅陋，还是想要尽可能在这些研究中抽象出一点可以归约的因素。笔者以为，近三十年的研究重在讨论国家与社会的互动。虽然国家与社会各方都存在原因复杂、反应各异的各类行动，不过，既然认为存在互动，那么其前提必然是承认国家的在场，即社会不可能是"自治"的状态。同时，地方社会作为互动中的一方，也不可能是被动等待"被专制"的状态。积极肯定地方社会的主动性，是近年来明清史研究的特色，也是比吴晗、萧公权等人往前推进之处。不过，如果要再往前进一步，似乎还应该追问：社会究竟以什么方式与国家互动？在社会与国家的互动中，双方又各自居于什么地位？面对这些问题，近年的明清地方社会史研究似乎又迷失在了细节之中，并没有，甚至可能也没有试图去给出共通的答案。这是值得留意、亦有待突破之处。

（三）对"公共领域论"与"皇权不下县"的反驳

2000 年前后至今，如上文所述，海外传入的"公共领域论"与中国本土的"皇权不下县论"在社会科学界影响颇广。对于这些讨论，海内外史学界多有驳斥，也值得引起关注。

关于萧邦奇、冉玫铄、罗威廉的"公共领域论"，孔飞力、魏斐德、王国斌等学者提出过激烈的批评。双方争议的焦点，除了"公共舆论"概念是否适用于明清时代的中国之外，也涉及国家与绅士阶层及地方社会的关系问题。孔飞力指出，中华帝国晚期活跃的公共领域活动多半是对国家的一种非正式辅助，虽可能"对中央权威发动地方性挑战，却永远不是在体制的基础上对国家的挑战"①。魏斐德则指出，传统中国的绅士群体依附于国家权力，缺乏自主性，因而不能按照近代欧洲的"公共领域"或"市民社会"模式去解释近代中国②。王国斌则从"公"与 Public 语义上的区别入手，指出中国精英行为与西方的不同，从而论证使用"公共领域"概念的不合理性③。他们的反驳观点，其实在史实层面上并无新见，就是吴晗、萧公权等人主张的"国家控制论"的翻版。不过，即便如此，他们仍然指出了"公共领域论"的致命弱点，即生硬嵌套西方社会发展的模式。此后，罗威廉在回应中也承认了他使用的"公共舆论""公共领域"等概念不同于哈贝马斯。虽然他仍然强调明清中国"公论""公议""公评"的存在与作用，但对于如何理解这些概念、如何辨析其与西方"公共舆论"的不同，后续没有进一步展开④。

　　关于温铁军提出的"皇权不下县"观点，史学界的批评主要集中在两个方面。一是重申基层组织的存在，并指出宗族、士绅等社会自生组织、群体在基层社会建构中发挥的作用，不如国家编户齐民的基层组织发挥的作用大。秦晖最早提出这方面的批评。他指出，"皇权不下县"的观点，完整的概括应该是"国权不下县，县下惟宗族，宗族皆自治，自治靠伦理，伦理造乡绅"，并系统梳理了社会学界这一系列看法的脉络。他认为，这种观点是"晚清至民国的乱世国家对乡村基层的缺乏有效控制便被看作'传统'的常态"。通过证明汉唐间绝大多数村落并非同姓村，他指出唐以前乡村并不以宗族组织为基础构建，因而不可能存在宗族自治，并进一步表示，"在我国历史上的大部分时期，血缘共同体（所谓家族或宗族）并不能提供——或者说不被允许提供有效的乡村'自治'资源，更谈不上以这些资源抗衡皇权"⑤。鲁西奇对中国古代乡里制度的综合性研究，最后亦落脚于"皇权下县"的命题。他重申了王朝国家主导的基层组织对乡村自治势力的优越

---

　　①　［美］孔复礼：《公民社会与体制的发展》，《近代中国史研究通讯》第 13 期，1992 年，第 79 页。

　　②　［美］魏斐德：《市民社会和公共领域问题的论争——西方人对当代中国政治文化的思考》，张小劲、常欣欣译，收入邓正来、［美］杰弗里·亚历山大主编：《国家与市民社会：一种社会理论的研究路径（增订版）》，上海人民出版社，2005 年。

　　③　R. Bin Wong, "Great Expectations: The 'Public Sphere' and the Search for Modern Times in Chinese History", *Zhongguo Shixue*, Vol. 3, October 1993, pp. 7-50.

　　④　［美］罗威廉：《近代中国的公共领域》，伍国译，收入张聪、姚平编：《当代西方汉学研究集萃·思想文化史卷》，上海古籍出版社，2012 年。［美］罗威廉：《晚清帝国的"市民社会"问题》，邓正来、杨念群译，收入邓正来、［美］杰弗里·亚历山大主编：《国家与市民社会：一种社会理论的研究路径（增订版）》，上海人民出版社，2005 年。

　　⑤　秦晖：《传统中华帝国的乡村基层控制：汉唐间的乡村组织》，《中国乡村研究》第一辑，商务印书馆，2003 年。

性,认为"王朝国家自上而下建立起来的乡里制度,在相当大的程度上,就是要控制这些乡村豪强势力,削弱或消解其主导'乡村自治'的能力,并最终将'乡村自治'传统,纳入王朝国家的乡村控制体系中"①。

史学界对"皇权不下县"观点的另一方面的批判,则关涉传统国家职官设置是否下县的问题。这一方面的代表,是胡恒 2015 年出版的《皇权不下县?——清代县辖政区与基层社会治理》一书②。该书第九章着重梳理了"皇权不下县"一说的由来与辩驳意见,并提出了个人看法。当年,其要点还以《"皇权不下县"的由来及其反思》为题,发表于《中华读书报》③。胡恒指出,秦晖等人对"皇权不下县"一说的批判,主要以传统国家在基层建立非正式组织为据,来反驳"皇权不下县"的观念,但他认为这种反驳不足以从根本上动摇其理论根基。因此,他研究了清代县以下的正式职官与行政机构,认为同质的官僚体系的存在,才能够证明"皇权下县"。对这一提法,也有学者提出了不同看法。高寿仙即指出,皇权下县与否的争议,重点在"权"是否下县,而不在"官"是否下县④。

总体而言,2000 年前后至今,对"皇权不下县论"的反驳,主要是强调国家对基层社会的主导作用,反对对绅士、宗族功能的过分夸大。与吴晗、萧公权等前辈学者的观点相比,晚近的史学工作者已经不再强调绅权是皇权的延伸,反倒是接受了"地方自治"论者所提倡的、绅权作为皇权对立面的一面。不过,他们更愿意强调皇权通过官僚组织或基层组织的延展,而对于清中叶以前绅士、宗族力量的估计,要比 70 年代以前的学者更低。

四、夹缝中的"参政"问题

(一) 从"兴绅权"到"自下而上的轨道"

上述"地方自治论"与"国家控制论"的争论焦点,在于地方社会是否能够获得某种相对国家具有一定独立性的"自治权"。国家与社会权力关系的另一面,即社会是否能够"参政",或者说参与国家政策的制定,在中国社会史的讨论中则处于相对边缘的地位。后者在 20 世纪以来的史学与社会科学讨论中甚少被正面处理,这或许应该追溯到近代中国知识人对西方民

① 鲁西奇:《"下县的皇权":中国古代乡里制度及其实质》,《北京大学学报(哲学社会科学版)》2019 年第 4 期。另见鲁西奇《中国古代乡里制度研究》,北京大学出版社,2021 年。
② 胡恒:《皇权不下县?——清代县辖政区与基层社会治理》,北京师范大学出版社,2015 年。
③ 胡恒:《"皇权不下县"的由来及其反思》,《中华读书报》2015 年 11 月 4 日。
④ 高寿仙:《"官不下县"还是"权不下县"?——对基层治理中"皇权不下县"的一点思考》,《史学理论研究》2020 年第 5 期。

主的理解上。

梁启超最初提出中国存在"自治"传统的命题时，就曾将"自治"与"参政"做出对比。前文曾引述他在《论中国人种之将来》一文中的论述：

> 泰西所谓文明自由之国，其所以保全人权、使之发达者，有二端：曰参政权，曰自治权。而此两权之中，又以自治权为尤切要，此政治学者之公论也。虽然，参政权者，可以鼓国民之气，一跃而获之；自治权者，则恒因其历史习惯，积久而后成，非可以强致而骤得也。①

正是依照所谓的"政治学者之公论"，梁启超把"自治"放在了优先于"参政"的地位，并要去中国传统中找寻"自治"的踪迹。那么，有必要追问，所谓的"政治学者之公论"是什么？

"自治权"先于"参政权"出现，且"自治权"的有无比"参政权"的有无更体现出一个国家是否存在民主转型的社会基础——这样的观念，至少可以向上追溯到托克维尔。在其对美国与法国革命的著名研究中，托克维尔将美、法两国"中间群体"（无论乡镇、贵族或城市工商业团体）的自治，视作保障自由与民主的屏障。在托克维尔的分析中，若无这些"中间群体"的存在，人民作为原子化的个人，或不得不臣服于国家的专制集权，或走向激烈的革命与长期的动乱。因此，以中间群体为中心的自治，才是人民有序参政的前提②。这种基于美、法两国历史提炼出的政治学理论，不仅影响到梁启超与他的同时代人对清末民初中国社会的认识，事实上也一直影响着此后百余年间中国社会史学的关注重点。无论史学界或社会科学界，在讨论中国传统地方社会时，"自治"存在与否的问题，远较"参政"问题更受关注，其基础就是托克维尔的政治理论框架。

不过，梁启超本人倒并非完全无视"参政"问题，毕竟，这是清末维新立宪的目标之一。在同样写作于1899年的《戊戌政变记》中，他明确提出了"兴绅权"的口号，称"欲兴民权，宜先兴绅权"③。所谓"绅权"，即召开地方咨议局会议，让乡绅们广泛参与议政，决定地方各项事务是否当办、如何办理并为之筹措款项。这无疑即参政权的体现。不过，需要注意的是，相对

---

① 梁启超：《饮冰室文集》之三《论中国人种之将来》，《饮冰室合集》第2册，第252—253页。

② 托克维尔论法国城市自治，见［法］托克维尔：《旧制度与大革命》，冯棠译，商务印书馆，1992年，第83—91页；论美国乡镇自治，见［法］托克维尔：《论美国的民主》，董果良译，商务印书馆，1991年，第65—76页。

③ 梁启超：《饮冰室专集》之一《戊戌政变记》附录二《湖南广东情形》，《饮冰室合集》第17册，第4741页。

于从传统中寻找"自治"，梁启超并未从传统中寻找"参政"。他提出"兴绅权"时，并未追溯晚清现实存在的绅局公议传统，而是把绅士的议事权当作一种舶来品来介绍、鼓吹。这一点，应与他对"参政"和"自治"的不同认识有关。既然"参政权者，可以鼓国民之气，一跃而获之"，那么，中国是否存在"参政"的传统就并不重要。因此，不需要像论证中国存在"自治"传统那样，去论证中国也存在"参政"传统，反而需要把旧式的、不尽如人意的晚清绅局抛在一边，呼吁进一步"兴绅权"，建立与西式议会制接轨的新制度。

梁启超之后，在主张"国家控制论"的学者那边，绅权被视作皇权的延伸，"兴绅权"的主张自然要遭到批判。既然传统绅权是欺压小民的特权，而非对抗皇权的武器，绅士的"参政"，自然也被当作借以扩张特权的工具，不具备积极意义，亦不值得讨论。在主张"地方自治论"的学者那边，虽然他们的思路与梁启超大抵相似，皆以"自治"为讨论国家与社会关系的核心命题，但是，费孝通提出了"自下而上的轨道"，与绅士群体的"参政"亦有一定关联。

费孝通的"上下双轨"学说可以分为两个层面。在第一个层面上，他把国家与社会的互动分作了平行的两条轨道，并指出任何"健全的、能持久的政治"中都存在这样两条轨道。他提出：

> 政治绝不能只在自上而下的单轨上运行。……一个健全的、能持久的政治必须是上通下达，来往自如的双轨形式。这在现代民主政治中看得很清楚，其实即是在所谓专制政治的实际运行中也是如此的。①

在这一层面上，费孝通的学说是理论性的、具有普遍意义的。通过这一理论的构建，他也指明，传统中国即使是实行专制政治的国家，其中也必然存在社会向国家反向施加的压力，社会可以通过这种压力影响国家政策的制定。

第二个层面则是传统中国的这两条轨道具体如何运作的问题。在费孝通看来，政府指令自上而下传递，依靠的是差役、保甲、乡约等衙门的派出人员与官方编制的基层组织；社会压力自下而上传递，依靠的则是绅士、董事等乡村社会中自有声望之人。不过，对于绅士、董事如何传递社会压力，费孝通说得却比较模糊。他仅仅指出，"绅士可以从一切社会关系：亲戚、同乡、同年等等，把压力透到上层，一直可以到皇帝本人"②。依照此见，

---

① 费孝通：《基层行政的僵化》，收入《乡土中国》，第147页。
② 费孝通：《基层行政的僵化》，收入《乡土中国》，第150页。

则传统中国社会与国家间"自下而上的轨道"，只不过通过绅士的私人关系运作。这就存在两方面的问题：一方面，私人关系只能在暗箱中运作，容易让绅士肆意上下其手，于其间追逐私利，而不是为地方社会谋求整体福利；另一方面，这种私人途径也并没有制度保障，在国家力量孱弱时或许能发挥作用，但一旦国家力量足够强大，这一条"自下而上的轨道"是否还能长期维系，也值得怀疑。从20世纪40年代到21世纪，持"国家控制论"观点的学者，也正是从这两个方面，去否认绅士"参政"具备约束皇权的意义。

在笔者看来，费孝通的"上下双轨"学说，在第一个层面及理论层面上，应该予以积极肯定。确实，任何政治体要维持长久运行，没有"自下而上的轨道"是不可想象的，传统中国应该也不例外。但在第二个层面及史实层面上，他的概括却值得商榷。社会压力自下而上传递，如果仅仅停留在绅士的私人渠道上，那确实意义不大。除此之外，中国历史上究竟是否还存在更加公开的、更加制度化的渠道，这才是关键所在。

（二）"被统治的艺术"

在晚近的明清社会史研究中，无论是国内学界的区域社会史、历史人类学研究，还是日本学界的地域社会论研究，如上文所述，国家与社会的互动都是热点问题之一。如果要对应费孝通的学说，晚近史学研究中的"互动"，其实也应当相应于所谓"上下双轨"。国家作用于社会，即"自上而下的轨道"；社会反作用于国家，即"自下而上的轨道"。

按照"上下双轨"来分类，最近四十年明清社会史研究对国家与社会互动的看法，大致可以概括为两个面向。一面是国家作用于社会，即在国家政策的推行之余，激起社会涟漪般的反应，使社会衍生出千变万化的姿态。社会的这些变化并非国家推行政策的本来目的，但其激起的这些影响却不可避免。举例而言，近三十年来华南研究的热点问题之一，是明后期一条鞭法推行之后，乡村社会中总户—小户关系的生成，以及与之相应的宗族势力的生长①。在这一组关系中，国家赋役制度与编户制度的改革，原本是为了解决财政问题，但推行到基层社会中，就会引起社会相应的变化，在华南地区，最终引发不同家族的人们，为了追求赋役优惠而纷纷联户归宗，促进了宗族制的发展。

另一面则是社会反作用于国家，即社会各群体为了谋求自己利益的最

---

① 郑振满：《明清福建的里甲户籍与家族组织》，《中国社会经济史研究》，1989年第2期。刘志伟：《在国家与社会之间：明清广东里甲赋役制度研究》，中山大学出版社，1997年。

大化，以各种手段与地方政府博弈。在此过程中，制度的漏洞被发现、被利用，政策的本来目的被扭曲，各级政府亦随之主动或被动地修改制度和政策。过去四十年中，这一面向的研究已经充分揭示出，近代以前的传统中国中，社会具备这种逆向传递压力给国家、改变其制度和政策的能力。加拿大学者宋怡明在其新出版的专著中，对明清社会的这种能力给出了一个概括性的命名，称之为"被统治的艺术"。他还把"被统治的艺术"细分为四种策略：优化处境、近水楼台、制度套利、诉诸先例。当既有制度为社会带来不同影响时，社会群体就选择不同策略，以求获得最大利益。他们的策略改变了国家制度实施的结果，并逼迫国家开始新一轮的制度调整①。

上述两个面向的研究，在过去四十年中大大扩展了我们对传统国家与社会关系的认识。如今，我们已经深知：国家制度、政策的实施过程充满了走样、变形，社会并不只是被动地服从国家的一切指令，而是会在国家政令下博弈、改变、躲避、挣扎，或不动声色地违抗；国家也不会自大地认为颁布政令就解决了所有问题，而是会在实施过程中监督政令推行的效果，并直面社会的反应，陆续做出因地制宜的调整、改变。

不过，晚近研究在触及社会对国家的反作用时，往往是从利益争夺的角度切入的。为了争取利益，社会采取了什么手段，通常被置于从属的地位，并非研究者专门讨论的对象。而且，在社会使用的诸多手段中，从数量上占据上风的，往往又是那些小聪明式的"上有政策，下有对策"的办法。宋怡明所言"被统治的艺术"，其中的绝大多数策略都止步于此。研究者若不做刻意区分，很容易把社会的所有手段都当作无实质差别来对待，认为它们不过是服从于争权夺利者的工具。若利益的目的是正义的，则手段自然是正当的；若利益的目的是不义的，手段就不过是蝇营狗苟。若始终这样看待问题，最后难免落回到利益的正当性问题，亦即 20 世纪 40 年代的吴晗与费孝通之争：乡绅（或其他社会群体）究竟是代表皇权的压迫者，还是地方社会公共利益的代言人？然而，中间群体身上并存的这两个面向，注定让这个问题只是永无止境的争吵罢了。

想要跳出这个问题，就应该注意到，手段本身具有独立于利益、超越利益之上的价值。社会影响国家制度、政策，究竟是只能通过间接的、迂回的、要小聪明式的手段，逼迫国家做出相应改变，还是可以以公开的、直接的方式向国家喊话，公然要求变更政令？这才是触及政治体制性质的本质

---

① ［加拿大］宋怡明：《被统治的艺术：中华帝国晚期的日常政治》，钟逸明译，中国华侨出版社，2019 年。

差别。当然，在任何一个政治体中，社会都会同时以以上两种类型的手段反作用于国家。即便是在 21 世纪的民主政体中，社会与国家之间也决计少不了各种间接迂回的斗智斗勇。若将 18 世纪以前的中国与今天的世界进行对比，或许间接、迂回的斗争还要更多一些，公开、直接的参政则要更少一些。不过，这依然不能抹杀二者的差别，更不能抹去后者存在的进步意义。本书将要讨论的"地方公议"就是后者——明清时期地方社会参与政治的公开、直接的手段。对于当时的国家与社会而言，这或许只是它们多重关系之中并非最重要的一重。但笔者愿意将注视的目光聚焦于此处，希望从中发掘近代早期中国社会的新动向，探寻国家与社会关系发展的中国本土资源。

第三节　本书的研究设计

一、章节安排

本书正文将以五章的篇幅对 16—18 世纪中国的地方公议展开研究。这五章的内容依序安排如下。

第一章探讨地方公议发展形成的历史过程。16 世纪中叶以后的地方公议并非兀然出现。在中国的历史长河中，地方公议的前身可以追溯到几个不同的源头，包括官员向地方耆老咨问政务的传统、士林清议的传统以及士大夫经营地方的传统。该章回顾这些不同传统的历史，并考察这些传统在明代发生了怎样的变化，最终汇聚成 16 世纪以后的地方公议。最令人瞩目的两点变化在于，一则乡绅、生员、里老等不同社会阶层开始共聚一堂，商议同一桩地方公务，二则绅士耆老开始以"合邑"——某一州县全体人民——的名义写立公呈，以此发出社会自己的声音。该章也将讨论，为什么这些因素将 16 世纪以后的地方公议与其前身区分开来，赋予其特殊的历史地位。

第二章探讨地方公议的程序问题，具体包括两方面的内容。首先，该章将关注地方公议在政府行政程序中的地位。地方公议之所以变得重要，不仅是因为地方社会有意愿对公共事务进行讨论，更是因为政府需要吸纳地方社会的意见，因此在行政程序中给予了地方公议相应的地位。地方公议出现在行政程序的哪些环节之中？何时是必要的，何时是非必要的？回答这些问题,是该章的首要任务。其次,当地方公议以集会会议的形式举行时,其举办程序又当如何? 公议的举办时间(频次)、地点、召集、议事以及决议的方式,将是该章关注的第二大问题。受到史料的限制,该章无法全面探讨各种地方公议的举办程序,只能基于《祁彪佳日记》中的详细记载,尝试以明末浙江的乡绅公议为例予以说明。

第三、四两章探讨地方公议在各类行政事务中的实际运用。哪些地方事务需要交由绅士耆老公议讨论? 对于这一问题,明清两代都没有相关制度规定,只能从实际案例中归纳总结。这两章将从 16、17 世纪的地方志、文集、笔记、日记等各类史料中撷选大量地方公议的实际案例,依照所涉事务的不同分类,展示地方公议丰富而生动的实态。其中,第三章尽可能展示地方公议触角所及的广阔领域。在这一章中,我们将看到依照惯例定期举行的官员求言公议,以及针对地方行政区划的调整、地方人物的旌奖惩治、明清鼎革之际的政治选择等各类情况而专门召开的地方公议。第四章则将专注于赋役钱粮领域的地方公议。"无代议士则不纳税",被认为是西欧议会政治兴起的重要标志。对于明清中国而言,地方公议对赋役钱粮究竟拥有多大的话语权,同样是评判其地位的重要标准。因此,该章将详细区分赋税、徭役、(经制外)地方杂役等不同内容,探讨针对赋役的不同组成部分,地方公议究竟分别能够起到多大的作用。

第五章探讨明清时代人们对地方公议弊病的认识,以及这种认识如何在 18 世纪推动清朝统治者去整顿、改造地方公议。地方公议作为绅士耆老自下而上参与政治的工具,从一开始起就对自上而下进行统治的王朝政治秩序构成挑战。当时人在面对这些挑战时,不免要产生困惑、疑虑,对地方公议的非议也就随之诞生。"挟制官府""假公济私"是时人为地方公议安上的两个主要罪名。在对地方公议的种种非议中,清廷将如何整顿地方公议,又如何将地方公议引导向统治者所期待的方向呢? 该章将审视 18 世纪地方公议变迁的历史,也将尝试回答,地方公议在 17 世纪发展至顶峰以后,为何没有继续发展壮大下去。

最后,本书结论部分将再次回顾 16—18 世纪地方公议的发展史,尽力对地方公议的历史地位予以恰当的评价;并将回到国家与社会关系的话题,尝试阐明地方公议研究为理解传统中国国家与社会的关系,带来了哪些新的认识。

二、史料基础

有关地方公议的记载十分零散,笔者希望尽可能丰富地展现地方公议的历史，从各类史料中提取相关信息。在此概述本书中主要利用的以下七类史料的情况：一为《实录》《会典》等官修史书、典志；二为诏令奏议；三为官箴书、政书、地方公牍集；四为地方志；五为文集；六为笔记；七为日记。

第一，明清两代的《实录》《会典》等官修史书、典志，是明清史研究的基础史料，其中也包含了一些与地方公议相关的记载。《实录》中的相关记载包括明清两代大臣、言官与地方公议相关奏疏的摘要，以及皇帝的相关谕旨。特别是在本书追溯明代前期公议发展历史的时候，往往缺乏一手的公文史料，《明实录》中的相关记载就成为最为原始而有价值的记录。《会典》中则包含了若干与地方公议相关的法规条例。虽然明清两代都没有专门针对地方公议设立制度规定，但在监察官询访军民舆情、地方官定时接受士民参谒、乡贤名宦祠祀与节妇孝子旌表等方面，明清两代的《会典》都有明确规定，而这些场合都可以算作地方公议的某一类型。因此，《会典》中的相关记载对探明地方公议也非常重要。此外，在本书第一章追溯元代以前地方公议的历史渊源时，也主要根据历代正史中的记载进行简要梳理。

第二，诏令奏议是比《实录》《会典》更为原始的中央层面的官方文献。在本书研究的主要时段即16—18世纪，有大量省级官员（总督、巡抚、巡按等官）的奏疏留存至今，这些奏疏中经常引用地方官的申文、详文，其中又会间接引用本地绅士里老人等的公呈。奏疏中这种公文套引的形式，既证明了地方官需要召开地方公议、取具士民公呈作为公文凭据等一般行政流程，又大量保存了地方士民公议、公呈的简要内容，可据以探究地方公议的内容。发布自皇帝的诏令、谕旨中，则会对官员反映的问题作出指示，通常涉及的是地方公议中弊病的一面。在本书第五章讨论18世纪清廷对地方公议的限制时，会较多地引用到这些谕旨。

第三，官箴书是写给新任地方官的为官指南，其中会详细说明如何处理各类地方政务，有时还会叙及作者自身的为官经验。在明清两代的官箴书中，都会谈及官员在哪些场合下应该听取本地乡绅、生员、里老、庶民人等的意见，应该上门拜访还是召集他们前来问话，对他们的意见应该当场反馈还是默默记下或索性不予理睬，以及在哪些场合应该取具士民公呈作为凭据。在作者叙述自身经验的时候，有时也会提及地方公议的具体案例。除官箴书之外，还有一些为处理专门政务而编写的政书、地方官个人的公牍集以及由书商收集出版的公牍总集，其中也会包含写给官员的建议。官箴书、政书中的上述内容，有的站在地方官的角度，给出了应该召开地方公议、取具地方公呈的理由，有的详细说明某类情形下地方公议的召开情况,有裨于该类内容地方公议的具体研究。不同时代官箴书中对上述内容的不同说明,有助于分析地方公议历史的发展。此外,当地方上发生重大案件时,地方人士有时会专门收集编纂备要性质的地方公牍集,如《丝绢全书》等。这些公牍集会集中收录关于某一案件的各类公文(包括士民公呈),对本书的研究更是大有裨益。

第四,地方志中有大量反映本地方突出问题与政区、赋役等制度变革的材料,其中也包括收录的各级官员为解决地方问题而往复申详、批示的公文,以及同样被纳入公文流程的本地绅士里老的公呈。即使地方志中没有收录士民公呈的原文,其中收录的地方官公文中也会大量引用士民公呈。这些记载可以看作稍简略版的专门公牍集,同样是本书分析讨论各种类型地方公议与公呈时的主要资料来源之一。

第五,文集中保存着相当数量的士民公呈、乡绅公书等集体文书。在文集的书信部分中,常常能看到乡绅就地方公事写给官员的书信、揭帖,其中有一部分冠名为"公书""公启""公揭",是以连名者的集体名义写具的,但也会收入主笔者的文集中。在少数生员的文集中,还能看到他们主笔的"公呈"。如果文集作者死后入祀乡贤、名宦等地方祠庙,保举他入祀的士民公呈往往也会收入他文集的附录之中。文集中的"议"文,则有相当部分是为地方公议提前准备的议单的内容。此外,文集中的其他文章,包括私人书信、传记、碑记等文章,也会偶尔叙及地方公议或公呈,其中包括了一些相当详尽的对公议或呈递公呈过程的描述。笔者在本书的各个部分,都会利用文集中的上述内容。

第六,笔记对地方公议的记载最为零散,但往往生动、形象,极具画面感,能迅速而直观地让人建立起对地方公议情景的印象。笔记中还经常夹杂着作者对公议情形前后变化或其中弊病的评论,对于把握公议的概况、前后发展与其中的问题也很有帮助。本书的各个章节都会间或引用这些笔记中的材料。此外,有关明清鼎革之际政治抉择的地方公议,《江阴城守纪》《金坛公是录》《金坛狱案》等笔记提供了最为详尽而生动的记载。在本书第三章第四节中,将主要依据这些笔记进行记述与分析。

第七,日记作为当事人记载的第一手史料,记事具有原始性、现场性等特点,是比较特别而弥足可贵的材料。18世纪以前的日记流传至今的为数无几,但其中恰好有两部留下了关于地方公议的记载,它们分别是祁彪佳的《祁彪佳日记》和李日华的《味水轩日记》。姚廷遴的《历年记》虽然是作者根据自己日记另行编纂的自撰年谱,但性质也与日记类似。这些日记大多从乡绅等地方公议参与者的角度，而非官员的角度记载公议，可以补充官方史料视角的不足。某些日记段落中有着对地方公议召开以前的准备、公议现场的议事场景以及决策方式等内容的详细记载，在这些方面更是具有无可替代的重要性。在本书利用的日记史料中，《祁彪佳日记》记载了祁彪佳本人亲自参加的四十余次地方公议，其中不乏对公议召集、议事、决议等过程相当详细而具体的记叙。此外，该书还八十余次提及祁彪佳参与起草、修改、签署乡绅公书等集体文书。这些记叙对于本书的研究而言都弥足珍贵，本书尤其是第二章第二节对地方公议召开程序的讨论中将会多次引用。

第一章　地方公议的形成

虽然直到 16 世纪以后,绅士里民公议地方公事的情况才在史籍记载中变得普遍,但是,官府召集民间人士并询问地方疾苦与应对措施的做法,并非直至此时才横空出世。相反,上至朝廷,下至郡县长吏,历代都不乏向在野贤士或父老乡官询问民间疾苦、咨访意见的故事。16 世纪以降的地方公议,正是在这样的政治文化传统中逐渐酝酿成型的。本章的第一节,就将在中国古代的漫长历史中,追溯地方公议的几个不同源头。

在第二、三两节中,我们将考察这些不同源头是如何在明代汇聚,最终形成 16 世纪以降绅士耆老共同参与的地方公议。其中,第二节将从集会议事的角度切入,梳理明前期里老人、生员、乡士大夫不同的言事传统,并探讨不同社会群体是如何在明中叶以后开始共同议事。第三节则将从文书的角度切入,考察地方公议最终形成的文书体例的变化,并重点说明"合邑公呈"的形成对于地方公议地位的重要意义。16 世纪后半叶以降的地方公议与合邑公呈,相比于前代一直存在的父老集议、连名呈状,究竟产生了哪些不同? 是哪些变化让地方公议的地位变得越来越重要? 这是本章中将要予以回答的问题。

第一节　地方公议的历史溯源

一、问政耆老的传统

地方公议的源头之一,是历代官员就地方利病访问当地耆老的传统。

早在西汉初年,汉高祖刘邦就明令规定,设置县、乡三老,并让官员向之求问地方民情。高祖三年令:

> 举民年五十以上,有修行,能帅众为善,置以为三老,乡一人。择

> 乡三老一人为县三老，与县令丞尉以事相教，复勿繇戍。以十月赐
> 酒肉。①

所谓"与县令丞尉以事相教"，即县三老可以向县中官员反映民情、建言地方政务。县三老甚至可以直接向皇帝上书，奏言官员为政得失。如汉成帝时，京兆尹王尊被罢官，"湖三老公乘兴等上书讼尊治京兆功效日著……书奏，天子复以尊为徐州刺史，迁东郡太守"。之后，王尊在东郡治水，身亲守堤，不避危殆，又有"白马三老朱英等奏其状"②。所谓"湖三老""白马三老"，"湖"与"白马"都是县名，可见县三老可以直接上奏御前。因此，严耕望提出，汉代的县、乡三老是"乡里民官率民参政者"，"县三老近于县参议长，乡三老近于各乡选出之县参议员"③。吉书时亦以为，汉代县、乡三老"具有民间代表的性质"④。

县、乡三老以下，汉代里中又设父老。不过，或许因为县、乡三老已时时与官员"以事相教"，汉代官员直接向里父老问政的记录倒不多见。不过，也有例外。如汉宣帝时，张敞任京兆尹，当时"京师浸废，长安市偷盗尤多，百贾苦之"。张敞上任前已视禁偷为己任，"既视事，求问长安父老"。父老告以偷盗酋长数人情形，而张敞随即据之制定了抓贼禁偷的策略⑤。这个故事中，张敞的目标已经非常明确，就是要禁止长安市中的偷盗，因此才找了相应的里父老来求问。由此亦可见，汉代官员向三老、父老求问民情，面对的三老、父老人数相当有限。他们的问政三老、问政父老，是就事论事地去向"专家"求教，而不是召集全县三老、父老开大会。

魏晋以后直到唐中叶的中古时期，随着地方豪强的崛起，三老、父老作为"民间代表"的角色，逐渐被各种土豪、世家取代。两晋南北朝时期，国家甚至不再明令设置县、乡三老与里父老。他们作为社会领袖的角色，被"乡望""民望"所取代，而后者并不由政府任命，没有"被正式嵌入地方行政体制之中"⑥。唐初又恢复了每乡一名"耆老"的设置，亦称"父老"⑦。但直至

---

① 班固：《汉书》卷一《高帝纪》，中华书局，1962年，第33—34页。

② 班固：《汉书》卷七六《王尊传》，第3234—3237页。

③ 严耕望：《中国地方行政制度史 甲部 秦汉地方行政制度》，"中研院"历史语言研究所，1990年，第245页。

④ 吉书时：《略论汉代的三老》，《北京师范大学学报》1983年第6期，第82页。

⑤ 班固：《汉书》卷七六《张敞传》，第3221页。

⑥ 参见牟发松《从三老到民望》，《许昌学院学报》2011年第4期。

⑦ 杜佑：《通典》卷三三《职官十五·州县下·乡官》："大唐凡百户为一里，里置正一人；五里为一乡，乡置耆老一人，以耆年平谨者，县补之，亦曰父老。"王文锦等点校，中华书局，1988年，第924页。

唐中叶以前,基层社会的权力结构,依然在很大程度上延续着魏晋南北朝以来的状态。在扮演"民间代表"的角色、接受官员访问或向官府请愿的事务中,"乡望"与"耆老"一度平分秋色。到了唐后期至五代时期,"乡望"的身影才逐渐淡出,"耆老"再一次成为承担各类地方事务、并向官府乃至朝廷反映民意的重要角色①。

到了北宋,"耆老""父老"再一次成为地方社会中的领袖人物,地方官向耆老问政的记载也逐渐增多。柳田节子撰有专文讨论宋代的父老,并举出了不少地方官员向他们咨询地方事务的例子②。譬如,北宋初年,宣徽北院使李处耘权知扬州时,"召属县父老,访民间疾苦,悉去之"③。仁宗年间,范仲淹在《上执政书》中建议:"既已开导沟洫,复须举择令长,使询访父老,研求利病,数年之间,力致富庶。"④神宗年间,江都县令罗适"乃出行诸郊,所过召其耆老,问以疾苦及所愿欲而不得者,为罢行之"⑤。哲宗年间,扬州知州苏轼在奏状中也提到,"所至访问耆老有识之士","臣每屏去吏卒,亲入村落,访问父老,皆有忧色"⑥。

到了南宋与元代,耆老、父老与地方政府的关系,在两个方向上出现了值得注意的变化。第一,地方官府开始普遍设置"父老""耆老"的员额,甚至发给廪俸,部分地方的"耆老"出现了职役化的倾向。这是中国历史上,自汉代县、乡三老之制以后,又一次出现"耆老"有固定员额、由官府任命的情况。南宋文天祥在《跋刘父老季文画像》一文中写道:

> 州有父老员若干,月给廪俸若干。太守岁二月出郊,号为劝农,则召是二三父老者,俾听劝戒之辞,吾农实无所闻,其代而闻之者,斯人也。田里有疾痛,或水旱,则父老以其职,得转闻之长民者。然则其事亦不轻矣。刘季文齿望八帙,盖父老之一。以一州之人,高年者盖多

---

① 参见穴沢彰子「唐・五代における地域秩序の認識—郷望的秩序から父老的秩序への変化を中心として—」,『唐代史研究』第 5 号、2002 年 6 月。

② 柳田节子:『宋代の父老—宋代専制権力の農民支配に関連して—』,「東洋学報」第 81 卷第 3 号、1999 年 12 月。中文缩译见[日]柳田节子:《宋代的父老——关于宋代专制权力对农民的支配》,游彪译,收入本书编委会:《漆侠先生纪念文集》,河北大学出版社,2002 年。

③ 李焘:《续资治通鉴长编》卷一,建隆元年十一月乙丑,中华书局,2004 年,第 29 页。

④ 范仲淹:《范文正公文集》卷九《上执政书》,收入《范仲淹全集》,李勇先等点校,中华书局,2020 年,第 185 页。

⑤ 秦观:《淮海集》卷三八《罗君生祠堂记》,《淮海集笺注》,徐培均笺注,上海古籍出版社,2000 年,第 1239 页。

⑥ 苏轼:《苏轼文集》卷三四《论积欠六事并乞检会应诏所论四事一处行下状》,孔凡礼点校,中华书局,1986 年,第 957、959 页。

矣，而刘得以寿考隶官之籍，且其得禄如在官，晚节有光焉。①

刘季文作为州父老，"隶官之籍""得禄如在官"，身份似近于吏役，而地位高于吏役。元代耆老亦有名额设置，在官府名籍中的耆老还有免役特权。朱德润在《资善大夫中政院使买公世德之碑铭》中记载："京城耆老旧设五十名，近五门南城续增设一百名，皆富商托此庇役，乞止仍旧。朝廷皆从之。"②这些耆老涉足事务繁杂，替地方官府向乡里传达政令，向地方官提供资讯和建议，也负责乡里的劝农、教化，申请地方善人的旌表，品评地方官员的政绩③。

　　第二，地方官向耆老问政时，除了像前代一样，在外出询访时召见一二名耆老，向他们个别咨询事务外，有时还将一县甚至一州、一府的耆老一并召集到官府所在之处，以类似会议的形式，广泛听取众人的意见。如南宋建炎四年，金兵南下，建康既陷，两浙宣抚使周望与知平江府事汤东野"集耆艾、士夫、僧道，问所以为计者，且曰：'今战守皆无策矣。'盖其意在迎降，而欲众发其端，士民不答而罢"④。再如元代皇庆二年，监察御史言镇江路公田租额太重，行文江浙行省查勘，文下金坛县，该县县令"会集耆老"，询访得南宋贾似道公田法的详情，方知公田租重的起源⑤。这些记载有的发生在战时的紧急状况下，也有的发生在日常的行政程序之中。官员向耆老询问的内容也各各不同，可能是探问民间疾苦，可能是询访故实成例，也可能是遇到难题、求计问策。不过，官员召集耆老、进行集体咨访的办法却大略相同。由此可见，宋元时期应该已经存在地方官员召耆老集会问政的习惯。这便是明清时期耆老参加地方公议的直接起源。

　　历代官府与耆老的关系，反映出中国历代王朝与民众关系的一个侧面。任何政权的长期维系，都离不开作为被统治对象的民众的支持。民意向政权的传达、政权对民意的回应，是连结政权与民众的必需纽带。历代的耆老，就起到这一纽带的作用。耆老作为民意的代表者、反映者，其身份

　　①　文天祥：《文山先生全集》卷一〇《跋刘父老季文画像》，《四部丛刊》景明本，商务印书馆，1919年。
　　②　朱德润：《存复斋文集》卷一《资善大夫中政院使买公世德之碑铭》，《续修四库全书》第1324册影印明刻本，上海古籍出版社，2002年。
　　③　参见苏力：《耆老与元代基层社会的控制》，中央民族大学历史系编：《民族史研究》第7辑，民族出版社，2007年。
　　④　李心传：《建炎以来系年要录》卷三一，建炎四年正月庚戌，胡坤点校，中华书局，2013年，第706页。
　　⑤　至顺《镇江志》卷六《赋税·秋租》，《宋元方志丛刊》第3册影印清道光二十二年丹徒包氏刻本，中华书局，1990年。

地位植根于父家长制的社会结构,同时又因官府的垂询、因其在官府与基层社会间的沟通能力而得到强化。从以上梳理中可以看到,官府是否对耆老身份进行授命、耆老是否具备"在官"的身份,历代各不相同,官府授予耆老的权力范围、各级官员向耆老咨询政事的方式,历朝也有所差异。这些差异也影响着耆老在基层社会以及对官府关系中权力大小的变化。

不过,就笔者所见而言,元代以前各种名目的地方耆老,在与地方官府的关系中,多是被动的、不甚活跃的。虽然具备民意代表、民情反映者的身份,但他们一般只在接受咨询后才发表意见,而非主动向官府上告民隐。只有在少数的场合,譬如申请旌表、为官员立德政碑等,他们才偶尔表现出主动性,而这些场合恰恰与特定人物的利益直接相关,很可能在耆老的背后还有其他势力在运作。各级官员向耆老咨询的记录,也只是零星的、散见的,似乎尚未形成常规的、制度化的咨询规范。在此情形下,似乎很难想象,元代以前的耆老能够通过这种问询—被问询的关系,对官府产生持续的、足够有力的影响。

二、士人清议的传统

地方公议的源头之二,是读书人的清议传统。

所谓清议,即激浊扬清之舆论。从"清议"一词在中国历史上出现开始①,其主体就是读书人,或者说士人,其中又以并未担任官职的、在野的士人为绝大多数。魏晋以降,中国的读书人以清议为维护天下风俗的利器,因而推崇备至。顾炎武在《日知录》中专设"清议"一条,其中说道:"天下风俗最坏之地,清议尚存,犹足以维持一二。至于清议亡而干戈至矣。"②这句话足以代表明清时代读书人的普遍看法,由此亦可见清议传统对明清士人的巨大影响。读书人通过清议参与公共生活、维护天下风俗的悠长历史,鼓舞着明清士人继续发挥这股力量,参与到地方公议中去。

在中国历史上,士人清议最早受到瞩目的时代是东汉末年至魏晋南北朝时期。当时,士人清议的内容包括两个主要方面。第一,如周一良先生指出的那样,清议是"东汉以来乡里中形成的关于某个人的舆论"③。两汉

---

① "清议"一词最早出现于魏晋南北朝时代,参见孙立涛《汉代清议研究述论》,《天中学刊》2020 年第 6 期。

② 顾炎武著、黄汝成集释:《日知录集释》卷一三《清议》,栾保群、吕宗力点校,上海古籍出版社,2006 年,第 766 页。

③ 周一良:《两晋南朝的清议》,收入《魏晋南北朝史论集续编》,北京大学出版社,1991 年,第 116 页。

实行察举制，由地方长官向朝廷推荐人才，不仅看重被举荐人才的才能，更看重其人品道德。然而，官府并不能垄断对士人才能与人品道德的评判权。于是，东汉以后，王朝选士日益陷入"以名取士"的窠臼，而清流名士集团亦随之兴起。士人着意培养名望，以求荐举出仕。赵翼《廿二史札记》卷五"东汉尚名节"条称："盖当时荐举征辟，必采名誉，故凡可以得名者，必全力赴之，好为苟难，遂成风俗。"①成就士人名望的，则是同时代士人社会交际圈中共同形成的人物评价，亦即"清议"。士人通过士林交游谈论、参与清议，在士人中建立起自己的名望，进而争取获得举荐，以清流身份踏入仕途②。

曹魏设立九品中正以后，直至两晋南朝，清议成为品评升降人才的制度性元素。中正官根据清议来厘定某人的乡品，从而向国家提供给予或升降他的官位的依据。魏晋时期的中正制度特别强调清议出自乡里。《晋书·卫瓘传》谓之曰，"其始造也，乡邑清议，不拘爵位，褒贬所加，足为劝励，犹有乡论余风"③。不过，这并不等于清议的主体从士人转移为乡官父老。由于中正采听"乡邑清议"的目的仍然是为朝廷选士，其品评内容仍然是士人的才学与儒家道德。当时因有犯清议而被贬逐者，多因干犯名教，如居丧、葬亲、婚配不守礼之类④。这些清议，自然不是出自乡野之人，只可能是士林同侪的舆评。所谓"乡邑清议"，其实也就是同乡士人群体对某一士人的评价。至此，同一地方的士人群体基于其交游往还而彼此了解，在此基础上形成对各个士人的评价，构成了士林清议的基本内容。

第二，东汉末年，士人清议所品评的人物超出一般官僚或官僚候补者的范畴，开始以清议品评当朝大臣，影响大臣的任免，此时，清议内容就延伸至干预朝政的领域。桓、灵时期的两次党锢之祸，都是因为此种清议产生的。《后汉书·党锢列传》谓之曰："逮桓、灵之间，主荒政缪，国命委于阉寺，士子羞与为伍，故匹夫抗愤，处士横议，遂乃激扬名声，互相题拂，品核公卿，裁量执政，婞直之风，于斯行矣。"⑤党锢之祸中，清议的参与者虽然也波及地方上的一般士人，但尤以太学生为其首。桓帝时期，郭林宗、贾伟节

---

① 赵翼：《廿二史札记校证》卷五《东汉尚名节》，王树民校证，中华书局，1984年，第102页。

② 参见阎步克《察举制度变迁史稿》，辽宁大学出版社，1991年，第81—89页。

③ 房玄龄等：《晋书》卷三六《卫瓘传》，中华书局，1974年，第1058页。

④ 参见赵翼《廿二史札记校证》卷八"九品中正"，第165—167页；周一良《两晋南朝的清议》，收入《魏晋南北朝史论集续编》，北京大学出版社，1991年。

⑤ 范晔：《后汉书》卷六七《党锢列传》，中华书局，1965年，第2185页。

为太学"诸生三万余人"之冠,而"与李膺、陈蕃、王畅更相褒重"①。李膺被诬告,理由也是他"养太学游士,交结诸郡生徒,更相驱驰,共为部党,诽讪朝廷,疑乱风俗"②。及张俭被逮,汉廷大举钩党,又"捕系太学诸生千余人"③。可以说,党人一方的主要支持者正是参与清议的太学生。由于此时清议推崇的三君、八俊、八顾等士人,都是天下所宗的一时英士,其名望不限于一郡一邑,故而推崇他们的力量也不以乡邑清议为限。作为引领全国士林舆论的太学生,在其中就发挥起重要作用。

隋唐时期,随着中正制度的废止,士人群体的清议活动亦暂时停寂下来。"清议"一词虽仍偶见于史籍,但不过泛泛指官僚群体内对某人的评价,不同于东汉至六朝规模浩大、足以影响朝廷选人任官的清议。不过,及至宋元以降,随着地方学校的普遍建立,士人清议开始以"学校公论"的形式重返历史舞台。

北宋庆历新政以后,各州开始大规模兴建地方学校,学校取士制度亦日益完善,官学学生逐渐发展成了一大社会群体。元代更在此基础上建立了遍及全国的地方儒学制度。于是,所谓"士林",在宋元以降的社会中,大致可等同于官学学生。宋代士大夫群体中还出现了"公论出自学校"的观点。陈康伯云:"大抵学校者,礼义相先之地,而公论所从出者也。"④林景熙引周元龟语云:"祖宗三百年,学校公论所自出,奈何摧折之乎!"⑤元人亦沿袭此语,谓"世之所谓公论,往往归之学校"⑥"学校公论所自出"⑦。在理学推崇"公"的背景之下,士人间的议论被赋予了"公论"之名;发出"公论"的主体不再是模糊的士人群体,而是明确指向了各级官学中的学生。"士人清议",也就从此以"学校公论"的形式表现出来。

宋元时代"学校公论"的内容,与东汉魏晋南朝时期的"士林清议"相似,在地方与中央有着不同表现。

---

① 范晔:《后汉书》卷六七《党锢列传》,第 2186 页。

② 范晔:《后汉书》卷六七《党锢列传》,第 2187 页。

③ 范晔:《后汉书》卷八《孝灵帝纪》,第 333 页。

④ 陈康伯:《陈文正公文集》卷六《纲目》,《四库全书存目丛书》集部第 15 册影印清康熙二十九年刻本,齐鲁书社,1997 年。

⑤ 林景熙著,章祖程注:《林景熙集补注》卷五《宋朝请大夫太常寺簿知台州周公基志铭》,陈增杰笺注,浙江古籍出版社,2012 年,第 440 页。

⑥ 张伯淳:《养蒙文集》卷二《送白廷玉赴常州教授序》,《景印文渊阁四库全书》第 1194 册,台湾商务印书馆股份有限公司,2008 年。

⑦ 郑元祐:《侨吴集》卷一一《长洲县达鲁花赤元童君遗爱碑》,《郑元祐集》,邓瑞全、陈鹤点校,吉林文史出版社,2010 年,第 172 页。

在地方上，"学校公论"以地方官学学生为主要参与者，形成对本地方人物的评价，从而影响该人物的旌表、崇祀。举例而言，如北宋元符年间，知建昌军事管师仁在军学文庙右翼建四贤堂，祭祀本地的四位先贤。当时，他曾召集该学诸生，征求他们的意见：

> 一日，集诸生而语之曰："吾闻旴江世多君子，有若李泰伯、曾子固、王补之、邓圣求者，岂其人欤？"诸生避席，翕然应之曰："然。"①

又如元至顺年间，徽州路歙县人、生前官至泉州路录事的郑千龄去世后，他家乡徽州路儒学教授以关文为他拟请谥号"贞白"，并请求将他生前所居歙县"善福里"更名为"贞白里"。该儒学教授在其关文中提到，他的所请来自与当地儒学诸生等人的会商：

> 卑职乃会诸生及先生所往还，与其徒聚曰："谥以易名，其来尚矣。古之贤者必有谥。其或困于贫贱，厄于下僚，法不得请于太常，则其徒自相与谥，以旌其德，以饬其风，庶使为善者知劝，愿学者有师。"②

显然，儒学诸生参与了为郑千龄请谥的事件。而且，他们是在本地儒学教授的主持之下，通过聚会议事的方式，参与到这起请谥事件中来的。

在中央，"学校公论"则以太学生为主要参与者，通过太学生上书干预朝政的形式表现出来。早在北宋仁宗庆历年间，太学生何群就曾上书建议废罢科举③。北宋末年、南宋初年，太学生陈东连续多次上书，坚决主张抗金，并请诛奸佞小人、任用主战忠良、亲征还都等等。陈东上书时，就已不只是他个人的活动。他"复率诸生伏宣德门下上书"，俨然是作为太学生领袖，带领太学生集体上书。当时还有"军民从者数万"，更可见太学生的"学校公论"足以带动社会上的舆情。宋廷亦为之不安，以至于"时宰议屏伏阙之士"，所幸最终未演变为大狱④。到了南宋，在危机四伏的时局之下，太学生集体上书事件更为频发。孝宗时，太学生张观等七十二人伏阙上书，"请斩汤思退、王之望、尹穑，窜其党洪适、晁公武，而用陈康伯、胡铨等，以济大计"⑤。光宗时，太学生汪安仁等二百一十八人上书，请光宗至重华殿朝觐

---

① 正德《建昌府志》卷七《学校》，傅拳《四贤堂记》，《天一阁藏明代方志选刊》第34册影印明正德二十年刻本，上海古籍书店，1982年。

② 郑烛编：《济美录》卷二《改善福里为贞白里帖》，《四库全书存目丛书》史部第95册影印明嘉靖十四年家塾刻本，齐鲁书社，1997年。

③ 脱脱等：《宋史》卷四五七《隐逸列传·何群》，中华书局，1985年，第13436页。

④ 脱脱等：《宋史》卷四五五《忠义列传·陈东》，第13360—13361页。

⑤ 脱脱等：《宋史》卷三三《孝宗本纪》，第628页。

太上皇,以尽孝道①。宁宗时,太学生杨宏中等六人上书,"留赵汝愚、章颖、李祥、杨简,请黜李沐"②,又太学生何处恬等伏阙上书,"以工部尚书胡榘欲和金人,请诛之以谢天下"③。理宗时,同知枢密院事杜范因不屑与参知政事李鸣复同朝为臣,挂冠而去。太学诸生上书挽留杜范,而欲贬斥李鸣复,并斥丞相史嵩之④。又史嵩之遭父丧,而希求夺情起复,于是有"太学生黄恺伯、金九万、孙翼凤等百四十四人,武学生翁日善等六十七人,京学生刘时举、王元野、黄道等九十四人,宗学生与寰等三十四人,建昌军学教授卢钺,皆上书论嵩之不当起复"⑤。南宋太学生的这些集体上书活动,仍然延续着士人清议的传统,以击斥奸佞、维护忠良为核心内容,用学校公论影响朝廷用人。

　　总之,从东汉魏晋南朝时期的士人清议,到宋元时期的学校公论,其实一脉相传,皆以士人群体品评人物为核心内容。同时,又由于所涉人物重要性的不同,在中央与地方形成了两种不同的清议传统。在中央,士人清议的对象是朝廷重臣,目标是直接影响朝廷对重要大臣的任免,并由此影响朝政。这种清议传统的兴衰随着时代而起伏不定,在东汉与宋代曾经盛行一时,但在中央政权更为专制的其他时代则可能转入沉寂。对于明清两代而言,这一传统曾短暂于晚明东林党士人身上重现,但在大多数时候仍然隐匿无闻。相比之下,地方士人清议本地人物的传统更为延绵不绝。在东汉魏晋南朝时期的察举制下,地方清议主要影响地方人物的出仕与升迁。到了宋元时期,地方学校的公论不再能够影响士人的仕途,却通过对旌表、崇祀等地方人物评价活动的影响,再次展现出活力。明清时期生员的地方公议,就直接接续宋元地方学校的公论而来,对地方人物的评价褒贬正是其核心内容。

三、士大夫经营地方的传统

　　地方公议的源头之三,是士大夫阶层经营地方、参与地方公共事业建设的传统。

　　所谓"士大夫",即"士"与"大夫"相结合,由在野读书人而蜕变为统治

---

①　脱脱等:《宋史》卷三六《光宗本纪》,第707页。
②　脱脱等:《宋史》卷三七《宁宗本纪》,第719页。
③　脱脱等:《宋史》卷四〇《宁宗本纪》,第773页。
④　脱脱等:《宋史》卷四〇七《杜范传》,第12286页。
⑤　脱脱等:《宋史》卷四一四《史嵩之传》,第12425—12426页。

阶层的组成部分。中国"士大夫阶层"的形成，可以追溯至秦汉时期，且从其诞生时起，即与该阶层在地方社会的经营紧密联系。余英时先生论之甚详：

> 历史进入秦、汉之后，中国知识阶层发生了一个最基本的变化，即从战国的无根的"游士"转变为具有深厚的社会经济基础的"士大夫"。这个巨大的社会变化特别表现在两个方面：一是士和宗族有了紧密的结合，我们可以称之为"士族化"；二是士和田产开始结下了不解之缘，我们可以称之为"地主化"或"恒产化"。……"士族化"与"恒产化"事实上是同一社会发展的两面，其作用都是使士在乡土生根。离不开乡土的士当然就不再是"游士"了。①

在乡土生根的士大夫阶层，自两汉直至唐前期，往往以"豪族"的形式存在，成为地方社会中一股令人瞩目的重要势力。这些豪族同时垄断地方上的财富、文化、政治等多种资源，又被称为世家大族、门阀士族。他们维护自身势力、不断复制再生产的力量来自两个方面。一方面，是大规模入仕为官，并凭借相互联姻、教育子弟，世代垄断官僚职位，依附于国家权力以获取其自身地位的保障。另一方面，则是广置田产，设立庄园坞堡，收纳门生故吏、宾客部曲，牢牢掌握住地方上的人、地资源，成为地方社会的实际掌权者。后者正是士大夫阶层经营地方的早期表现。

　　从两汉到隋唐，豪族在经营其地方势力之时，也会参与地方公共事务，特别是在灾荒年份周济乡党宗族，用以收买人心。如东汉末年，"天下兵乱，加以饥馑"，文昭甄皇后"年十余岁，白母曰：'今世乱而多买宝物，匹夫无罪，怀璧为罪。又左右皆饥乏，不如以谷振给亲族邻里，广为恩惠也。'举家称善，即从后言"②。东晋时，祖逖"轻财好侠，慷慨有节尚，每至田舍，辄称兄意散谷帛以赒贫乏，乡党宗族以是重之"③。北魏时，房景远"重然诺，好施与。频岁凶俭，分赡宗亲，又于通衢以食饿者，存济甚众"④。唐朝开国功臣李勣"与其父盖皆好惠施，拯济贫乏，不问亲疏"⑤。唐高宗时，"雍州人梁金柱请出钱三千贯赈济贫人"⑥。在这些记载中，特别耐人寻味的一点在

---

① 余英时：《士与中国文化》，上海人民出版社，1987年，第77页。
② 陈寿：《三国志》卷五《魏书五·后妃传》，陈乃乾点校，中华书局，1982年，第159页。
③ 房玄龄等：《晋书》卷六二《祖逖传》，第1693—1694页。
④ 魏收等：《魏书》卷四三《房景先传》，中华书局，1974年，第982页。
⑤ 刘昫等：《旧唐书》卷六七《李勣传》，中华书局，1975年，第2483页。
⑥ 刘昫等：《旧唐书》卷五《高宗本纪》，第95页。

于,当时的豪族周济乡党时,似乎都是单纯依靠个人或小家庭的力量,而非众豪族一起协商谋划、共同出资出力。这或许是因为,中古以前的豪族相对于庶民而言,经济实力确实足够强大,以至于凭其一人或一家之力,便足以在相当范围内周济乡党宗族。

唐宋时期,随着察举制为科举制所取代,"豪族"的政治地位逐渐让位于科举官僚。这些科举官僚与他们的家庭,也随之构成了科举时代社会中的新兴士大夫阶层。由于大一统政权的重建,相比于东汉魏晋南朝的地方豪族,唐代至北宋科举士大夫阶层在地方社会中发挥的影响力似乎有所缩小。美国学者郝若贝、韩明士等人曾经提出,唐代至北宋的科举士大夫集团更依赖于中央政权,不太注重在地方上经营势力,直至南宋以后,士大夫阶层才转变为地方精英,更趋于奉行地方主义策略①。他们举出的证据之一,是唐代与北宋地方社会的公共设施建设、社会救济,更经常由政府主持完成,而南宋以降的士大夫阶层更深入、广泛地参与到这些地方公共事业的建设中去了。对此,不少国内学者已经予以反驳,认为这种差异可能来源于不同时代史料留存量的差别,或者仅仅反映出中国帝制时期每个专制王朝都存在的前盛后衰现象②。

笔者在此无意置喙两宋之际究竟是否发生了精英地方化的问题,但是想要指出,在南宋时期士大夫阶层参与地方公共事业经营的大量记录中,的确出现了一种北宋以前史籍记载中不曾见到的新面貌——南宋时期的士大夫是以高度合作的方式参与地方公共事业的,其中既包括士大夫阶层与地方政府间的合作,也包括士大夫之间的相互合作。不妨仍以社会救济为例,看一看宋宁宗嘉定三年金坛县设粥赈济的一个案例。

> 嘉定己巳秋,天子以畿内旱蝗,出肤使尚书郎留公董西道常平事。建台三月,移县发义仓米二百石,助邑士之收养遗弃孩稚者。两月,续米如前,闾巷欢呼,以为幼者被赐,则壮者可知。私居小惠,犹翼其成,则荒政大者,盖不谒而获也。是岁也,盗起于夏秋而息于冬,民死饥

---

① Robert Hartwell, "Demographic, Political, and Social Transformations of China, 750–1550", *Harvard Journal of Asiatic Studies*, Vol. 42, No. 2(1982), pp. 365–442. Robert P. Hymes, *Statesmen and Gentlemen: The Elite of Fu-Chou, Chiang-Hsi, in Northern and Southern Sung*. New York: Cambridge University Press, 1986.

② 朱晓征:《断裂还是延续:这是一个问题——读罗伯特·海姆斯〈政治家和绅士:两宋江西抚州的地方精英〉》,《河南大学学报(社会科学版)》2004年第5期。包伟民:《精英们"地方化"了吗?——试论韩明士〈政治家与绅士〉与"地方史"研究方法》,荣新江主编:《唐研究》第十一卷,北京大学出版社,2005年,第653—671页。

疫，虽所在有之，而之死靡他，知上之人有以恤我也。先是，邑士张君汝永、侯君琦语某及新桐川汤使君曰："旱甚矣，而谷滋贵。时方盛夏，民不胜饥，冬春将若之何？"乃相与谋，纠合同志，用大观洮湖陈氏及绍兴张君之祖八行故事，为粥以食饿者。而涉饥之余，中产以上皆掣肘于公私，虽仅有倡者，亦寡于和。既力弗裕，则虽欲收养孩稚之遗弃者，凡老者、疾者与孩稚之不能去母者，虽甚不忍，皆谢未遑。比常平使者符下，而旁郡旁邑亦有喜为助者，乃克次第收前之遗而并食之。继以来者之众、来日之长，惧弗克终。会有以其事白郡太守，守给米三百石，郡博士勇于义者，亦推养士之余赡之，而用以不乏。及江淮制置使给平江府米二百石，则已后矣。事始于其年十月朔，而终于明年三月晦。经始之日，孩稚数不盈十，后以渐增，阅月登三百。乃十有二月，合老者、疾者、妇人之襁负者，逾千人，比月末倍之。开岁，少壮者咸集，则又倍之。间以阴晴异候，增损不齐，其极也，日不过四千，概以大观所纪成数，仅增五之一。始置局于县之东偏广仁废庵，中于岳祠，终于慈云寺，为其隘也。就食者先稚，次妇人，后男子，俾先后以时，出入相待，为其拥也。孩稚之居养者，朝暮给食，非居养而来者，日不再给，为其难于继也。居养之人听从去来，疾病者异其寝处，至自旁邑与远乡者，结屋以待之而不限其必入，裹粮以归之而不阻其后来，虑积久而疾疫熏染也。最凡用之数：米以石，凡九百六十有二；钱以缗，凡二千二十有二，而用籴米者过半；薪以束，大者三千九百，小者一万四千二百；苇席以藉地、障风雨及葬不幸死者，凡三千四百六十；食器三百，循环给食，中间随失随补，凡一千三百九十，皆有奇；草荐、纸衾与花费，琐琐不载。掌其事，布金寺王僧祖传、茅山道民石元朴。石以私计归，祖传实始终之。左右之者，张君昂、徐君椿，而主张经画，入寺之初，则邓君允文也。是举也，微常平使者，无以成其始，微郡太守、郡博士，无以成其终。故疏其凡有助者于石，而于三者加详焉，使来者有考。①

这段文字出自曾经担任官职、此时退隐家乡金坛的刘宰之手。根据刘宰的记载，这一年金坛遇灾，官府虽发仓米，却仅给予"邑士之收养遗弃孩稚者"。首倡设粥、遍济男女老幼的，是张汝永、侯琦、刘宰及"新桐川汤使君"

---

① 刘宰：《漫塘文集》卷二〇《嘉定己巳金坛粥局记》，《宋集珍本丛刊》第 72 册影印明万历三十二年刻本，线装书局，2004 年。

四人。其中,张汝永、侯琦都是金坛当地的乡贡进士①,刘宰是曾经出仕的退隐士大夫。"新桐川汤使君"未详其名,但既言为"新桐川使君",则应为尚未赴任的新官。总之,四人都是当时在乡的金坛籍人士,并且都属于士大夫阶层。他们四人共同商议设粥,却还不能以四人之力办理,还要"纠合同志",故而又有僧人王祖传、道士石元朴及张昂、徐椿、邓允文等人为之掌事赞画,又有郡太守、郡博士等为之捐米出资。在金坛县的这场赈济活动中,地方士大夫之间,以及他们与地方官之间,都表现出了高度的组织、合作能力。这在早先的记载中是很难看到的。

究竟是什么原因导致了南宋以后科举士大夫与两汉魏晋隋唐豪族之间的区别? 或许是因为史料的缺失,让我们无法观察到早先时代豪族之间的协作活动;或许是因为早先时代的豪族具备足够的经济实力,可以以一人、一家之力完成对一族、一村的救济,因而无需进行合作。笔者在此无法给出确切的答案。但无论如何,至迟到南宋时代,我们已经可以看到大量士大夫相互合作、共同参与地方公共事业建设的案例。除了灾荒赈济以外,还有修建桥梁、学校等公共设施,常常都由当地士大夫与地方官共同主持修建、出资出力②。在这些需要合作完成的工作中,士大夫们无疑需要充分协商、议论,以求就公共事业的管理、建设办法达成可行方案。这些内容无疑构成明清时期乡绅阶层参与地方公议的源头。不过,需要强调的是,宋元时期士大夫阶层参与地方公共事业建设,主要是"自治"层面的事情,而非"参政"层面的事情。相比之下,明清时期乡绅的地方公议虽然同样包括这些"自治"事务在内,但其在"参政"层面的成就更为引人注目,也是本书后文要关注的重点。

第二节　明代地方公议的合流

一、明前期里老人、生员、乡士大夫的分别言事

(一)里老人制与老人言事

明初,明太祖朱元璋模仿汉唐古制,全面创建明代制度。其中一项便

---

① 刘宰:《漫塘文集》卷三一《故溧阳县丞张承直墓志铭》、卷三四《故吉州王使君夫人蔡氏行状》。

② 参见宋燕鹏《南宋士人与地方公益事业之研究》,中国社会科学出版社,2019 年,第 133—152、158—172 页。

是模仿汉代里父老之设,令天下州县设置"老人"一职。由于老人制的基础是每里设一名老人,掌管本里事务,故明代老人又多称"里老人",或简称"里老"。

里老人制度始于洪武初年。初称为"耆宿",同样各里设置一人,掌管"质正里中是非",至洪武二十一年八月废罢:

> 罢府州县耆宿。初,令天下郡县选民间年高有德行者,里置一人,谓之耆宿,俾质正里中是非,岁久更代。至是,户部郎中刘九皋言:耆宿颇非其人,因而蠹蚀乡里,民反被其害。遂命罢之。①

通常认为,老人制度的正式建立在洪武二十七年。不过,早在洪武二十三年,明廷已"召天下老人至京随朝",并于其中"择其可用者,使赍钞往各处,同所在老人籴谷为备"②。可见洪武二十一年废罢耆宿以后,很快就设置了老人之职。至二十七年,明廷又下诏令里老人理其乡词讼,凡细事皆先调解剖断,重者方诉于官:

> 命民间高年老人理其乡之词讼。先是,州郡小民多因小忿,辄兴狱讼,越诉于京,及逮问多不实。上于是严越诉之禁,命有司择民间耆民公正可任事者,俾听其乡诉讼。若户婚、田宅、斗殴者,则会里胥决之。事涉重者,始白于官。且给教民榜,使守而行之。③

学界对明代老人制度的关注,历来集中于调解纠纷、剖断词讼的职责,故至今多以此为老人制度正式成立的标志。至宣德以后,词讼先剖断于里老人、后讼于官府的制度被取消,研究者遂多以此为老人制度衰微的标志,这也是因为过于重视老人理讼职责的缘故④。

然而,通观有明一代,老人并非专为理讼而设。上自洪武二十七年以前,下及宣德以后直至明末,老人一直还担负着诸多其他职责。从史书记载来看,这些职责至少包括:对民众进行道德教化并了解乡民善恶,掌握地方治安情况并向官府报告,领导民众修筑农田水利,贮谷备荒并在荒年负责报荒、赈荒等事务,以及接受各级官员的咨访、反映地方民情与地方官员的贤不肖。这些都是历代地方耆老承担的主要社会功能,在明代则当仁不

---

① 《明太祖实录》卷一九三,洪武二十一年八月壬子,《明实录》,"中研院"史语所校印本,1962年。
② 《明太祖实录》卷二〇二,洪武二十三年五月壬子。
③ 《明太祖实录》卷二三二,洪武二十七年四月壬午。
④ 关于明代里老人制度研究的现状,可参见[日]中岛乐章《明代乡村纠纷与秩序:以徽州文书为中心》,郭万平、高飞译,江苏人民出版社,2010年,第52—58页。

让地成为老人的基本职责。与本书主旨相关的,是老人接受官员咨访、反映民情的职务。不过,负责剖断词讼、教化民众、日常治安、农田水利、贮谷备荒等具体事务,正是老人向官府反映民情、提出建议的基础,官府向老人咨访,也往往与他们负责的具体事务相关。二者之间不可截然划分。在此可以举出一些明前中期的案例。

关于水利事务的建言。永乐九年,工部尚书宋礼奉旨督开山东段运河,疏通故元会通河,而汶上县老人白英向宋礼献策,"于东平州东六十里戴村旧汶河口筑坝,导汶水西南流,由黑马沟至汶上县鹅河口入漕"①。这是明代著名的汶上老人故事。白英恐怕并不是普通的里老人,而是有修河专职的老人,不过,向官员献策一事,同样是他的职掌。

关于水旱灾荒的陈言。如正统九年,南直隶水灾,明英宗在敕文中,直接命令应天巡抚周忱"会同巡按御史严督各该府、县,拘集耆民、里老人等,询访踏勘"②。又如正德年间,应天巡抚王缜在题本中提到,太平府推官纪宪章奉命复勘徽州府祁门、婺源二县灾情,"拘集各该都图里老方伯泽、王洪等,指引被灾处所,沿丘履亩,从公逐一踏勘"③。可见灾荒年份,地方官踏勘灾情,惯要召集里老人,既是作为询访对象,也是作为指引勘灾的重要助手。吴遵《初仕录》则称:

> 古称救荒无上策,惟其备之无预故也。须于未灾伤之先,不时询访乡都里老。某都常旱,某都常水,陂塘当筑者筑之,水利当兴者兴之,使蓄泄有备,先事之虑也。……如不幸天灾流行,时多旱涝,先期拘集地方里老,亲自踏勘各都灾伤分数多少,即为申报。……其有贫难下户例当赈济者,多方审实,不可委之里老,索钱虚报。④

《初仕录》是作于嘉靖年间的官箴书,反映出明代前中期的地方行政现实。其中除了提到"天灾流行"时,要"拘集地方里老"踏勘灾伤分数之外,还提到为预备灾荒而设置水利设施,地方官也要询问里老人的意见。至于贫困人户的赈济方案,文中虽称"不可委之里老",但既有此言,说明地方官完全

---

① 谢肇淛:《北河纪》卷三《河工纪》,《景印文渊阁四库全书》第576册,台湾商务印书馆股份有限公司,2008年。

② 张国维:《吴中水利全书》卷一二《敕谕》,蔡一平点校,浙江古籍出版社,2014年,第482页。

③ 王缜:《梧山王先生集》卷七《为用兵地方灾伤困苦事》,《明别集丛刊》第1辑第77册影印清光绪四年东莞王氏刻本,黄山书社,2013年。

④ 吴遵:《初仕录》不分卷《户属·救灾荒》,《官箴书集成》第2册影印明崇祯金陵书坊唐氏刻《官常政要》本,黄山书社,1997年。

听由里老人的申报，便决定接受赈济人户的名单，也是现实中经常发生的事情。

关于地方匪乱情况的陈言。如成化年间，福建省泰宁县有土匪作乱，按察司佥事、分巡道章懋巡至邵武府，檄府行县，"召集县之里老，密切访问贼中动静"①。土匪情形要向里老询问，一则因为里老作为本里地方的代表，应了解本里地方的基本状况，二则因为里老本有掌教化、治安之责，治安不善致兴匪患，自然当向里老责问。在多山而多匪的福建地区，部分州县甚至不止于让老人提供土匪情报，还让老人统率民兵，亲自参与缉捕盗贼。正统年间，清流县老人魏得礼就因此为沙寇杀害②。弘治年间，上杭县也设有捕盗老人的专职，命其"统民兵追捕"。捕盗老人赖思智因捕贼立功，还被赐予冠带，但最后亦被土匪所害③。

关于本地吏役善恶的陈言。宣德年间，苏州知府况钟甫一上任，即"坐堂上，唤里老言：'吾闻郡人多狡武，每诬陷善人，吾有彰瘅之则，然不能如阎罗老子自为判别。今以属尔等。宜速具善户、恶户报来，善者吾优礼之，甚且宾致乡饮，恶者吾为百姓杀之。吾列善恶二簿，以伺若曹矣。'"④辨别乡人的善恶，正是里老人作为地方耆老的基本职掌。况钟作为新上任的地方官，立刻接见里老人，并且要求他们呈报本地人户的善恶。此处所谓"善户、恶户"，并非就普通农户而言，而是主要针对本地吏役人户。况钟希望通过里老人的陈言，知晓这些吏役的善恶，惩恶扬善，并以此警示、遏制吏役作奸害民的行为。

关于地方官员贤否的陈言。洪熙元年，四川巡按御史何文渊上奏，称天下老人，"比年所用多非其人……使得凭借官府，肆虐闾阎，或因民讼，大肆贪饕，或求公文，横加骚扰，妄张威福，颠倒是非，或遇上司官按临，巧进谗言，易置（矣）〔贤〕愚，变乱白黑，挟制官府"⑤。何文渊的上奏针对的是普通的里老人。所谓"或因民讼""或求公文"，都与老人理讼的职掌有关；不过，"或遇上司官按临，巧进谗言"，则与老人资政建言的职掌相关，从反面

———————

① 嘉靖《邵武府志》卷一二《名宦》，《天一阁藏明代方志选刊》第30册影印明嘉靖二十二年刻本，上海古籍书店，1982年。

② 嘉靖《清流县志》卷四《忠烈》，《天一阁藏明代方志选刊续编》第38册影印明嘉靖二十四年刻本，上海书店，1990年。

③ 嘉靖《汀州府志》卷一四《人物·忠烈》，《天一阁藏明代方志选刊续编》第40册影印明嘉靖六年刻本，上海书店，1990年。

④ 况钟：《况太守集》卷一《太守列传编年卷上》，吴奈夫、张道贵、丁凤麟点校，江苏人民出版社，1983年，第32—33页。

⑤ 《明宣宗实录》卷四，洪熙元年七月丙申。

证明,当时的老人不仅可以面见地方官,还可以在上司官按临时,直接向上司官员进言,甚至可以因此挟制地方官。又宣德八年,行在都察院右都御史顾佐论外官考察之弊,即称:"布政司、按察司暨巡按监察御史,往往偏信乡都里老甲长、学校生员等之言,定为去留。"①景泰三年,太仆寺少卿黄仕儁上疏,仍称:"各处巡抚官考察州县官吏,多凭里老呈说可否,以为去留。"②顾佐、黄仕儁的观点都与何文渊相似,说明明廷虽然早已知道,里老人可能滥用其进言的权利,但及至明中叶,监察官巡视地方时,仍然以里老人的陈言为主要依据,决定地方官的去留。

关于是否新设立邑治的建言。如正德年间,王守仁巡抚赣南,在鄂粤赣边境议添设新县时,就屡次行令地方官召集里老,问询他们的意见。正德十二年,他收到岭北兵备道杨璋等呈文,请求建立崇义县治时,就要求"该道会同分守等官再行拘集地方父老子弟,多方询访,必须各县人民踊跃鼓舞,争先趋事,然后兴工"③。正德十六年,江西安仁、东乡等县与广东交界处议再设新县。王守仁又命令江西境内属官"上紧约会广东各官,亲诣地方,拘集里老年高有识者,备询舆论,务在众议调停,两情和协"④。总之,新设州县需要协调舆论,综合考虑当地百姓的需求与负担,因此,召集里老进行问询,也是必要的步骤。

总之,明初的制度设计赋予了老人相当高的地位。在这种制度设计之下,老人的职责、地位体现在三个层面。第一,在地方行政事务的管理实践中,老人被赋予了重要的职掌。除钱粮赋役有粮长、里长专管之外,理讼、教化、治安、备荒、水利等基层社会中的其他重要事务中,几乎都可以看到老人的身影。这使得他们经历了实际工作的磨炼。第二,老人既然负责这么多事务,他们与地方官时时见面、当面汇报基层工作,也就成为必要。因此,明朝制度赋予老人与地方官频繁接触的机会,让地方官可以从老人那里了解到基层社会的各种情况,并听取他们的意见。第三,在朱元璋不信任地方官员、试图"以良民治良民"⑤的思想的引导下,老人又成为上级官员考察地方官时询访的对象。于是,老人得以不时受到上级官员的接见,越过地方官,直接将地方事务与他们的建言向上级官员报告。甚至,明代初

---

① 《明宣宗实录》卷九四,宣德七年八月壬子。
② 《明英宗实录》卷二二二,废帝郕戾王附录第四十,景泰三年十月庚戌。
③ 王守仁:《王阳明全集》卷一〇《立崇义县治疏》,吴光等校,上海古籍出版社,1992年,第351页。
④ 王守仁:《王阳明全集》卷三一《批广东按察司立县呈》,第1162页。
⑤ 《明太祖实录》卷六八,洪武四年九月丁丑。

年的老人还一度被允许"至京随朝"，直接面见皇帝，汇报地方民情①。这三个层面中的后二者，都可以归纳为老人的"言事权"。

（二）洪武卧碑与生员言事权

生员在明初是否拥有言事权？历来的观点倾向于否定。晚明时期，就有不少人将当时生员喜好议论时事的现状与明代前期对立起来，认为明朝祖制曾通过洪武卧碑严格禁止了生员议论国事。典型的说辞，可见于万历初年张居正整饬学政时的奏疏：

> 我圣祖设立卧碑，天下利病诸人皆许直言，惟生员不许。今后生员务遵明禁，除本身切己事情，许家人抱告有司，从公审问，倘有冤抑，即为昭雪，其事不（甘）〔干〕己，辄便出入衙门，陈说民情，议论官员贤否者，许该管有司申呈提学官，以行止有亏革退。②

张居正在此援引洪武卧碑，指出卧碑不许生员直言天下利病，并提出让生员"务遵明禁"，严格禁止一切"出入衙门，陈说民情，议论官员贤否"的行为。然而，直言天下利病与"出入衙门，陈说民情，议论官员贤否"究竟是否同一事体？张居正并没有给出令人信服的论证。他攀扯洪武卧碑，究其实质，不过是站在整饬学政的立场上，为自己提出的禁令寻找依据罢了。

然张居正此说影响极大。更晚一些时候，积极参与公议、颇以为生员公议有可取之处的普通士人，往往也以为这些行为有违于洪武卧碑。生活在明清之际的吴下士人陆文衡，在《啬庵随笔》中这样说：

> 生员言事，卧碑有禁。而吴下士子好持公论，见官府有贪残不法者，即集众昌言，为孚号扬庭之举，上台亦往往采纳其言。③

陆文衡在此对"吴下士子好持公论"其实颇为嘉许，但他同样将此事与"生员言事，卧碑有禁"联系到一起。可见，无论对生员公议抱持怎样的态度，在晚明人士的普遍认知中，洪武卧碑曾严格禁止生员公议，这已经成为一种共识。

然而，洪武卧碑的规定真的禁止生员议论一切国事吗？有必要一探究竟。

---

① 《明太祖实录》卷二〇二，洪武二十三年五月壬子。
② 张居正：《新刻张太岳先生文集》卷三九《请申旧章饬学政以振兴人才疏》，《四库全书存目丛书》集部第 114 册影印明万历四十年唐国达刻本，齐鲁书社，1997 年。
③ 陆文衡：《啬庵随笔》卷三，广文书局影印本，1969 年。

洪武十五年,明太祖朱元璋发布禁令十二条,颁于天下学校。此即日后赫赫有名的"洪武卧碑"。其中,直接针对生员言事的有两条:

> 一军民一切利病,并不许生员建言。果有一切军民利病之事,许当该有司、在野贤人、有志壮士、质朴农夫、商贾技艺,皆可言之,诸人毋得阻当。惟生员不许。

> 一生员内有学优才赡,深明治体,果治何经,精通透彻,年及三十,愿出仕者,许敷陈王道,讲论治化,述作文词,呈禀本学教官。考其所作,果通性理,连金其名,具呈提调正官,然后亲赍赴京奏闻,再行面试。如果真才实学,不待选举,即行录用。①

卧碑的这两条规定,前一条被后人提及得更多,所谓"生员言事,卧碑有禁",就是从这一条中来的。不过,我们从上引第二条卧碑规定中就已经看到,明廷并没有完全封杀生员言事的道路,而是留下了一条缝隙。学识达到一定程度的生员,在本学教官的许可之下,被允许进京陈言,并以之作为上升的阶梯。陈言获得认可并通过面试的生员,可以"不待选举,即行录用"。

追溯明太祖订立卧碑的缘起,还可以发现,在卧碑颁布之前一个月,监察御史赵仁曾有禁止生员出位妄言的建议。《明太祖实录》载其事云:

> 御史赵仁等言:学校之设,本以作养人材,穷理正心,期有实效。今天下生员多不遵师训,出位妄言,非希进用,则挟私仇,甚失朝廷教养之意。宜令有司严加禁止,日省月试,务在成效。果有奇材,欲陈便民利国之术者,许与教官详议可否,同列姓名,然后上达。若其言有可取,仍命题考试,文字中式者,不次擢用。如是,则可以杜绝妄言,激励士风矣。从之。②

赵仁的建言是订立卧碑的直接缘由。这条记载也证明,明太祖立下卧碑,禁止生员建言,目的并不是控扼生员的言论自由,而是为了防范生员以建言搏出位,侥幸进用,并谋取私人目的。所谓"希进用""挟私仇",一则针对生员希图以建言为捷径,为朝廷任用,二则针对生员假借上奏以报私怨的问题。对于"果有奇材,欲陈便民利国之术者",则留有便门,只需有教官"同列姓名",其建言仍然是可以上达的。

---

① 万历《大明会典》卷七八《礼部三十六·学校·学规》,广陵书社影印明万历十五年内府刻本,2007年。

② 《明太祖实录》卷一四六,洪武十五年七月乙卯。

　　洪武以后，虽有卧碑严禁，但历朝都仍有上书言事、希望以此进身的生员。其中，有的取得了教官的"同列姓名"，以正规途径上言，并获得朝廷的认可，真正将此当成进身之阶。如宣德四年，陕西临洮卫儒学生员张叙上言，乞令有司查究预备仓粮额，得旨"从之"①。也有的被视作妄言出位，进而受到重罚，被逮下狱，甚至论死。如弘治年间上言抨击刘健、李东阳杜绝言路的监生江瑢，嘉靖年间对祭祀典礼提出建议的蒲州诸生秦镗②。不过，这些都是生员直接向朝廷上言的案例。

　　在地方上，洪武卧碑又意味着什么呢？明廷是否曾经像禁止生员向朝廷上言那样，禁止生员向一切地方官府上言呢？情况并非如此。既然禁止生员言事的主要目的，是防范生员通过言事，希图侥幸进用，而生员向地方官府的上言，根本不能达到侥幸进用的目的，那么，洪武卧碑中的禁止生员言事，当然不包括向地方官府言事在内。

　　实际情况又如何呢？就明前期的实际记载而言，府州县地方官几乎不向生员询问钱粮、水利、治安等地方行政事务的得失，生员确实也绝少向地方官就这些事务上言。譬如宣德至正统年间长期担任苏州知府的况钟，在他留下的奏疏中，经常可以看到引述粮长、塘长、里长、老人等人的意见③，却从未在地方事务相关奏疏中引述任何当地生员的意见。在《况太守集》"听纳"卷收录的部民上书中，有致仕乡宦、乡贡进士谈论地方事务的书信，但庠生的书信却只是自荐求用、求旌母节与请求归宗，并无半语涉及地方公事④。可见，明前期的儒学生员，确实不太向地方官发表自己对地方政务的意见。但这恐怕只是因为地方日常行政事务与生员关系不大，而并不是出自卧碑的严格禁令。因为在另外两类事务中，我们确实看到，明前期的儒学生员是可以在地方上"言事"的。

　　一方面是与地方儒学或教化相关的事务。与钱粮等事务不同，在儒学、教化相关事务中，生员具有天然的发表意见的资格。譬如教官善恶，生员可以向地方官乃至上司直言。况钟的奏状中，唯一引用了生员意见的一份，就是由府学生员刘文昌等人保荐前任儒学教授李琦，请求让他再任府学教授的奏疏⑤。正统间，安福县教谕杨实被罢免，当地生员亦为之奔走，

<hr />

　　① 《明宣宗实录》卷五七，宣德四年八月丙申。
　　② 参见陈宝良《明代儒学生员与地方社会》，中国社会科学出版社，2005 年，第 360 页。
　　③ 况钟：《况太守集》卷七《请清军及旧欠折钞奏》、卷八《请捕太湖贼奏》《请免苛征折布奏》、卷一〇《留治农县丞奏》《拿解县正佐贪官奏》等，第 74、84、88、106、107 页。
　　④ 况钟：《况太守集》卷一四《听纳》，第 149—154 页。
　　⑤ 况钟：《况太守集》卷一〇《保荐教授奏》，第 110 页。

李东阳记其事云：

> 县官岁行乡饮，凡耆老无贤不肖，以名皆与。先生曰："此非制礼
> 意也。"乃命诸生声其不德，黜数人。寻有巡抚大臣道安福，学官、诸生
> 仓卒不得谒，耆老被黜者乘间以他事中先生，遂落职。诸生讼其冤不
> 得，继以泣。巡抚亦颇悔之。次日，诸生具状联署，将复走诉。先生止
> 之曰："使吾无愧二三子者足矣。官得失，命也。"①

在这桩事件中，生员先是得以在乡饮酒礼中就耆老的德行发表意见，尔后
又就教谕杨实的任免向巡抚争讼。这些事情都与地方文教有关，因而生员
自然有发表意见的权利。

　　另一方面，与地方官不同，当监察官监临地方时，他们会就地方事务听
取生员的意见。永乐二年，明成祖朱棣谓吏部尚书蹇义等曰：

> 往者虑各处守令未必皆得人，故命御史分巡考察。比闻御史至郡
> 邑，但坐公馆，召诸生及庶人之役于官者询之，辄以为信。如此，何由
> 得实？②

可见，早在永乐初年，明廷刚开始向各省直隶分派巡按御史时，巡按御史的
访问对象就已经包括生员在内。稍后的记载也表明，宣德年间，巡按御史
与其他地方大员考察外官时，都经常咨询生员的意见，让他们参与评议地
方官的善恶。宣德七年，行在都察院右都御史顾佐声称，"布政司、按察司
暨巡按监察御史，往往偏信乡都里老甲长、学校生员等之言，定为去留"。
顾佐虽然指出这种访问考察法的弊端，认为容易使人"假公济私，以图报恩
复仇……以致是非颠倒"，但是并未有一言提及学校生员不当在访闻对象
之列③。

　　总之，认为洪武卧碑严格禁止了生员议论一切国家政事的观点是不正
确的，这只是晚明人对"祖制"的想象。确切地说，洪武卧碑只禁止了生员
向朝廷上疏进言，以防止他们谋求侥幸进身，但并未对生员在地方上言事
有所限制。从明初开始，生员就可以就与学校、风教相关的事务向地方官
进言，并可以在巡按御史等监察官巡视地方时，与里老一起接受他们的咨
访，对地方官员的为官善恶、为政得失加以品评。这正是明代生员公议在
地方上发展起来的基础。

---

① 李东阳：《李东阳集》卷一六《杨南里传》，周寅宾点校，岳麓书社，2008 年，第 587 页。
② 《明太宗实录》卷三四，永乐二年九月丁卯。
③ 《明宣宗实录》卷九四，宣德七年八月壬子。

（三）乡士大夫的言事权

明中叶以前的文献中，对居住在本籍、暂未在政府部门担任官职的士大夫阶层人士，通称为"乡士大夫"或"乡士夫"。其中既包括曾经出仕、却因致仕或丁忧等原因回到故乡的乡宦，也包括尚未出仕的举人、贡生，甚至包括从元代沿袭下来的儒士群体，即一些没有科举功名、却名望素著、具有被官方认定的"儒士"身份的读书人①。至于地方学校的生员，并不在"乡士大夫"之列。

明代前期，乡士大夫一方面仍然延续前朝以来的传统，参与地方公共设施建设与慈善活动，在这些工作中进行合作协商，另一方面，他们也有就地方大事直接向政府官员言事的权力。乡士大夫的言事权，主要表现为接受地方官或莅临监察官的个别咨访，或者以私人身份给各级官员写信，对地方政策发表意见。

地方官或莅临监察官都会就地方公事询访这些乡士大夫的意见，但不同于对待里老、生员，官员通常不会将乡士大夫召集到官府或学校，而是多采用个别登门拜访的办法。在中国的政治文化传统中，"退隐"是贤士大夫应有的品德。若不出而为官，就理应隐居于乡里，足迹不入公庭，甚至是足迹不入城府。与之相对，官员若是要向这些乡士大夫询访地方利弊、咨谋高见，也理应摆出谦恭的姿态，亲自上门求教。明代前期最著名的官员咨访乡士大夫的故事，无过于宣德年间应天巡抚周忱咨访昆山儒士龚诩。《龚安节先生年谱》叙其事云：

> 宣德六年辛亥……春三月，都御史周忱均田额，躬行畎亩。夙知先生贤，至是，遍物色之，得之于琴水上，亲造其庐，问以当世事宜。手条二十余事上之。②

周忱后来推行的扒平官民田则之法，据说就尽出龚诩的建议。其他案例，又如成化年间，应天巡抚王恕访问吴江县儒士史鉴，"常虚心咨访，未尝以

---

① "乡士大夫"为明前期文献中的常见词。明中叶以后，因入仕皆由学校、科举，从元代继承而来的"儒士"群体消失。同时，"乡士大夫"一词虽仍可见于文献中，但出现频率逐渐降低。嘉靖、万历之际以后，取而代之、更多被使用的是"乡绅"一词，专门指称举人或出仕贡生以上身份之人（关于"乡士大夫"与"乡绅"二词使用频率的变化，参见［日］滨岛敦俊《江南的聚落、社区与农民共同关系》，《社会》2007年第3期，第192页）。

② 龚绂编：《龚安节先生年谱》不分卷，《明别集丛刊》第1辑第34册影印民国十一年昆山赵氏刻《又满楼丛书》本，黄山书社，2013年。

部民遇之"①；天顺年间，兴化府知府岳正访问莆田县乡宦彭韶，"以韶在治下，必谙本土政俗，使一一陈白"②。虽未明言登门，但都是官员以虚心谦恭的姿态咨访于本地乡士大夫。

乡士大夫向地方官员的建言，也常常以私人书信的形式传达。其中，有的是在地方官员的咨访之后，做出相应的回复。如宣德间昆山儒士龚诩在周忱"亲造其庐，问以当世事宜"之后，不仅"手条二十余事上之"，又接连上书周忱，详论苏松浮粮的由来③。同时，苏州致仕乡宦方献忱、贡生薄实上书况钟，④积极建言献策，也是对况钟主持减浮改革的回应。又如天顺年间，莆田县乡宦彭韶写给新任兴化知府岳正、历数郡政利弊的书信中，也明确说明该信是对岳正咨访的回应⑤。另一些书信则可能带有更加积极主动的色彩。如早在洪武朝，避居苏州的常州籍儒士谢应芳就屡屡上书知府，陈言苏州民间重赋之苦⑥。成化年间，江西永丰县乡宦罗伦上书知府、知县，欲革除当地滥派的上中户之赋。信中自言因"吾邑之民困于苛敛"，不得不言于官府⑦。弘治年间，吴江县儒士史鉴上书苏州知府孟俊、应天巡抚倪钟，谈论郡政利弊，凡赋役、治安甚至官府文书程序，皆侃侃陈言。⑧ 这些都是乡士大夫向地方官的主动建言。

值得注意的是，相比于里老人与生员的言事权具有一定的制度性，乡士大夫向官员言事更带有私人色彩。官员是否向乡士大夫咨访意见、向哪一位乡士大夫咨访意见，似乎都是出于自己的意愿，而非制度的规定。明代地方官新官上任与巡按御史莅临州县时，都有明确的礼仪规定，要求他们在到任之初就召集里老人与生员相接行礼，同时也就可以向他们咨询地

---

① 道光《苏州府志》卷一〇三《人物·隐逸上》，《江苏历代方志全书·苏州府部》第 19 册影印清道光四年刻本，凤凰出版社，2016 年。

② 彭韶：《彭惠安集》卷八《与郡守岳公书》，《明别集丛刊》第 1 辑第 53 册影印清《文渊阁四库全书》本，黄山书社，2013 年。

③ 龚诩：《龚安节先生遗文》不分卷《上巡抚周文襄公书》《再上巡抚周文襄书》，《明别集丛刊》第 1 辑第 34 册影印民国十一年昆山赵氏刻《又满楼丛书》本，黄山书社，2013 年。

④ 况钟：《况太守集》卷一四《听纳·致仕乡宦方献忱上太守书》《听纳·乡贡进士薄实上太守书》，第 149—151 页。

⑤ 彭韶：《彭惠安集》卷八《与郡守岳公书》。

⑥ 谢应芳：《龟巢集》卷一二《上何太守书》《呈府侯书》，《明别集丛刊》第 1 辑第 1 册影印民国二十五年上海涵芬楼影印江安傅氏双鉴楼藏抄本，黄山书社，2013 年。

⑦ 罗伦：《一峰先生文集》卷九《与府县言上中户书》，《明别集丛刊》第 1 辑第 53 册影印明万卷楼刻本，黄山书社，2013 年。

⑧ 史鉴：《西村集》卷五《论郡政利弊书（上太守孟公浚）》《上中丞倪相公书》，《明别集丛刊》第 1 辑第 51 册影印清《文渊阁四库全书》本，黄山书社，2013 年。

方公事①。但是，从未有任何仪注规定新任地方官与巡按御史等监察官需接见乡士大夫。

甚至，巡按御史中还普遍存在着"必竣事而后与乡士大夫还往"②的惯例，且这种惯例一直持续到嘉靖、万历之际。据王世贞记载，嘉靖末年，徐阶为内阁首辅时，苏松巡按陈某上任三日，参谒文庙毕，即谒乡贤祠（因徐阶之父入祀乡贤祠），而后听生员讲书。讲毕，即谒徐阶府第，拜家庙而后出。其后，当地巡按御史率效仿之，甚至一度欲定为仪注。然而，隆庆年间徐阶致仕归乡之后，苏松巡按立即恢复旧规，再无谒乡贤祠者，访徐阶也必待竣事之后③。"必竣事而后与乡士大夫还往"，说明巡按御史只是把乡士大夫当作礼节上的私人往来对象，而非办理公事时正式咨访的对象。了解地方利弊、地方官贤否，仍以里老、生员的意见为准。乡士大夫的意见不但只能作为参考、旁证，甚至为了避免请托私嘱的嫌疑，最好在办理公事时完全不要采听，不妨等公务办完后，再和乡士大夫展开私人间的礼节往来。这才是巡按御史在日常监察工作中希望贯彻的原则。

于此可见，乡士大夫嘱托私事、谋求私利的嫌疑，构成了对其言事权的最大妨碍。不同于里老天然具备庶民阶层代言人的身份，也不同于生员可以打起"学校公论"的幌子，乡士大夫天然是非庶民阶层的人物，人数相比于庶民、生员层又是极少数，与官员间的往还又是以私人身份进行。他们张口谈论地方公事，如何能洗脱谋求私利的嫌疑呢？因此，"闭门却扫，养高林下，足迹不涉公庭"④，才是乡士大夫的标准道德形象。待官员咨访而后言公事，也正是为此缘故。

然而，从嘉靖前后开始，随着明代城市商品经济的发展，乡士大夫从乡居转变为城居成为时代潮流。居住于城市的乡士大夫更经常主动前往衙门、求见地方官员，当面申说自己的主张。正是在这一过程中，从前以贤名为望的"乡士大夫"，逐渐从其退隐之所走向地方公共事务的舞台，开始转变成更加积极主动干涉地方事务的有力"乡绅"⑤。同一时期，官箴书中开始频频出现让官员们提防乡士大夫嘱托的建议。嘉靖间人蒋廷璧向地方

---

① 详见本书第三章第一节。
② 王世贞：《觚不觚录》不分卷，明万历沈氏尚白斋刻《宝颜堂秘笈》本。
③ 王世贞：《觚不觚录》不分卷。
④ 嘉靖《建宁府志》卷一八《人物·宦达·雷仕梅》，《天一阁藏明代方志选刊》第 28 册影印明嘉靖二十年刻本，上海古籍书店，1982 年。
⑤ 参见［日］滨岛敦俊《明代中后期江南士大夫的乡居和城居：从"民望"到"乡绅"》，吴大昕译，《明代研究》第 11 期，2008 年。

官教授应付乡宦嘱托的办法，称若有士夫请见，须让他们先等待，至人多后"一同请进，则彼此相碍，虽有嘱托，亦难开口"①。万历年间的官箴书《居官必要为政便览》中更是明言："乡宦频频入见，殊非事体。任后即令守门人遇到，即先票知，候请入座，即分付六房吏侍侧，以免私嘱。此绝请托之法也。"②隆庆年间，应天巡抚海瑞在告示中一面严禁乡宦前往衙门，以私事嘱托地方官，一面仍然鼓励地方官亲往乡士大夫家中咨访意见："其府县官自至贤士夫家求教，咨访民间利弊，是谦己虚心，切于求治者也。本院与嘉之不禁。"③海瑞在此提倡的，正是明后期社会中已经逐渐远去的"古风"。

及至嘉、万之际以前，乡士大夫向地方官言事，大部分情况就是在以上两极之间摇摆。要么是闭门却扫、等待官员登门求教而后言，要么是迈入公门、主动向官员嘱托。虽然在时人眼中，这两极有贤否的差异，但总之都难以脱离"私"的范畴。这也构成明代前中期乡士大夫与里老、生员言事权的最大区别。如果说里老、生员的言事，自明代前期开始就可以被视作地方公议，乡士大夫的言事则不然。他们的言事活动是个别的、依托于私人途径的，故而无法称之为公议。

不过，也正是从嘉靖前后开始，在一些重大地方事务的办理过程中，各级官员开始像咨访里老、生员一样，开始遍行咨访本地的一切乡士大夫，甚至召集他们共同会议。于是，乡士大夫终于像生员、里老一样，开始以聚会会议的形式，集体参加对地方公事的讨论。有时，他们甚至和生员、里老在同一场合中并坐议事。正是这种绅士里老共同聚会举行的议事，成为16世纪以后地方舞台上日益重要的地方公议。

二、绅士耆老共同公议的形成

（一）抗倭运动中的地方公议

十六世纪中叶以后，第一桩将乡绅、生员、里老都卷入其中，让他们共同参与公议的大事，是嘉靖后期东南沿海的抗倭运动。

嘉靖三十至四十年代，在胡宗宪任南直隶浙闽总督、主管东南沿海数省抗倭事务时期，他面对不少沿海居民通倭的复杂形势，又急需筹办抗倭

---

① 蒋廷璧：《璞山蒋公政训》不分卷《处人类·应士夫》，《官箴书集成》第 2 册影印明崇祯金陵书坊唐氏刻《官常政要》本，黄山书社，1997 年。
② 佚名：《居官必要为政便览》卷上《礼类》，《官箴书集成》第 2 册影印明崇祯金陵书坊唐氏刻《官常政要》本，黄山书社，1997 年。
③ 海瑞：《海瑞集》上编《谕道府州县民毋听嘱托》，中华书局，1962 年，第 274 页。

民兵、筹措抗倭军费，不得不最大限度地调用一切社会资源。除了调动当地的文武官员之外，胡宗宪尽可能广泛听取了东南数省绅士耆老的意见，吸纳一切对防倭事宜的真知灼见，并将其中的佼佼者吸纳进自己的幕府之中，直接委派他们担任抗倭重任。胡宗宪幕府士人郑若曾编著的《筹海图编》一书中，专门设有《集众谋》一条，其中记载副使吴子孝之言曰：

> 乡宦、举人、监生、生员，人各有识，下至耆老、总里人等，不拘贵贱，但有所见，许其面陈，许其具手本来说。虚心以受之，下礼以招之，则奇计出矣。①

又举人王文禄之言曰：

> 督、抚、巡按等衙门，如至一县，必宜谕县官曰："尔为知县，必知一县人才有谋者，不拘缙绅士庶，敦请之来，吾当询之。"询之一县，则一县之谋集矣。询之一府，则一府之谋集矣。府县积而为省，省积而为天下，则天下之谋集矣。②

这些建议都为集思广益、想方设谋起见，而办法无过于召集当地缙绅士庶，广为咨访。由于此时咨访的目的是征集对抗倭寇的谋略，故而特别强调向"人才有谋者"咨询，缙绅与诸生的重要程度因而超过了老人、里长，成为胡宗宪咨访的主要对象。

《筹海图编》第十一卷至第十三卷记录了当时胡宗宪及其幕府人士广泛征集来的各种建议。其中虽有一些辑录自当时的各类抗倭文献与在任官员的奏疏，但也有一部分直接来自咨访对象。其中属乡绅者，如"副使吴子孝"，除上引《集众谋》一条外，他的建议还曾多次出现在《筹海图编》中③。吴子孝是苏州长洲人，官至湖广布政使司参议④，此时是以苏州籍缙绅的身份，向胡宗宪建言抗倭事宜。又如《筹海图编》中屡次出现的"闽县知县仇俊卿"⑤，乃浙江海盐人，当时为已致仕乡宦。天启《海盐县图经》载

---

① 郑若曾：《筹海图编》卷一一下《经略二·集众谋》，李致忠点校，中华书局，2007 年，第741 页。

② 郑若曾：《筹海图编》卷一一下《经略二·集众谋》，第 741 页。

③ 郑若曾：《筹海图编》卷一一上《经略一》、卷一一下《经略二》、卷一二上《经略三》，第 681、741、751、783、788 页。

④ 隆庆《长洲县志》卷六《科第》，《天一阁藏明代方志选刊续编》第 23 册影印明隆庆五年刻本，上海书店，1990 年。

⑤ 郑若曾：《筹海图编》卷一一上《经略一》、卷一一下《经略二》、卷一二上《经略三》、卷一三上《经略五》、卷一三下《经略六》，第 682、704、724、754、779、785、883、885、927 页。

其"感慨时事,虽家居未尝不言。倭寇时,策战守机宜,上幕府,多中窾"①。可见仇俊卿也是以乡绅身份直接向胡宗宪建言献策。《筹海图编》引用过的生员建议,则包括苏州生员陆炫、郑应龙、郑若庸、郑一鸾、沈栻、盛之化、陈恕、苏献可,太仓生员毛希秉,宁波生员陈可愿等人提出的意见②。除郑一鸾、毛希秉外,其他生员的名字都没有出现在该书附录《参过图籍》的作者名单之中③。也就是说,他们的意见都是以直接上言的方式传递给胡宗宪及其幕府的。

除亲自向各方人士询访之外,胡宗宪还下令沿海各州县地方官广咨博访,让他们也向乡绅、生员咨询抗倭的谋略。嘉靖三十九年,胡宗宪收到慈溪县"闲住学正罗祜呈词",建言增练民兵之事。他随即将该呈词转批慈溪县知县霍与瑕,要求他"会集众乡士夫,从公查议",以求增练民兵之法。根据霍与瑕的详文,他在此后至少会集了原任都察院都御史叶照、原任刑部员外郎叶本、原任御史刘廷仪、原任刑部尚书冯岳等四名乡绅,听取了他们就练兵抗倭事宜提出的建议。其中,冯岳还特别建议道:"此等事当与乡曲之父老、学校之英才、边海之积年老练者议之,广询博访,自有停当之说。"于是,霍与瑕又向该县生员咨访意见,并随后获得"儒学廪增附生员向敨及沿海乡都生员陈豸等"的连名呈,建议用沿海巨族富豪雇佣之人,练为抗倭民兵。④

以上记录反映出三点值得注意的重要变化:第一,由于抗倭任务艰巨而紧急,各级官员咨访对象的范围扩展到了最大,不拘乡官、举人、监生、生员、耆老、总里,一概囊括在内。从前在许多公事中为了避嫌而被回避的乡绅,现在作为最有知识、有谋略的当地人士,成为咨访抗倭策略的重点。不同社会阶层人士为同一事件而接受官员咨访,为同一事件而共同商讨谋划,成为可能。第二,各级官员,甚至包括州县地方官,也开始向生员咨问抗倭策略,即使抗倭事宜与学校、教化并无关系。这是明代前期未曾出现的局面。此时事急从权,生员被认作"学校之英才",也被寄予重望。这也

①　天启《海盐县图经》卷一三《人物·仇俊卿》,《中国方志丛书》华中地方第589号影印明天启四年刻本,成文出版社,1983年。

②　郑若曾:《筹海图编》卷一一上《经略一》、卷一一下《经略二》、卷一二上《经略三》、卷一二下《经略四》,第681—682、688—690、696、702、703、715、723、741、754、771—772、804—805、830—831、832—833、852页。

③　郑若曾:《筹海图编》附录《参过图籍》,第973—983页。

④　霍与瑕:《霍勉斋集》卷一八《为增练民兵以固地方事》,广西师范大学出版社影印清光绪十二年南海石头书院重刊本,2014年。

是生员可以在地方官面前直接议论地方大事的开始。第三，霍与瑕在详文中引用胡宗宪的批文，出现了"会集众乡士夫，从公查议"的词句。这同样是明代前期未曾出现过的。现在，知县不再是登门拜访乡士大夫，而是像召集里老、生员一样，也把乡士大夫们召集到一起来议事了。乡绅集会商议地方大事，自此开端。

至此，乡绅、生员、里老共同参加的地方公议开始了。

（二）赋役改革中的地方公议

同样开始于嘉靖后期，将乡绅、生员、里老等人共同卷入的，还有与地方赋役制度改革相关的公议。

嘉靖年间，明廷面临南倭北虏的军事压力，军费开支急剧膨胀，对百姓的各种摊派也迅速增加。同时，从巡抚到司道、府州县各级官员面对头绪愈来愈复杂的加派款项，为了更有效地向百姓征收，开始尝试将加派各款并入田赋，以统一而均平的科则征派。于是，出现了被称为"均粮"或"均则"的改革①。均粮均则改革推进到省一级之后，各省往往在各府州县之间转移征派，以求各府州县之间的粮则均平。嘉靖中叶以后，开始出现以省一级为单位，编制、刊发的赋役总会文册（即《赋役全书》的前身）②。均粮均则改革的成果在这些赋役总会文册中被详细记录下来，其中包括了赋役款项在各府州县之间转移征派的情况③。此时，一方面，在频繁的均粮均则改革中，田粮正税的科则不再是不可变动，"粮则均平"的概念开始深入人心。另一方面，各地士民可以通过查阅各省的赋役总会文册，了解到本州县被加派的款项是改派自哪个州县、用作什么开支。于是，嘉靖后期，越来越多的地方士民卷入到赋役改革之中，扯起了均平赋役的旗号，反对本地方各类款项的加派，要求减免或是改派给其他州县。

在嘉靖年间此起彼伏的赋役均平运动中，各地最初尚多由里老等人出面公议，向各级官府反映民意。如嘉靖二十六年，江西省减少南昌、新建二县额粮并转派其他府县，并于嘉靖二十八年将之刊入《赋役总会文册》。至嘉靖三十年，遂有吉安等府县里老给巡抚吴鹏上呈文，认为"南、新二县减

---

① 参见［日］森正夫《明代江南土地制度研究》，伍跃、张学锋等译，江苏人民出版社，2014年，第335—388页。

② 参见申斌《赋役全书的形成——明清中央集权财政体制的预算基础》，北京大学博士学位论文，2018年，第110—131页。

③ 如刊刻于嘉靖四十年的《江西赋役纪》就是如此。佚名：《江西赋役纪》卷一五《秋粮》，《天一阁藏明代政书珍本丛刊》第9册影印明嘉靖刻本，线装书局，2010年。

派大轻,吉水等县加派过重",反对从南、新二县移派额粮①。不过,随着巡抚、巡按直接参与赋役清查,惯于在抚按官员面前议论地方利弊的生员群体,也作为本地方"公议"的代表,参与到赋役改革中去了。如嘉靖后期,应天府议减坊甲之役,初由"父老间陈民瘼"。至嘉靖三十九年,巡抚方廉、巡按黄某"稍因父老条陈,下府勘覆"②。适逢新任应天府尹吕光洵到任,坊甲生员赵善继等人迎之入境,并为陈说坊甲之役。吕光洵谕生员称:"公议出于学校,可为调达其词,以冀上人之听。"赵善继等人遂"慷慨发愤,相与镌梓遍投",而应天府坊甲之役亦渐得末减③。在这一案例中,生员最初并没有出面条陈赋役事宜。巡抚、巡按下令府尹复勘之后,生员才开始参与公议,其实质仍然是回应巡抚、巡按的咨访。同时,府尹授意生员"调达其词",以文书形式上达于监察官。这既是利用生员善于文辞的特点,补充父老条陈所不能尽之处,也是利用"公议出于学校"的观念,让生员代表地方的共同利益发言。

　　与之几乎同时的,还有嘉靖四十年南直隶泰州、嘉靖四十二年南直隶靖江县的两桩税粮官司。泰州的情况,是因为嘉靖三十一年大造黄册时,阖省牵算税粮,将扬州府兴化县的漕粮全部改为改兑米,将其原有正兑米拨归同府其他州县办理,导致泰州的正兑漕粮从一万五千余石骤加至二万九千余石。又因为正兑漕粮的水脚轻赍重于改兑漕粮,泰州府人户的赋役负担于是大为增加。至嘉靖四十年,泰州生员遂有《通学告兑粮呈》,试图在即将到来的嘉靖四十一年编审中,将泰州正兑漕粮重新改回改兑漕粮④。靖江县的情况,则是因为嘉靖四十一年编审之后,靖江县知县王叔杲奉到巡按檄文,欲将该县新涨田滩收租,协济毗陵、锡山二驿。随后,"本县酌议间",有"通学生员呈称",担心将来沙田坍塌无收,而升科租税仍需协济他县,不能免除,故希望新涨沙田免于造册升科⑤。与应天府的情况相似,泰州、靖江县的生员也是以为民请命的姿态参与到对赋役的讨论之中,以"通

---

　　① 佚名:《江西赋役纪》卷一五《秋粮》。参见申斌《赋役全书的形成——明清中央集权财政体制的预算基础》,第130—131页。

　　② 万历《上元县志》卷二《田赋·坊厢赋役》,《原国立北平图书馆甲库善本丛书》第295册影印明万历刻本,国家图书馆出版社,2013年。

　　③ 万历《江宁县志》卷三《田赋·坊厢赋役》,《原国立北平图书馆甲库善本丛书》第295册影印明万历二十六年刻本,国家图书馆出版社,2013年。

　　④ 陈应芳:《敬止集》不分卷《通学告兑粮呈》,《原国立北平图书馆甲库善本丛书》第402册影印明万历二十四年陈氏刻本,国家图书馆出版社,2013年。

　　⑤ 嘉靖《新修靖江县志》卷一《疆域上·田赋》,《稀见中国地方志汇刊》第13册影印明隆四年刻本,中国书店,1992年。

学生员"代阖县民众发声，请减本州县的税粮。

稍晚几年，在隆庆年间至万历初年，又有著名的南直隶徽州府丝绢税案。在这一案件中，不仅是生员，乡绅也加入到地方公议之中。这一案件始于隆庆四年新安卫军余帅嘉谟向应天巡抚、巡按上呈文。他提出，按照《会典》所载，徽州府6000余两人丁丝绢税应由六县均摊，而非如《徽州府志》所载那样，全由歙县一县承当。时任巡按刘世曾将该事下发徽州府查议，知府转而要求六县知县召集"知识耆民及里老人等到官"，公议人丁丝绢的分担办法①。此时，徽州知府提出的查议办法，还是只要求各县向耆民里老咨访。绩溪县随后的查议申文中，也相应只引用了"概县坊都里老耆民唐文毅、吴廷弼等连名呈"②，反对改派丝绢税。然而，帅嘉谟此后去往北京，直接递民本上奏。他的上奏获准付给户科，并得到了户科"典有所遵，赋当均派，合从抄出酌行"的意见，之后被转给户部，户部将此事再行抚、按，交府查议办理③。由于户科的意见，查办方向变得明确起来，将歙县的人丁丝绢税均摊到其他五县之上，看来即将变成现实。也是从此时起，徽州府其他五县的乡绅、生员意识到事情紧急，在徽州府再次行县催议时，纷纷加入到公议之中。

一名乡绅写给知府的书信中，这样讲述他加入公议的过程：

> 鄙人屏伏深谷，不敢窥户外屦。属乡父老群来，以歙民告扳丝绢敝民等执辨情词，冀微惠于明公，且曰："桑梓恫瘝，宁无念乎？"鄙人盖谢不敏，而父老则交徧谴。因思歙与五县之民，皆明公子姓，持论膝下，祖翁第领之，俾各竟其说，而徐为折衷，孰为事便理宜，孰为事逆理反，可行不可行，直者曲者各唯唯而退。则兹父老所欲吐，鄙人冒昧，僭为毕陈，而略抒管见，明公必察其无它肠，而俯赐听择焉。④

一方面是乡绅应当"屏伏深谷，不敢窥户外屦"的道德观念，一方面是"桑梓恫瘝"与父老群来相求的紧迫时势。两者相权，桑梓与父老的重要性更胜一筹。于是，在地方利益团结一致的前提下，乡绅得以为本地父老代言，以此身份加入到地方公议之中。

---

① 程任卿辑：《丝绢全书》金集卷一《帅加谟倡议首呈按院刘爷批府会议帖文》，《北京图书馆古籍珍本丛刊》第60册影印明万历刻本，书目文献出版社，2000年。按《丝绢全书》多作"帅加谟"，地方志等多作"帅嘉谟"，本书行文从后者。

② 程任卿辑：《丝绢全书》金集卷一《绩溪县查议申文》。

③ 程任卿辑：《丝绢全书》金集卷一《帅加谟复呈府词》。

④ 程任卿辑：《丝绢全书》木集卷八《乡宦送本府萧爷书》。

当然，乡绅参与地方公议，绝不仅仅体现于他们写给官员的私人书信。若是如此，这些乡绅所为与明代前期的乡士大夫就没有本质区别。更重要的是，乡绅、生员、里老等不同群体都以连名呈的形式直接上公文给各级官员。他们的不少连名呈被保留在了《丝绢全书》中，也出现在当时各县知县公文的引用之中（详见第四章第一节）。这说明，乡绅、生员都通过官府的、"公"的渠道，直接参与了对丝绢税分配方案的议论。

当时，休宁县生员程任卿等人还曾"就占本县紫阳书院，立作议事局，对众显扬，愿自出身主管局事，支用银米，因而科敛该县人民银两人己"①。"议事局"的建立，为明代地方公议史上所仅见。专门成立议事局，还要收取银米供议事局开销，一方面说明丝绢税案中的地方公议有长期化的倾向。由于税粮官司久久不能结案，六州县的绅士里老需要持续不断地奔赴各级衙门告状、上呈文，因此才需要成立议事局，予以人力与经济上的支援。另一方面，这也说明绅士里老各阶层均卷入地方公议之后，他们可以在公议中表现出相当程度的主动性，而不只是被动等待官员前来咨访。主动前往各级衙门告状、上呈文，就是这种主动性的表现之一。成立议事局、进行有组织的活动，更是这种主动性的极致表现。

总之，从嘉靖后期的江西、南直隶各州县，到隆庆、万历之际的徽州府六县，这些税粮官司中的地方公议，其实质均一脉相承。在嘉、万时期赋役改革的大背景下，州县成为赋役额度调剂的单位，同一州县的绅士庶民也在赋役问题上形成了利益共同体。为了为本州县争取最大限度的赋役减免，也为了防止其他州县的赋役被横加到本州县头上，社会各阶层人士都想方设法、尽一切可能向官府反映本地人民的意见。正是在这一时代脉动之下，绅士里老共同参与的地方公议在全国各地不断发生。在这样的地方公议中，乡绅、生员、老人、里长各群体的意见汇总、凝聚起来，俨然成为某一州县地方社会全体意愿的代表。

（三）明末清初的绅士耆老公议

万历以后，在地方重大事务的决策中，乡绅、生员与里老等人共同集会公议，官员同时听取不同阶层的意见，逐渐变成普遍现象。

明末徐州沛县举人阎尔梅记其家乡风俗云：

> 吾乡旧以诸生之食饩者前三四人，为一庠冠冕，凡遇邑中大利大病，得与荐绅先达、里父老商确持衡，邑大夫雅宠礼之。若外托公议，

---

① 程任卿辑：《丝绢全书》土集卷六《本府原拟供招》。案：原篇名阙，据目录补。

　　阴以济其私干者，则众鄙夷焉。①

这段记载反映出的要点有二：一是有关举办公议的场合。"凡遇邑中大利
大病"，均要举行公议，由邑中人士共同商议，而非全由官府定夺。二是有
关公议的参与者。"荐绅先达"即乡绅、"里父老"即里老等人，都是地方公
议的当然人选。生员虽不能全员参加公议，但"食饩者前三四人"即廪生中
排名靠前者，也要参加公议。

　　该文中又记该县生员张扬之事云：

　　　　先生素自爱，凡私干概为拒绝，至大利大病，如水灾、驿马、夫役、
柳草、钱谷催科、湖田加派，诸害及百姓者，先生知无不言，言无不尽。
邑大夫信之，荐绅先达服之，里父老悦之，吏胥妨政者畏之。言之而
效，则百姓蒙其惠，而不效，亦感其心。②

张扬即所谓"食饩者前三四人，为一庠冠冕"者。他参与讨论的"大利大病，
如水灾、驿马、夫役、柳草、钱谷催科、湖田加派，诸害及百姓者"，囊括了地
方大事的方方面面。由此亦可见当时地方公议所涉范围之广。

　　明末乡绅、生员、里老共同参与的地方公议大案，除上述万历初年徽州
府六县丝绢税案外，崇祯年间嘉兴府嘉兴、秀水、嘉善三县嵌田案也颇为著
名。该案缘起于嘉、秀、善三县土地犬牙交错、界址不清，田则又彼此各异。
万历初年张居正主持清丈期间，三县土地彼此推收，却因而产生了更大矛
盾。此后，嘉善人自称因为万历初年清丈之弊，嘉善县平白增添了三万余
亩的虚粮，并认为这些虚粮皆来自嘉、秀二县影射。秀水人王儒则指出，万
历初年缩弓清丈为各县所共，故而秀水同样丈增六千余亩，并不存在嘉、秀
二县影射于嘉善的问题。三县争执不下，遂彼此告讦，以致万历年间，嘉兴
府多次会勘三县田粮，屡欲再举清丈③。这一案件的核心内容与上述徽州
府丝绢税等案类似，也是各县之间的田赋总额之争。因此，三县乡绅、生
员、里老等不同阶层也都卷入其中，各自为本县利益呐喊。仅崇祯《嘉兴县
志》所收地方公文中，就提到万历十三年嘉善县"概县粮塘里老邵廷梧等呈
本府掌县事俞爷""本县下保东等区粮塘里老杨柯、丁棠等呈照旧额输粮情

　　① 阎尔梅：《白牟山人文集》卷上《岁贡士张仲芳传》，《清代诗文集汇编》第 19 册影印清康熙
刻本，上海古籍出版社，2010 年。
　　② 阎尔梅：《白牟山人文集》卷上《岁贡士张仲芳传》。
　　③ 参见冯贤亮《明代江南的争田问题——以嘉兴府嘉、秀、善三县为中心》，《中国社会经济
史研究》2000 年第 4 期。

词",万历二十六年"嘉善县里老吴旃、殷仕等呈",万历二十八年"三县乡宦、举监、生员、粮耆、里老各连名呈词","崇祯十年嘉秀两县里老呈"等三县绅士里老各群体的呈文①。此外,地方官的公文中还提到了一次由三县绅士里老共同参与的公议。这次公议发生在万历二十八年,由知府召集举行:

> 万历二十八年正月初四日,会同嘉秀士夫徐学、周卜相、吴弘济、贺灿然、岳元声、岳和声,及嘉善士夫支大纶、王慎德、顾际明、叶继美、沈道原、庄则孝,洎举监、生员、里老、耆民人等,公同嘉兴郑振先、秀水邓渼、嘉善余心纯,再三酌议,佥谓当仍旧额。②

其他明末乡绅、生员、里老共同参加地方公议的案例,又如张国维《抚吴疏草》中提到的数次。一次是崇祯八年建平县公议筑城事务:

> 遵照节奉宪牌,方于九月初一日,会同概县乡绅夏元钰等、举人杨时春等、贡士韦大韶等、监儒潘景芳等、通学生员潘观生等、乡耆宗明道等,在明伦堂公议筑城事务。③

一次是崇祯八年太湖县公议筑城事务:

> 又据太湖县申称,遵依唤集通县乡绅黄自泰等,及士民、乡约、里耆人等,于本县公所,将筑城工料钱粮一一酌议妥确。④

一次是崇祯九年高淳县公议漕粮改折事务:

> 卑县会同阖邑乡绅士民,再四筹议。惟是改折原奉神祖永旨,自应万世遵行,而高淳旧系永折,特蒙圣旨允议,此于正额原不亏减,而穷乡灾民,实饫天恩万万世矣。⑤

明季覆亡之际,北京失守的消息传至地方,亦以绅士耆老齐集公议的形式传播开去。如淮安府人记当地收到消息时的情形:

> (四月)初八日,路军门传一令箭,谕合城乡绅、孝廉、青衿、乡约俱

---

① 崇祯《嘉兴县志》卷九《土田》,《日本藏中国罕见地方志丛刊》影印明崇祯十年刻本,书目文献出版社,1991年。
② 崇祯《嘉兴县志》卷九《土田》,《万历二十六年嘉善告争田地知府张似良不行查勘竟申本道转申两院批行本县知县郑振先申文》。
③ 张国维:《抚吴疏草》不分卷《建平城竣疏》,《四库禁毁书丛刊》史部第39册影印明崇祯刻本,北京出版社,2000年。
④ 张国维:《抚吴疏草》不分卷《太湖筑城疏》。
⑤ 张国维:《抚吴疏草》不分卷《高淳改折疏》。

集城隍庙议事。众谓必守城事耳。次日，众大集。军门始述三月十九事，出塘报于袖中，使众阅之，云："闻贼已入京城。百官从逆者甚众，伪官代本院者即至。诸生今日将〔泪〕〔效〕保定徐抚台故事，网我出迎乎？抑念皇家厚恩、祖父世泽，大家勉力一守乎？"言毕，泪下。众亦多泣者。已而陈说纷纷，俱迂缓不切。路公谢而遣之。①

及至清初，地方大事由乡绅、生员、里老共同公议的记载尤为丰富。在此亦列举几个案例。顺治年间，山西浑源州知州张崇德奉到部文，查问"浑源州恒山有无北岳祠遗迹，其致祭应于何处为便"。张崇德如下汇报他查访的过程：

> 蒙此，随行儒学，传集乡衿耆庶确议。续据儒学申称：卑学即邀请乡绅，传唤阖学生员及乡约、里老齐集到学。据乡绅熊奇等、生员李达、李蕃等、乡约杨师孟、王一正、里老黄士富、李涵等公议。②

康熙初年，安徽桐城县召集绅士里民公议裁革负责解运南米的区头职役。乡绅姚文然记载他参加公议的情形云：

> 敝县近日议革区头，弟溽暑抱病，血下如注，以一年不见一客之人，今同乡耆里老集议于城隍庙者，三日不决于兹矣。总因解南米一大苦，无人敢首为承当，上下胥吏又从而恐喝之。弟当众矢神，愿于变法之初，代区头解运一年，以徇百姓之急，而佥议又以为非体，愤懑之极。③

康熙六年，湖南宁乡县生员向巡抚投递公呈，请求别立儒户，优免徭役。巡抚将此事下县查议。知县权持世在申文中汇报他召集地方公议的情形云：

> 随以此事并先奉宪文为杨理弘飞洒一案均平里甲之事，鸠集合县绅士里民于城隍祠，矢心公议，将一切户粮俱照康熙四年丈册均平里甲造正。④

---

① 冯梦龙辑：《甲申纪事》卷六《淮城纪事》，《四库禁毁书丛刊》史部第 33 册影印明弘光元年刻本，北京出版社，2000 年。

② 张崇德：《恒岳志》卷下《疏纪·复祀奏议》，《四库全书存目丛书》史部 236 册影印清顺治十八年刻本，齐鲁书社，1997 年。

③ 姚文然：《姚端恪公集》文集卷九《与蔡总漕书》，《清代诗文集汇编》第 75 册影印清康熙桐城姚氏刻本，上海古籍出版社，2010 年。

④ 乾隆《宁乡县志》卷五《政绩》，权持世《本县初次回详》（康熙六年七月二十八日），《北京大学图书馆藏稀见方志丛刊》第 281 册影印清乾隆十三年刻本，国家图书馆出版社，2013 年。

广西梧州府怀集县,自顺治末年至康熙年间历次禁革里甲轮役,实行以粮均差,皆通过地方公议的方式推行。地方志载其事云:

> (顺治)十七年,知县许重华以各里米多少不均,集士民公议,将通县米五千余石,每年扯足五百余石应役。康熙初,里长梁辅佐等赴两广总督金公告行均平,发值季厅周起岐审问,准发本府杨公查报行县。士民齐集隍祠公议,将值年米均派差役,具结回复准行。十八年,里长告脱均平,复行当日(世变则均平不敷也)。二十四年,里民梁宗等赴巡抚范公,告乞均差,蒙发道府查明,刻石禁革当日里长,准行均差。(时未定均平出银之例。其后士民公议,每石米每年出银七钱,凡上司公费,本县夫马及通县各官公事,至墟场小税,俱在此七钱之内支应,计银三千五百两。)二十七年,里民黄超翰等赴督院吴公告乞均差,又有里排黄陈联、邓五常等相继赴院条陈均差之便。蒙批布政司转发本府行县。知县黄宗烱详覆,奉督院吴批:"如详行。缴。"[1]

康熙二十七年,该县知县在详文中提到,他当时将总督下发查议的均差一事"会绅衿、谕各里冬齐集隍祠公议协妥",取具甘结回详。之后,他正是根据五里里民陈昌显、梁万斗、莫富国等六十八人,举贡监生聂宗经、梁殿柏等四十一人的呈词、甘结,向各级上司回详本地士民愿行均差的意愿[2]。

康熙四十二年前后,广东临高县知县在写给巡抚的条议中,自称该县公项难以筹措,需仰赖绅士里民的公议:

> 惟阖县公项、万不容已者,卑职术乏点金,自必照例而行。若蒙宪台俯采一得,怜其硬当之苦,复其均平之善,卑职当仰遵宪德,竭此血忱,将阖县公项旧例减其繁冗,革其杂派,因时酌宜,集绅士里民通盘打算,令其公议,每两条银应派若干,以足一年公用,再行详复。[3]

类似案例还有很多,无法一一列举。在此通过以上几个案例,只想简单说明两点。第一,绅士耆老等群体共同参加地方公议的情况,在这一时期开始遍布全国。及至嘉靖、万历时期,史籍记载中的地方公议案例,或许还略集中于江浙一带。但在明末清初以后,华北、华南、华中各地的案例亦

---

[1]　乾隆《怀集县志》卷三《赋役志·附里役》,《广东历代方志集成·肇庆府部》影印清乾隆二十年刻本,岭南美术出版社,2009年。

[2]　乾隆《怀集县志》卷三《赋役志·附里役》。

[3]　康熙《临高县志》卷一二《艺文类·条议》,《日本藏中国罕见地方志丛刊》影印清康熙四十六年刻本,书目文献出版社,1992年。

纷纷涌现。地方大事交由绅士耆老公议，显然已成为全国性的习惯。第二，在这一时期，地方公议涵盖的事务类型已经非常广泛。上文简单列举的几个案例，既涉及州县间赋役总额的调整，也涉及州县内杂役或建造公共设施时的负担分配，还涉及上级官府通知、查问的其他各项事宜。由此可见，绅士耆老共同参与的地方公议，确实可以过问各类"邑中大利大病"，此殆非虚言。

当然，这一时期的地方公议，也并非一概由绅士耆老共同参与。一些依照惯例仅由里老或生员参加的公议仍然照旧举行。地方日常事务，自明初以来便由里老公议者，倘若不涉及制度变更等重要事项，可以仍由里老公议。譬如每月朔望，知县惯例召集里老，向之询问各里治安，至明末清初仍多循旧例。丁元荐记万历年间湖州知府陈幼学事迹，称"里老每朔望呈首各里偷儿"[①]。清初人陈鼎记江西某知县事迹，称"强暴不肖者，大书恶人二字表其门，每月朔，使协里老到庭询状"[②]。又譬如赋役的日常编审等事务，也多由里老公议。天启《慈溪县志》记载当时该县编审的情形，称知县"谕各里递公议"[③]。乾隆《诸暨县志》记叙康熙、雍正年间诸暨县征收南粮，因当地不产官府征收的"团米"，历来私下折征，再由地方官府买米上纳。折征价格亦由里老每年公议决定。"每年开征时，里老人等于城隍庙内集议价值，私折银两，官差丁役赴省购米交仓。"[④]与之相似，与学校有关的事务，譬如乡贤、名宦祠祭祀对象的选择，也完全可以照例由生员公议。乡绅没有理由非要加入这些公议之中。

明后期以来真正产生的重大变化，在于乡绅频繁参与地方大事的公议。现在，不只是出现了绅士耆老共同参与的地方公议，在另一些场合，甚至出现了只有乡绅出席参与地方公议的记载。在上述嘉兴府嘉、秀、善三县争田案中，就至少有两次地方公议仅有乡绅参加。一次发生在万历四十二年七月二十二日。李日华《味水轩日记》载：

---

① 丁元荐：《西山日记》卷上《循良》，《历代日记丛钞》第 4 册影印《涵芬楼秘笈》影旧钞本，学苑出版社，2006 年。

② 陈鼎：《留溪外传》卷五《孙先生传》，《四库全书存目丛书》史部第 122 册影印清康熙三十七年自刻本，齐鲁书社，1997 年。

③ 天启《慈溪县志》卷一五《碑记》，刘宪宠《编审德政纪》，《中国方志丛书》华中地方第 490 号影印明天启四年刻本，成文出版社，1983 年。

④ 乾隆《诸暨县志》卷一一《赋役四·征输·南米改折色案由》，《中国方志丛书》华中地方第 598 号影印清乾隆三十八年刻本，成文出版社，1983 年。

乡绅会城隍庙，议三县田粮事。①

另一次发生在万历四十五年四月二十九日。崇祯《嘉兴县志》载：

> 蒙钦差兵巡道王并本府知府庄檄，同嘉兴县知县刘余佑、秀水县
> 知县林闻诏、嘉善县知县吴道昌暨三县乡绅会集城隍庙，拈香矢誓，左
> 右分坐，秉公评论田粮一事，必须议妥方行。自辰至未，大端有绪。②

又如清初常熟县人戴束所著笔记《鹊南杂录》中，对该县地方公议情形
亦颇有描绘。他关心的重点是捐纳得职者能否参加公议，因而文中只涉及
乡绅。至于这些公议的参与者中是否还包括生员、里老，则不得而知。

> 前明县官与缙绅体统极其整肃，非举贡不得与于公所。自有考职
> 之例，白丁铜臭既纳监生，费一二十金，倩人代考一职，便居然自以为
> 缙绅，自呼某爷，乘舆持刺，通谒县令。县令喜其逢迎，往来亲密，或有
> 公事，如讲乡约等，则发帖邀之，厕于诸老先生之列。其风久矣。有某
> 者，本世家子，考州同职，有事必到，得列诸缙绅末座以为荣。一日在
> 乡约所，钱中丞谓知县高士鸂曰："公堂体统，不可不肃。州同本一铜
> 臭，不得与老父母抗礼，亦不得与吾辈列坐。使其侪毕至，恐吾辈反无
> 容足地矣。"高知县惶恐无地，其人亦羞惭避去。后苏进士翔凤叱王州
> 同，亦少见风概。王之父，本东唐市一屠户，骤长千金，为其子纳监考
> 职贡，媚于陶知县，与之往来。一日，陶知县、诸绅议事于寅宾馆，王先
> 在焉。苏进士至，叱之曰："尔何人，敢坐在此！吾辈岂堪与屠沽子并
> 列耶！"命衙役捽之去。人皆鼓掌称快。此又近世所少见也。③

更有甚者，上文提到，万历初年以前，巡按御史等监察官巡历至各地
时，通常只召集里老、生员议事，"必竣事而后与乡士大夫还往"；但及至明
末清初，监察官巡历至地方，往往首先召集乡绅，向之咨询地方利弊。最典
型者，如《祁彪佳日记》中记载，祁彪佳崇祯十七年于苏松巡抚任上召集公
议的情况（详见表1-1）。如表1-1所示，祁彪佳出任苏松巡抚后，巡历苏、
松、常、镇四府，到下辖各州县境内，往往立即召集公议。《祁彪佳日记》共

---

① 李日华：《味水轩日记》卷六，万历四十二年七月二十二日，《历代日记丛钞》第6册影印民
国十二年刻本，学苑出版社，2006年。

② 崇祯《嘉兴县志》卷九《土田》，《嘉兴府嘉秀善三县为缴查田册据报倡乱以明纪纲以决去
就事》。

③ 戴束：《鹊南杂录》不分卷，《明清史料丛书续编》第18册影印《虞阳说苑乙编》本，国家图
书馆出版社，2009年。

记载此类公议 13 次，其中 10 次的参加者只包括乡绅、举人（孝廉），只有五月十五日丹阳县公议、五月二十二日无锡县公议与十月十一日镇江府公议，参与者还包括生员（衿、文学）。从前并非监察官主要咨访对象的乡绅，如今成为最重要的座上宾。

表 1-1　祁彪佳任苏松巡抚时召集的公议

时间	地点	参加公议人物	公议内容
崇祯十七年五月十三日	镇江府玉华山	会乡绅、孝廉	讯其地方利病，因知润城间架钱之苦
崇祯十七年五月十五日	丹阳县	会有司、绅衿；即于公所会乡绅	宣读诏书；深以草泽聚众为大忧
崇祯十七年五月十八日	武进县公所	会诸乡绅孝廉	询商地方利病
崇祯十七年五月二十日	宜兴县公署	会乡绅孝廉	保甲等事
崇祯十七年五月二十二日	无锡县公署	会诸绅、孝廉、文学	询诸绅或有冤狱，可省释致雨否
崇祯十七年五月二十六日	苏州府	欲会诸君共商，而绅以候久散去，只与孝廉杨维斗诸君共商	定经赋等事
崇祯十七年五月二十七日	苏州祈雨坛	会乡绅王玄珠等，周梓山亦在坐	
崇祯十七年六月初二日	常熟县慧日寺；码头	会乡绅孝廉；与瞿稼轩及诸孝廉	商补邑令等事
崇祯十七年六月初四日	昆山县学院之较士馆	会缙绅孝廉徐公开禧等	以人心士气为言
崇祯十七年六月初八日	松江府公所	会诸绅，杜完三诸公毕集	李素莪以惩贪为言，余亦各有所陈
崇祯十七年六月十一日	太仓州	出会诸乡绅、孝廉吴骏公、胡君周鼎等	
崇祯十七年六月十六日	吴江县公署	会乡绅孝廉叶庆绳等	询地方利病
崇祯十七年十月十一日	镇江府玉华山	会诸绅衿商议	保甲之法

资料来源：《祁彪佳日记》卷一四《甲申日历》，张天杰点校，浙江古籍出版社，2017 年。

过往的研究往往将乡绅当作地方社会中的权力垄断者或领导者,在各种地方公议中,也以为乡绅公议是其根本①。笔者在此想要指出,乡绅加入地方公议是较晚的事情,排除了其他群体、仅由乡绅参与的公议,更是晚至明末清初以后才出现的。因此,官员听取地方社会的意见,并不天然以乡绅的意见为指归。即使是在乡绅积极参与地方公议的时代,生员、里老的单独公议也继续存在着。在绅士耆老共同参加的公议中,乡绅的意志也并不绝对占据主导地位。

不过,与此前相比,明代后期以来,乡绅对地方公议的参与热情逐渐高涨,在地方公议中发挥起越来越重要的作用,又是无可置疑的事实。揆其缘由,明朝政府力量不足以应付日益复杂的地方局势,应是主因。自嘉靖间倭患以来,政府越来越需要借助地方社会的力量,帮助其维系对庞大国家各个角落的统治。正是在这一过程中,地方公议的功能开始超越单纯的反馈民意、提供资讯,进一步承担起为政府出谋划策、筹集物力人力等职能。一旦地方公议的功能进入这些领域,相比于里老、生员,乡绅的能力就显得格外重要,他们的地位亦日益隆重。及至明清鼎革之际,政府力量相对于社会力量的衰弱达到极致,乡绅在地方公议中的话语权也相应达到顶点。

一些学者强调,乡绅在地方社会中掌权,社会力量相对于地方政府崛起,属于政府力量衰退的乱世之下的特殊现象,不能当作中国历史上的常态②。笔者对此部分认同,但也有保留意见。一方面,从明初甚至更早时期开始,各级官员就地方事务向里老、生员等人咨访意见,一直是中国国家与社会关系中内生的、长期的习惯。乡绅得以加入地方公议,正是在此习惯基础上发生的。从这一角度看,就不能把乡绅地方公议仅仅视作乱世的现象。另一方面,如上文所述,乡绅积极参与地方公议的历史,至少可以追溯至嘉靖年间,在清代则长期持续下去,至少在康熙末年以前都处于活跃状态。这一段乡绅公议的活跃期,前后超过一个半世纪,而不只是明清鼎革之际的短暂情形。19世纪以后,乡绅在近代社会的地方公议中再度开始活跃,也是近代史上公认的事实。总的看来,在16世纪以后,乡绅势力受到政府压制的时间段反而是短暂的。除了治乱循环之外,其中应该还蕴含着某种长时段历史演变的趋势吧。

---

① 如夫馬進:「明末反地方官士変」、『東方学報』52、1980年。
② 如岸本美緒:「比較国制史研究と中国社会像」、『史学史管見』、研文出版、2021年、第103—134页。

第三节　合邑公呈的成立

绅士耆老地方公议的存在，不仅意味着社会各界人士可以通过会议形式交流意见，更重要的是，它还意味着地方社会可以形成其自身的意愿，以某一州县地方社会全体的名义，向官府反映其意愿。这种地方社会意愿的标志物，也是地方公议成果的代表物，即乡绅、生员、里老等群体共同联署的上行文书——公呈。公呈作为一种文书体式的变化，与地方公议的发展演变，既相互纠缠，又相互补充。本节将从这一角度出发，再次审视明代地方公议演进的历史。

一、明前期的里老连名呈与乡士大夫书信

明弘治以前，地方社会中有两个群体能够向官府呈递文书、讨论地方公事，一是里长、老人等地方职役，二是包括乡宦（致仕、丁忧官员）与布衣儒士在内的乡士大夫。这两个群体与地方官之间的文书截然不同：里长、老人向官府递交呈状，重要公事往往用多人联署的连名呈状；乡士大夫则各自以私人书信与官员沟通，绝少见到连名的情况。弘治以前，这两个群体并不在一起商讨地方公共事务，他们的文书也分别提交，不存在乡士大夫与里长、老人联署同一份连名呈的情况。

明代里老人向官府呈递的联署文书，全称"连名呈状"。"状"是中国古代通用的上行文书的名称，至宋代以后，逐渐分化出"申状"与"呈状"两种。民间向官府呈递的状文皆属于"呈状"①。"呈状"在明前期简称为"状"或"呈"，明中叶以后则多简称为"呈"，"呈状"全称也用得越来越少。"连名呈状"指写立主体在两人以上的呈状，也随着"呈状"简称的变化，先后简称为"连名状"或"连名呈"。为方便行文，除直接引述史料外，在此一概称之为"连名呈"。

史书中虽然鲜少保留弘治以前里老人连名呈的原文，但在各级官员的奏疏、公牍中，不时引用这些连名呈。官员公文中常常提到，某事件系据本地方某某老人（有时还包括某某里长、某某粮长、某某塘长）等"连名呈告"或"连名状告"，该地方官再据此向上级官府转报。由此可知，明前期已广

---

① 徐望之编著：《公牍通论》，档案出版社，1988年，第18、24、62页。

泛存在里老人的连名呈。其中所涉内容可概括为以下五项：

第一，刑事诉讼，尤其是状告地方豪强和贪官污吏。如苏州知府况钟奏疏提到，南直隶"长洲等县朱阿狗等一千二百一十名状告"清军同知张徽不依勘合，冒勾人丁充军；"昆山县老人、粮长陆茂等首本县知县任豫、县丞吴仲郢节次酷刑，科取银两等物入己"①。

第二，报告水旱、地震等各类地方灾情。如王恕奏疏提到南直隶武进县里老呈告地震事②；叶盛奏疏提到广西桂州、柳州等府里长、老人状告旱灾事③。

第三，报告盗情或边境敌情。如况钟奏疏提到南直隶吴江县里老状告太湖水贼盗情④；于谦奏疏提到广西省融县里老呈告被流贼劫掠之事⑤；叶盛奏疏提到广东茂名等县里老状告被流贼劫掠之事⑥。此项也可以看作是上两项的结合，既是告理一类特殊案件，也是汇报一类特殊"灾情"。

第四，报告某项赋役过于沉重，请求宽减。如王恕奏疏提到，南直隶上元县里老呈称修城、造坟二役过重，请求"量与宽减"⑦。有时，此项状告的内容也与状告不法官吏联系在一起。如况钟奏疏提到民人沈多福等连名状告苛征折布一案，同时也是在状告苛征滥派的钦差内使王宠、范禄等人⑧。

第五，保留或保举地方官员。如况钟奏疏提到，南直隶"常熟县里老等连名告保本县治农县丞王恂大"⑨；叶盛奏疏提到，广东"广州府顺德、香山、新会等县坊都乡民里老人等胡势宁等七百四十八名连名状告"，保留新会县县丞陶鲁⑩。

同在明代前期，地方社会中除了里老人能够向官府呈递文书、讨论地

---

① 况钟：《况太守集》卷七《请清军及旧欠折钞奏》、卷一〇《拿解县正佐贪官奏》，第74、107页。

② 王恕：《太师王端毅公奏议》卷五《地震请停任奏状》，东京大学东洋文化研究所藏嘉靖十三年刊嘉庆十一年补刊本。

③ 叶盛：《叶文庄公奏疏》两广奏草卷六《题为旱伤等事》，《四库全书存目丛书》史部第58册影印明崇祯四年叶重华刻本，齐鲁书社，1997年。

④ 况钟：《况太守集》卷八《请捕太湖贼奏》，第84页。

⑤ 于谦：《于谦集》奏议卷三《兵部为地方贼情事》，魏德良点校，浙江古籍出版社，2013年，第127页。

⑥ 叶盛：《叶文庄公奏疏》两广奏草卷九《题为请兵杀贼安民事》、两广奏草卷一四《题为贼情事》。

⑦ 王恕：《太师王端毅公奏议》卷六《定夺修城营葬工料奏状》。

⑧ 况钟：《况太守集》卷八《请免苛征折布奏》，第88页。

⑨ 况钟：《况太守集》卷一〇《留治农县丞奏》，第106页。

⑩ 叶盛：《叶文庄公奏疏》两广奏草卷一三《题为保固地方事》。

方公事外，"乡士大夫"群体也经常通过私人书信向各级官员表达对地方公事的看法。如早在洪武朝，避居苏州的常州籍儒士谢应芳就屡屡上书知府，陈言苏州民间重赋之苦①。在宣德朝，应天巡抚周忱、苏州知府况钟一同主持苏松地区轻减浮粮改革时，昆山州儒士龚诩上书周忱②，致仕乡宦方献忱、贡生薄实上书况钟③，积极建言献策。不过，这两个群体与地方官之间的文书截然不同，至少包括以下四点重要区别。

首先，里老人的陈言都采取"呈状"这一公文形式，而乡士大夫的陈言却大多采取非正式的书信形式。这是由身份差异造成的。因丁忧、致仕而暂时乡居的前任官员自不必说，即使是从未出仕的儒士，在明前期也可以由朝廷征辟，立刻授予官职。因此，无论是在乡士大夫或地方官员的眼中，他们之间的关系都不只是公对公的上下统属关系，而是可以作为同一阶层的士大夫，建立起私人交往关系。如吴江县儒士史鉴，于成化年间为应天巡抚王恕所器重，"常虚心咨访，未尝以部民遇之"④。私人间的书信，正是这种交往关系的证明。但另一方面，这一差异也说明乡宦、儒士在地方事务上不具备里老人的"民众代表"资格。里长、老人是从古代乡官演变而来的职役，担负着代表本里民众与地方长官联络的义务。乡宦、儒士则不然，即使他们所言是一乡一里乃至一府一县的公共事务，却也只是他们个人的意见，并不能代表民众。于是，代表地方民众的里老陈言需要留在公文案卷之中，有必要写成正式的呈状；而乡宦、儒士的个人建言只供地方官参考，以非正式的书信形式表达便已足够。

其次，里老人的呈状多采用多人连名的形式，而乡士大夫的书信通常只以个人名义投递。这是由两种文书的不同作用所决定。里老呈状反映的是本乡本里的民情，呈状内容如果关涉若干乡里的事务，就需要由这若干乡里的里老出具连名呈。官员在公文中引用里老连名呈时，也会清楚说明，这是"里长某某、老人某某等连名呈（状）"。在状告或保留地方官的场合，由于事情关涉全州县甚至全府，参与连名的里长、老人人数也较多。上文提到的例子中，就有"长洲等县朱阿狗等一千二百一十名"连名状告清军同知张徽，"广州府顺德、香山、新会等县坊都乡民里老人等胡势宁等七百

① 谢应芳：《龟巢集》卷一二《上何太守书》《呈府侯书》。

② 龚诩：《龚安节先生遗文》不分卷《上巡抚周文襄公书》《再上巡抚周文襄书》。

③ 况钟：《况太守集》卷一四《听纳》，《致仕乡宦方献忱上太守书》《乡贡进士薄实上太守书》，第149—151页。

④ 道光《苏州府志》卷一〇三《人物·隐逸上》。

四十八名"连名保留新会县县丞陶鲁。联署者人数众多,也是彰显连名呈公信力的重要因素。乡士大夫的书信则不然,既然只是个人建议,自然无需多人联署,只需以个人名义投递给官员。

再次,里老人的连名呈会在地方官员上行公文中被引用,作为立论的依据,但乡士大夫的书信却从不会出现在地方官员的公文中。譬如周忱、况钟奏减苏松浮粮一事,周、况二人的减浮粮方案是在听取了龚诩、方献忱、薄实等多名苏州乡宦、儒士的意见之后制定的。然而,无论是在周忱《与行在户部诸公书》中①,抑或在况钟的若干份请减浮粮奏疏中,都看不到对上述乡宦、儒士意见的任何引用。而在况钟的其他奏疏中,如上文所示,对里老人连名呈的引用比比皆是。又譬如,成化年间应天巡抚王恕曾屡次咨访吴江儒士史鉴,但他的奏疏中却无一言提及史鉴对他的建议,反倒不时提及里老的连名呈②。二者之间的差异,究其原因,自然也在于里长、老人可视作"民众代表",乡士大夫则不然。故前者的连名呈可以作为官员奏请时的证据,后者的书信却不足为凭。

最后,里老人连名呈的内容偏重于"陈情",即陈告民众遇到的问题、请求官府解决;而乡士大夫的书信则偏重于"献策",即为官府提供可供参考的政策建议。里老陈告民情,是在传统中国政治秩序中"民告—官理"框架下的行为。上文列举了里老连名呈的五项主要内容,所涉范围虽广,但几乎都是对事实本身的陈述,而非对应对政策的建议。尤其是在涉及赋役的事项上,里老可以陈告水旱灾荒而请求减免赋税,或提出某官吏横征滥派而要求整顿,但并不能就经制以内的正赋提出异议。显然,前者属于"民告"的范畴,而后者不由小民置喙。乡宦、儒士的上书则不然,即使是对制度内的规定,也尽可以提出修改建议。譬如面对江南地区过重的田赋负担,里老人无法在连名呈状中哀陈,龚诩、史鉴等乡士大夫却尽可以旁征博引,以前朝或他省的案例论证本地赋税科则已经过高,并建议地方官层层上报,请求朝廷减赋。乡士大夫提出这些建议,不免有侵夺官府权力的嫌疑,但由于只是私人书信中的建言,而非正式的呈状,反倒可以畅所欲言。与官员相仿的教育背景,又让他们能够引经据典,提出各级官员更容易接受的建议。

---

①　周忱:《双崖文集》卷三《与行在户部诸公书》,《明别集丛刊》第 1 辑第 34 册影印清光绪四年刻本,黄山书社,2013 年。

②　王恕:《太师王端毅公奏议》卷五《地震请停任奏状》《言应天等府粮草灾伤并成熟数目奏状》、卷六《定夺修城营葬工料奏状》。

总之，在明前期，里老人的连名呈与乡士大夫写给官员的私人书信，是两种截然不同的文书。里老人虽然拥有代表乡里民众反映民情、向官府提出吁求的权力，却受身份地位与学识的限制，甚少能提出具体的施政建议。乡宦、儒士等乡士大夫则相反，他们能够通过私人书信与官员交流，对地方事务提出具体建议，但不具备代表民众发言的资格，也不能成为正式公文中被引用的意见来源。在这样的情形下，二者对地方公共事务的影响力都受到限制，官府则能够在了解民情并获得乡士大夫建议的基础上，完善地方治理政策。

二、"通学连名呈"与"合邑连名呈"的出现

到了正德、嘉靖年间，连名呈发生了两项重要变化：第一，在里长、老人之外，生员也开始加入到联署、呈递连名呈的队伍中。生员的加入，在里老和乡士大夫之间搭起了一座桥梁，也开启了此后地方社会参与政治方式一系列变化的大门。第二，生员开始出具"通学生员"连名呈，里老们也开始出具"概县/通县/合邑连名呈"。"通学""概县""通县""合邑"等一系列集合名词的出现，标志着连名呈不再只是参与联署者个人意愿的集合，还代表着某一群体的集体意愿。特别是"概县/通县/合邑连名呈"的出现，标志着一种形式上表达一个州县全体民众意愿的文书开始进入地方行政程序①。

明前期，生员除接受巡按御史的咨访与议论学校相关事务外，鲜少参与地方公共事务的讨论。无论是连名呈还是私人书信，都几乎看不到生员参与其中。生员开始讨论地方事务、联署连名呈，关键的时间节点在弘治、正德之际。弘治年间，明廷下旨，令天下府县各建乡贤、名宦二祠，附入地方儒学祭祀，至正德、嘉靖间，逐渐在全国推广实施。由于乡贤、名宦二祠建在地方儒学内，祠祀之事又与礼教密切相关，各地提学官普遍征求儒学生员的意见，以决定入祀人选②。正是在此过程中，各地生员开始纷纷出具连名呈。笔者所见最早的生员连名文书，就与乡贤祠入祀人选有关。弘治

①　岸本美绪已注意到，在明末有关民众行动的记载中，行动主体常以"合郡士民"等名称出现，且其行动常被认为代表"一时人心之公"（『明清交替と江南社会』、第 11—12 页）。笔者在此则要指出，这种集合名称早在明中叶的行政文书中已经存在，且从一开始起就与地方士民的集体意愿相关联。

②　参见赵克生《明代地方庙学中的乡贤祠与名宦祠》，《中国社会科学院研究生院学报》2005年第 1 期；林丽月《俎豆宫墙——乡贤祠与明清的基层社会》，黄宽重主编：《中国史新论：基层社会分册》，联经出版事业股份有限公司，2009 年，第 327—372 页。

四年,浙江太平县知县在申请乡宦林鹗入祀乡贤祠的申文中,转引了生员的连名结状:

> 准儒学牒呈:"据通学廪膳生员赵锦、叶凤章等结,勘得已故侍郎林鹗委系本县南隅人,自少凝重,言动有度,孝友于家,忠爱于国,政迹著在耳目,堪以从祀乡贤,具结呈缴到学。案照先承本县牒文:'该据南隅坊老陈敬瑞等状呈前事,备行查勘已故侍郎林鹗生前应试出仕,果有忠孝政迹,堪以从祀乡贤,取具师生全文结状缴报。若有违碍,明白呈来'等因。依奉已行去后,今据缴到查审无异,拟合就行。为此今具师生保结,呈缴施行。"[1]

从引文中可见,林鹗入祀乡贤祠,是先由本坊老人出具呈状,再由知县行文儒学,取具师生连名结状。由于是先由坊老呈请,再向儒学师生求证,故此时太平县生员出具的是连名结状,而非连名呈,但文书内容、性质其实相似。稍晚一些,在正德十一年尹昌隆入祀江西泰和县乡贤祠的案例中,则是先由尹昌隆原籍都图民人尹廷清向知府呈请,知府申提学道后,提学道又取具"本县通学生员彭邦瑞等具呈",查核后入祀乡贤祠[2]。此时,泰和县生员出具的就是连名呈。

上述两个案例还显示,弘治、正德时期的生员不但开始出具连名呈,而且他们的连名呈从一开始起就与里老连名呈不同,是以"通学生员"的名义出具的。明前期里长、老人虽然代表本里民众陈言,但其连名呈皆以个人名义联署,并非直接以某一集体的名义出具。生员连名呈则不然。由于生员个人不具备代表某一群体发言的合法性,其个人意见也不足以影响乡贤入祀的决定,只有地方儒学以集体名义发言时,其呈状才有意义。因此,"通学"二字经常与生员连名呈捆绑在一起,显示出生员连名呈新的特征:它不再只是表达若干联署者个人意见的集合,而是表达一所地方学校的集体意愿。

嘉靖以后,生员们开始参与到对赋役等地方事务的讨论中。此时,"通学连名呈"也被运用到这些事务中。如上一节中已经提到的,嘉靖四十年,泰州生员陈应芳代州学全体生员起草《通学告兑粮呈》,请求将该州的部分

---

① 林鹗:《畏斋存稿续集附遗稿》不分卷《附录·入祀乡贤祠案验》,《明别集丛刊》第1辑第47册影印明正德刻本,黄山书社,2013年。

② 尹昌隆:《尹讷庵先生遗稿》卷九《附录·入乡贤祠申文》,《明别集丛刊》第1辑第29册影印明万历刻本,黄山书社,2013年。

正兑漕粮改为改兑漕粮①。又如嘉靖四十二年，靖江县"通学生员呈"反对将该县新涨沙田造册升科②。生员们在出具这些连名呈时，沿用了已存在的"通学连名呈"形式，不过，这些事情已不只是与地方儒学、礼教有关，更关系到某一州县全体百姓的利益。生员们就此出具"通学连名呈"，已不止于表明一所地方学校全体生员的集体意愿，也是在为当地所有百姓代言。

也是在正德、嘉靖年间，在"通学生员连名呈"越来越普及的同时，里长、老人的"概县/通县连名呈"开始登上历史舞台。笔者检阅所及，最早在官员公文中被提及的"概县里老连名呈"，来自正德年间的南直隶婺源县。应天巡抚王缜在一份奏报灾荒的奏疏中提到，正德八年，徽州府祁门、婺源二县受灾，"拘集各该都图里老方伯泽、王洪等指引被灾处所"，稍后，婺源县"据概县里老王洪等连名呈"申报了该县受灾详情③。这是一份常规的报灾奏疏。在勘定灾荒分数的事务中，拘集所有受灾乡里的里老一同勘看灾情，而后取具里老连名呈，据此逐级申报灾荒、核减赋税，都是明前期以来的惯常做法。不同寻常的是，王缜引用里老连名呈时，使用了"概县"二字。不过，鉴于同一份奏疏中引用祁门县里老连名呈时并没有冠上"概县"二字，婺源县的这份"概县连名呈"或许还只是因为该县灾荒波及全县而偶尔出现的。"概县"和非概县还没有显示出有意义的区别。

全县里老共同联署的连名呈真正开始成批出现，是在数十年后的嘉靖年间，也就是生员开始以"通学连名呈"干涉地方事务的时候。此时，里老们的连名呈也更多地被称为"通县连名呈"，与生员们互相呼应。譬如，嘉靖四十二年，靖江县生员以"通学连名呈"反对该县新涨沙田造册升科的同时，当地也有"通县粮塘里老陆林、刘高、吴□等连名呈"，与生员们的通学连名呈配合行事④。稍早一些，嘉靖三十九年，浙江慈溪县知县霍与瑕的申文中则提到，因本县生员向闽浙总督胡宗宪呈请清查慈溪新涨湖田田粮，霍与瑕奉命议勘，于是召集里老公议，收到"通县里老某等呈称"应当勘察清理云云⑤。

到了隆庆、万历年间，"概县连名呈""通县连名呈"愈发常见，此外又出现了"合邑连名呈"的名称。而且，在"合邑里老连名呈"之外，还出现了

---

① 陈应芳：《敬止集》不分卷《通学告兑粮呈》。
② 嘉靖《新修靖江县志》卷一《疆域上·田赋》。
③ 王缜：《梧山王先生集》卷七《为用兵地方灾伤困苦事》。
④ 嘉靖《新修靖江县志》卷一《疆域上·田赋》。
⑤ 霍与瑕：《霍勉斋集》卷一八《为清理田粮事通申》。

"合邑生员"或"合邑绅衿"的连名呈,甚至还有各阶层共同联署的"合邑士民连名呈""合邑绅士里老连名呈"。譬如,隆庆三年,福建建宁县知县据"合邑士民所呈",为历代名宦建去思亭、遗爱祠①。又如,隆庆至万历初年的徽州府丝绢税案中,更是多次出现"概县坊都里老耆民""概县乡宦举监生员""合县里排耆老民人""合县民人"等种种冠以"概县""合县"名义的连名呈②。又如,嘉靖年间曾经撰写过泰州通学生员连名呈的陈应芳,在万历二十三年,又以乡绅身份代泰州概州"里老细民"写下《概州告永折呈》③。在这些冠以"概县/通县/合邑"名义的连名呈中,里老、生员、乡绅等不同身份的人群逐渐汇合到了一起,开始发出某一州县地方社会集体的声音。

嘉靖前后出现"概县/通县/合邑连名呈"的契机究竟是什么呢? 笔者以为其缘由有二。

第一,"合邑连名呈"是"通学连名呈"进一步发展的结果。如上所述,弘治以后,生员的"通学连名呈"就已经出现,而一所州县儒学的"通学生员",同时也是本州县的"合邑生员"。生员们把"通学连名呈"改称为"合邑生员连名呈",原本就是正当的称呼。在两种场合下,生员们又确有把"通学连名呈"改称为"合邑连名呈"的需求。一是当连名呈的内容并非有关儒学内部事务,而是关系到地方民生的时候,"合邑"相比于"通学"要更切合连名呈的内容。二是当连名呈的联署者超出生员范围的时候,譬如乡绅、举人、监生与生员共同联署时,自然是称为"合邑绅衿连名呈"更为合理。无论是哪种场合,以生员为主出具的"合邑连名呈",都可以看作是"通学连名呈"的一种发展。

第二,"合邑连名呈"的频繁出现,与嘉靖后期至隆庆年间东南沿海地区加派赋役的情形有关。此时正值倭患最严重的时期,为了筹措抗倭经费,沿海各省皆大规模加派赋役。为了更有效而平稳地加派赋役,各地又打着"均平"的旗号推行各种赋役改革,核算并重新分配各类赋役款项在各州县间的征派数额。为了加派及改革的顺利推行,各地地方官必须广泛征询各州县乡绅、生员、里老等的意见,并获取各种连名呈。上文列举的这段时期的"通学/概县/通县/合邑连名呈",大半是在反对加派或要求把本州

---

①　万历《邵武府志》卷五四《艺文志四》,张贡《新建遗爱祠记》,《原国立北平图书馆甲库善本丛书》第 386 册影印明万历四十七年刻本,国家图书馆出版社,2013 年。

②　程任卿辑:《丝绢全书》金集卷一《绩溪县查议申文》、匏集卷五《舒爷过休宁准休民告词申文》《休宁县申文》《绩溪县申文》《祁门县申文》。

③　陈应芳:《敬止集》不分卷《概州告永折呈》。

县税粮转嫁给其他州县。其中，嘉靖四十年、万历二十三年泰州通学生员连名呈与概州里老细民连名呈，都是认为泰州接受了兴化县转嫁的漕粮负担，要求减免并把漕粮征收改回兴化；嘉靖四十二年靖江县的通学连名呈，是反对以靖江县新涨沙田的税收协济常州府驿站开支，以免将来沙田坍塌再累及本县其他田粮；徽州府丝绢税案中的诸多合邑连名呈，则是歙县与其他五县之人争议丝绢税的分摊方案，究竟应照旧由歙县独自承担，还是由六县共同分摊。总之，当赋役改革牵扯到各类赋税款项在各州县间的重新分配时，每个州县的人都希望减少本州县的赋税，千方百计将之转嫁给其他州县。此时，由于事关本州县所有人户的利益，全州县的里老、生员乃至乡绅都加入到连名呈的联署中来，并以"通县""合邑"一类的集合名词来表达本州县所有人户团结一致的强烈意愿。

总之，"概县/通县/合邑连名呈"的出现是值得格外注目的信号，它标志着明中叶以后的连名呈已不同于此前。一是"概县/通县/合邑连名呈"的出现象征着某一州县民众"集体意愿"的形成。明前期的里老连名呈，除在保留或告发地方官时联署人数较多外，多数只由数名里老连名，代表数乡数里民众的意愿。虽说是连名呈，但其性质与普通民人呈状相去不远，只是在向地方官府表达部分子民的诉求。明中叶以后的"概县/通县/合邑连名呈"却代表着某一州县民众的集体意愿，其性质就发生了微妙转移。二是乡绅、生员、里老等不同身份人群开始共同联署"合邑士民连名呈"。这种连名呈结合了前一阶段里老连名呈和乡士大夫书信的共同特点，既是由多人联署、反映民情的正式呈状，又能够更积极主动地向官府提供政策建议。因此，地方官面对"合邑士民连名呈"，与面对普通民人呈状或明前期的里老连名呈不同。他不再是站在父母官的立场上，去面对等待他解决问题的百姓；他面对的是足够强大的、能够自发形成集体意愿的地方社会各阶层群体，甚至他们还打着"合邑"的旗号，宣称连名呈中反映的是"合邑士民"的集体意愿。此时，地方官还能去裁决本州县士民的"集体意愿"吗？还是只能据此向上级申请，从而沦落为地方社会的传声筒？这已对当时的政治秩序构成严重挑战。

三、公呈的诞生与乡绅公揭、公书

万历中期以后，连名呈之外又出现了"公呈"。与"概县/通县/合邑连名呈"名目的出现相似，"公呈"的出现也反映出文书性质的变化，且与万历时期的政治思想动态息息相关。这是连名呈发展的又一新阶段。

　　笔者检阅所及，"公呈"最早出现于万历中叶。万历二十六、二十七年间，江西巡按御史方大美在一份题本中，将"南昌府、南、新二县三学廪增附生员熊汝谟、张演、周之冕等"为新建县已故乡绅魏良弼请补谥号的呈文称为"三学生员公呈"①。这是笔者所见最早使用"公呈"一词的记载。万历三十三年，南直隶徽州府知府的一份批词中也使用了"公呈"一词。当时，徽州婺源县乡绅、举人、贡监、生员共上连名呈，称船槽岭关系县学龙脉，请求禁止百姓取石烧灰。知府梁应泽在其批词中，将这份连名呈称为"合县绅衿公呈"②。万历后期使用"公呈"一词的记载还有数种。如万历四十年南直隶提学御史熊廷弼的一份揭帖中，提到前任提学御史史学迁批查宣城县节妇徐氏是否冒滥名节一事，据"粮里之公呈"，知徐氏"死非大义"，系冒滥节妇之名③。又如万历四十五年，南直隶巡按御史李嵩奏报应天等七府州灾伤，据"乡绅公呈"奏请漕粮改折④。又如《王侍御类稿》中收有《五学公呈》⑤。该文系松江府五所地方学校生员向巡按御史公举乡绅王圻再次出仕的呈文，写作时间在王圻辞官回里以后、去世以前，即万历二十三年至四十三年间。另据卷首序言，该书刊刻于万历四十八年，易言之，编纂者将这份呈文命名为"五学公呈"不会晚于万历末年。

　　所谓"公呈"，与此前的"连名呈"并无本质区别。连名呈已经存在相当长一段时间了，即使是在"通学连名呈""概县/通县/合邑连名呈"出现以后，"连名呈"的名称也一直没有发生变化。那么，为什么到了万历中后期，却在形式、内容都未发生改变的情况下，又出现"公呈"的称谓呢？文献中并没有留下当时人的解释，笔者只能从"公呈"名目出现的时间节点、最初运用的范围去推测。

　　"公呈"名目出现于万历中期，而这恰好是东林党开始成形、"公"成为士林争相标榜的口号的时候。根据小野和子等学者的研究，东林党形成的关键节点是万历癸巳京察案。在万历二十一、二十二年的一系列政治事件中，后来被称为"东林党人"的士大夫官僚们先是反对明神宗"三王并立"的

　　①　魏良弼：《魏水洲先生文集》卷六《附录·方侍御题请补谥疏》，《明别集丛刊》第2辑第39册影印明万历三十五年刻本，黄山书社，2016年。

　　②　佚名辑：《保龙全书》一集《本府梁悬璪太尊批详》，国家图书馆藏清乾隆刻本。

　　③　周念祖辑：《万历辛亥京察记事始末》卷六，《续修四库全书》第435册影印明万历间刻本，上海古籍出版社，2002年。

　　④　李嵩：《醒园疏草》不分卷，《故宫珍本丛刊》第534册影印明万历四十六年自刻本，海南出版社，2000年。

　　⑤　王圻：《王侍御类稿》卷一六《五学公呈并两院荐疏》，《明别集丛刊》第3辑第51册影印明万历四十八年刻本，黄山书社，2016年。

主张，并反对内阁首辅王锡爵对明神宗的安抚退让态度，继而在京察中高举"天下公议"的大旗，并以"朝廷公党"自相标榜，以反对"阁臣私党"。①万历中后期，随着东林党人被贬出朝堂，在地方上建立书院并讲学，"公"的口号又影响到更多普通士子，逐渐形成晚明士林议论朝政、动以"天下之公是公非"竞相标榜的风气。"连名呈"摇身一变成为"公呈"，可以说正是这种风气影响到地方社会的结果。

"公呈"之名于万历中后期开始出现时，多用于指称生员、乡绅的连名呈，而非里长、老人的连名呈。上述诸案例中，唯一的例外是熊廷弼揭帖中提到的"粮里之公呈"，但也并非针对赋役等普通地方行政事务，而是关系到节妇名节之事，并进一步牵扯到士大夫家族的名声。同一时期，史料记载的其他里长、老人连名呈仍多称为"连名呈"，而不称"公呈"。因此，"连名呈"更名为"公呈"，是在绅士群体中率先出现的新动向。官员把乡绅、生员的连名呈称为"公呈"，或乡绅、生员自称其连名呈为"公呈"，都是为了强调绅士"公论"，以此增强连名呈的公信力。

到了天启、崇祯年间，"公呈"名目运用得更为广泛，表明"连名呈"已经发展到"公呈"的新阶段。除乡绅、生员的连名呈被称为"公呈"外，里长、老人的连名呈也开始被称为"公呈"。如崇祯六年，苏松巡按祁彪佳奉旨勘问被劾吴县知县陈志广一案，取证之时，"耆里有公呈"保陈志广并非贪官，②甚至还出现乡绅、生员与庶民一起联署的公呈。如天启年间，淮安府"乡绅士庶"有乞留知府宋祖舜的公呈③。及至明末，"公呈"之名在文献中出现的频率已与"连名呈"大致相埒。这一趋势发展到入清以后，"公呈"之名的使用频率将进一步超过"连名呈"，成为反映地方社会集体意愿文书的最终名称④。

---

① 参见[日]小野和子《明季党社考》，第129—132页。

② 祁彪佳：《宜焚全稿》卷三《题为循例举劾有司官员事》，《祁彪佳文稿》第1册影印明末抄本，国家图书馆出版社，2009年。

③ 房可壮：《房海客侍御疏》卷上《题为内地军兴特以舆论留府守改监司综理兵马重务以戢祸乱事》，《四库禁毁书丛刊》史部第38册影印明天启二年刻本，北京出版社2000年。

④ 笔者在"爱如生基本古籍库"中分别统计"连名呈""公呈"两个词条的检索结果。明代文献中，"连名呈"共出现108次、"公呈"共出现128次（其中"公呈"的检索结果包括约10%的无关干扰项，"连名呈"的检索结果几乎不包含干扰项，下同）。清代文献中，"连名呈"共出现31次、"公呈"共出现512次（基本古籍库V8.0版）。由于该数据库中能检索到的明前中期文献数量有限，以上检索结果主要反映的是明末与有清一代"连名呈""公呈"在文献中的出现频次。此外，该数据库中还能检索到"联名呈"一词在明代文献中出现3次，在清代文献中出现118次。但该词被大量使用主要在19世纪以后，已经超出本书要讨论的范围，且即使合计"连名呈""联名呈"二词的使用频次，在清代也远少于"公呈"一词。

在公呈之外,此时还存在乡绅专用的"公揭""公书"。虽然当时的乡绅参与联署公呈,但这只限于他们与生员、里老联署的场合。当若干乡绅自行向地方官员上书时,他们往往还要保持乡绅的"体统",并不采用呈文的形式。在不少案例中,乡绅、生员、里老会分头写立不同的连名文书——乡绅连名作公揭、公书,生员、里老连名作公呈。当时人有言,"荐绅著之公揭,庠序列于公呈"①;又言,"粮长之公呈……士大夫之公书"②。"公书"是从明前期的乡士大夫书信发展而来,至此亦转变为多人连名,且以"公"为名号;"公揭"则来源于乡绅"揭帖",也由多人连名并冠以"公"的名义。

关于乡绅"揭帖",在此有必要略作解释。揭帖是"帖子"的一种,明代多用于官府之间③。明人朱荃宰释揭帖云:"揭者,晓也,晓然明之也。"④说明揭帖是解释或知会用的文书。明代揭帖在公文体系中的运用之处主要有四:一是附在正式公文之后,对公文中不能言尽之处作详细的解释。如布、按二司考核地方官时,就以揭帖详列每名官员的优劣款项,附于题本之外。二是在呈递或发布正式公文前,先以揭帖提前沟通,以求正式公文能够顺利通过。如阁臣、司礼监与皇帝之间的揭帖;又如嘉靖年间严嵩专政,"诸司之章疏,必先呈嵩而后闻,四方之奏请,各具副封以自达,谓之揭帖"⑤。三是在正式公文以外,以揭帖转达其他部门知晓。如外官上题本,同时以揭帖达内阁、部院;地方官在正式公文之外,也常将汇报给甲部门的事务,以揭帖转抄乙部门知晓。四是在希图转报的部门过多时,可以刊刻揭帖,遍投各衙门。如崇祯年间,傅山等山西生员进京至通政使司投递公疏,保留山西提学道袁继咸,而以刊刻揭帖沿街挨投于各京官府第⑥。以上四项功能是依次发展形成的。公文体系之外,揭帖的运用之处又有二:一是由上述第四点发展而来,士民呈文以揭帖遍投诸衙门者,有时又发展至散布、张贴于街衢,成为路人皆可得而观之的公共宣传文书。如明末著名

---

① 左懋第:《左忠贞公剩稿》卷一《公举节孝申》,《明别集丛刊》第5辑第75册影印清乾隆左光晸刻左彤九续刻本,黄山书社,2016年。

② 陈继儒:《陈眉公先生全集》卷五五《答许悟老》,《明别集丛刊》第4辑第54册影印明万历四十三年刻本,黄山书社,2016年。

③ 关于明代的揭帖,参见展龙《揭帖:明代舆论的政治互通与官民互动》,《史学集刊》2018年第3期。

④ 朱荃宰:《文通》卷八《揭帖》,《续修四库全书》第1714册影印明天启六年刻本,上海古籍出版社,2002年。

⑤ 赵锦:《因变陈言以谨天戒疏》,陈子龙编:《明经世文编》卷三四〇,中华书局影印明崇祯云间平露堂刻本,1962年。

⑥ 傅山:《霜红龛集》卷二九《因人私记》,《清代诗文集汇编》第25册影印清宣统三年山阳丁氏刻本,上海古籍出版社,2010年。

的《南都防乱公揭》，就是复社诸生用以攻击阮大铖、马士英，而刊布于大众的揭帖①。二即乡绅对官府使用的文书，比拟上述二、三点公文之用发展而来。

乡绅与地方官文字往来，原本多用书信，间或用帖子，明中叶以前未见用揭帖者。笔者检阅所及，最早提及乡绅写揭帖给地方官的，是唐顺之写给武进知县徐良傅的书信中所言，"向曾奉渎，乞命吏人于乡官揭帖中除去贱名，以安编氓之分"②。徐良傅任武进知县在嘉靖十九年至二十二年间，信中所言"乡官揭帖"必作于此时。虽不知揭帖的具体内容，但唐顺之要求"除去贱名"，说明此必多名乡绅连名的揭帖。由此看来，乡绅揭帖至晚于嘉靖年间出现，且一开始就是连名揭帖，内容与地方公事相关，带有一定公文文体的性质，与纯粹私人属性的书信不同。

万历中叶以后，相应于士民连名呈称为"公呈"，乡绅的连名揭帖也称为"公揭"。地方重要公事，有时需要经过乡绅与生员、里老分别出具文书为凭，即所谓"荐绅著之公揭，庠序列于公呈"。此时的乡绅公揭不同于明前期的乡士大夫书信，是可以在官府公文中被引作凭据的。如万历四十八年，辽东巡抚周永春在题本中引述"登、莱乡宦公揭所言二府运粮八难"，求免登州、莱州二府税粮海运至辽东③。又如明末北直隶高阳县乡绅李国楷书札中云："吾乡馆选名数，宜照应天。忆癸丑当事者已具言之，竟以无公揭中止也。"④癸丑是万历四十一年，当时北直隶请增翰林院馆选名数，竟然以缺少乡绅公揭而不能完事，乡绅公揭已然成为题请相关事务的必需凭证。

至于乡绅公书，又与公揭不同。虽然也以"公"为名，也由多人连名写立，甚至也称为"合邑公书""合郡公书"⑤，但公书仍然是书信性质，因而是非正式、非公文文体的，不具备被官员公文引用的资格。譬如，天启、崇祯之际，苏松一带乡绅试图公请改变淮安兑漕旧规，当时"两台喻意，索公呈不索公书，以公书不便入疏也"。"两台"即苏松巡抚、巡按，他们上疏朝廷

　　① 吴应箕：《复社姓氏录》不分卷《南都防乱公揭》，日本公文书馆藏道光十一年刻本。
　　② 唐顺之：《荆川先生文集》卷九《与徐少初县尹》，《明别集丛刊》第 2 辑第 74 册影印明万历元年纯白斋刻本，黄山书社，2016 年。
　　③ 周永春：《为再陈转运未尽事宜以祈圣裁事》，佚名辑：《海运摘抄》卷六，《明清史料丛书八种》第 5 册影印《明季辽事丛刊》本，北京图书馆出版社，2005 年。
　　④ 陶梁：《红豆树馆书画记》卷六《明成文穆公家藏诗帖手札册》，《续修四库全书》第 1082 册影印清光绪八年刻本，上海古籍出版社，2002 年。
　　⑤ 如佚名：《民抄董宦事实》不分卷《合郡乡士大夫公书》，收入中国历史研究社编：《明武宗外纪》，上海书店，1982 年，第 234—235 页。

请改漕粮兑运规定，要先索取士民公呈，以便引入奏疏，说明自己是为民请命。乡绅公书却并不能引入奏疏，起到相同作用。在这起事件中，最终抚、按取得了粮长的公呈，写入奏疏；乡绅则以公书致漕储道朱国盛，表明他们的态度与士民相同，但并未被引入官员奏疏之中①。

　　总之，万历中叶以后，"公呈""公揭""公书"等文书名目的出现及其联署状况，标志着明末向官府反映地方社会意愿的文书又有了两大重要变化。第一，继明中叶乡绅开始加入"通学连名呈""合邑绅士里老连名呈"的联署之后，万历以后的乡绅以更活跃的姿态出现在各种连名文书的联署名单中。他们既可以与生员、里老联署一份"乡绅士庶公呈"，也可以与其他乡绅联署一份公揭或公书，以各种方式全面发挥其能量。这一变化也说明明末乡绅在地方社会的活跃度、在地方公议中的重要性都在不断提高。森正夫等学者所提出的乡绅是明清地方社会"指导者"的观点②，可以说正是到这一阶段才得以成立。第二，无论文书体式是公呈、公揭还是公书，也无论联署者是乡绅、生员或里长、老人，这些文书均以"公"为名号，都强调绅士里老的连名文书代表"公理"。发展到这一阶段，公呈等文书在以"合邑"为名、代表地方社会集体意愿的基础上，又把地方社会的集体意愿与公理捆绑到一起，背后包含着"公是公非"在民而不在官的理念。这是明末东林派思想影响地方社会的切实表现，其中蕴藏的能量无法小觑。此时，地方官显然已不可能将"合邑公呈"当作普通民人呈状来裁决。在地方行政程序中，公呈以及公呈所代表的地方社会意愿的地位，亦将发生更剧烈的转变。

---

① 陈继儒：《陈眉公先生全集》卷五五《答许惺老》。
② 森正夫：「中国前近代史研究における地域社会の视点」，『名古屋大学文学部研究论集』83、1982 年。

第二章　地方公议的程序

及至16世纪后半叶,地方公议以及作为其文书形式的合邑公呈,在其自身的演进轨道上,都已经发展到相当成熟的阶段。地方公议的成熟,集中体现在其程序的完善上。本章将从两个方面,探讨地方公议成熟时期(16世纪末至17世纪)的程序问题。

首先是地方公议在行政程序中的地位问题。地方公议并不是孤立存在的,也不仅仅是地方社会的行为。它始终存在于地方行政程序之中,是地方政府与地方社会的合谋。地方公议的活跃背后,是地方行政需要地方公议,甚至政府会在行政程序的某些环节中,主动要求地方社会必须进行地方公议。正因如此,地方公议才会不断发展,并在16世纪以降的政治生活中获得前所未有的地位。因此,本章第一节将首先聚焦于明清时期地方行政事务处理的一般程序,并通过具体案例,阐明地方公议究竟出现在地方行政程序的哪些环节之中;它们在这些环节中,又究竟扮演着怎样的角色、拥有怎样的政治地位。

其次是地方公议自身的召开程序。地方公议在发展过程中,也逐渐形成了相对固定的召开程序。无论是公议的召集人、召集手段与场所,议事的方式,抑或决议的原则,都有一定规律可循。考察地方公议召开程序中的这些要素,有助于分析地方公议的特点,进而增进对地方公议背后的政治权力结构的思考。受到史料的限制,我们对里老公议和生员公议的召开程序所知较少。因此,本章第二节将把探讨的重点放在乡绅公议上,以《祁彪佳日记》记载的晚明乡绅公议为具体案例,考察明末清初地方公议臻于成熟之际,乡绅公议究竟是如何组织召开、如何议事,并如何形成决议的。

第一节　地方公议在行政程序中的地位

一、明清时期的地方行政程序

明清时期的一切地方政务,按照决策者的不同,可以分为两大类。

第一类是州县自理事务,州县官可以自主决策,不必向上级请示。这类事务包括州县自理词讼,以及一些州县自筹经费或编派徭役办理的、小规模的地方工程。不过,自嘉靖前后编制《赋役全书》时起,州县官自行编派徭役的空间被大大压缩了。稍大型的、需要各里甲分摊负担的临时工程,如水利设施的兴建、城墙的修筑,州县官都不得不向巡抚、巡按请示。只有依靠乡绅等人捐款就可以办理的项目,如修葺学校、建造桥梁、开设善会善堂等,通常还在州县内部自行处理。

这类事务的行政程序非常简单:某项议案在州县一级启动,经本级政府查议并决策,若通过就开始执行。如因种种原因无法通过,则放弃,该议案流产。行政流程图解如图 2-1 所示。

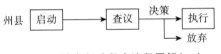

图 2-1　地方行政程序流程图解(一)

另一类地方政务是必须向上级衙门请示的事务,州县官无权自行决定,要层层上报至有决策权的衙门,经批准后才可以办理。一切涉及制度或政策更张,以及需要开支财政经费办理的事务,都属于此类。就明中叶以后的情况而言,这类事务的决策权通常或在朝廷,或在总督、巡抚、巡按等省级大员。布政使、按察使与知府一般不享有最终决策权。

这些州县无权自决的事务,其处理程序必然要经过若干个不同层级的政府部门。享有决策权的朝廷或督抚按并不会凭空提出一项议案,紧接着就自行决定、下令基层政府执行。一项议案从启动到最终决策,通常都会经历漫长的行政程序。姑且以督抚按享有决策权的事务为例而言。

首先,如果某一事项的议案是从州县政府那里提出的,那么,州县政府应该先向府提出详请。经过府与布按二司的层层转报,该事项才会递交到督抚按衙门。在层层转报的过程中,该议案已经经过了府与司的审议,他们都认可该议案的内容,才会继续向上转报,否则就会中途驳回。议案到了督抚按那里，他们也要权衡是批准，还是驳回。如若批准，就可以进入执行的环节。但大部分提案都不会如此顺利地一次性获得批准。在详请过程中一次或多次被驳回，是很常见的事情。驳回通常也不意味着该提案的彻底终结。大部分的驳回实际上是驳查，即下令州县政府重新调查与该提案相关的一些情况，在更坚实的基础上重新提出议案，或者对议案做出修改、补充。于是，州县政府在经过查议之后，可以再次提出详请，让该议案重新进入行政流程之中。这样经过若干个回合，直至经过修改的议案最终获得督抚按的批准，进入执行的环节。这一复杂过程的流程图解如图2-2所示。

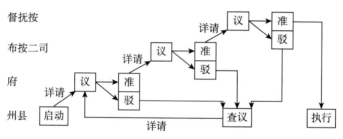

图 2-2　地方行政程序流程图解（二）

其次，除州县政府以外，府、布按二司、督抚按也都可以提出议案，启动行政程序。此时，提出议案的政府部门不会直接进入向上级详请，或径由本部门议准的程序，而是会把议案下发到相应州县查议。如果一项议案涉及若干州县，那就需要下发给这若干个州县查议。由每个州县议出本州县的执行方案，再从州县开始层层详请。如果该议案由督抚按提出，相应的行政程序流程图解即如图2-3所示。

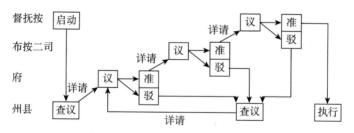

图 2-3　地方行政程序流程图解（三）

如果某事项的决策权在朝廷，上述行政程序还要再增添朝廷这一层级。朝廷提出议案，也会下发到各省查议，再由督抚按层层转行至州县。在各州县查议结果的基础上，督抚按会提出该省各地的具体执行方案，并上报朝廷等待决议。通常情况下，朝廷发布政令，并不是突然间下达一道强硬的指令,要求全国各地必须不打折扣地贯彻执行。相反,朝廷政令一般都只是先模糊指出政策方向,然后根据全国各地查议的意见,制定出因地制宜的不同方案,最后才下令各地具体执行。在反复查议、汇报的过程中,朝廷将全国各地的信息搜集、综合起来,将之纳入决策者的考量之内。也只有这样,上下政务运作才会顺畅通达。

那么,地方公议在上述行政程序中究竟处于什么地位? 为了说明方便起见,以下先举出一个具体的事例,再以此为例加以总结。

二、案例: 湖南宁乡县立儒户公议

在此要举出的案例发生在清代康熙初年的湖南省长沙府宁乡县,核心内容是商议是否允许当地生员另立儒户,单独编制里甲、优免徭役。

这桩案例的背景是明末清初从江南地区推广到南方各省的均田均役法,要求里甲编制从明代制度的以一定人户(110 户)编为一里,改为以一定税粮(各州县自定标准)编为一里,各里承担均等的杂役,从而使富户承担更多的杂役,减少贫户的负担①。在进行均田均役法改革的同时,部分地区出现了编制宦图、儒图的需求,即乡绅户、生员户要求联合编制里甲(一般称为宦图、儒图),与庶民里甲分开,如此,则乡绅、生员可以优免的杂役不再派入宦图、儒图,方便施展乡绅、生员的优免特权。

在上述背景下,康熙五年,湖南省长沙府宁乡县阖学生员上公呈给偏沅巡抚,请求设立儒户,并单独联立为儒图,以保证优免特权。巡抚收到公呈之后,将事情下发给长沙府、宁乡县查办,开始了处理该事件的行政程序。乾隆《宁乡县志》中收录了这一事件前后八件上行公文,包括生员公呈一件、里民结状一件、知县详文四件、知府详文两件,其中四份公文之后还附有巡抚、布政使或知府批文、檄文的节略②。此外,乾隆《宁乡县志》中还提到另两次知府的转详,但没有收录详文。所有这些公文书的流转过程,也就是整个事件的办理过程。把每次上行文书开始到下行文书结束视作一个回合,该事件的办理过程可以分为五个回合。

第一个回合始于宁乡县阖学生员提交《阖学立户公呈》。该公呈于康

---

① 参见濱島敦俊『明代江南農村社会の研究』第二部「明清江南の均田均役法」、第 209—417 页。

② 乾隆《宁乡县志》卷五《政迹志》,胡衮煐稿《阖学立户公呈》(康熙五年十一月)、权持世《本县初次回详》(康熙六年七月二十八日)、权持世《本县二次回详》(康熙六年九月十九日)、《本署长沙府初次转详》(康熙六年十二月)、权持世《本县三次回详》(康熙六年十二月二十七日)、《附通县里民结状》、权持世《本县四次回详》(康熙七年二月二十三日)、《本署长沙府二次转详》。

熙五年十一月,由宁乡县生员呈给偏沅巡抚。嗣后,偏沅巡抚下批文给长沙府,将该事件发给长沙府查办。然后,长沙府又下牌檄给宁乡县,饬令宁乡县办理。

第二个回合从宁乡县给出办理方案、回复长沙府开始,方志中将宁乡县这份回复的详文称为《本县初次回详》,上详文的时间在康熙六年七月二十八日。长沙府接到宁乡县详文后,又转详偏沅巡抚。不过,偏沅巡抚并没有直接接受宁乡县的办理方案,而是提出了不同意见,并将该事件批发湖广右布政使,右布政使又票行长沙府,长沙府转行宁乡县。于是,这桩事件第二次回到宁乡县知县的手中处理。

第三个回合从宁乡县第二次给出方案、回复长沙府开始,即方志中的《本县二次回详》,时间在康熙六年九月十九日。接着,长沙府又把宁乡县详文的内容转详右布政使,即方志中的《本署长沙府初次转详》,时间在康熙六年十二月。这一次,事件没有上到偏沅巡抚那里,而是由右布政使直接驳回,第三次下批文给长沙府,长沙府转檄宁乡县。事件第三次回到了宁乡县。

第四个回合中,宁乡县于康熙六年十二月二十七日,第三次上详文说明其方案,即方志中的《本县三次回详》,同时,还附上了《通县里民结状》。这一次,长沙府转详右布政使后,右布政使转详给了偏沅巡抚。但偏沅巡抚仍然没有表示同意,而是将事件批发给右布政使,右布政使又檄行长沙府,长沙府转行宁乡县。事件第四次回到了宁乡县。

第五个回合中,宁乡县于康熙七年二月二十三日,第四次上详文说明情况,即方志中的《本县四次回详》。据详文内容,此次回详还再次附入里民结状,但这份结状未收入地方志。长沙府署任知府收到宁乡县详文后,又一次转详右布政使,即方志中的《本署长沙府二次转详》。这一次,宁乡县的方案终于获得各上峰的首肯,“备录行县,知照在案”,即允许该县依照该方案办理,并抄录在档案中备案。

上述公文流程同时也是该事件的办理过程。可以看到,一桩本身并不复杂的事件,在当时的行政系统内办理过程却很冗长,反反复复地自下而上、又自上而下,一共进行了五个来回才终结。办理过程拖得这么长,主要是为了确认两个问题:一是生员另立儒户是否获得了宁乡县其他人户的同意,二是这么办理是否符合朝廷新制定的法令。宁乡县的四次详文,主要就在说明这两个问题。在此,我们集中关注的是第一个问题,也是与地方公议有关的问题。

为了征求宁乡县全体人户的同意，在该事件的办理过程中，宁乡县共召开了两次公议。第一次公议在上述第一、二两个回合之间。当时的宁乡县知县权持世在《本县初次回详》中提到，他奉上宪檄行查办该事后，召集了阖县绅士里民，进行公议：

> 鸠集合县绅士里民于城隍祠，矢心公议，将一切户粮俱照康熙四年丈册均平里甲造正。[①]

在"本县二次回详"中，他也提到同一次公议，称：

> 前蒙宪檄，转奉抚部院批查本县合学生员呈词，知属作养士子至意。本县奉此，随鸠集绅士里民于城隍祠，公议乡绅每人以粮叁石，生员每人以粮贰石，立于甲外，令其自纳自解，不过仅免催收花户之劳，原于正赋不相碍也。已经试行半载，民不累儒，儒不累民，士民均称其便矣。[②]

从引文中可知，这次公议上制定的具体方案，是让乡绅、生员的部分税粮在原设里甲之外另立户头，并免除这部分户头的杂役，作为乡绅、生员的优免。这样的优免方案，势必会让这部分被优免的杂役落到无优免权的普通庶民身上。正因如此，地方官员不能随意做出这样的决定，必须召开全县公议，征求所有人的同意，才可以允诺乡绅、生员另立宦户、儒户。这就是这次公议召开的逻辑。

公议召开以后，虽然知县把公议结果上报给了上级官员，甚至还特意试行了半年，确认如此设立绅户、儒户能够良好运行，不会招致本县其他人户的反对，但是，偏沅巡抚和右布政使仍然非常谨慎，并未立刻认可宁乡县的办理方案，而是反复下批文，要求宁乡县继续查办。从第二个回合到第四个回合，偏沅巡抚和右布政使的意见主要是两点：一是要求宁乡县查核"优免新例"，确定如此办理符合朝廷法度，二是继续确认宁乡县人户的意见，要求宁乡县知县"务要传集里民到官，从长酌议，如果里民心服，与新例无碍，即便取具里民回呈"[③]。

于是，在上述第三、四两个回合之间，知县权持世第二次召开了全县里民的公议，并"取具合邑里民连名甘结三张"[④]。在第四个回合中，他将这些

---

① 乾隆《宁乡县志》卷五《政迹志》，权持世《本县初次回详》（康熙六年七月二十八日）。
② 乾隆《宁乡县志》卷五《政迹志》，权持世《本县二次回详》（康熙六年九月十九日）。
③ 乾隆《宁乡县志》卷五《政迹志》，《本署长沙府初次转详》（康熙六年十二月）。
④ 乾隆《宁乡县志》卷五《政迹志》，权持世《本县三次回详》（康熙六年十二月二十七日）。

结状附在详文案卷之后，其中之一即收入县志的附文《通县里民结状》。在第五个回合上详文时，知县权持世还提到"再附里民结状"，但不知此次附上的是此前已经获取的甘结之一，还是知县又重新向里民取具的甘结。这份结状的内容如下：

> 宁乡县合邑里民高寿伟等今于与连名甘结为吁恩故敕酌免丁之例等事。遵奉结得：本县蒙抚部院老爷批词下县，蒙县纠集士民，俱于城隍祠公同酌议。本县丁从粮起，无丁可免，每绅户以粮三石，生员户以粮二石，分别另立甲外输纳。士民相安咸服，中间并无偏累，所结是实。①

结状内容与知县详文内容完全相同，证实了知县并无虚言。最终，在两次确认了宁乡县"合邑里民"的结状之后，偏沅巡抚、湖广右布政使等上司官员终于认可了宁乡县设立绅户、儒户优免的办法。

三、两种地方公议及其地位

从上述案例中可以看到，地方公议可以出现在行政程序的两个不同环节之中，一是启动环节，二是查议环节。在上述案例中，宁乡县阖学生员投递给偏沅巡抚的公呈，就属于启动环节中的地方公议；而知县权持世"鸠集合县绅士里民于城隍祠，矢心公议"，并"取具合邑里民连名甘结三张"，都属于查议环节中的地方公议。这两种地方公议在行政程序中扮演着不同的角色，具有不同的地位。

（一）启动环节中的地方公议

在行政程序的启动环节中，我们不时会看到，是绅士耆老向某一级官府投递了集体文书，才使得某一事项进入政府部门的视野，开启了商议办理的行政流程。这种集体文书的背后，便是启动环节中的地方公议。

启动环节中的地方公议并不是必需的。如果最初的提案人不是某一社会群体，而是个人，只要他向官府提出诉求的文书被接受，同样可以开启一件事务的行政流程。又或者，如果不存在来自于地方社会的提案人，某一级官员自己提出一项议案，也可以启动行政流程。

不过，以地方公议的方式发起对某一事项的提案，绝不是没有意义的。试着想象一下，上述案件倘若不是由宁乡县阖学生员投递公呈来启动，而

---

① 乾隆《宁乡县志》卷五《政迹志》，《通县里民结状》。

是由某一生员个人投递呈文，又或者由知县直接在上行公文中提出让该县生员立儒户优免，事情会变成怎样的局面？接收到提案的巡抚，或许会怀疑请立儒户优免仅仅出自某一生员谋求私利，而变得不屑一顾吧。又或许会恼怒提出建议的知县只知庇护生员，而不知爱惜百姓吧。倘若巡抚一怒之下彻底驳回提案，那该事项就失去了一次启动行政流程的机会了。相比之下，以"阖学公呈"来提出议案，应该是成功率更高的选择。

向哪一级官府投递集体文书，也是很有讲究的选择。在上述案件中，宁乡县生员本可以向本县知县投递公呈，再由知县层层上报详请。但他们没有这么做，而是选择了直接向巡抚提出诉求。这种做法有越诉的嫌疑，但是在明清两代的政治实践中并不罕见。由于生员们设立儒图的诉求并不是简单的刑名诉讼，而是涉及制度的更定，知县本就无权裁定。在这种情况下，地方社会群体径赴督抚按衙门提出诉求，甚至前往北京，去通政使司递民本，直接向朝廷提出诉求，都是可行的。一旦在上级官府告准，这一事项就成为了钦件、宪件，再下发到州县衙门查议时，州县官也不得不更加用心对待。相比之下，如果只向本县知县投递公呈，那么，从县一级开始就有被直接驳回的危险。在知县向上级官府详请的过程中，每一级也都有被驳回终止的危险。这将大大降低启动一项议案的成功概率。

地方社会群体向上级官府直接投递集体文书的办法是如此有效，以至于有时地方官会与社会群体合谋，主动要求他们去向上级官府提出诉求。譬如明末崇祯年间南直隶七县修筑城墙一案（详见本书第四章第三节），最初就由太湖县知县杨卓然与本县耆老商议提出。地方志记载，崇祯八年，张献忠部焚掠南直隶庐州、安庆等府。事平后，安庆府太湖县知县杨卓然"集诸父老，议建砖城"，以资防守。因事无旧例，杨知县命令"耆民刘璧、马承应诣阙上疏"[①]。地方官有意修筑城墙，但是无权动支经费或摊派徭役，必须朝廷批准，才能设法筑城。提出议案的方式，却不是由知县开始层层详请，而是直接由耆老"诣阙上疏"。太湖县正是通过这样的办法，绕过了可能直接驳回提案的抚按、各道等各级官府。

总之，可以认为，在一桩地方事务进入行政程序的启动环节中，地方公议往往拥有虽不必需、却很有效的地位。它的这种有效性让地方社会乃至地方官员都倾向于利用它来提出议案，但仅仅如此，还不足以让地方公议在权力结构中占有一席之地。相比于启动环节，更为重要的是查议环节中

---

① 同治《太湖县志》卷四《舆地志四·城池》，《中国方志丛书》华中地方 672 号影印清同治十一年刻本，成文出版社，1985 年。

的地方公议。

（二）查议环节中的地方公议

在行政程序上上下下的反复来回中，我们看到，每个回合都会下行至州县基层政府进行查议。在查议环节中，州县官有可能召集绅士耆老进行公议，并向他们索要证明公议意见的集体文书（"合邑公呈"）。这便是查议环节中的地方公议。

上级官府将一桩事件下发至州县衙门查议，目的是让州县官调查本地的实际情况，提出解决问题的合适方案。所谓合适，通常意味着两点：一是符合朝廷与本省的法规、成案，二是适应本地的民情。在宁乡县立儒户一案中，上级官员的批语中明确提出了这两点要求。在巡抚对宁乡县知县权持世初次详文的批语中，就要求"行查优免新例，妥议详报"①，即要求宁乡县给出的方案必须符合朝廷关于优免的法规。在布政使对署长沙府知府详文的批语中，又明确要求："有无偏累小民，是否与新例无碍，仰府再行妥议速报。"知府转行下县时，则要求知县，"务要传集里民到官，从长酌议，如果里民心服，与新例无碍，即便取具里民回呈"②。从中可以看到，州县官召集地方公议、取具里民回呈的背后，是巡抚、布政使、知府等上级官员明确提出的要求。

上级官员在写给州县官员的批语中明确要求召集公议，是一种比较常见的现象。除宁乡县立儒户案外，上一章中已经提到过两个相关案例。一是嘉靖三十九年南直隶浙闽总督胡宗宪批令慈溪县知县霍与瑕查议增练民兵事项，要求他"会集众乡士夫，从公查议"③。二是隆庆四年徽州府查议丝绢税，知府要求六县知县召集"知识耆民及里老人等到官"公议④。自16世纪中叶以降，地方公议已经高度发达，在各级官员眼中，召开地方公议已然成为调查地方社会民情民意的一般手段。既然州县查议某一事项的本来目的之一就是议出适合本地民情的方案，上级官员径直要求州县官召集绅士耆老公议，可谓顺理成章。

部分上级官员甚至会在批语中明确要求取具本地绅士耆老的公呈存案，以士民公呈的有无决定是否批准某事，上述宁乡县立儒户案，即为其中一例。明末清初此类情形非常普遍，本书第三、四两章中会涉及许多具体

---

①　乾隆《宁乡县志》卷五《政迹志》，权持世《本县初次回详》（康熙六年七月二十八日）。

②　乾隆《宁乡县志》卷五《政迹志》，《本署长沙府初次转详》（康熙六年十二月）。

③　霍与瑕：《霍勉斋集》卷一八《为增练民兵以固地方事》。

④　程任卿辑：《丝绢全书》金集卷一《帅加谟倡议首呈按院刘爷批府会议帖文》。

案例。在此先简单举出几个案例为证：其一，万历年间，丹徒县前任知县茅坤入祀名宦祠，最初由该县儒学生员连名向知府呈请。知府收到生员呈文后，批文下县，要求"合邑共呈，道、府复核，转详定夺，不许师生径行荐举"。知县随即取具"官吏师生结状"与"各坊都里老、百姓华信、朱应祯、唐宪等连名呈"，又取具"约乡耆王廷理、李儒等连名呈"与"仁和等坊乡耆里老朱东等连名结"。得到所有必需材料之后，知府才据此申详常镇道，转申江南提学御史，最终获得提学御史批允入祀①。其二，上一章第三节中提到的明末苏、松二府请求改变淮安兑漕旧规一案，最早由乡绅向巡抚、巡按提出。巡抚、巡按接受了乡绅们的这一请求，但以乡绅"公书不便入疏"为由，又示意当地士民另具公呈，准备在奏疏中据士民公呈请旨。这份士民公呈同样是在巡抚、巡按授意下取具的。其三，崇祯八九年间南直隶安庆、太平两府七县公议修筑城墙一案中，七县筑城与否，皆根据各县士民公议的结果决定。在建平县筑城过程中，公呈的重要性尤为突显。该县知县召集绅士里老公议、决定捐资筑城之后，寓居北京的该县"耆民里老"潘仲修突然向明廷投递奏本，举发建平县筑城"厉民、加派倍征"。明廷将潘仲修的奏本下发南直隶抚按查议后，宁国府推官钟鼎臣被派往建平，再次召集当地绅士里老公议。此次公议后，推官分别取具建平县"乡绅吕明炳等、举人杨时春等、杂职潘汝瑚等、武举人杨世科等、贡生任有敬等呈"一份、"通学生员潘廷梅等呈"一份、"筑城耆民胡良初等一百二十九人连名呈"一份，担保他们是自愿出钱出力修筑城墙，并非知县强派，修城之举才终于得以完成②。

　　无论是上级官员明确要求召开公议，还是他们要求取具公呈，都说明查议环节中的地方公议已经超越了可有可无的阶段，上升为一种行政程序中的必需品。此时，如果地方公议的意见支持已在行政程序中的原议案，或仅对其提出少许修补意见，地方公议就成了该议案符合当地民情的证据，非常有利于该议案在后续行政程序中顺利通过。上述宁乡县立儒户案正是如此。反之，如果在查议环节中，地方公议的意见恰恰是反对原议案，或者没有对原议案形成一致赞同的结果，以致无法获取地方绅士耆老的公呈存案，那又会对该议案的办理造成什么影响呢？

　　常见的情形是，各级官府乃至朝廷都会尊重地方公议的意见，否决地方公议反对的提案，或将之暂时搁置起来。如崇祯年间南直隶七县公议修

----

　　① 茅坤：《茅鹿门先生文集》卷三六《直隶镇江府为公举名宦以崇祀典以慰民情事》，《续修四库全书》第 1345 册影印明万历刻本，上海古籍出版社，2002 年。

　　② 张国维：《抚吴疏草》不分卷《太湖筑城疏》《建平城竣疏》。

筑城墙一案中，获得地方公议支持的太湖、建平二县得以筑城，地方公议反对筑城的繁昌、潜山、宿松三县就此放弃，公议只同意稍稍疏浚城壕或设更楼巡警的六合、高淳二县，也各自按照地方公议的意见行事。又如清朝初年卫所改制的过程中，全国各地卫所是否改制、如何改制，都是在一次次命令各地查议后才做出的决定。其中，山东威海、灵山等沿海七卫与直隶延庆卫屯军为了保持卫学学额的优惠政策，迟迟不愿裁并卫所。从康熙二十年到乾隆初年，在清廷历次下令查议裁卫时，威海等卫屯军都在公议中表示反对，并以合卫公呈的形式反馈其反对意见。结果，清廷在康熙二十年、雍正四年都选择了尊重卫所屯军公议的意见，允许这些卫所继续存在。直至乾隆七年，清廷才一改前辙，规定"查裁卫便否，本卫士民不得与闻"①，以强硬的态度完成卫所改制的最后阶段（详见第五章第三节）。

甚至，有时反对者只是公议参与者中的少数，但仅仅因为这少数人的反对，令公议无法达成一致意见，也导致了原议案的流产。如万历四十五年，嘉兴府嘉兴、秀水、嘉善三县为清丈土地、解决三县争田问题召开乡绅公议，结果因有乡绅庄泽孝一人坚持不愿清丈，拒绝在公议单上签字，清丈工作亦暂阻不行②。又如清代康熙年间，浙江鄞县公议摊丁入地，乡绅仇兆鳌一人反对，令公议无法达成决议。"是时，无田之民利于更法，群聚兆鳌宅，毁其外墙。"鄞县民众如此做法，就是为了强迫仇兆鳌改变他的立场，同意摊丁入地。然而，仇兆鳌态度强硬，"持议不少变"，终于让鄞县未能在康熙年间完成摊丁入地③。

不过，也并非不存在例外。如果地方官隐瞒了地方公议中的反对意见，也没有取具相应的公呈存卷，地方事务的办理有时也能顺利完成，但这会留下一定的隐患。一个典型案例是清初的娄县分县案。顺治十二年，时任江南省松江府知府李正华因华亭县赋重逋积，催征不便，提议将华亭县一分为二。据当地乡绅数年后回忆，李正华倡议分县时，"亦曾集稽可否"，亦即循例召集当地士民公议，然"众论以为大莫如长、吴，县治未闻议分，小

　　① 乾隆《威海卫志》卷九《艺文志》，王庭槐《裁卫记略（乾隆七年）》，《中国方志丛书》华北地方 2 号影印民国十八年铅印本，成文出版社 1968 年。
　　② 参见川胜守「浙江嘉興府の嵌田問題—明末·郷紳支配の成立に関する一考察—」，『史学雑誌』82 編 4 号、1974 年、收入『中国封建国家の支配構造—明清賦役制度史の研究—』第九章、東京大学出版会、1980 年。廖心一：《略论明朝后期嘉兴府争田》，《明史研究论丛》第五辑，江苏古籍出版社，1991 年。
　　③ 乾隆《鄞县志》卷一七《人物·仇兆鳌》，《续修四库全书》第 706 册影印清乾隆五十三年刻本，上海古籍出版社，2002 年。

莫如青浦,逋欠未闻独减,且则壤久定,骤分必多未便"。公议未定,李正华却"见群议不合,径行具文申宪"①,巡抚张中元又据李正华申文上疏。翌年,张中元奏疏获朝廷批准,随即从华亭县中分出了娄县②。李正华申文、张中元奏疏今俱不存,其中是否假借了士民公议的名义,未为可知。但据日后乡绅之言,"并县卷内并无公揭、公呈可据",那么,至少当时李正华、张中元等官员并没有获得士民公呈附卷为据③。

　　三年之后,即顺治十六年,工科给事中陈台孙上奏,"言分县繁扰,请如旧制,仍并入华亭县"④。事下两江总督、江南巡抚,转行松江府查议,华、娄二县再次召集绅民公议。娄县乡绅于此时递《并县公揭》,声言娄县分县以后,逋欠愈多、徭役繁重,恳请重新并回华亭⑤。然而华亭县公议结果与娄县正相反,称"分邑四载,民称妥便",不愿并县。原来顺治十三年分县时专以东西为界,于是积逋荒田多在地势低洼的娄县境内,分县后华亭逋欠少而娄县逋欠多,两县苦乐迥分,故分县、并县之议亦正相反。两县各自公议查报之后,督抚以两县议论不合,再为行查。娄县乡绅遂上《并县第二揭》,其中除剖析华、娄二县情形不同外,还追述了李正华创议分县的过程,指出"李公祖见群议不合,径行具文申宪,初未尝采之舆论,再三斟酌,今并县卷内并无公揭、公呈可据"⑥。不过,娄县分县一案最终未能翻案。毕竟娄县已经分立,情势即已不同,此时再要变更行政区划,重新合并华、娄二县,又必须二县公议都情愿合并,才便于督抚奏报。

　　从上述娄县分县一案中,可以看出两个问题。第一,州县政府查议地方事务要经过地方公议、获取公呈为据,虽然自明后期以降已经是较普遍的现象,但也并非完全严格执行。在"无公揭、公呈可据"的情况下,上级官员仍然有可能批准地方官的申详,将一件地方事务办为定案。然而,第二,我们在娄县乡绅的《并县第二揭》中也可以清楚看到,知府李正华当年申请分县时"群议不合",且没有获得公揭、公呈存案为据,成为娄县乡绅认为分县不合理、要求翻异前案的一条理由。这又说明,在当时人的思想观念中,

<hr/>

①　宋征舆:《林屋诗文稿》文稿卷一六《并县第二揭》,《四库全书存目丛书》集部第215册影印清康熙九篇楼刻本,齐鲁书社,1997年。

②　乾隆《娄县志》卷一《沿革志》,《中国地方志集成·上海府县志辑》第5册影印清乾隆五十五年刻本,上海书店,2010年。

③　宋征舆:《林屋诗文稿》文稿卷一六《并县第二揭》。

④　乾隆《娄县志》卷一《沿革志》。

⑤　宋征舆:《林屋诗文稿》文稿卷一六《并县公揭》。

⑥　宋征舆:《林屋诗文稿》文稿卷一六《并县第二揭》。

已经树立起了官府查议地方大事理应经过地方公议认可，并获取公呈、公揭为凭的理念。

以上两点如同硬币的正反两个方面，反映出明后期以降地方公议相当重要却并不稳固的地位。一方面，不同于启动环节中的可有可无，在许多事务的行政程序查议环节中，地方公议已经几乎拥有了"必要"的地位。这种必要性既表现于行政习惯，也表现于思想观念。质言之，在实际操作的层面上，在官府决策地方重要事务以前，必须获得地方公议的认同，确实已经成为一种常态。但另一方面，地方公议的必要性并没有获得制度条文的加持。制度规定的缺失，使得地方公议的地位并非不可以动摇。各级官员仍然可以绕过地方公议，完成全部行政程序——尽管这会留下漏洞，把可能出现翻异的麻烦留给后任官员。在制度上缺少的这"临门一脚"，说明绅士耆老在地方公议中获得的议事权终究是不完整的。即使是17世纪已经高度成熟的地方公议，毕竟仍然是近代早期的历史产物，与现代民主制度仍有相当距离。

第二节　晚明乡绅公议的召开程序
——以《祁彪佳日记》为例

《祁彪佳日记》（一名《祁忠敏公日记》），是明末重要的官员、学者祁彪佳于崇祯四年七月至弘光元年闰六月间的日记。作为现存体量最大、内容最丰富的一部明代士大夫日记，该书很早就受到学者广泛的关注。至今为止，对该日记中记载的祁彪佳的仕宦、交游、慈善、藏书、园林、戏曲以及家庭生活，都已有专门的研究①。在这部日记中，祁彪佳还难能可贵地记录了他本人作为乡绅或官员多次参与地方公议的经历，为了解明清地方公议召开的具体情形提供了难得而重要的参考。

祁彪佳是浙江山阴人，明天启二年进士，历官福建兴化府推官、都察院

---

① 2003年以前的研究，参见杨艳琪《祁彪佳研究史略》，《北京印刷学院学报》2003年第4期。在此仅列举近年来各领域的若干代表性研究：曹淑娟：《流变中的书写——祁彪佳与寓山园林论述》，里仁书局，2006年。蒋竹山：《晚明江南祁彪佳家族的日常生活史——以医病关系为例的探讨》，《都市文化研究》第2辑，上海三联书店，2006年，第181—212页。杨艳琪《祁彪佳与〈远山堂曲品·剧品〉研究》，中国戏剧出版社，2007年。寺田隆信：『明代郷紳の研究』、京都大学学術出版会、2009年。赵素文：《祁彪佳研究》，中国社会科学出版社，2011年。

福建道御史、河南道掌道御史,崇祯六年巡按苏松,崇祯十七年巡抚苏松。至弘光元年闰六月,他因拒不仕清,自沉于寓山园池之中。在仕宦期间,祁彪佳颇以治绩著闻,尤其是在巡按、巡抚任上,皆著有官声。仕宦经历之外,祁彪佳也有较长的乡居时期,以乡绅身份活跃于家乡的地方社会。特别是崇祯八年至十五年间,他以奉母为由辞职归乡,在绍兴府乡居长达八年。正是在此期间,他以乡绅身份参与了山阴、会稽二县诸多地方公共事务的公议。

《祁彪佳日记》中共记载了42次祁彪佳本人参与的地方公议。其中,他以官员身份参与的公议共13次,集中发生于崇祯十七年,即他担任苏松巡抚期间(详见表1-1)。当时,他每巡察到一个州县,都会主动召集当地士绅以访问地方利弊,即召开以访察为目的的地方公议。不过,日记中对这13次公议的记载相对比较简单,仅说明公议的主要内容,而未言及公议召开的详细过程。在此要重点考察的,则是祁彪佳以乡绅身份参与的29次地方公议。表2-1详细列出了这29次地方公议的具体时间、地点、参与人员和内容。从该表中可以看到,这29次地方公议的内容涉及乞留地方官、赈荒、和籴、施药、地方治安等不同类型的事务,关涉面向非常丰富。更为重要的是,在对这些公议的记载中,祁彪佳多次描绘了他参与公议的详细过程,这也是我们要重点探讨的对象。

祁彪佳以乡绅身份参与的29次地方公议,还可以分为17次由绅士耆老人等与各级官员共同参与的公议,以及12次没有官员出席、仅由地方社会人士参与的公议(详见表2-1第三栏)。为什么会出现公议参与人群的差别?从表2-1总结的各次公议的时间线与内容大致可以推断其缘由。没有官员出席的地方公议主要是两类:一类是在与官员共同公议以前,乡绅人等先自行组织的聚会,目的是形成大体一致的意见,方便数日后举办与官员共同参与的公议。如崇祯十三年五月初八日、崇祯十四年三月二十三日、十二月初三日的公议,均属于此类。另一类是在与官员共同公议、达成主要决议以后,或者是在乡绅办理赈济、施药等地方事务的过程中,就具体办事方式制定进一步细化方案的公议。《祁彪佳日记》中另9次没有官员出席的公议,都可以归入此类。无论是哪种类型,相比于官、绅共同参与的公议,仅有乡绅人等参与的公议都是相对次要的,处于从属地位。因此,在讨论地方公议的议事、决议等核心环节时,将以官、绅共同参与的地方公议作为主要考察对象;但是,就公议的召集人、召集方式、议事时间、地点等问题而言,二者几乎没有区别,在此将合并探讨。

在此还有必要声明基于《祁彪佳日记》进行研究的局限性。首先,祁彪佳以乡绅身份参与的 29 次地方公议都发生在崇祯十至十六年间的绍兴府山阴、会稽两县,在时间和空间上较为集中。即使算上他作为苏松巡抚在苏南一带参与的 13 次公议,时间、空间范围也仅略有扩大,不能完全代表全国范围内地方公议的情况。其次,由于祁彪佳记录这些地方公议的前提是他本人参与其中,故这些公议或是乡绅公议,或是乡绅与生员、里老阶层共同参与的公议(包括他以巡抚身份出席的 13 次公议,也都有乡绅参与),但不包括单纯的生员公议和耆老公议。后二者同样是明清地方公议的组成类型,且其组织、议事方式与乡绅公议可能存在区别。因此,有必要明确,本节的讨论只在明末清初江浙一带有乡绅参与的地方公议中具有典型意义,尚不足以代表地方公议的一般情形。

表 2-1　祁彪佳作为乡绅参与的历次地方公议

时间	地点	祁彪佳以外的参与人员	内容
崇祯十年十二月十六日（A）	府馆	乡绅胡琳(璞完)等;绍兴府知府王期昇(丽青)、推官关永杰(人孟);宁绍台道林日瑞;山阴县知县汪元兆	挽留山阴知县汪元兆
崇祯十二年九月十四日	卫署	诸乡绅;道台某	公贺道台到任
崇祯十三年五月初八日	王文成公祠	*乡绅姜逢元(箴胜)、余煌(武贞)、刘宗周(念台)、倪元璐(鸿宝)、张焜芳(九山);举人王瓃(予安)、沈素先、钱良璧;生员	商议赈荒之策
崇祯十三年五月十一日（B）	城隍庙	诸乡绅;绍兴知府王孙兰、山阴知县汪元兆	商议和籴之策
崇祯十三年五月十九日	开元寺	*"诸友毕集";乡绅张焜芳	商议总会赈济资金
崇祯十四年正月十五日（C）	城隍庙	诸乡绅;绍兴知府王孙兰	通商告籴、平籴给米
崇祯十四年正月十八日	永福寺	*"本坊诸友"	商议各人担任给米工作日期

（续表）

时间	地点	祁彪佳以外的参与人员	内容
崇祯十四年正月二十三日（D）		诸乡绅；分巡道成仲龙（环洲）	恳求道台成仲龙通籴台州
崇祯十四年正月二十九日（E）	都土地祠	乡绅余煌、倪元璐、张焜芳等；分巡道成仲龙	向巡盐御史投递公书
崇祯十四年二月初六日	都土地庙	乡绅商周祚等；巡盐御史冯垣登（中心）	乡绅共商致书台州府知府熊山，通籴赈荒；与巡盐御史言通籴事
崇祯十四年三月初八日（F）	柯桥融光寺	*诸生祁骏佳（季超兄）、陈长耀；"文学、耆老皆集，凡二十余人"	宣扬府县官员德意，共商赈济办法
崇祯十四年三月二十三日	天王寺	*诸生沈国模（求如先生）、祁凤佳（兄德公）、祁骏佳、祁鸿孙（侄奕远）、郭钰（子式）；"诸友集者三四十人"	商议设粥办法
崇祯十四年三月二十七日（G）	王文成先生祠	"城中各坊任事之友、乡间各区任事之友皆集"；乡绅余煌、张焜芳，举人董伯应、王北干；绍兴府知府王孙兰与同知、通判、推官；会稽、山阴两县知县	商议赈济办法
崇祯十四年四月初七日	天王寺	*"下和坊任事之友"	共议本坊赈济事宜
崇祯十四年四月十九日（H）	王文成祠	"五区任事诸友先后至"，乡绅吴国辅（期生）；会稽知县周灿；绍兴府知府、同知、通判、山阴知县。	陈言本区疾苦、巡行事宜
崇祯十四年五月十八日	卫厅	乡绅商周祚、倪元璐、张焜芳、余煌、马权奇（巽倩）、钱以敬（德舆）、谢岵云、陈四门、王觉海、倪封翁；生员三十余人，举人数人；道台某；绍兴府推官陈子龙	请道台就通籴事申详巡抚、巡按；委推官陈子龙通籴于三吴
崇祯十四年六月十二日	祁彪佳寓所	*诸生沈国模、钱钦之、陈纪常、严亿之、金无炼、秦履思、李献葵、陆雍之；"集于寓所者不下百人"	共商药局事务

（续表）

时间	地点	祁彪佳以外的参与人员	内容
崇祯十四年六月十七日（I）	天王寺	*诸生李献揆、秦履斯、陆雍之、钱钦之、张莫夫、陈纪常、唐静泓、徐玄度；"裘坚偕范阳二友来"	再商药局事务
崇祯十四年六月二十四日	药局	*"各区经理诸友以次至，德公兄亦与中区经理至"；乡绅倪元璐	共议宽征，鼓励各区继续施药
崇祯十四年六月二十五日	卫前	乡绅倪元璐、余煌、姜效乾（玉洲）、李懋芳（玉完）；道台某	共商掩骼事；公晤道台，言禳蝗、禁贩、延粥诸公务
崇祯十四年七月二十二日（J）	府城隍庙	"各坊诸友皆集"；乡绅倪元璐；绍兴府知府王孙兰、会稽知县周灿、山阴知县汪元兆	商议在城中施粥
崇祯十四年八月初四日	药局	*"诸太医皆集，诸友至者王太含等五六人"	停止药局施药
崇祯十四年八月初十日	柯山张神庙	*"里外柯山及西垞三村绅衿耆老"	议禁偷稻、匿名投词等地方公事
崇祯十四年九月二十二日	城隍庙	绍兴府知府王孙兰、同知毕九成、通判李犹龙、山阴知县汪元兆；"诸友集者约四五十人"；乡绅张焜芳、金兰（楚畹）、余煌、姜效乾，姜氏兄弟；刘宗周"以书代晤"，遣子刘汋（伯绳）赍送	商议禁贩
崇祯十四年九月二十四日	泰清道院	乡绅张焜芳、余煌；知府王孙兰、同知毕九成	议取牙埠各保结
崇祯十四年十一月十六日	城隍庙	生员；乡绅姜逢元、余煌、马权奇、钱以敬；知府、知县"以送海道不得至"	会议南粮事宜
崇祯十四年十二月初三日	柯桥	*乡绅吴国辅、周凤翔（巢轩）；生员潘致道、周凤起、蒋春荣等十五六人	议禁米；议粥厂择人
崇祯十四年十二月十三日	阳明祠	绍兴府知府、同知、通判、推官，山阴、会稽两县知县；"各区总理诸友"	缴粥厂册；行告成礼；言禁抢、杜诈及南粮帮价、官积谷值诸事

（续表）

时间	地点	祁彪佳以外的参与人员	内容
崇祯十六年十二月十五日(K)	城隍庙；后转至泰清道院	"衿绅毕集，城绅惟徐亮生（人龙）不至"；绍兴知府于颖，两县知县；转移后参与者：知府于颖；乡绅王谷（大含）、郑之瀚（素予）、金兰、周梦尹（奠维）、余煌、姜一洪（光扬）	会盟歃血；议练兵城守具体事项

资料来源：《祁彪佳日记》，张天杰点校，浙江古籍出版社，2017 年。案，参与人员栏中带＊的是没有官员参加的公议。

一、乡绅公议的召集

（一）召集人与召集手段

在表 2-1 列举的 29 次地方公议中，《祁彪佳日记》对其中 11 次公议的召集情况做出了说明，开列于下：

A. 崇祯十年十二月十六日的公议，系祁彪佳本人于公议前一日，"为挽留之计，乃遍传知单于诸绅"，召集本县乡绅公议。

B. 崇祯十三年五月十一日的公议，系于此前三日的上一次公议中，由众乡绅商定，并"托姜篯老言之府公祖，三日期，缙绅会于公所，共相商议"。

C. 崇祯十四年正月十五日的公议，系祁彪佳当日"早抵家……闻府公祖召公议"。

D. 同年正月二十三日的公议，系此前一日，祁彪佳"闻巡道成公祖莅郡，知会众绅次日公谒，恳以通籴之事"。

E. 同年正月二十九日的公议，系此前一日，祁彪佳与私下会晤的众乡绅"相约明早再恳之成环洲公祖"。

F. 同年三月初八日的公议，系此前一日，祁彪佳"令奴子遍请柯市之善信者，次日会议于融光寺"。

G. 同年三月二十七日的公议，系此前三日，知府王孙兰前来与祁彪佳私下会晤时，"与订廿七日文成祠会议之约"。

H. 同年四月十九日的公议，系此前六日，祁彪佳"以知单约诸友，十九日会于文成祠"。

I. 同年六月十七日的公议，系此前两日，祁彪佳传书于"陆雍之、钱钦之，且约秦履斯诸兄十七日再会议于天王寺"。

J. 同年七月二十二日的公议，系此前两日，祁彪佳"闻王太公祖将集城坊议赈"。

K. 崇祯十六年十二月十五日的公议，系"于颖长公祖先一日具揭，请会盟插血"。

除上述 11 处记载外，日记中还提到了一次祁彪佳没有参加的公议，发生在崇祯十四年九月十三日。其召集情况，是"先一日，诸友以禁贩之议邀予晤于城隍庙，予作书辞之"（L）。

从这 12 处记载可以看出，官员和乡绅都有发起、召集公议的权利。以上 C、D、J、K 四条记载为官员召集公议，G 记载为官员与乡绅共同商议决定召集公议，其余则为乡绅召集公议。而且，乡绅的召集权不限于仅有乡绅、生员人等参与的公议（F、I、L），也包括有官员出席的公议（A、B、E、H）。在乡绅召集公议时，既可能是众乡绅在私下会晤或前一次公议中商议决定下一次公议的召集（B、E、L），也可能是由个别乡绅发起召集（A、F、H、I）。

无论召集者是官员还是乡绅，公议通常都会在集会前至少一天决定。公议的时间、地点与内容，需要提前通知给所有的参与者。乡绅们会接到通知文书，知晓一场公议将被召集。以上记载明确提到了两种用于通知的文书，一是"知单"（A、H），二是"揭"，即揭帖（K）。知单，是写着通知事项，并在其后开列一长串姓名的一种长单。官员或乡绅可以派仆役前往知单中开列的诸人家中传送，接到知单者在其姓名下画一"知"字，以示知晓。这种知单在晚明时应用广泛，朝廷廷议也用它通知各官员到会①。在地方上，除了召集公议外，乡绅也用知单知会他人各类事项。《祁彪佳日记》中就提到，崇祯十四年九月二十七日，绍兴乡绅吴国辅（期生）前往台州买米赈荒，被误当作贩米出洋者逮捕，祁彪佳除作公书向绍兴知府王孙兰求告外，"又传知单于同志，共为调停"。当时绍兴府乡绅并未就吴国辅被捕一事召开公议，知单只是用于通知发生的事情并请众人为之设法调停。至于揭帖，则是一种用途广泛的文书②。此处被用于通知乡绅参与公议的揭帖，显然不同于那种当街张贴或散布的公开启事，而是一种私人之间传递信息的帖子。不同于知单之处在于，揭帖应是每名乡绅收到一件，而不是以一件长单遍传众人。在更晚一些的文献中，也可以看到其他以"帖"召集乡绅公议的记载。康熙二十八年，绍兴府知府召集萧山县绅士里老公议湘湖水利事宜。萧山县乡绅毛奇龄当时居住在杭州城中，并未收到公议的通知，

---

①　参见李小波《明代会议制度研究》，北京大学博士学位论文，2018 年，第 129 页。
②　参见展龙《揭帖：明代舆论的政治互通与官民互动》，《史学集刊》2018 年第 3 期。

因而表示抗议。他称,"查东城旧宅,亦并无阴阳生到门"[①];又称,"阴阳生不传一帖"[②]。可见,在毛奇龄看来,官员召集乡绅公议,理应先派人至乡绅家中以"帖"通会。这种"帖"与祁彪佳提到的"揭"应该是类似的。

从上述记载中还可以观察到一些有趣的区别:第一,毛奇龄的记述表明,地方官发起公议时,可以遣派阴阳生、礼生等负责礼仪活动的职役来传递通知文书。与之相对,祁彪佳几次以乡绅身份召集公议时,都是遣派家中仆役传递通知。显然,这是由官员与乡绅身份的不同决定的。第二,上述两个使用"知单"来召集公议的案例中,召集者都是乡绅。与之相对,使用"揭"或"帖"来召集公议的两个案例中,召集者却都是官员。由于案例数量过少,无法判断这种差别是普遍现象还是仅仅是巧合。不过,联系到传递通知人员的区别;可以猜测,或许是官员和乡绅可以差派的人手数量的不同造成了通知文书的区别——只能滚动式传递的知单适合以一二仆役传送,一人一帖的揭帖则需要派出众多的差役分发。

在乡绅发起公议的场合,召集对象除了其他乡绅或生员、耆老之外,可能还包括地方官员。此时,让仆役传送知单或揭帖通知,就显得不够礼貌。乡绅们采取的应对办法,一般是借某一乡绅与官员面晤之机,当面相邀。如上述 B 案例,祁彪佳等乡绅议定召集公议后,就委托了乡绅姜逢元前去邀请知府;G 案例中,则是祁彪佳借与知府会晤之机,"与订廿七日文成祠会议之约"。此外,在公议当日,乡绅们还要前往官府投递名刺,邀请官员赴议。如 H 案例中,在公议当日,绍兴府乡绅、生员集会之后,"出投府公祖刺,即至王文成祠……少顷,郡邑公祖、父母皆集"。投递名刺求见,是明清时期士人互相拜谒时惯常的仪节,此时被众乡绅移作邀请公议之用。不过,不能想象众乡绅在公议召开日前没有提前通知官员。召开当日投递名刺,大约只是为了告知官员,参与公议的乡绅已经齐集,公议即将开始。

(二) 因事召集与议无定所

从表 2-1 还可以看出,祁彪佳以乡绅身份参与的地方公议,召开日期没有一定规律可循,即不存在定期召开的乡绅公议。可以认为,明末乡绅参加的地方公议都是因事召集、不定期举行的。

不过,虽说都是因事召集,但召集乡绅公议的时机,仍有惯例与临时起

---

① 毛奇龄:《湘湖水利志》卷二《湘湖私筑跨水横塘补议节略》,《清代诗文集汇编》第 88 册影印清康熙刻《西河合集》本,上海古籍出版社,2010 年。

② 毛奇龄:《湘湖水利志》卷二《本县第三申府详文节略》。

意之别。惯例性召集乡绅公议的时机，主要是巡抚、巡按与守巡各道的巡视访察。这些巡察官员在抵达其巡视州县以前，会预先通知当地的绅士耆老，要求他们前来谒见，以便听取对当地地方官与地方政务的意见。当地绅士耆老也会预作准备，趁着这些巡察官到来之机，前去商议一些府州县地方官无法解决的问题。如上述 D 案例中，台绍分巡道成仲龙即将巡至绍兴府城，提前一日知会当地乡绅前来"公谒"；祁彪佳得到消息后，则知会其他乡绅，在次日公谒中一起提出通籴台州的请求。又如崇祯十七年，祁彪佳上任苏松巡抚后，巡历镇江、常州、苏州及下属各县，每到一地，当日就要召集当地绅衿公议。虽然日记中没有详细说明这些公议的召集过程，但从祁彪佳巡察行程的紧凑度不难知晓，他一定提前一二日差人通知了被巡视州县的乡绅人等，召集他们前来公议。除此以外，其余公议的召集则都可以归入临时起意之列，亦即地方官或乡绅临时认为某项事务需要公议商办，随即发起、召集公议。上述 12 个案例中的绝大多数（除案例 D 外）都属于此类。无论是哪种类型的公议，由于监察官巡察日期不固定，地方事务发生的时间更不固定，因此，乡绅地方公议的召集总是不定期的。

乡绅公议召开的场所同样不固定。与同时代的生员公议多半在地方儒学的明伦堂召开①不同，乡绅们并不拥有专属于自己的议事场馆。于是，除了乡绅与生员共同参加的公议可以在明伦堂举办外，其余只有乡绅参与的公议，或乡绅与生员、耆老共同参与的公议，都只能寻觅可资借用的公共场所来召开。

根据《祁彪佳日记》的记载，明末绍兴府乡绅召开公议的场所，有十几种之多。城隍庙或府城隍庙是最频繁使用的场地，在其中召开公议的次数多达 7 次；紧随其后的是王文成公祠（阳明祠），4 次；天王寺和卫署（卫厅、卫前），各自 3 次；再其次是都土地庙、药局，各 2 次；最后是府馆、开元寺、融光寺、张神庙、泰清道院以及祁彪佳寓所等，各 1 次（详见表 2-1）。祁彪佳以巡抚身份召开的乡绅人等公议，则在按临地的"公署"、"公所"召开者各 3 次，其余分别在玉华山、慧日寺、祈雨坛、学院之校士馆等处（详见表 1-1）。相近时代的其他文献记载的乡绅公议场所亦与之类似。如李日华《味水轩日记》中记载了三次嘉兴府乡绅的公议，其中万历三十八年两次，一在天宁

---

① 参见冯玉荣《明伦、公议、教化——明末清初明伦堂与江南地方社会》，《史林》2008 年第 2 期，第 103 页。

禅寺,一在仁文书院,万历四十七年一次,在城隍庙①。《鹊南杂录》记载明末清初时常熟县乡绅的公议,两次在乡约所,一次在寅宾馆,余则泛称在"公所"②。姚文然记载了一次康熙初年桐城县乡绅与里老共同参加的公议,在城隍庙③。

综观以上案例,公议借用的场所有若干规律可循。

第一,乡绅与生员的公议都从不在府州县衙门召开。明清时期,有身份的乡绅、生员都不会轻易步入地方衙门,哪怕是与己身密切相关的词讼事件,也要采用"抱告"的方式,亦即本身不能站在衙门大堂上,成为地方官审问、呵斥、责辱的对象。商议地方公事固然与词讼不同,但只要仍在衙门中进行,召集之时,参议者必须听官府传唤进入衙门,公议之时,又必然是地方官高坐在官座上,其他参加公议诸人站立堂下,与官员答问,依然显得是地方官在"审问"参议者。乡绅、生员的身份与庶民不同,绝不是地方官可以轻易"拘集""审问"的对象,他们的公议自然也就不能在地方衙署中召开。

第二,召开乡绅公议最常用的场所,是各类公共祠庙,而在各类祠庙之中,又以城隍庙为最。在公共祠庙召开公议是很可以理解的:这些祠庙多为公共建筑,借用场地比较方便;祠庙中往往有空间较宽阔的厅堂与广场,方便大规模人群聚集议事;祠庙还是各种神灵所在,在此商议公事,恰有表明"公心可矢明神"的意义。同时,相比于其他祠庙,府州县城隍庙作为官方认可的府州县城守护神的祠庙,最能代表地方士庶守护公共利益的意志,也最适合用作地方公议的场所。此外,在绍兴府,王文成公祠作为地方士人共同景仰的本地大儒的祠堂,有着相似的象征意义,因而也常被用于公议。

第三,除了公共祠庙以外,《祁彪佳日记》中还提到卫署、药局、祁彪佳寓所三种公议场所,有必要予以说明。首先,卫署为绍兴卫的衙署,但乡绅屡次利用其地召开公议,公议内容均与卫所无关,卫所官也并未出席公议,说明仅仅是借用场地而已。揆其缘由,一则绍兴卫署在万历十二年曾经修缮,建筑规模较大,二则明末卫所日常办公事务不多,或有空余场地可以出借。由此推测,府州县衙之外的其他官府衙署,如有空余场地,也可以用于

---

① 李日华:《味水轩日记》卷二,万历三十八年七月二十七日、万历三十八年八月二日;卷六,万历四十二年七月二十二日。
② 戴束:《鹊南杂录》不分卷。
③ 姚文然:《姚端恪公集》文集卷九《与蔡总漕书》。

召开公议。其次，药局是绍兴府乡绅因灾年施药而临时建立的机构，在此召开的公议都是为了讨论施药或其他救灾事项。与之类似，其他用作地方公共事业的建筑，如养济院、漏泽园之类，大概也都可以用于相关事项的乡绅公议。最后，在祁彪佳寓所召开的一次公议，情况较为特殊。最初，祁彪佳只邀请数名乡绅私下相聚，商议筹建药局，尔后其他举人、生员人等闻风而至，聚集了上百人，才演变成公议。除此一例之外，笔者尚未见到其他在私人寓所召开公议的案例。以情理推测，多数私人寓所不可能提供足够公议使用的场地，在其中商议地方公事，也显得不够公开公正，容易为人诟病。在公共场所召开地方公议，才是正常、合理的做法。

二、乡绅公议的议事

（一）聚集等候

到了公议召开当日，参议者们从四方聚集，在公议场所等候，然后才能正式开始议事。由于明清时期的交通条件不如现代发达，参加公议的人员居址远近亦不相同，到达公议场馆的时间往往早晚不一、相差甚远。如果是官员与乡绅人等共同召开的公议，一般都是乡绅人等先陆续到场、聚集等候，而官员往往最晚到场。一方面，这是因为官员身份较尊，且公务繁忙，无暇在公议场所中长久等候；另一方面，也是因为公议地点一般都在治城中，乡绅人等散居四乡，赶到公议场馆通常需要半日的脚程，到达时间亦不能确定，需要预留时间提前到达，而官员衙署距离较近，赶到公议会场也很方便。因此，一种常见情形是，乡绅人等经过半日的陆续聚集，等到大致到齐、准备开始公议了，他们才去官衙投递名刺，邀请官员到会。如崇祯十四年四月十九日，绍兴府乡绅、生员在王文成公祠召开公议。该公议早在六日前已出知单通知与会绅衿，想必也同时告知过需要邀请的官员。到十九日早间，"诸友来晤者甚众"，祁彪佳又"出投府公祖刺"，然后赴王文成公祠等候知府到场。此时投递名刺，固然有正式邀请知府到会的意义，但同时也是为了向知府确认，公议的人群已经大致齐集，可以准备开始①。

在等候过程中，虽然正式公议尚未开始，但陆续聚集起来的参议者往往一面等待，一面就开始私下商议即将公议的事项。《祁彪佳日记》中记载了两次等候时议事的场景，可以窥其一二。

一次是崇祯十四年十一月十六日，祁彪佳从乡间赶赴绍兴府城隍庙，

---

① 祁彪佳：《祁彪佳日记》卷一一《小捄录》，第 520、522 页。

参加关于南粮改折事宜的一次公议，但是，由于府、县各官未能如期参加，最终这次公议没能正式召开。当天，乡绅、生员们等候官员的时间颇长，祁彪佳也详细记载了他们在等待过程中的私下商议：

> ……抵城隍庙，衿友有先至者，观予小议，多以为是。出吊潘丈，晤金楚晼于张登子宅，值姜箴胜、余武贞、马巽倩、钱德舆皆以毕公祖、汪父母请会议南粮至也。登子留饭，衿友亦有来商酌者。公祖、父母以送海道不得至，乃散归。①

引文中祁彪佳的"小议"，是为公议而作的议文，本应在正式公议上呈递给官员观览，此时，先期到达的生员们已先行传观。又因等候时间过长，祁彪佳等乡绅、生员甚至离开议所（城隍庙），前往友人宅中聚会、用餐。祁彪佳称"衿友亦有来商酌者"，可见等候的地点虽然从城隍庙转移到了张陛（张登子）私宅，但等候者依然在商议即将公议的事务。

另一次记载的场景发生在同年四月十九日的公议中。当日，先期到达公议场所的除了乡绅、生员，还有会稽县知县周灿。在等待知府到达的时间中，周知县开始与参加公议的乡绅私下交换意见：

> 诸友来晤者甚众。出投府公祖刺，即至王文成祠，五区任事诸友先后至，吴期生以予邀亦来。周父母来最早，以征米代粮银之议与予商之。予以为此法固善，但行于秋成之后则可，今米且匮乏矣，况聚乡都之米籴之城中，似亦非人情所愿者。少顷，郡邑公祖、父母皆集。②

等知府与山阴、会稽两县知县都到达后，就是正式的公议议程了。

上述乡绅人等在等候过程中的私下商议，虽然算不上正式公议的内容，但其作用亦不可小觑。由于乡绅总是比官员先到达公议场所，在等候时率先开始私下讨论，就意味着他们可能在官员到场之前，先形成大体一致的集体意见。在少数案例中，甚至可以看到，乡绅、生员、里老人等先自行召开一次公议，统一各方的意见，几日之后再跟官员一起公议。这也可以称为正式公议以前的"预备公议"。如崇祯十三年五月初八日，绍兴府乡绅先在王文成公祠聚会公议赈济方式，定下和籴之策后，才约知府等官员三日后再行公议③。不过，从祁彪佳的记载看来，此类"预备公议"并不常见。多数情况下，乡绅人等在等候过程中的私下商议，大概已足够达到"预

① 祁彪佳：《祁彪佳日记》卷一一《小捄录》，第 574 页。
② 祁彪佳：《祁彪佳日记》卷一一《小捄录》，第 522 页。
③ 祁彪佳：《祁彪佳日记》卷一〇《感慕录》，第 443 页。

备公议"的效果。

通过"预备公议"或在等候过程中私下商议，乡绅人等可以在当面与官员议事之前，提前形成他们的集体意见。一方面，这有助于他们更有效率地与官员沟通，表达他们的集体意见；另一方面，这显然也加强了地方社会的内部凝聚力，而反过来削弱了官员在公议中的地位。当乡绅人等在公议正式开始前就已经达成一致时，地方官更有可能只是被动接受他们的集体意见，而不是在采听各种意见的基础上做出裁断。在这一意义上，无论是零星存在的"预备公议"，还是更为普遍的等候中的私下商议，都会对公议走向产生重要影响。

（二）"向心式"的议事

等到官员全部到场，公议终于可以正式开始，进入议事环节。公议成功与否，议事方式可谓至关重要。当时人究竟采用什么方式召开公议，以保证既充分交换不同意见，又保持秩序井然呢？以下以《祁彪佳日记》中对崇祯十四年三月二十七日、四月十九日两次公议的记载为例予以说明。

崇祯十四年的这两次公议都是为赈荒而设，与会者包括绍兴知府王孙兰、同知毕九成、通判李犹龙、推官陈子龙、会稽知县周灿、山阴知县汪元兆等官员，以及山阴、会稽两县参与赈荒的乡绅、举人、生员，属于地方官与绅士共同参与、参议人数较多、规模较大的正式公议。祁彪佳记载崇祯十四年三月二十七日的公议云：

> ……即与至王文成先生祠，城中各坊任事之友、乡间各区任事之友皆集，缙绅集者为余武贞、张九山，孝廉集者为董伯应、王北干。王太祖前日入武林，以阻风，恐不得与会，曾以字致予。至是，一日两渡江归，与三厅公祖、两邑父母共集祠中。（A_1）予言之当事，先略呼各坊之友，奖其前此担任之劳，询其后来援济之法，城中应粥应赈事宜若何。皆对以不欲设粥，宁延给米之期，以济贫民；流移者附入各坊，又以挑粥卖粥之法济之，四厢独设，嚣乱必滋，遂亦已之。（B_1）乃专商乡间煮粥之法。予以事宜呈公祖、父母观之，又书姓名手折呈陈公祖，逐区呼出，公祖加之以劝奖。（C_1）予又先作誓文，誓之于先师之前。（D_1）乃定议于初旬内，诸友相度设粥之地，推择任粥之人；望之前后，陈公祖同两厅公祖于设粥处巡行鼓励；五月初，即一齐举粥矣。（E_1）公祖、父母及他绅散去，（F_1）予又与诸友订议乃别。①

---

① 祁彪佳：《祁彪佳日记》卷一一《小捄录》，第 515 页。

又记载同年四月十九日的公议云：

> ……少项，郡邑公祖、父母皆集。(A_2）予约逐区缴册，即敷陈本区之疾苦与巡行事宜，不但诸友得畅所欲言，且彬彬成礼。(B_2）王公祖主议，以五区分配巡行，捕厅得山、会之南区，水利厅得山、会之东区，刑厅得山、会之中区，山阴、会稽两父母各得本邑之西、北区。山、会两父母各处得米二百石，太公祖处得米一百石，遂定以每区五十石；而捕厅、刑厅之加助在外，盐台、守道、巡道之捐助又在外。饥黎其亦有所济矣。会稽南区皆山僻，不便于粥，惟用赈，册未齐，予代陈其概，亦坐米五十石。(C_2）议罢，(D_2）予再以公费之多寡与诸友酌之。[①]

引文中用罗马字母标识了两场公议开始后的几个主要环节。从这两场公议看，公议开始后的基本环节可以归纳为四项：（1）参议众人发言议事（A_1、B_1、A_2）；（2）主议人主持定议（D_1、B_2）；（3）部分人员解散（E_1、C_2）；（4）其余人员详订细则（F_1、D_2）。相比之下，三月二十七日的公议多了两个环节，一是因为商议之事多出一项，二是多了并非每场公议中都存在的起誓环节（C_1），不过基本流程仍然是相通的。定议以后的环节待下文再加详论，在此要先进行分析的是参议众人发言议事的环节，其特点可以总结为如下三点。

第一，众人发言时，采取的是单中心的、"向心式"的议事方式；作为公议中心的，是参加公议的最高级别官员，即公议的"主议人"。发言的众乡绅各自与主议官员形成互动，众乡绅之间则不存在互动。从上述两次公议的记录中可以看到，所有参议者的陈述，或汇报其主管区域的赈济情况，或提出相关建议，都是直接面向主议官员的。主议官员则面对各位参议乡绅，分别奖其劳绩、询问办法。虽然只要在公议现场发言，无论发言者面向谁说话，在场诸人都能够听到，但乡绅发言的直接对象仅仅是官员，向乡绅提问的也仅仅是官员。乡绅之间不存在相互提问、相互驳难。除上述两次之外，祁彪佳的其他记载中也可以看到相似情形。如崇祯十四年六月二十五日，绍兴府乡绅"公晤道台"，"予辈各极欲吐之悃，道台倾听折衷"[②]。乡绅陈言、官员询问并聆听，而非各方平等、交互地商议，是这些公议给人的普遍印象。（参见图 2-4）

---

① 祁彪佳：《祁彪佳日记》卷一一《小牍录》，第 522 页。
② 祁彪佳：《祁彪佳日记》卷一一《小牍录》，第 544 页。

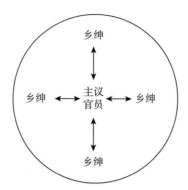

图 2-4　官员—乡绅公议互动示意图

在这种"向心式"的议事方式之下，一方面，公议的秩序得到了保证，即祁彪佳所言"诸友得畅所欲言，且彬彬成礼"，但另一方面也可以想见，抱有不同意见的乡绅们是无法在这种公议上深入讨论的。于是，作为这种"向心式"官绅共同公议的必要补充，乡绅们单独提前举行的"预备公议"以及等候公议开始期间的提前讨论，其意义被凸显出来——只有在那种场合，乡绅之间才能够形成真正有意义的交流，充分展示并尝试消弭他们之间的意见分歧。

第二，参加公议的乡绅中可能存在一名"议事代表"，代表全体乡绅向官员汇报已经提前形成的集体意见，并负责维持公议会场的秩序。祁彪佳作为当时绍兴府城中最有名望的乡绅之一，也是崇祯十三、十四两年绍兴府赈荒的主要组织者，在上述两次公议中都在充当这种"议事代表"的角色。在三月二十七日的公议上，他"以事宜呈公祖、父母观之"，是代表全体参议者呈报集体意见；"先作誓文，誓之于先师之前"，是代表全体参议者起誓；"言之当事"，让各坊、区负责人挨次汇报此前担任的工作，并陈言本坊区的疾苦与建议事宜，又写下"姓名手折"给推官陈子龙，以便其逐区呼人，则是组织参议者顺序发言。在四月十九日的公议上，因会稽县南区赈册未齐，祁彪佳"代陈其概"，也是代表一部分参议者发言。这种由一名"议事代表"作主旨发言的办法，既便于维持秩序，又能切实提高公议效率。同时，这种"议事代表"的存在也说明，在先期召开的"预备公议"中或公议等候期间，参议乡绅往往已经形成较为一致的意见。

第三，除口头发言外，乡绅们还可以使用议单等书面材料辅助表达意见，将之呈递给主议官员观览。这些书面材料，有的代表众乡绅的集体意见，有的是个别乡绅的个人意见。在上述崇祯十四年三月二十七日的公议中，祁彪佳"以事宜呈公祖、父母观之"，该"事宜"就是众乡绅提前商议好的、集体拟定的文书。在前文提到的同年十一月十六日的未遂公议中,到会生员在等候时提前观览祁彪佳"小议",则是祁彪佳事先拟好、准备在公议中呈递给官员的个人议单。又如同年正月十五日公议,"诸绅议未决,多请退而具议单以上",是众乡绅各以议单代替个人的口头发言,交给官员在公议后再为细览①。在开会之前,提前将个人的"议"写到纸面上,将写有"议"的纸页称为"议单",用之辅助会议时的口头议论,这是明代朝廷廷议时惯常利用的手段。明廷廷议时,官员们不仅在会议现场传观议单,甚至自隆庆四年以后,在会议前就会事先收集各人的议单,分发给与会官员预览②。地方公议中利用议单来帮助讨论问题,很可能正是从朝廷廷议中学得的技术手段。不过,当时的地方公议并不如朝廷廷议严谨,议单无需提前收集发放,到会场上才传递观览。除上引诸条记载外,又如崇祯十四年十一月十六日,祁彪佳在当日早间赶赴公议的路途上,尚"于小舟中改正南粮议稿"③,可见议单并未在公议之前定稿,更遑论散发传观。

官员收到个别乡绅的议单时,也可以发放给其他乡绅传观。如崇祯十四年七月二十二日的公议上,祁彪佳、倪元璐提议将温州买来之米分助各坊,而"太公祖遂以此议传坊中诸友而散",是官员以祁彪佳、倪元璐的议单传于其他参议者观览④;九月二十二日公议,祁彪佳"出禁贩之议,多有以为是者",也说明其他参议者看到了祁彪佳个人的议单⑤。不过,不同于"预备公议"或等候时乡绅之间可以自由传观议单,在正式公议的议事环节中,往往是乡绅先将议单呈送给官员,其他与会者再从官员手中接过议单,依次传观。议单的这种传观方式,也可以看作是"向心式"议事方式的体现之一。

三、乡绅公议的决议

(一)"定议"与"订议"

议事之后,公议的最终目标是要达成决议。

决议方式根据公议事项的不同而有所差别。《祁彪佳日记》中记载的公议,商议事项大多是某项事务的具体办理方式。此时,公议的决议过程

---

① 祁彪佳:《祁彪佳日记》卷一一《小捄录》,第485—486页。
② 参见李小波《明代会议制度研究》,第109—117页。
③ 祁彪佳:《祁彪佳日记》卷一一《小捄录》,第574页。
④ 祁彪佳:《祁彪佳日记》卷一一《小捄录》,第550—551页。
⑤ 祁彪佳:《祁彪佳日记》卷一一《小捄录》,第562页。

要分为两个环节：一是公议当场，由全体参议者达成的"定议"；二是公议解散之后，由具体办事者留下完成的"订议"。前者是为了确定大致的办事方针，后者则将决议细化，决定办理事务的具体方案。上引崇祯十四年三月二十七日、四月十九日两次公议的记载中，D_1、B_2 环节属于前者，F_1、D_2 环节属于后者。在另一些公议中，决议事项是是否应当举办某项事务。此时，决议只需要做出是或否的判断，所有参与公议的乡绅人等都要参与决议，决议将在公议现场一次性完成。在后者的情况下，可以认为"定议"和"订议"环节合二为一了，也可以认为是越过了"定议"，直接进入"订议"环节。《祁彪佳日记》中没有提到此类案例，可以参见下一小节中对万历四十五年嘉兴府三县公议、顺治十六年金坛县公议的分析。

在"定议"与"订议"环节分离的案例中，"定议"，即在议事环节众人发言结束之后，全体参议者当场决定公议的主要决策。上引两次公议的记载中，祁彪佳都只记录了"定议"的主要内容，并没有展现"定议"达成的过程。不过，从这两份记载中，我们仍然可以大致推测"定议"的一些基本特征：第一，它的内容是比较粗糙的，只需达成大致方针，无需决定具体方案。如三月二十七日的公议"乃定议于初旬内，诸友相度设粥之地，推择任粥之人"，就只决定了施粥的大致日程，并没有详细到具体日期，也没有决定具体的"设粥之地"与"任粥之人"。第二，定议是由主议官员口头宣布的。祁彪佳记叙四月十九日的公议时，很自然地以"王太公祖主议"开头，接写定议的内容，说明定议内容理应是通过主议官员之口，向其他参议者宣布的。而且，没有任何迹象表明这两次公议当场存在文字记录，至少，应该没有形成正式的文书。第三，在主议官员口头宣布定议以前，不存在类似于"投票表决"的机制。无论是以上两次公议的记载，还是其他零星的记录，都没有提到过任何"表决"的环节。第四，即使如此，主议官员并不能任意宣布"定议"的内容；公议参与者的普遍认同，仍然是完成"定议"的必要条件。以上两次公议是"定议"比较顺利的案例，也存在与之相反、不能够完成"定议"的情形。如崇祯十四年正月十五日的公议，祁彪佳抵达城隍庙时，"已见人情汹汹矣；诸绅议未决，多请退而具议单以上"[1]。可见，公议绝非徒具形式；只有获取乡绅的赞同，官员宣布的"定议"才是有意义的，否则只能导向公议的失败。

"定议"完成后，公议的正式流程就宣告结束，官员与部分乡绅可以于

---

[1]　祁彪佳：《祁彪佳日记》卷一一《小捄录》，第486页。

此时退场散去;接下来的"订议",是在"定议"的大框架下制定详细的办事
细则,往往只由承担具体事务的人员协议完成。上引两次案例中,三月二
十七日,是"公祖、父母及他绅散去,予又与诸友订议乃别";四月十九日,则
是"议罢,予再以公费之多寡与诸友酌之",都可以看到参与订议人员范围
的缩小。除去这两次之外,又如崇祯十三年五月十一日的公议,也提到了
类似的小范围订议活动:"议罢散去,两父母更请予与张九山议数语,亦别。
予以尚无成绪,托郭尔张约诸友少停,遂定领簿盟神之期、散巢之所、认募
之人,与诸文学订讫,乃归。"①崇祯十六年十二月十五日的公议,甚至在散
场之后,祁彪佳又另行约集数人,改换场地进行"订议"。这次"订议"的内
容,祁彪佳记叙得较为详细,可咨考察"订议"与"定议"的区别:

> 　　十五日……乃至城隍庙,衿绅毕集。城绅惟徐亮生不至。公祖、
> 父母盟之神。于公祖大言于众,誓以固守,与城存亡。将七旬老母托
> 之诸绅。其立论先破畏怯心、悭吝心,听之多泪下。插血各退。予归
> 寓,走札于公祖,令于泰清道院邀王大含、郑素予、金楚畹、周莫维、余
> 武贞、姜光扬共商:一钱粮,挪动各项库银,事平加派;一积贮,速征如
> 抵仓米并海仓,亦暂征入城,绅衿各劝籴米,且将向年官积余利及牛种
> 等银买米;一募练,议于乡兵、营兵之外再增六百名;一器具,凡城上所
> 需者,或借或买。此外议司饷之官、开局之官,诸绅中或认派垛夫,或
> 认修城垛,盖二鼓余而事已有次第矣。②

当日的公议是为了抵御绍兴府附近的流寇而召开。在正式公议中,绍
兴府知府于颖召集了全城乡绅、生员,并"大言于众,誓以固守,与城存亡"。
此种宣告可视同主议官员宣布定议。歃血盟誓之后,公议即解散。祁彪佳
回家之后,则又另行邀请知府与另六名乡绅前往泰清道院,商议抵抗流寇
的具体办法,亦即"订议"。与全城公议时官员的大言宣誓不同,此时订议
的内容要具体得多,各种事务的负责人、动用资金的来源、兵额数量等问
题,都得到了一一确认。

(二)"公议单"与"全体一致原则"

在"订议"环节决定具体办事方案时,或是在决定是否办理某事务的公
议的决策环节中,除了口头约定之外,往往还会写立书面的条约。上引崇

---

　　①　祁彪佳:《祁彪佳日记》卷一〇《感慕录》,第 444 页。
　　②　祁彪佳:《祁彪佳日记》卷一三《癸未日历》,第 713 页。按,本段引文点校本有误,已据《祁
彪佳文稿》影印本更正。

祯十六年十二月十五日的案例中，祁彪佳以"一……""一……"的形式记载
订议内容，就提示了这种书面条约的存在。《祁彪佳日记》中另一处有关订
立书面条约更为明确的记载，出现在崇祯十三年五月十九日。当日的公议
仅有乡绅、生员参加，原本就是在五月十一日的官绅公议之后，为了进一步
协商赈济资金的具体方案而小规模召开的。因此，这次公议的性质类似于
公议后部分人员留下进行的小规模订议会，其决议也直接以书面订议的方
式进行。祁彪佳这样记载当日的公议：

> 至开元寺，则诸友毕集，张九山亦至。再商总会赈赀之议，尚有异
> 同。予令奕远草一单，乃各签押而散。①

可以看到，此次公议订立的书面协议为一"单"，由祁彪佳命令其侄祁鸿孙
（奕远）当场草拟，并由参议乡绅、生员当场签押。

订议时签订的这种"单"，可以称为"公议单"。不同于前文提及的公议
过程中辅助议事的"议单"，公议单则是在公议已经达成大致"定议"的基础
上，再将决议内容细化并拟出具体条款，并由全部或部分公议参与者签字
画押的文件。

签订公议单人员的范围，大致可分为两类不同情形，但两种情形下，公
议单的签订者都不包括地方官员。其一，当公议单是为详细规定具体办事
法则而签订时，参与签订者是全体负责办事人员。如上述诸种公议后再行
"订议"的案例所示，地方公共事务的具体办事者，往往是部分参与公议的
乡绅、生员，因此，这种"公议单"也仅由他们签订。上述两个案例都属于这
种情形。其二，当公议单是为了直接决定是否办理某项事务时，签字画押
是为了留下全体公议参与者同意该项决议的证据。此时，签订公议单的是
全体参与公议的乡绅、生员。《祁彪佳日记》中没有提到此类情形，以下以
两个相近时期的其他案例予以补充说明。

补充案例一发生在万历四十五年四月二十九日浙江嘉兴、秀水、嘉善
三县争田案中的乡绅公议中。这次公议的主要目的，是决定是否要对三县
田土重新丈量。三县知县在联合申文中汇报该次公议召开情况，称：

> 蒙钦差兵巡道王并本府知府庄檄，同嘉兴县知县刘余祐、秀水县
> 知县林闻诏、嘉善县知县吴道昌暨三县乡绅会集城隍庙，拈香矢誓，左
> 右分坐，秉公评论田粮一事，必须议妥方行。自辰至未，大端有绪。道

府随委三县知县述前公议,开具一单,任三县乡绅平心画押,以便申报施行。①

可以看见,在这次公议的决议过程中,出现了由三县知县根据公议内容开写的公议单,并要求参加公议的全体乡绅签押。

补充案例二发生在清初江南省金坛县的通海案中。通海案,是指顺治十六年郑成功、张煌言部攻入长江口时,沿江各州县向其投诚,事后被清廷清算而引起的大狱。计六奇在《金坛狱案》中,提到清廷以公议单作为金坛县通海乡绅的定罪证据:

> ……王重首先拘来,则曰:"投诚降海,系知县任体坤强逼所为,非某之本心。"遂拿体坤,亦上夹棍。体坤曰:"现有众绅衿共相商议之单与公约可据。一在明伦堂会集,一在鲁山之某处,俱有亲笔花押,岂不愿投降者?"遂出其二议,公堂质对,王重无词。二大人将与名有押之绅名履历另奏覆上,又奉严旨,一体拿究矣。②

引文所述,是清廷查办通海案时,金坛县知县与乡绅互相攻讦的场面。乡绅称降海是知县所为,知县则指出降海为两次乡绅公议的决定,并提出"现有众绅衿共相商议之单与公约可据",还指出绅衿在公议单上"俱有亲笔花押"。于是,这两份公议单上的签押成为清廷为金坛县降海乡绅生员定罪的证据。

关于"公议单"的部分记载还显示,全体参与订议的乡绅都必须在公议单上签字画押,如有一人反对,则公议单不能成立。这可以概括为公议订议时的"全体一致原则"。以下以两个案例简单说明。

案例一是上引《祁彪佳日记》中崇祯十三年五月十九日的公议。当日公议协商"总会赈赀"时,最初"尚有异同",亦即出现意见分歧,并未达成一致。祁彪佳的应对方式是"令奕远草一单,乃各签押而散"。"乃各签押",说明参与公议者都认可了祁鸿孙草拟的公议单。前后对比,从"尚有异同"到达成一致,公议才能够结束、散会。

案例二是上述万历四十五年嘉兴府三县争田案中公议订议时的故事。知县申文中记载,公议单起草之后,三县乡绅其实仍有异议,因而又在单尾

---

① 崇祯《嘉兴县志》卷九《土田》,《嘉兴府嘉秀善三县为檄查田册据报倡乱以明纪纲以决去就事》。

② 计六奇:《金坛狱案》不分卷,《明清史料汇编二集》第8册影印《纪载汇编》本,文海出版社,1967年。

添写对公议单的修改事项,或要求三县知县勾去原拟公议单中的部分条款:

> 嘉、秀乡绅岳公元声等即书单尾:"先丈嘉善,后丈嘉、秀,愿。"各已押讫。惟嘉善乡宦又谓:"丈田原非本愿,必须除去'中间可考虚实',与'查果亏额,然后复丈嘉秀等'一段,乃可从命。"时漏已二下,如议勾去。嘉善乡宦冯公盛典等亦书:"三县一时均丈,愿。"押讫。而庄公则孝又复中变,谓:"如必欲丈,断乎不押。"遂各散去。①

由是可见,公议单草拟之后、签署之前,签订者还可以对其中内容反复审定,目标则是全体公议参与者的认同。为了达到"全体一致"的目标,即使只有部分签订者反对公议单的内容,也有必要反复进行修改。在该案例中,乡绅庄则孝中途变卦,无论如何不肯在公议单上签押,致使这场历时良久的公议最终流产,并未达成有效的决议。

公议决议的"全体一致原则",在公议单的签订过程中表现得最为明显,但该原则的运用并不止于书面订议之时,主议官员口头宣布的"定议",同样是代表全体公议参与者发表的一致性意见。显然,这种决议原则与近现代西方议会制度中的"多数决原则"完全不同。可以认为,明末清初的地方公议是一种更在意达成"全体共识"的议事制度。

综上而论,明末江浙地区的乡绅地方公议,虽然尚没有固定的召开时间、场馆,但是在召开程序与举办方式上,已经形成了一套大致固定的模式。从召集到正式召开,从议事到决议,都有一定的规范可循。由此也可以佐证,明末乡绅的地方公议并非偶一为之的特例,而是长期存在的习惯,是地方社会力量参与公共事务的惯例性方式。

乡绅公议召集、议事、决议程序中的细节,也反映出乡绅与地方官权力关系的某些微妙特点。一方面,议事时的"向心式"议事方式、决议时主议官员主导的口头定议,表现出公议中以官员为中心的倾向;但另一方面,召集公议时乡绅与官员同样拥有的召集权、订议时需要获得全体乡绅人等签押的"公议单",又体现出乡绅在地方公议中的主动性与重要性。公议中的官员与乡绅,并不仅仅是"主唱"与"唱和"的关系。

附论:乡绅公书的写立程序

公议结束以后,但凡需要向上级政府汇报的事件,参加公议的绅士里

---

① 崇祯《嘉兴县志》卷九《土田》,《嘉兴府嘉秀善三县为檄查四册据报倡乱以明纪纲以决去就事》。

老人等还需写立公呈、公揭等文书,以便地方官附入案卷中,作为向上级官府呈报时引据的凭证;若是没有经过官民共同参加的正式公议,由绅士里老人等递交公呈,向官府呈请某事,也需要有写立公呈的过程。在这两种情况下,绅士里老分别如何写立公呈? 如何起草、修改与联署? 受到史料的限制,笔者暂时还无法全面回答这些问题。在此予以局部考察的是,乡绅在没有经过公议的情况下,如何写立公书、公揭等文书。

上一章中已经说明,由于受到礼仪等方面的限制,乡绅向官府呈递的集体文书主要是"公揭"而非"公呈"。此外,他们也以私人书信而非正式公文的体例,连名向各级官员写"公书",商讨地方公事。在此将根据《祁彪佳日记》的记载,考察乡绅写立公书、公揭的程序。《祁彪佳日记》中共提及乡绅人等向地方官或监察官上集体文书 83 次,皆以"公×"命名,其中公书 52 次、公揭 10 次、公呈 8 次、公函 5 次、公启 4 次、公札 3 次、公结 1 次。此外,还提到以"公×"为名的其他集体文书 6 次,包括公疏 3 次(其中乡绅公疏 1 次、民疏 2 次)、公檄 2 次,还有乡绅致上民疏山民的公书 1 次(详见表 2-2)。

表 2-2　《祁彪佳日记》中的公书、公呈等文书

时间	类型	写立人	呈请对象	写立方式	事由
崇祯七年六月十三日	公札	吴默等	祁彪佳		请题刘乾所作郡守
崇祯八年十月二十二日	公书		巡按郭某	余煌(武贞)处传观	善郡守之去
崇祯十年二月十一日	公书	祁彪佳等		祁彪佳起草	留罗公祖视事
崇祯十年闰四月初四日	公书	王金如等		王金如偕袁则学来与祁彪佳商酌,祁彪佳为更定数语	剡中宽征
崇祯十年六月二十五、二十六日	公书	祁彪佳等		祁彪佳改八坝公书稿,为都门缙绅草八坝公书	坝税事
崇祯十年七月初二日	公书	倪元璐等	巡按邓某	倪元璐起草,祁彪佳"增其语之未畅者"	言钦赃害民事

（续表）

时间	类型	写立人	呈请对象	写立方式	事由
崇祯十年七月十一日	公书	祁彪佳等	绍兴知府王期昇	祁彪佳起草	
崇祯十一年六月十八日	公揭	刘宗周等		祁彪佳出示三江所生员二十余人、耆老五六人	攀运之苦
崇祯十一年六月二十五日	公启	王云岫等		祁彪佳起草	
崇祯十一年六月二十七日	公启	祁彪佳等		祁彪佳起草	为三江所极陈攀运之害
崇祯十一年七月十八日	公书	祁彪佳等		王金如、三仪师、无量师言于祁彪佳，祁彪佳起草公书	言诸棍诬诈显圣之状
崇祯十一年九月二十八日	公书	三江所	绍兴知府王期昇	祁彪佳起草	
崇祯十二年正月二十八日	公书	祁彪佳等	当事	祁彪佳起草	留刘宛谷父母
崇祯十二年二月初一日	公书	祁彪佳等	绍兴知府王期昇	祁彪佳起草	
崇祯十二年二月初二日	公书	张岱（宗子）等	绍兴知府王期昇	祁彪佳起草	
崇祯十二年二月初三日	公书	刘钫和等	道台林日瑞(浴元)	祁彪佳起草	
崇祯十二年二月十四日	公书	刘宗周等			促抚军入援京师
崇祯十二年五月二十四日	公书	尹且如、祁彪佳等		尹且如次公郎来晤祁彪佳，出公书，求图记	
崇祯十二年七月二十一日	公书	祁骏佳等	巡海道王应华（园长）	祁骏佳作，祁彪佳改削所作公书	为天童师事

（续表）

时间	类型	写立人	呈请对象	写立方式	事由
崇祯十二年十月初七日	公书	祁彪佳等	王云岫	祁彪佳作	族中以彤山之建园有碍祖墓，汹汹有言
崇祯十二年十二月二十日	公揭			六师舅书寄祁彪佳	吾乡共拆太乙楼
崇祯十三年闰正月十一日	公札	王戢云、倪元璐		江道暗、邹叔夏过访祁彪佳，出示王戢云、倪元璐所作公札	为仁和吴父母计挽回
崇祯十三年二月初五、初六日	公函、公书	刘宗周、王士美、陶巨标、祁彪佳等		王士美同陶巨标过访，出刘念台先生书，议发公函。祁彪佳草公书。	为提学道刘乾所
崇祯十三年八月二十六日	公书	祁彪佳等		祁彪佳起草	为陆君荐其乃郎
崇祯十四年正月初十日	公函、公呈	两邑诸绅	两道台	祁彪佳作公函，祁俊佳代作公呈	告籴
崇祯十四年正月十一日	公函	来宅表叔等		来宅表叔及侄过访祁彪佳，祁彪佳作一启，令人请诸绅图记	
崇祯十四年正月十八日	公书	祁彪佳等	两台公祖	祁彪佳起草	言武林为江、广通贩之咽喉，米舟不宜阻遏，且请迎催郑鸿逵道台，速于莅越，以为消弭弹压之计
崇祯十四年正月十八日	公书	祁彪佳等	台绍道成仲龙（环洲）	祁彪佳改	因其已许万石之通，但求发牌颁檄，俾护送入越

（续表）

时间	类型	写立人	呈请对象	写立方式	事由
崇祯十四年正月二十日	公呈、公书		宁波知府		求往宁波籴米数千石
崇祯十四年正月二十三日	公书	祁彪佳等		祁彪佳作、修改，托商周祚差人投之	闻杭郡有遏籴之说，后闻因漕运方借民船，故米不至耳
崇祯十四年正月二十四日	公书	祁彪佳等	台州知府熊山	祁彪佳作书致郑涵一，托其起草	凡发籴护运皆赖主持
崇祯十四年正月二十四、二十八、二十九日	公书	祁彪佳等	巡盐御史冯垣登	祁彪佳作书致余煌，托其起草	求其委陈司理通籴上府
崇祯十四年正月二十九日	公呈、公结	通都通里			禁株连，先求正法省犯，而渠魁未获，必取通都通里之公呈公结，方可坐名迅拿
崇祯十四年二月初六日	公书	祁彪佳、商周祚等诸绅	台州知府熊山	与诸绅在都土地庙共商	为赈荒弭变计
崇祯十四年二月十四日	公书	祁彪佳等	会稽知县周灿	王雅夷求祁彪佳作	王雅夷涉讼
崇祯十四年二月二十九日	公书	祁彪佳等	一致宁绍台道成仲龙，一致临海知县，一致黄岩知县	祁彪佳起草，并作函托余煌誊写，遍请图记	得林经厅来禀，知台州告籴艰阻殊甚
崇祯十四年二月二十九日	公书	祁彪佳等		绍兴知府王孙兰致书祁彪佳，请诸绅作公书	召籴

（续表）

时间	类型	写立人	呈请对象	写立方式	事由
崇祯十四年三月一日	公书	陆雍之等		祁彪佳为印公书图记	除恶
崇祯十四年三月初三日	公书	祁彪佳、张焜芳、余煌等	巡抚	与推官陈子龙商议，陈子龙达之巡抚，乡绅作公书说明	设粥厂宜缓
崇祯十四年四月初九日	公呈	生员	绍兴推官陈子龙		阻挠煮粥
崇祯十四年五月十三日	公札	祁彪佳、倪元璐等	绍兴知府		画一赈粥
崇祯十四年五月十七日	公檄	松江府人			讨朱云来
崇祯十四年五月十九日	公揭	祁彪佳等	道台	祁彪佳作	恳其委重通籴
崇祯十四年六月初二日	公函	刘永侯等		刘永侯书示祁彪佳	为吴垣公父母乞开复
崇祯十四年六月初七日	公揭	倪元璐等		倪元璐书示祁彪佳	挽留道台
崇祯十四年六月初八、十二日	公书	祁彪佳等	绍兴推官陈子龙	严亿之、金无炼及两金兄过访祁彪佳，祁彪佳作	为金嘉奕鸣冤
崇祯十四年六月二十八日	公书、公揭	倪元璐等	御史吴邦臣（震崿）	祁彪佳作书倪元璐，托之作	挽留道台
崇祯十四年七月二十三日	公呈	米行	会稽知县周灿		增（米）价
崇祯十四年七月二十七日	公书	祁彪佳等	巡抚	祁彪佳作	以抚军欲通籴于吾乡，力言匮乏必不能及邻之状
崇祯十四年七月二十八日	公书	余煌等		余煌请祁彪佳斟酌	

（续表）

时间	类型	写立人	呈请对象	写立方式	事由
崇祯十四年九月初二日	公呈	徐无忘等		徐无忘过访，祁彪佳改订	南粮改为官解
崇祯十四年九月十七日	公书	祁彪佳等		韩、夏二生员过访祁彪佳求公书	
崇祯十四年九月十八日	公书	诸绅		陶书仓过访商周祚家传观	以禁贩请道台归越
崇祯十四年九月二十七日	公书	祁彪佳等	绍兴知府王孙兰	祁彪佳作	吴国辅台州告籴归，毕公祖误以为贩出者，欲追获之，国辅忿甚
崇祯十四年十月十六日	公书	祁彪佳等	山阴知县汪元兆	祁彪佳作，令陈绳之书	因境内之白役横索籴
崇祯十四年十一月初二日	公书	倪元璐等		倪元璐致札祁彪佳商议	南粮征本色不妥
崇祯十五年正月十五日	公书	祁彪佳等		邢吉先过访祁彪佳，祁彪佳作	邢吉先来晤，备言其尊公官川中之苦，又言外家扳赃之苦
崇祯十五年三月十五、二十三日	公呈	张应鳌等		张应鳌（奠夫）过访祁彪佳相商，八日后祁彪佳致书张应鳌索公呈稿	南粮事
崇祯十五年三月十五、二十二、二十三日	公书	祁彪佳等		张应鳌过访祁彪佳求作，七日后来乞，又一日祁彪佳作	为张禹侗先生入乡贤祠
崇祯十五年三月十八、二十、二十一日	公书、公揭	祁彪佳等		来方炜（泽兰）过访祁彪佳相商，祁彪佳作，祁骏佳来阅公揭	南粮厘剔

（续表）

时间	类型	写立人	呈请对象	写立方式	事由
崇祯十五年三月二十三日、四月初四、初五日	公揭	刘宗周等		刘宗周致书祁彪佳欲作，祁彪佳致书张应鳌索南粮公呈稿观，祁彪佳作，寄之刘宗周	南粮改折
崇祯十五年四月初四日	公揭	祁彪佳等		祁彪佳作	掩骼事宜
崇祯十五年五月十六日	公疏	山民	崇祯帝		争税
崇祯十五年五月十六日	公书	祁彪佳等	上疏山民	林平山、吴国辅过访祁彪佳，祁彪佳晤倪元璐等人后作，并致书张焜芳、余煌	追还山间争税民疏
崇祯十五年六月二十一日	公书	祁彪佳等	南关使者	祁彪佳作	
崇祯十五年七月初八日	公书	祁彪佳等		云栖僧持吴国辅书访祁彪佳，祁彪佳作	免户役
崇祯十五年八月十一、十三、二十二、二十八日	公揭	祁彪佳等	杨父母等	祁彪佳写札与余煌商议，祁彪佳作，订正缙绅名单、改数语，托沈姓商人往天台投杨父母	南粮请折
崇祯十五年八月十一、十八日	公书	余煌等		祁彪佳写札与余煌商议，余煌书寄祁彪佳传观	南粮请折
崇祯十五年九月十一日	公书	祁彪佳等		祁彪佳作，并书寄余煌传观	南粮改折
崇祯十六年七月二十日、十月初九日	公揭	祁彪佳等	巡按左光先（三山）等	祁彪佳作，后因晤巡按左光先，以公揭送之	保留知府于颖

（续表）

时间	类型	写立人	呈请对象	写立方式	事由
崇祯十六年十一月十六日	公书		绍兴知府于颖、推官陈子龙		江右袁州之乱，吾越震邻
崇祯十六年十一月二十九日、十二月初三日	公书	姜一洪等		祁彪佳请姜一洪易公书之词	御贼之策
崇祯十六年十一月二十九日、十二月初二、初三日	公函	祁彪佳等	巡按左光先	先是已有公书，祁彪佳再作公函，书寄姜一洪与观，姜一洪来印公函图记	御贼之策
崇祯十六年十二月二十一日	公启	越绅	巡按左光先		剿抚互用
崇祯十七年正月初五、初六日	公启	祁彪佳等	倪元璐、吴邦臣	祁彪佳作，予余煌、金兰阁	告变
崇祯十七年正月初四、初五、初六、初七、初十、二月十八日	公疏	祁彪佳等	崇祯帝	婺绅倪株山、姜端公过访祁彪佳，议公疏乞师；祁彪佳起草、再改削，予余煌、金兰阁；遣仆向诸绅画题，惟徐亮生持议不合，不肯署；倪献汝之仆入都赍公疏	告变乞师
崇祯十七年五月十二日	公书	吴门诸君	南都某人		推荐祁彪佳任苏松巡抚
崇祯十七年五月十八日	公书	宜兴缙绅周在调等	苏松巡抚祁彪佳		迎接祁彪佳
崇祯十七年五月二十一日	公呈	江阴诸生	苏松巡抚祁彪佳		恳留邑令李令晢
崇祯十七年六月十二日	公书	无锡诸绅	苏松巡抚祁彪佳		留郭令佳胤

（续表）

时间	类型	写立人	呈请对象	写立方式	事由
崇祯十七年六月十七日	公檄	嘉善钱仲驭等		钱仲驭出示祁彪佳	公讨从逆魏学濂
崇祯十七年十月三十日	公疏	吴中民	弘先帝		保留祁彪佳
弘光元年二月二十一日	公书	郑之瀚（素予）等		郑之瀚以道台于颖意，欲祁彪佳辈公书言之	以新抚公欲撤游兵一百六十名

资料来源：《祁彪佳日记》，张天杰点校，浙江古籍出版社，2017 年。

以上文书，除少数是祁彪佳任官时收到或因其他原因看到的之外，多数都是他居乡时以乡绅身份参与起草、修改或签署的。在后者的情况下，日记中详略不等地记载了祁彪佳参与写立文书的情况。由于祁彪佳乡绅的身份，他的日记中提及最多的是公书，其次是公揭。下文即据此论述乡绅公书、公揭的写立程序，也间或涉及乡绅参与写立的公呈的情况。

通观祁彪佳的历次记载，笔者将乡绅写立公书的程序总结为六个步骤：1.动议；2.起草；3.传观与修改；4.誊写；5.签署；6.赍投。以下分步骤论述。

1. 动议

写立一份公书，首先需要有人动议。从《祁彪佳日记》中看，动议者的情况可以大抵分为两类：第一类情况，动议人即参与公书的人，他/他们即便不是执笔起草之人，起码也是联名签署之人，公书的内容即他们本人的言论。第二类情况则不然，动议人并不在公书联署者之列，他/他们是向别人提出动议，请求别人为之作公书。

动议人即联署公书之人时，有可能起意后即自行起草文书，也有可能先找数人当面相商，或者写信商议，然后决定由一人起草。前者的情况相对较少，如《祁彪佳日记》崇祯十四年正月二十三日条载："先是，予闻杭郡有遏籴之说，故亟作公书。"[1]此事一因事情紧急（杭州遏籴影响绍兴买米赈荒），二因此时买米是绍兴乡绅共识，祁彪佳不愁写下公书后无人签署，故祁彪佳听闻消息就"亟作公书"，未与他人商量。后者的情况则更为普遍，《祁彪佳日记》中大多数公呈、公书的动议都是如此。如崇祯十四年底至十

---

[1]　祁彪佳：《祁彪佳日记》卷一一《小捄录》，第 492 页。

五年,绍兴府乡绅为南粮官解、改折一事多次写公呈、公书、公揭。其中,徐无忘等人作公呈前先拜访祁彪佳,"订南粮公呈改为官解之约""订南粮官解之议"①,倪元璐(鸿宝)作公书前先致札祁彪佳相商②,张应鳌(奠夫)、来方炜(泽兰)作公书前均过访祁彪佳相商③,刘宗周(念台)欲作公揭而致书祁彪佳相商并令代作④,祁彪佳作公书、公揭前均致书余煌(武贞)相商⑤。略为复杂的地方公共事务,大抵皆是如此,需要事先有所商议,定下公书等文书的大致内容,方可进入起草的程序。还当略作说明的是,关于南粮改折的数次乡绅公书,除时间前后不等外,还存在同一时间、不同地方的公书。崇祯十五年八九月间,祁彪佳、余煌同时在起草南粮改折公书,并数次书信往还商议。二人所草,应分别是代表山阴和萧山二县乡绅的公书,但也通过事先写信通气,保证二县乡绅向官府反映的意见一致。

　　请求他人代作公书,则说明本人不便声言,或本人声言无效,需要他人为之背书。具体情况又有二:一是为私事而托人作公书,任何身份的人都可能如此。如崇祯十四年二月十四日,王雅夷因涉讼案,来求祁彪佳为他作公书;同年六月,严亿之、金无炼等人为金嘉奕鸣冤,亦来求祁彪佳作公书;又如崇祯十五年三月,张应鳌(奠夫)数次拜访祁彪佳,请求他为其族人张禹俌先生入乡贤祠作公书(详见表 2-2)。类似词讼、祠祀等事,动议人因为本人利益相关,不便声说,故而请求当地有名望的乡绅等人为之作公书。二是官员为公事而授意地方绅士人等作公书。如崇祯十四年二月二十九日,绍兴府知府王孙兰致书祁彪佳,因当时饥荒召籴一事与巡抚意见不同,请祁彪佳等乡绅作公书;又如弘光元年二月二十一日,郑之瀚(素予)转达宁绍台道于颖之意,以新任巡抚欲撤游兵一百六十名,欲乡绅作公书(详见表 2-2)。这些都是因为地方官与上司意见不合,但认为只声说自己的意见不足取信,故请求乡绅作公书。此二处与平时地方官召集公议、要求绅士里老书写公呈的情况很相似,但或许是因为荒政、用兵情况紧急,来不及召集公议,地方官才或由书信,或由人言语转达,不经公议,径直授意乡绅写公书给上级官员。

2. 起草

　　商议初定,遂开始起草。起草的程序无待多言,总不过由一人执笔写

---

①　祁彪佳:《祁彪佳日记》卷一一《小抹录》,第 558、559 页。
②　祁彪佳:《祁彪佳日记》卷一一《小抹录》,第 571—572 页。
③　祁彪佳:《祁彪佳日记》卷一二《壬午日历》,第 596 页。
④　祁彪佳:《祁彪佳日记》卷一二《壬午日历》,第 597 页。
⑤　祁彪佳:《祁彪佳日记》卷一二《壬午日历》,第 615、619 页。

作,与起草普通文书别无二致。《祁彪佳日记》中直接记载他自己"草"或"作"公书、公揭等文书的次数有 40 次之多,通常不过半日、一日即能作完,甚至一日能作数份。

需要说明的是,集体文书等虽然是反映集体意见,但仍需要有一二主要负责人。万一呈请之事不符官府之意,反而因此得罪,这一二人需要出面承担责任。一般而言,动议者、起草者都是主要责任人,为了标识其身份,公呈遂有"呈首"一说。《祁彪佳日记》记载,崇祯十四年四月初九日,绍兴府推官陈子龙因生员公呈阻挠煮粥,"罚呈首一生米一百石"①。与之类似的还有公疏的"本头"。傅山《霜红龛集》记载,崇祯九年,山西省诸生进京上公疏为提学道袁继咸伸冤,傅山起草公疏,而疏稿"列诸名百余人,则山与予珏为本头"②。所谓"呈首"或"本头",指文书起始一语"某人、某人等为某事"所列名的一二人。至于其他联署者,签押或列名,皆在公呈、公疏的最后。公书、公揭等虽不同于公呈、公疏为正式公文,因而未见"书首""揭首"之说,但需要有人负主要责任时,也应与之相似。

《祁彪佳日记》还记载了一种代为起草的情形,亦应与负责人的问题有关。崇祯十四年正月初十日,祁彪佳为山阴、会稽两县乡绅作告籴公函,同时委托祁骏佳(季超)"代作公呈"③。同月二十四日,祁彪佳作书致郑涵一,"托其草公书于台府熊公祖,凡发籴护运皆赖主持",又作书致余煌,"托其草公书于盐台冯公祖,求其委陈司理通籴上府"④。崇祯十五年三四月间,刘宗周欲作南粮改折公揭,而委祁彪佳代作,祁彪佳作完后寄给刘宗周⑤。上述三事,不同于请托他人为作公呈、公书的情形。后者的情况,起草者才名在联署者之列,而请托人并非联署者。而上述三事中,祁彪佳、刘宗周却必同在联署者之列,只是或因繁忙,而委托亲友"代作"。此时,祁彪佳、刘宗周虽非亲自起草,但很有可能因其身份显赫,仍然处于类似"呈首""本头"的地位,因此才有代作一说。

3. 传观与修改

由于公书代表的不是个人意见,在一人起草之后,往往还要传送给他人观览,听取意见并作出修改,以确保符合签署者的集体意见。《祁彪佳日

---

① 祁彪佳:《祁彪佳日记》卷一一《小捄录》,第 519 页。
② 傅山:《霜红龛集》卷二九《因人私记》。
③ 祁彪佳:《祁彪佳日记》卷一一《小捄录》,第 485 页。
④ 祁彪佳:《祁彪佳日记》卷一一《小捄录》,第 492—493 页。
⑤ 祁彪佳:《祁彪佳日记》卷一二《壬午日历》,第 597、599 页。

记》中对此亦记载颇多。

传观的办法，或由起草者本人亲自赍送，或以私人书信的形式寄送。前者如崇祯十年闰四月初四日，王金如、袁则学亲自过访祁彪佳，"酌宽征之呈"①。后者如崇祯十四年六月初二日，祁彪佳"得刘永侯书，示以公函，为吴垣公父母乞开复"；初七日，又"得倪鸿宝书，见其挽留道台公揭"②。有时，起草者方才将公书送到某乡绅家中，适逢其他乡绅到访，也顺便一起观览。如崇祯十四年九月十八日，祁彪佳到其岳父商周祚家中，"值陶书仓过访，见诸绅以禁贩请道台归越公书"③。

观览者阅后，若是对公书内容或是文辞有意见，可以直接做出修改。如上述崇祯十年王金如等人的宽征公呈，祁彪佳阅后即"为更定数语"④；同年七月初二日，祁彪佳收到倪元璐所作"言钦赃害民事"的公书，亦"增其语之未畅者"⑤；崇祯十二年七月二十一日，祁彪佳"改削"其兄祁骏佳所作公书，"为天童师致王园长公祖"⑥。另一些时候，观览者可能将修改意见反馈给起草者，再由起草者自己作出修改。如崇祯十六年底，因江西袁州民乱波及绍兴，绍兴乡绅有公书、公函致浙江巡按左光先（三山）。当时姜一洪（光扬）先草公书，祁彪佳后草公函，而相互交换观览，因应对办法略有不同，祁彪佳请姜一洪"易书词"⑦。翌年正月，祁彪佳起草公疏，求南京派兵助绍兴平乱，起草次日亦"再改削公疏稿，合余武贞所拟者"⑧。日记中虽未记载此前祁彪佳如何向余煌征求意见，但所谓"合余武贞所拟者"，必然是在听取意见之后作出的修改。

需要特别说明的是，并非所有的公书都在定稿前经过传观、修改的程序，有时事出紧急，起草者作完公书，当即誊清，直接请求联署。如崇祯十四年二月二十九日祁彪佳为绍兴府人前往台州府籴米所作公书，作完后便"又作一函，托武贞誊写公书，遍请图记"⑨。即使经过传观、修改的公书，能够见到草稿、提出修改意见之人也往往只是少数，而非所有的联名之人；更多的联署者是在定稿誊清之后才收到公书，此时只能选择联署与否，却无

① 祁彪佳：《祁彪佳日记》卷七《山居拙录》，第 267 页。
② 祁彪佳：《祁彪佳日记》卷一一《小捄录》，第 538、539 页。
③ 祁彪佳：《祁彪佳日记》卷一一《小捄录》，第 561 页。
④ 祁彪佳：《祁彪佳日记》卷七《山居拙录》，第 267 页。
⑤ 祁彪佳：《祁彪佳日记》卷七《山居拙录》，第 280 页。
⑥ 祁彪佳：《祁彪佳日记》卷九《弃录》，第 394 页。
⑦ 祁彪佳：《祁彪佳日记》卷一三《癸未日历》，第 711 页。
⑧ 祁彪佳：《祁彪佳日记》卷一四《甲申日历》，第 720 页。
⑨ 祁彪佳：《祁彪佳日记》卷一一《小捄录》，第 504 页。

法再提出意见、进行修改。如崇祯十二年五月二十四日,尹且如次子过访祁彪佳,"出公书求图记"①。当面出示公书,即请求图记,说明出示的已经是定稿誊清后的正式公书,而非尚待修改的草稿。又如上述崇祯十七年正月祁彪佳起草的告变公疏,祁彪佳于正月初五日起草,初六日修改前曾征求过余煌的意见,修改后余煌、金兰二人过访祁彪佳,再次阅览修改疏稿。至初七日,祁彪佳"遣仆向诸绅画题",尚有"徐亮生持议不合,不肯署"②。此时画题诸绅,恐怕多数都未在初五、初六二日看到公疏草稿,不过是在祁彪佳等少数几人斟酌定稿之后,画题以表首肯而已。亦唯有如此,才会出现请求画题时仍不肯联署的乡绅。

4. 誊写

誊写的情况较简单。《祁彪佳日记》中记载公书誊写仅有两处:一为崇祯十四年二月二十九日,祁彪佳得知绍兴府人前往台州府籴米受阻之后,起草公书致台绍道成仲龙及临海、黄岩二知县,同时"又作一函,托武贞誊写公书,遍请图记"③。此事或因紧急,来不及反复商讨,因而祁彪佳将公书寄给余煌,既是征求他的意见,也同时让他代为誊写,不必再转回祁彪佳处。二为同年十月十六日,祁彪佳"因境内之白役横索籴,作公书致汪父母","令陈绳之书之"④。陈绳之其人,生平无考,仅从《祁彪佳日记》可知,陈绳之经常替祁彪佳誊写文稿、书信⑤,亦经常被祁彪佳带在身边⑥,大抵应为祁彪佳亲近的门生子弟。像这样起草者在公书定稿后交给门生、子侄、仆役誊写的情形,应该是绝大多数。

5. 签署

誊写之后,便是签署。公呈、公书之云"公",连名者众多是其关键。连名者本人是否直接在文书上签署,则是公呈、公书之"公"是否可信的重要考量因素,因此,签署环节颇为重要。不过,各种文体的集体文书,在是否需要本人亲自签署、如何签署方面,区别非常大。

乡绅公书的签署,以"图记"即钤印为要。《祁彪佳日记》中五次提到乡绅公书的签署,所求均为"图记"。兹开列原文如下:

---

① 祁彪佳:《祁彪佳日记》卷九《弃录》,第 387 页。
② 祁彪佳:《祁彪佳日记》卷一四《甲申日历》,第 720 页。
③ 祁彪佳:《祁彪佳日记》卷一一《小捄录》,第 504 页。
④ 祁彪佳:《祁彪佳日记》卷一一《小捄录》,第 567 页。
⑤ 祁彪佳:《祁彪佳日记》卷一〇《感慕录》,第 424、431 页。
⑥ 祁彪佳:《祁彪佳日记》卷一〇《感慕录》,第 450 页。

（崇祯十二年五月二十四日）尹且如次公郎来晤,出公书求图记。①

（崇祯十四年正月十一日）来宅表叔率其侄过访,以公函作一启,令人请诸绅图记。②

（崇祯十四年二月二十九日）兹又作一函,托武贞誉写公书,遍请图记。③

（崇祯十四年三月初一日）雍之以除恶一事相商,为印公书图记而去。④

（崇祯十六年十二月初三日）姜光扬来印公函图记,予以流贼缓、土贼急,请易书词。⑤

从以上五次记载可以看出,乡绅公书必须"遍请图记"。遍请图记的方法,可以是直接登门拜访、求请图记。拜访之人有时即作书者本人,如陆曾熙(雍之)直接上门与祁彪佳相商,得祁彪佳"为印公书图记";有时或为作书者子侄,如尹且如遣其"次公郎"拜访祁彪佳,"出公书求图记"。另一些时候,作书者还需另求他人帮助,如作书启等,再遍请图记。这可能是因为作书者威信不足,故托求更有名望的亲友,如来宅表叔率其侄求请于祁彪佳的情形;也可能是因为公书联名者已经跨越多县,需要寻求当地乡绅的帮助,如祁彪佳求托于萧山乡绅余煌的情形。

公呈的文体源自呈文,与民间上呈官府的状文、呈词等文书类似,照理当用签押,即当事人签字并画押。崇祯十七年五月,祁彪佳出任苏松巡抚,巡至苏州府城时,他告诫诸生,其中一条即云"公呈必金押"⑥。然而,祁彪佳的这条告诫也可以反证,当时确实存在不少没有经过签押的公呈。崇祯十四年无锡县生员姚钰中被褫革一案中,为姚钰中辩护的生员公呈据说是捏造的,除呈首刘蕙滋一人之外,尽属乌有(详见本书第三章第三节)。显然,这一公呈并没有经过众人签押⑦。祁彪佳所云"公呈必金押",就是针对此类情形,要求连名者一一签押,用以杜绝伪冒公呈的情况。

公疏签署方式与朝臣联衔的题本一致,用"画题"之法。崇祯十七年

---

① 祁彪佳：《祁彪佳日记》卷九《弃录》,第 387 页。

② 祁彪佳：《祁彪佳日记》卷一一《小捄录》,第 485 页。

③ 祁彪佳：《祁彪佳日记》卷一一《小捄录》,第 504 页。

④ 祁彪佳：《祁彪佳日记》卷一一《小捄录》,第 505 页。

⑤ 祁彪佳：《祁彪佳日记》卷一三《癸未日历》,第 711 页。

⑥ 祁彪佳：《祁彪佳日记》卷一四《甲申日历》,第 752 页。

⑦ 马世奇：《澹宁居文集》卷一〇《与庞再玉邑侯》,《四库禁毁书丛刊》集部第 113 册影印清乾隆二十一年刻本,北京出版社,2000 年。

正、二月间，绍兴府乡绅上公疏言民变之事，祁彪佳在起草、修改并与一二乡绅传观之后，"遣仆向诸绅画题"①。所谓"画题"，不是签名，而是在列有衔名的题稿簿上"各书'题'字名下"②。也就是说，公疏的"画题"在誊清以前，且正式递交的题本上无需各人签字。正因如此，公疏的连名有时反而不易取信。傅山等生员向通政使司投递公疏后，就曾被通政使参议袁鲸"指诸生皆顶名不实"。傅山只能答之云："请一一唱名问之，有顶替者，生等甘罪。"③此皆由公疏定本无签押图记之故。

公揭文体源自揭帖，初系投递他衙门解释说明用的副本，并非正式公文，因此无需用印或签字画押，径直开列联署诸人姓名于揭末即可。《祁彪佳日记》载，崇祯十五年八月二十二日，祁彪佳"订正吾越缙绅入公揭"④。祁彪佳一人即可订正公揭中的联署者姓名，说明无需一一图记签押。其他文献记载中的公揭亦与之类似，可与《祁彪佳日记》互证。如清初毛奇龄记载，他为湘湖水利之事开写公揭，投递给萧山县，开写之法，"自为揭子，首署己名，而择乡官之不孙祖者，列其名于后，伏床手书之"⑤。既没有经过与其他乡绅商议，也没有找他们签名，就按照毛奇龄个人的想法，把诸乡绅姓名开列进他自己一人书写的公揭了。如此做法固然不太正常，相信在当时也不是常态，但至少也说明，投递给官府的公揭确实不需要乡绅们一一签押或图记。至于上述《霜红龛集》所载崇祯九年山西诸生公揭，还有南明时期著名的《南都防乱公揭》，都有明确记载系刊刻散发，联署者姓名亦皆系刊刻，同样无需图记签押。

6. 赍投

乡绅赍投公书，方式较多，也较为自由。既可以当面递交给官员，也可以差家中仆役投递，甚至委托商人等人投递。《祁彪佳日记》的记载就涉及这几种不同情况。崇祯十四年正月二十三日，祁彪佳因杭州有遏籴之说作公书，"托外父差人投之"⑥。祁彪佳外父即商周祚。祁彪佳为何要托商周祚差人，不得其详，但却因此而在日记中记下一笔。可以想见，更多的情况是祁彪佳直接差自家仆人投递公书，而日记中并未一一载明。又同月二十

---

① 祁彪佳：《祁彪佳日记》卷一四《甲申日历》，第720页。
② 费宏：《费宏集》卷二〇《武庙初所见事》，吴长庚、费正忠点校，上海古籍出版社，2007年，第698页。参见李小波《明代会议制度研究》，第139—145页。
③ 傅山：《霜红龛集》卷二九《因人私记》。
④ 祁彪佳：《祁彪佳日记》卷一二《壬午日历》，第617页。
⑤ 毛奇龄：《湘湖水利志》卷二《本朝康熙年清占勒石始末》。
⑥ 祁彪佳：《祁彪佳日记》卷一一《小捄录》，第492页。

九日，祁彪佳与余煌、倪元璐、张焜芳等人在都土地祠集会，"投盐台公书"①。按，七日后，祁彪佳等乡绅与巡盐御史冯垣登仍在都土地庙集会，可见冯垣登当时驻所离之甚近，此前祁彪佳等人投之公书，很可能是径直上门投递。崇祯十五年八月二十八日，祁彪佳作南粮改折公书、公揭毕，"闻杨父母（会稽知县杨鹏翼）已往天台，乃以南都书揭托沈姓商人往投之"②。这是因为路途较远，故而假手商人。

作为正式公文的公疏、公呈，需要投往特定衙门，而非赍送给官员个人，但赍送的办法可以由本人，也可以差遣私人仆役甚至委人代投，这一点与公书亦无二致。崇祯十七年正月初十日，祁彪佳所草告变公疏，即系由倪献汝之仆入都赍投。傅山等山西生员所上公疏，则系傅山等人亲自送往通政使司③。此外，《祁彪佳日记》中还提及对生员投递公呈的限制。祁彪佳在苏松巡抚任上，反复要求生员投递公呈必须"由学官转申"④，待他按临学校时，从学官手中接过公呈，仍令递呈生员"以次面陈，不许搀越"⑤。但这很可能是祁彪佳作为巡抚提出的特别规定，不能证明生员向各级官府投递公呈时都有同样的约束。

① 祁彪佳：《祁彪佳日记》卷一一《小捄录》，第495—496页。
② 祁彪佳：《祁彪佳日记》卷一二《壬午日历》，第617页。
③ 傅山：《霜红龛集》卷二九《因人私记》。
④ 祁彪佳：《祁彪佳日记》卷一四《甲申日历》，第752页。
⑤ 祁彪佳：《祁彪佳日记》卷一四《甲申日历》，第756页。

第三章　地方公议的运用（上）
——各类事务

通过前两章的分析，我们看到地方公议在明代的发展与成熟。及至16世纪下半叶到17世纪，地方公议的地位终于提升到了前所未有的程度，运用范围也广泛涉及地方行政的各个领域。本章与下一章将聚焦于16、17世纪，考察这段时期内各类行政事务中地方公议的实际运用状况。

本章的范围包括以下四类事务中的地方公议：一、官员向地方士民求言、没有特定主题的公议，通常在地方官上任、每月朔望日庭参以及监察官莅临州县时举办。二、关于地方行政区划调整的公议。三、关于地方人物评价与奖惩的公议，具体包括地方人物的祠祀、旌表与入志，对生员优劣的评价，以及对地方官的保留。四、明清鼎革时期的特殊公议。除此四类事务外，赋役分派也是地方公议的重要内容，因其所涉问题丰富且对评价地方公议的地位具有特殊意义，将在下一章中专章探讨。

第一节　官员求言

一、地方官上任

地方官在到任之初、年节岁时或每月朔望，通常都要接见本州县里老、生员，一方面是礼节性地接受参谒、向生员讲书，另一方面可以向他们访问地方利弊，或聆听他们主动陈说地方公事。

地方官到任当天的参谒礼，明初制定过两次。洪武十八年定制，仅规定佐贰官、首领官行礼，并未有里长、老人、生员等人参谒的相关规定。万历《大明会典》与泰昌元年官修的《礼部志稿》都只收录洪武十八年定上任

礼,未有他言①。至永乐元年,礼部新定仪注,始规定衙役、吏典及里长、老人、生员皆要参见新任地方官。永乐仪注云:

> ……新官易便服,会座参见。先门库,次弓兵,次坊乡里长,次阴阳医者,次合属吏典,次六房吏典,俱行两拜礼,新官坐受。次坊乡老人,次大诰秀才,次生员,次合属官,行两拜礼,新官拱手答礼。次首领官,行两拜礼,新官起身拱手答礼。次佐贰官,行两拜礼,新官出座答礼。②

该仪注虽未收入《大明会典》等官修典志,但确系明代通行的地方官上任礼仪。明末坊刻本《新官到任仪注》通行于世,文字与之稍有出入,而内容皆同③。明清之际的其他官箴书记载新官上任礼仪,亦多类于此。如吴遵《初仕录》中大致照抄《新官到任仪注》④。潘杓灿《未信编》、黄六鸿《福惠全书》中都提供了给新任地方官参考的《红示式》,云:"照得本州县的于某月某日吉时莅任,所有合属官吏、师生、里老人等,至期一体参谒,毋违。"⑤顺治年间的鄱阳县令郑维公在上任牌示中亦云:"先一日遣牌知会,以便里老、衙役人等至期参谒,不失朝廷大体。"⑥

里长、老人参谒新上任的地方官时,新任官即可趁此机会访问民生疾苦、地方利弊。如万历年间任山东阳信县知县的朱长春,"初到县,三老、里正旅见于庭,进而问县之大利弊与民所最疾苦"⑦。丁元荐在《西山日记》中记述明末某苏州府知府初任时召诸里老廷见情形,则颇具有戏剧性:

> 苏州有一郡守初任,诸里老廷见,中有一耆宿向后伸二指,作隐语。太守叩其故,度不能隐,众里老以实对曰:"谓使君为第二等太守

---

① 万历《大明会典》卷五九《礼部十七·官员礼》。俞汝楫等:《礼部志稿》卷一七《官员礼·凡官员到任》,《景印文渊阁四库全书》第 597 册,台湾商务印书馆股份有限公司,2008 年。

② 弘治《兴化府志》卷二〇《礼纪·礼乐志·上官礼》,北京大学图书馆藏同治十年重刊本。案,弘治《兴化府志·礼纪》中汇纂明代衙门礼仪甚为详细,但多未注明出处。唯"上官礼"条下注"永乐元年礼部新定仪注",是以知该仪注确立时间。

③ 佚名:《新官到任仪注》不分卷《参见》,《官箴书集成》第 1 册影印明崇祯金陵书坊唐氏刻《官常政要》本,黄山书社,1997 年。

④ 吴遵:《初仕录》不分卷《立治篇·上任》。

⑤ 潘杓灿:《未信编》卷五《几务上》,《官箴书集成》第 3 册影印清康熙二十三年刻本,黄山书社,1997 年。黄六鸿:《福惠全书》卷二《莅任部·发到任示票》,《官箴书集成》第 3 册影印清康熙三十八年金陵濂溪书屋刻本,黄山书社,1997 年。

⑥ 郑维公:《单骑赴任牌》,收入李渔编:《资治新书二集》卷七《文移部·官常一》,《李渔全集》第 17 册,张道勤点校,浙江古籍出版社,1991 年,第 228 页。

⑦ 朱长春:《朱太复文集》卷三六《阳信县均赋役申文》,《四库禁毁书丛刊》集部第 82 册影印明万历刻本,北京出版社,2000 年。

也。"太守变色曰："何?"其人曰："使君初到,不问百姓疾苦,先问钱粮,是以为第二等也。"至今为名言。①

丁元荐的记叙虽为讽刺知府而作,却由此可见新任地方官初见里老时的活动。新任官员此时可以凭任己意,向里老询问地方事务,而里老亦由此窥伺新官为政品格。如上文中的知府,问钱粮不问疾苦,就已被里老看轻。

生员虽然此时也要参谒新任官员,但通常并不在此时接受询访或主动条陈。至两日以后,即新官到任的第三日,他还要前往文庙、城隍庙等处行香,结束后在儒学讲书。及至讲书结束,方是众生员言事的机会。三日行香讲书之礼,未详始于何时。弘治《兴化府志》所载,尚只有巡按御史与布按二司官巡至府州县第三日有文庙行香礼,府州县官唯朔望日有文庙行香讲书之礼②。《大明会典》《新官到任仪注》等书中也只提到地方官在朔望日行香讲书③。不过,及至明末清初,地方官上任后第三日前往文庙和儒学,行香讲书,显然已经成为常例。吴遵在《初仕录》中称之为"视学":

> 到任三日,早谒文庙,亲阅神牌庙宇,有无损坏,次阅启圣祠,次阅两庑,次阅名宦、乡贤祠。毕,升明伦堂,与学官拜,生员亦两拜,吏农、里老等役庭参,不拜。生员击鼓,抽签讲书,列等,赏纸笔墨,大谕诸生,无违卧碑,无擅入公门,自取薄待。礼毕,至各学官私衙答望。随往各坛行香,并看养济院,就望乡官。④

黄六鸿《福惠全书》中描写得更为详细,且提到讲书后生员递呈词"条陈地方利弊"或"指摘衙役过犯"的情况。黄六鸿云:

> 旧例,到任三日,或次日,谒文庙及城隍庙诸常祀。新官吉服乘舆,执事鼓吹前导,诣文庙东红门外下舆,步至丹墀下立。礼生赞礼,如行汉礼,唱"跪兴四拜",行满礼,唱"三跪九叩头"。礼毕,门外乘舆,诣儒学。广文、僚佐相揖毕,升明伦堂中坐,僚佐、广文序坐。诸生行礼毕,门斗捧签筒跪禀掣签讲书,然禀而不必掣,听善讲者讲书一章,存其典例而已。讲毕,礼房呈验纸笔,送讲书生员。新官离坐,至阶下,揖别广文登舆。诣城隍各祀行香毕,回衙。每有刁恶之区,诸生于

---

① 丁元荐:《西山日记》卷下《格言》。
② 弘治《兴化府志》卷二一《礼纪·礼乐志·各庙行香礼》。
③ 万历《大明会典》卷七八《礼部三十六·学校·儒学·学规》。佚名:《新官到任仪注》不分卷《朔望行香仪注》。
④ 吴遵:《初仕录》不分卷《立治篇·视学》。

讲书后，遂递呈词者，或条陈地方利弊，或指摘衙役过犯，其间假公济私、希图报复者多。官惟命左右收之，不必更置可否。仍记明姓名、张数，以防左右抽换。带进内衙，观其词而察其情，近理者，访其所事，从前有无病民，徐为斟酌行止，为私者，存而勿论可也，俱不必挂牌批示。如所指衙役，访其果有奸蠹实迹，须另事究革，不必据呈施行，以长学校嚣竞之气。如系有侮辱斯文、事干切己、未经断惩者，应挂牌示，许被害本生于告期呈控。如此，儒衿之屈怨当伸，而假公者亦不得遽逞其志矣。①

黄六鸿并没有把生员递呈词视作制度或礼仪所在，而是把发生这种现象的地方称为"刁悍之区"。显然，他个人对此不以为然。不过，他也说了，"每有刁悍之区"，可见，生员在新官到任讲书后呈词言事，在当时是普遍现象。黄六鸿虽以之为"刁悍"，但仍尽数收受生员的呈词，带进内衙细观，且据之访察奸蠹。只是为了避免"长学校嚣竞之气"，在察访得实之后，"须另事究革，不必据呈施行"。无论如何，生员此时的呈词毕竟是获得新任地方官重视的。

二、地方官朔望庭参

除新官上任之时外，年节岁时与每月朔望，也是地方官与里老人等例行会面的日子。通常，此时整个州县的老人都要聚集到州县衙门中，与州县僚属吏役一道参见知州、知县。其中，年节岁时是地方官接受僚属与吏役、里老参贺的日子。康熙《堂邑县志》中追述明代里甲之事，称"里老岁时谒贺县庭，知县必接之以礼貌"②。每月朔望，地方官与里老相接之事更多。地方官在这一天要前往各处祠庙行香释奠③，前往城隍庙、土地祠行香时，需要率领僚属、吏役与里老。如嘉靖《海宁县志》云："县土地祠，于朔望日，知县率僚属、粮里老行香。"④湖广嘉鱼县教谕周颙云："长郡邑者，遇朔望，率僚属及里老吏致诚敬，焚香稽首谒拜，然后退。"⑤

---

① 黄六鸿：《福惠全书》卷二《莅任部·谒庙行香》。

② 康熙《堂邑县志》卷二《里甲第六》，《中国地方志集成·山东府县志辑》第 89 册影印清光绪十八年重刊本，凤凰出版社，2004 年。

③ 弘治《兴化府志》卷二一《礼纪·礼乐志·各庙行香礼》。

④ 嘉靖《海宁县志》卷四《礼制志·祀典》，《原国立北平图书馆甲库善本丛书》第 366 册影印明嘉靖三十六年刻本，国家图书馆出版社，2013 年。

⑤ 嘉靖《湖广图经志书》卷二《武昌府·武昌府文类·嘉鱼县》，周颙《重修嘉鱼县城隍庙碑记（节文）》，《日本藏中国罕见地方志丛刊》影印明嘉靖元年刻本，书目文献出版社，1991 年。

参谒礼之后,各里里老按例要到州县衙门中,与州县官有一番当面交谈的机会。州县官往往便于此时询问各里地方的利病,里老们也可于此时畅所欲言。《新官轨范》一书提供了较早且详细的记录,描绘了明中叶以前,老人在朔望日集会,并向州县官当面禀告地方利弊的情况①。该书中描绘的场面如下:

> 到任之后,省令各里里老,每一庄有人户三四十家者,设立直老一名,有七八十家者,设立直老二名,城市街面胡同相离五七十家者,亦设立一名。就令本地方人民连名举保:"今本地方新设直老赵甲,平素身家无过,行止端正,情愿保举本人在县,听察军民利病等情。赵甲倘后在外乘机诓骗财物,将无作有,将有作无,或怀报私仇,致生别端,某人等甘当重罪。"各取执结在官备照,分付直里。

> 每月初一日俱各来县,以礼相待,立站两傍,审问:"自我到任之后,本县凡有军民通弊利病,各照地方,每月初一日到县,每月点写一件。"料想众人禀说:"老爷廉干,无有弊病。"此言哄说。行至半年或三四个月之上,另分付:"你每哄我,不肯举行。待每月初一日,每点写一件,各另呈来。我试验你每心法,勿令一人知之,本职自有处置。如无者,打四十大棍。"仍分付各人自己直言,书写本官:某官吏贪赃、何事不平、某军民欺公、因何害事。别情亦然。

> 却不许听纵喉舌士夫(乃)〔及〕刁泼并写状之人,讨论将无作有、将有作无,为报复私仇。事发痛加责罚,及将原前保你每直老之人,通行责罚。又分付:"你每原保直老赵甲公平,今赵甲举事不公。"如此施行,万事无失。②

引文中提到了"里老"与"直老"两种老人,他们的身份是否存在差别?或者说每月定期集会议事的"直老"究竟是否就是里老人? 在此需要稍作辨析。引文中,知县的命令下达给"各里里老",但随令设置的老人称为"直

① 佚名:《新官轨范》卷首,日本内阁文库藏万历十二年重刊本。案,该书较常见的版本是崇祯年间的《官常政要》丛书本(即《官箴书集成》第1册影印者),其中没有提及该书的成书情况。不过,日本内阁文库藏有《新官轨范》一书的万历十二年刻本,该版本卷首的郭半山序中,说明了该书来历。序中声称,该书由"关中刘子"得之于"识见之士"。刘子珍藏若干年后,至嘉靖十年,经其同乡赵廷锡倡议,才决定刊行出版,公之于世。又经三十余年,该书最终刻成,并请序于郭半山。据此,《新官轨范》出版虽较晚,但成书应在嘉靖初年以前,书中所反映的,当是明中叶以前华北地区的地方行政情况。
② 佚名:《新官轨范》不分卷《体立为政事情》,《官箴书集成》第1册影印明崇祯金陵书坊唐氏刻《官常政要》本,黄山书社,1997年。

老"，且并非按照每里一人的标准，而是按照居住村庄或城市住址，以数十户一人的标准佥选，这一户数标准小于明代正常的一里（一百一十户）。关于明代里老人的设置，存在两种不同的理解。一般观点认为，明代每里设置一名里老人，而根据《教民榜文》第三条的规定，每里还设置三至十位"老人"，他们共同辅助"里老人"，分担剖讼调纷的工作①。另一种观点则认为，"里老人"的设置并不以每里一人为限，《教民榜文》第三条中每里设置的三至十人，都登记在官并负责剖讼调解，因而都是"里老人"②。以上引文中的"直老"，可以对应于《教民榜文》第三条中每里三至十人的"老人"。无论是否认为他们就是"里老人"，"直老"即"公直老人"的省称，他们被命令"直里"，说明其负责范围仍以里为单位。这些因素决定，他们就是我们最熟悉的、设置在里、承担剖讼调纷工作的老人，引文中所描绘的场面，正是我们关心的明代老人议事的场面。

对于这段记载，还有以下三点尤其值得关注。

第一，这些"直老"是由本地人民连名保举产生的。《新官轨范》细致地描绘了保举产生直老的过程，指出保举过程中需要写立结状，在官备照。结状中，一方面需要写明直老某人"平素身家无过，行止端正"，并且愿意承担直老工作，"情愿保举本人在县，听察军民利病等情"；另一方面，则要写明保举他的本地民众负有连带责任，若该直老利用直老身份为非作歹，或"在外乘机诓骗财物"，"或怀报私仇，致生别端"，则保举他的民众要"甘当重罪"。这样一种写立保结推举的方式，虽然与我们所熟悉的现代社会的选举人民代表有着较大区别，但仍然算得上是一种民众推举的办法，而且是在中国帝制时代较为普遍的办法。

第二，在这些"直老"参谒时，他们被要求"各照地方"谈论利病，而非泛论本州县的利病。这说明，这些"直老"被视为特定里甲、村落的代表，他们的言事权来自于他们对特定里甲、村落的代表权。地方官向他们咨询意见，也是在向他们所代表的民众咨询意见。同时，地方官对老人可能成为"士夫及刁泼并写状之人"的喉舌有所警惕。在此尤其值得注意的是"士夫"，即地方官不允许老人为乡宦、生员阶层代言，只允许其为本地庶民代言。

第三，关于"直老"在朔望参谒时议事的内容范围，上文中有两种记载：

① 佚名辑：《皇明制书》卷八，《北京图书馆古籍珍本丛刊》第46册影印明镇江府丹徒县刊本，书目文献出版社，1988年。

② 细野浩二：「里老人と衆老人—『教民榜文』の理解に関連して—」、『史学雑誌』第78卷第7号、1969年。

一是"凡有军民通弊利病",似乎议事内容是完全自由的,他们可以借此机会,尽情向地方官陈述民间疾苦。二是"某官吏贪赃、何事不平、某军民欺公、因何害事",这些都是与违法犯罪相关的内容。对这两种记载,似乎应该折中理解。老人在朔望日向地方官陈言的内容,应以其日常能够掌握的民情为基础。老人掌管民间词讼调解,对于涉嫌违法犯罪之事,了解得最为清楚,因此,朔望日所言"军民通弊利病"亦以此为首,但不妨碍他事亦可于此时陈说,即上文中所谓"别情亦然"。

到明代后期以后,老人朔望议事内容的范围有所收缩,更局限于汇报本里的治安事务。如丁元荐记万历年间湖州知府陈幼学事迹,称"里老每朔望呈首各里偷儿"①。又如清初人陈鼎记江西某知县事迹,称"强暴不肖者,大书恶人二字表其门,每月朔,使协里老到庭询状"②。直至清康熙年间,里老对治安事件的职掌已为保甲取代。朔望之日,保甲仍要至县投递汇报治安情况的文书,甚至无事也要投递甘结,视为故套。黄六鸿云:"凡州县无论保甲之设否,每朔望索取各地方乡村无事甘结,视为具文。……十家长、保正长等朔望投递甘结,县署之前,环绕拥集,不下数千百人。"③对治安问题的汇报,仍然包含着让里老汇报地方弊病的意义,只是范围更为狭隘。

至清顺治十六年,清廷又将朔望日宣讲圣谕正式定为全国通行的制度④。其制,每月朔望,知县在县城中择公所(清代专设乡约所)向在城里老宣讲圣谕,同时,各乡亦推择乡约,向民众宣讲圣谕。明季郭之奇谓"邑中朔望讲训与每乡立社行会读法"⑤。清代通行宣讲乡约仪注,则谓"每逢朔望,于乡约所请圣谕牌在上,余按图陈设,地方官率绅衿先行三拜九叩头礼,官东立,绅衿西立,乡约左右分班"云云⑥。总之,无论出于什么理由,每月朔望与年节岁时都成了里长、老人、乡约、保甲等各种地方职役与地方官例行见面的日子,也就成为地方官询问各里情形、里老各自进讲本里公事的场合。

---

① 丁元荐:《西山日记》卷上《循良》。

② 陈鼎:《留溪外传》卷五《隐逸传上·孙先生传》。

③ 黄六鸿:《福惠全书》卷二三《保甲部·朔望甘结》。

④ 康熙《大清会典》卷五四《礼部十五·乡约》,《近代中国史料丛刊三编》第72—74辑影印清康熙二十九年内府刻本,文海出版社,1992年。

⑤ 郭之奇:《宛在堂文集》卷二八《乡约考》,《明别集丛刊》第5辑第81册影印明崇祯刻本,黄山书社,2016年。

⑥ 康熙《新建县志》卷八《典制考·学校考·附宣讲乡约》,《稀见中国地方志汇刊》第25册影印清康熙十九年刻本,中国书店,1992年。

每月朔望的另一重大事项，则是地方官率领学官和全体生员前往文庙行香，然后至儒学讲书。洪武二十四年已有相关规定云："今各处儒学，每遇朔望，有司官至，日早诣学，谒庙行香，师生出大门外迎接，行礼毕，请至明伦堂，师生作揖，教官侍坐，生员东西序立讲书，提调官考课"①。这些仪节与上文所言地方官新上任时完全一致。乡约法推行之后，生员还要在这一天听地方官宣讲圣谕。因此，每月朔望也是生员集体面见地方官的机会。与新官上任视学时相同，这一天也经常是生员向知县上条陈或公开陈言的日子。吕坤云："诸生有身家之事，类递学宫教官转牒，令家人听审，不许朔望于县堂、明伦堂讲事，以犯卧碑。……若通学公事，公讲不妨。"②所谓"不许朔望于县堂、明伦堂讲事"，就说明当时已常有生员在这一日讲书后讲自己身家私事。吕坤虽禁止生员讲私事，但也认为"通学公事，公讲不妨"，则生员在此日公议学校或地方公事，其实全无禁阻。

至于乡绅，无论是在地方官新上任时，抑或年节岁时和每月朔望，都没有参谒地方官的礼仪，也就没有上述公议的习惯。地方官于上任后自行登门拜访乡绅，询访地方利弊，抑或乡绅主动拜访新官，言说地方公事，都间或可见于史书，但这些都只是个人行为，算不上惯例的公议，故在此按下不表。

三、监察官莅临

除了地方官之外，巡抚都御史、巡按御史、布按二司各道等监察官员巡历至各府州县时，也要召开公议，询访里老、生员、乡绅的意见。

巡抚、巡按与司道官巡历至府州县，例无参谒之仪，因此，也没有与里老相见的固定场合。不过，明代的出巡事例有明确要求，出巡监察官的职责，一在"访问军民休戚，及利所当兴、害所当革者"，二在"于民间广询密访"，以"考察官吏廉贪贤否"，"务循公议，以协众情"③。因此，向地方里老求问地方利弊与官员廉否，自明初起就是监察官巡历各地时必定要做的事情。如宣德八年，行在都察院右都御史顾佐称，"布政司、按察二司暨巡按监察御史，往往偏信乡都里老甲长、学校生员等之言，定为去留"④。景泰三

---

　　①　万历《大明会典》卷七八《礼部三十六·学校·儒学·学规》。

　　②　吕坤：《实政录》卷三《民务·修举学政》，《吕坤全集》中册，王国轩、王秀梅整理，中华书局，2008年，第998页。

　　③　万历《大明会典》卷二一〇《都察院二·出巡事宜》。

　　④　《明宣宗实录》卷九四，宣德七年八月壬子。

年,太仆寺少卿黄仕儁称,"各处巡抚官考察州县官吏,多凭里老呈说可否,以为去留"①。隆庆三年,海瑞巡抚应天地方,在《督抚条约》中声明:"本院到处,虽村落非荒野可虞地方,许里老见,指画本里利病及府县民事。至衙门府县,耳属于垣,彼有不可言、不敢言者,以此通之。"②是则他在府县衙门已召集里老求言,只是担心里老言之不尽,故出巡至村落时再为询访。

在 17 世纪史料的记载中,出巡监察官似乎更经常向生员、乡绅求言,但求言于里老的记载也仍然时或可见。形式上则既有私下密访,也有召集公议,公议亦不止限于面议,也包括要求里老就地方利病写成条陈,再行面禀。顺治十三年,浙江巡按御史王元曦上任时的告示,即展示了当时出巡监察官求言方式的多样性。王元曦在告示中自述,他在上任途中乔装打扮成商人、儒生,甚至道士、居士,沿途私访于宁波、嘉兴、绍兴、湖州四府,已经颇能了解民间疾苦,只是到了省会杭州,却因阻于盘诘,无法密访。因此,他甫一到任,即大张告示,号召生员齐集明伦堂,百姓齐集城隍庙,各自举行公议,将"疾苦利病"之事"草成条陈",上呈给他这个新上任的巡按御史。他在告示中说:

> 为此择于某日,延见士民于公堂之上,面询利弊。悬期尚遥,先期布告,政欲使之从容商确,可作几次聚议,几番属草,乃得畅所欲言。尔诸生素晓大义,虑切桑梓,知不退弃;尔百姓与本院,总是家人父子,有何畏拘?儿童走卒,皆可至于本院之前;鸡犬桑麻,皆可入于本院之耳。自示之日,凡尔诸生即齐集明伦堂,尔百姓即齐集城隍庙,公商疾苦利病,草成条陈。须要详明周至,勿泛勿隐。弊端何事,救弊何从,疾苦何年,医疾何术,诸凡贪官污吏、大窝巨豪、积蠹恶差,凡有指陈,无畏无忌,直书姓名。条陈止许阖学一册,父老一册,每册中一事书作一纸,便于省观,兼易批行。听本院登堂延见,具出相告。笔所不能尽者,详之于口,口所不便言者,笔之于书。其可竟行者,本院立见施行;即不可竟行者,本院即具疏入告,多方为尔等请命,必见施行而后已。③

该告示系面向"诸生"与"百姓"发布。"百姓"又称"父老",虽未明指里长、老人、乡约名色,但能够"齐集城隍庙"公议者,必是这些各里代表人

① 《明英宗实录》卷二二二,废帝郕戾王附录第四十,景泰三年十月庚戌。
② 海瑞:《海瑞集》上编《督抚条约》,第 244 页。
③ 王元曦:《问民疾苦》,刘邦翰辑《政刑大观》不分卷《告示部》,日本公文书馆藏清康熙三年刻本。案,原书只注明该文出自《按浙文告》,未注明作者。经与《资政新书》《治政全书》等书对比,知《政刑大观》中注出自《按浙文告》之文,作者皆为王元曦。

物。王元曦告示中较为特别的是，他提出在亲自面见诸生、百姓以前，让他们各自先行公议，草拟条陈，待准备完毕后再当面相商。像这样由参与公议者事先拟议、再当面呈递给官员观览、以期笔口相辅之法，在同时代的乡绅公议中较为常见。王元曦的告示则提示，里老公议中可能也已存在相似的办法。而且，他要求"条陈止许阖学一册，父老一册"，是则事先议拟的条陈已不是各人自己意见，而是汇总之后的公论。若依此而行，相比于仅是由官员召集前来面询，里老人等在公议中的自主性更为增强，这一点尤其值得留意。不过，如此这般由官员主动要求里老人等在正式公议前集会预议的情况，笔者所见亦仅该告示一例。该办法在当时究竟推行有多广泛，仍然值得怀疑。

巡抚、巡按与司道官面向生员的求言公议，除像王元曦那样专门要求生员公议之外，更常见的情况，则是与府州县官上任时相仿，在监察官巡历至某府州县的第三日，借谒庙行香、视学讲书的机会，听生员公议地方利病、官员贤否。曹家驹《说梦》中叙明末清初松江府情形甚晰，其文云：

> 旧规，谒庙后，登明伦堂讲书毕，诸生进而言地方之利弊、官府之贤否，观风者垂采听焉。明朝华令张太羹，求之今日，可称循吏，特以接任郑淡石之后，盛极难继，人情责望太过。值路按君（名振飞，进士，北直人）视学，诸生刺刺不休，张几不免。幸夏瑗老出持平之论，得以瓦全。□□如周令者（名世昌，进士，河南人），行事得失相半。会秦瑞寰（名世祯，满籍）莅学官，诸生言其贪酷。周见人情汹汹，不及送按君登舆，亟先行至阶下。士民混杂，围而噪之，攫去其顶帽。按君檄刑厅查首事，有张生抵罪焉。罗士复（满籍）（引者注：据嘉庆《松江府志》卷三七《职官表》，当为卢士俊）守松最贪纵，平日奴隶诸生。文宗临学，乃愬之，兼陈其劣状，罗亦窘而先走，瓦石交投其背，自此大失势。抚君劾之，革职逮问。[①]

引文中提到三名遭生员公劾的地方官，在任时间皆在崇祯六年至顺治九年之间[②]。依曹家驹所言，该时期内，生员于巡莅监察官三日讲书之后，在明伦堂公言"地方之利弊、官府之贤否"，已为"旧规"。且不特在巡按御史莅临时，甚至在江南提学御史（"文宗"）莅临时，虽其职掌本与考核吏治无关，

---

① 曹家驹：《说梦》不分卷，载吴履震：《五茸志逸随笔》附录，《四库未收书辑刊》第10辑第12册影印清道光八年醉沤居钞本，北京出版社，2000年。

② 嘉庆《松江府志》卷三七、卷三八《职官表》，《中国地方志集成·上海府县志辑》第1—2册影印嘉庆二十三年松江府学刻本，上海书店，2010年。

生员也可以趁机公劾贪酷的地方官。知府、知县时皆在场,因不堪窘辱而先行告退,尚且为众生员"攓去其顶帽""瓦石交投其背"。当时生员之气焰可见一斑。其中,顺治九年众生员公劾华亭知县周世昌一案,秦世祯另有相关疏稿传世。据秦世祯记载,当时生员张明首先发难,对知县周世昌甚为不恭,有"拍肩执手之状,拽带牵衣之形",生员孟维新附后,"有拼死要打之语",故将张明拟流,孟维新拟徒。另有在场庶民包钦"同声诟詈",而"以乡民无知,故从骂律重杖"。至于被攻讦的知县周世昌,已于二生员定罪之前先行革职①。此案中,虽然秦世祯也一并惩处了涉事生员,但终究是因为生员气焰过于嚣张,有意惩戒。与此同时,仍然罢免知县,则可知生员对地方官贤否的公议,在当时仍可以左右监察官对地方官的考核。

除议论官员贤否外,生员也于此时纵谈地方利病。曹家驹自述,"官收官兑,马按君(名腾升)谒庙时,予于明伦堂略申其说,继入院进公呈,予首列名"②。马腾升巡按苏松,在顺治十六、十七年间③。曹家驹本人当时即是生员身份,在巡按御史行香讲书之日,于明伦堂论说漕粮官收官兑,正是生员"言地方之利弊"的典范。当时只"略申其说,继入院进公呈",也可见公议与公呈相辅相成的关系。

与地方官初上任时不同,监察官由于体统较尊,故其巡历至地方时,除召集里老、生员公议外,还要召集乡绅公议。上引曹家驹《说梦》的记载中,提到路振飞视学松江时,诸生攻讦华亭知县张调鼎(即张太羹),"幸夏瑗老出持平之论,得以瓦全"。夏瑗老即夏允彝,号瑗公,故称"瑗老"。夏允彝万历四十六年举于乡,崇祯九年路振飞巡按苏松时,他正是举人身份。由此可见,当时巡按观风试毕,听诸生于明伦堂公议时,一些举人、乡绅也会在座。

略晚几年,祁彪佳出任苏松巡抚时,在巡历所至的各府州县召开公议,更是以面向乡绅、举人的公议为主。据《祁彪佳日记》记载,从崇祯十七年五月十三日起,至六月十六日止,祁彪佳巡历苏松常镇四府,共召开十三次公议(见表1-1)。此时正值北京陷落,祁彪佳临危受命,故而巡辙匆匆,在各州县停留皆不过一二日。因此,他并不行三日视学之法,每到一处,即日

① 秦世祯:《按吴疏稿》卷六《究问鼓噪劣衿张明等招拟疏》,国家图书馆藏清顺治刻本。
② 曹家驹:《说梦》不分卷。
③ 乾隆《江南通志》卷一○六《职官志·文职八》,《景印文渊阁四库全书本》第510册,台湾商务印书馆股份有限公司,2008年。

便召集乡绅、举人,当面询商地方利病。其中,在丹阳、无锡等处,可以看到他同时召集乡绅与生员公议。在这些集会上,巡抚祁彪佳向乡绅、举人、生员们"讯其地方利病""询商地方利病""询地方利病",可见此种公议的内容多半是开放的,任由乡绅各陈己见。乡绅们也确实各自抒发意见,如松江府华亭县的乡绅李凌云(李素莪)"以惩贪为言","余亦各有所陈",显然,他们是各自自主提出建设地方的意见的。在另一些州县,祁彪佳也有要向众乡绅宣告的事项,譬如"宣读诏书""以人心士气为言"等等;抑或针对具体问题发问,譬如"询诸绅或有冤狱可省释致雨否""商补邑令等事"。通过这样的形式,监察官与乡绅双方都能畅所欲言,就希望在地方展开的工作交流各自的意见。

第二节　行政区划的变动

明清两代,随着经济发展以及山区、边疆地区的不断开发,频频在原本并不设官管理或仅设巡检司分驻的地方添设新的州县,或是将原先以土司、卫所管理的地方改设州县,又或将人口、税粮过分膨胀地方的州县一分为二。在新设州县的过程中,往往可以看到政府官员与当地绅士里老都卷入是否应该建县的争论之中。一般而言,政府和民间双方都存在支持或反对新设州县的理由。一方面,政府期待对控制力过于薄弱的地区加强控制,以更有效地征收赋役,弹压当地啸聚恣肆的豪族势力,当地民众则欢迎政府力量维持治安,并提供诉讼场所、解决民间纠纷;但另一方面,政府也担心为添设官吏而增加的财政支出,民间则忧惧为此增加的徭役负担与兴建衙署时需要分担的工程费用。因此,新建州县的过程中,往往需要经过多轮商议,其中既包括上下各级政府间的商议,也包括各级官员前往当地踏勘,召集当地士民公议。最终是否新设州县,总是权衡了多方面因素之后的决定。

目今为止,学者在对明清地方新设州县的个案研究中,已屡屡谈及当地人士呈请建县的问题,但出于视角的不同,对当地人士的呈请也存在着两种不同的认识。一是从地域社会的视角出发,将地方人士呈请新设州县完全视作自发行为,认为某些远离既存州县地方的乡绅、生员或豪强势力为了安定当地社会,彰显自己的社会声望,因而积极推动新设州县的运动;

对于官府在新设州县过程中的所作所为,则视作接受士绅吁请后权衡利弊的决策。青山一郎对嘉靖四十五年福建省新设宁洋县的研究、乔素玲对明代嘉靖年间至清康熙二十四年广东花县建县过程的研究,都持有这种观点①。二是从政府调整行政区划的视角出发,将当地官员与士民陈述的观点,都平等地视为官方讨论设县与否时权衡的理由,而不讨论当地士民的态度在决定是否新设州县时的地位。谢湜在对成化至嘉靖年间太仓卫改建为州及之后议论是否废州复卫的研究中,持有的是这种观点②。笔者在此从建县过程中公议、公呈地位的角度出发,对这两种观点都要质疑。

首先,存在当地绅士里老吁请新建州县的公呈、条议,不代表一定是他们自发请求新建州县。也可能是当地官员动议建县在先,再召集当地绅士里老公议,而绅士里老倘若支持建县,自然会以呈文、条议积极回应。如乔素玲对广东花县的研究中已经提到,康熙二十一年南海县乡绅黄士龙建议新建花县的《建县条议》,实际上是回应巡抚李士桢求言的产物。在这种前提下产生的呈文、条议,虽冠以"呈文""条议"之名,但不能视作地方乡绅自下而上的吁请与推动吧。

其次,从行政程序上说,恐怕不能把当地人士的连名呈、公呈与各级官员的公文,当作完全平行的观点交锋。从既有研究中已经可以看到,似乎每次新设州县都有当地绅士里老参与其间,提交请求建县的呈文。这不禁让人产生一种设想:广泛咨访当地绅士里老的意见,获得当地人士要求、情愿新设州县的呈文或结状,是不是明清两代新设州县时必不可少的步骤呢?

由于明清两代典章志书中几乎没有明文规定哪些事务必须通过地方公议,虽然我们不难在文献中发现诸多地方公议的案例,但如何证明某项事务必须通过公议,却实为一个难题。不过,行政区划的调整与普通地方行政事务不同,即使通算明清两代数百年时间,全国新添置的州县数量也是有限的,且其中相当一部分有详细文献可以稽考。这就为我们提供了一个可以以穷举法来证明地方公议必要性的窗口。笔者在此选择明代中后

---

① 青山一郎:「明代の新県設置と地域社会——福建漳州府寧洋県の場合」,『史学雑誌』101卷 2 号、1992 年。乔素玲:《基层政区设置中的地方权力因素——基于广东花县建县过程的考察》,《中国历史地理论丛》第 25 卷第 1 辑,2010 年。

② 谢湜:《明代太仓州的设置》,《历史研究》2012 年第 3 期。

期的江西省,尝试以此为例,证明当时每一次新设州县,都必须经过当地绅士里老的公议,取得他们的公呈为凭,才能够实现①。

笔者选择以江西省为例,是因为该省份在明代中后期添设县份较多,留存的文献又较为详细。明代成化、弘治年间直至明末,是赣南山区迅速开发的时期,山区土著与移民间冲突不断,因而频频爆发"寇乱"。明朝政府在屡次派兵征剿之后,即在当地陆续添设县治,以新的行政区划来统治刚刚开发的山区。因此,从正德到万历年间,江西省共新设九个县,是同时期添设县治相对较多的省份。九个新设县分别是:正德七年添设的抚州府东乡县、饶州府万年县,正德十三年添设的南康府安义县,正德十四年添设的南安府崇义县,嘉靖五年添设的临江府峡江县,嘉靖三十九年添设的广信府兴安县,隆庆三年添设的赣州府定南县,万历四年添设的赣州府长宁县,以及万历六年添设的建昌府泸溪县②。同时,相比于同处在开发阶段的西南边疆省份,江西省又是相对较为发达的省份,文献记载较为详细,为深入研究提供了史料基础。上述九县新设的过程,在地方志中都留下了较为详细的记载,且多为添设县治时的奏疏、申详、书信、碑记等原始文献。其中,除最早添设的东乡、万年二县文献的表述相对模糊外,另外七县的文献都明确显示,明代中后期江西省每一次添设新县,当地官员都曾征询当地里老人等的意见,并取得了当地里老、生员等人的连名呈状或连名甘结等文书作为凭证。以下分别简略叙述这九个县设置时的情形。

东乡、万年二县地为邻壤,系正德七年两广总督陈金主持平定东乡、姚源等处山寇之后,奏请割附近数州县版图,划分二县而治。其中,东乡县建立时的原始文献未见遗存,仅嘉靖《东乡县志》中有较长篇幅叙述建县过程。据嘉靖《东乡县志》,宣德七年,抚州知府王升因东乡大族逋负抗官,已有建县之议。当时即"爰采民议,闻于朝,请建县于长林之市",只是因为年饥暂停工役,事遂中辍。至弘治末年,东乡之盗劫掠邻境,余干县民赵显"诣阙陈置县之宜",事下有司议,又有"东乡诸生白于巡视都宪莆田林公俊",而事再中辍。至正德年间,附近山寇蔓延成群,势力益发张大。明廷调两广狼土兵与当地民兵会剿,初定之后,立即建立县治,意图弹压。不

---

① 张磊的硕士论文已研究过明清江西新设县厅的问题,但其中对新设县厅时当地人士的作用,探讨较为简略,只指出定南、长宁、峡江三县的新设过程中存在士绅提议,且将之归结为士绅追求自身利益、希望主导地方事务的表现(《明清江西新设县厅研究》,复旦大学硕士学位论文,2012年,第 36 页)。

② 张廷玉等:《明史》卷四三《志第十九·地理四》,中华书局,1974 年,第 1054—1067 页。

过,县志中并未提及正德七年建县时是否经过当地里老、生员公议①。万年县的县志中则保存了建县时两广总督陈金的奏疏。陈金奏疏中也只是笼统声言,"臣与各官士庶等众议得"云云,没有详言采访当地士庶的过程,或引据当地人士呈状②。总之,东乡、万年二县的建立过程是较为仓促的。虽然东乡此前也曾有历时较长的建县倡议,但最终二县建立时,明廷其实还没有完全平定当地贼寇,只是为了弹压地方,仓促决定设官分治。因此,陈金上奏建立万年县时,只是笼统言说经过与各官士庶等众商议,或许他此时尚未取得当地人的呈状甘结;至于东乡建县,大概是径以此前诸次民议为据,奏请建县。不过,无论如何,两县的建立过程中仍可以看到当地民意的影子,而不是全由朝廷、官员专断决定的。

安义县建立于正德九年兵备道宗玺平定当地巨寇徐九龄之后。据县志记载,在宗玺歼灭徐九龄后,当地大族之人黄九龄(朝绅黄元龄胞弟)携侄黄文平定余寇,并领衔上呈文至院司道府③。南康府通判林宽具体经略其事,以"据安义五乡里民呈请,离城辽远,输赋维艰"的名义,送上申文至兵备道、巡抚,最终由江西巡抚孙燧上疏奏请建立④。林宽申文、孙燧奏疏虽俱无考,但在林宽书写的《请建安义县记》中,保留了"乡父老……请即其地分立县治"的表述,可见当时申请建县,确曾以本乡父老里民呈请为据⑤。

崇义县设置于正德十二年年底南赣巡抚王守仁平定桶冈山寇之后。翌年,王守仁上《立崇义县治疏》,开篇即套引岭北兵备道杨璋等呈文中引述的南安府"所属致仕省祭义官监生杨仲贵等"的连名呈状,请求建立县治。王守仁接到兵备道呈文后,一面表明态度,称"开建县治……固知事不可已",一面又表示,"但举大事须顺民情,兵革之后,尤宜存恤,仰该道会同分守等官再行拘集地方父老子弟,多方询访,必须各县人民踊跃鼓舞,争先趋事,然后兴工"。随行府复议其事,"府县各申,拘集父老到官,各交口欢欣,鼓舞趋事,别无民情不便等因,备呈到道,复审无异",王守仁方行与江西巡抚、巡按会题新设县治之事⑥。

---

① 嘉靖《东乡县志》卷上《原县》,《天一阁藏明代方志选刊》第 40 册影印明嘉靖三年刻十五年补刻本,上海古籍书店,1982 年。
② 同治《万年县志》卷九《艺文志·文征》,陈金《请建万年县疏》,《中国地方志集成·江西府县志辑》第 33 册影印清同治十年刻本,凤凰出版社,2003 年。
③ 同治《安义县志》卷五《武备志·武事》;卷一〇《人物志·忠义·黄九龄》,《中国地方志集成·江西府县志辑》第 43 册影印清同治十年刻本,凤凰出版社,2003 年。
④ 同治《安义县志》卷六《职官志·名宦·林宽》。
⑤ 同治《安义县志》卷一三《艺文志》,林宽《请建安义县记》。
⑥ 王守仁:《王阳明全集》卷一〇《立崇义县治疏》,第 350—352 页。

峡江县地原属临江府新淦县，其地广阔难治，时有盗贼生发，又躲入邻近吉水、庐陵等县。成化四年，临江府知府陈浩上奏，以该府"地广民稠"为由，要求"添设县治"。事下布按二司，随"行本府县勘实，取具通县里老执结，备牒申详在卷"①。尔后在弘治十四年、正德六年屡经申详查勘，其间尚有"耆民之更事者，往往以分地设县为请"②。至正德十三年，知府戴德孺再次详议申报，本已议妥，欲设县治，却因宸濠之乱再为搁浅。直至嘉靖五年，经知府钱琦详请，才终于添设新县，名为峡江③。

兴安县的设置，始议于嘉靖十九年。时上饶、弋阳、铅山三县交界处有横峰镇，当地窑厂工人多系浙江处州府移民，与附近土著屡有龃龉。至嘉靖十九年恰逢饥荒，横峰窑民扰劫邻近各县，铅山县乡绅丁洪遂创议横峰设县之事，并令居住在横峰的姻戚生员叶馨进京，至通政司上民本。联署民本者还有耆民王庸等人。同时，丁洪又写信给礼部尚书霍韬，陈说其事，希望霍韬在廷议民本时能出言相助④。然疏下巡抚及布按二司之后，屡次查议，俱未公议妥当，甚至发生当地"愚民无知，自生疑惧，哄然控诉，触犯严威"之事⑤。建县之事亦因此搁置。直至嘉靖三十九年，横峰窑民再次因饥荒作乱，生员叶馨、耆民何毓秀等也再次上连名文书具请，巡抚何迁、巡按郑本立行广信府阅视，"皆曰可"，遂据之上疏奏请，终于获得朝廷批复，在横峰地方添设了兴安县⑥。

定南县的设置，也是在平定当地山民作乱之后。先是，南赣巡抚吴百朋于嘉靖四十四年秋讨平赣州府岑冈、高沙、下历等处割据山民。至隆庆二年，继任南赣巡抚张翀奏请在高沙、下历等处新建县治。张翀在奏疏中略略叙述了吴百朋平定寇乱的事迹，随即宣称，"续据龙南、下历、高沙等堡新民钟仕任等连名具状告称：'……恳乞比照南安府桶冈峒改建崇义县，至今太平，乞除镇守、巡司等官，吊割各方丁粮，共建县治，地方有赖。'又据和平县新民江月照等具状，令江完抱告：'民等幸蒙超活，矢心向化，乞将上下

①　钱琦：《设县事宜》，陈子龙编《明经世文编》卷二二六。

②　隆庆《临江府志》卷一四《艺文》，费宏《峡江县记》，《天一阁藏明代方志选刊》第35册影印明隆庆六年刻本，上海古籍书店，1982年。

③　钱琦：《钱临江先生集》卷八《建县议》，《明别集丛刊》第2辑第6册影印明万历刻本，黄山书社，2016年。参见隆庆《临江府志》卷二《沿革》。

④　同治《兴安县志》卷五《建置志·城池》，丁洪《上霍渭崖为横峰请建县治书》、吕怀《新建兴安县记》；卷一二《人物志·善士·叶馨》；卷一四《艺文志》，夏言《与张静峰巡抚书》，《中国地方志集成·江西府县志辑》第26册影印清同治十一年刻本，凤凰出版社，2003年。

⑤　同治《兴安县志》卷一四《艺文志》，夏言《与张静峰巡抚书》。

⑥　同治《兴安县志》卷七《学校志·学宫》，桂荣《建学宫记》。

陵、乌虎镇、铙钹寨等处与高砂新民总为一县'等情"①。这些当地"新民"的连名呈状,正是张翀奏请添设新县的直接凭据。

长宁县地与定南相近,同属嘉靖四十四年吴百朋平定的地区。至万历四年,时任南赣巡抚江一麟上疏,奏请添设新县。据江一麟之言,早在正德五年,该县贡生林大纶等已连名具呈,乞请在当地建立州治,而"竟因会议迁延"。万历四年,江一麟已思虑要新建县治,恰有"各保父老刘载永等先以马蹄冈建县为请",遂亲自"审据各民执称"云云,又以此事"至道行府,委安远知县陈行可召集地方刘学桥等公同覆勘"②。数次往复,无不有本地士民的公议公呈为凭据。

泸溪县地原隶于建昌府附郭南城县。该县地方辽阔,下辖都里数多,其中第五十六都至七十二都距离府城路途窎远,府县催征不便。因此,万历六年,知府王之屏创议欲添设新县。初次上申文、得到上司批复之后,王之屏奉文查勘,乃"历行各都,其父老、里党、生童人等聚迎者不约而至,问之辄同词称便,自递甘结,收附在卷"③。在王之屏勘查详复之后,巡抚、巡按遂上疏奏请添设新县,在奏疏中又提到该地曾有游僧啸聚,因而不得已议建新县,并声称"今据各官反复勘议,取具里老人等甘结称便"④。

纵观上述九县情形,每一次添设新县,官员都是以当地民意为据,向朝廷提出申请的。除建立较早、过程较为仓促的东乡、万年二县,文献中对当地人呈请在建县过程中的作用记载较为模糊之外,其后七县的建立过程,都是经过反复勘查公议,着实取有当地里老、生员人等的连名呈状或甘结为凭。由此可见,取得当地里老人等的文书为凭,确认当地人民愿意建设新县,正是明代中后期朝廷批准建设新县时必备的条件。

如果理解这一点,那么,显然不能把官员奏疏中所说的,根据当地里老、生员人等连名呈请上奏,一概理解为里老、生员是主动一方,官员只是据之上报。"据某某人等呈请",完全有可能只是官员奏疏中惯用的套语,实际程序则正好相反,是官员先为倡议,再向生员、里老咨访,最后取得他

①　道光《定南厅志》卷七《艺文上》,张翀《建定南县疏》,《中国方志丛书》华中地方264号影印清道光五年刻本,成文出版社,1983年。

②　光绪《江西通志》卷五《地理沿革表八》,江一麟《请分建长宁县疏》,《中国地方志集成·省志辑·江西》第3册影印清光绪七年刻本,凤凰出版社,2009年。案,光绪《长宁县志》卷一四《艺文志》将此疏系于吴百朋名下,但吴百朋此时已升任南京右都御史,而奏疏中之言,显然是时任南赣巡抚的语气。

③　道光《泸溪县志》卷一《建置》,王之屏《踏勘县治申文》,《复旦大学图书馆藏稀见方志丛刊》第36册影印清道光九年刻本,国家图书馆出版社,2010年。

④　道光《泸溪县志》卷一《建置》,《巡抚都御史刘尧诲、巡按御史赵耀会题疏略》。

们的呈文，用作上奏时的凭据。上述九县建县历程，多数都是在一次大规模进兵剿寇之后，立刻在寇发地附近建立县治，显然，这些新县的建立是直接出自明朝政府弹压地方的需求。此时立刻有当地士民上呈请立县治，甚至如巡抚江一麟声称，自己正在思虑要新建县治，就恰有"各保父老刘载永等先以马蹄冈建县为请"，如果说是巧合，无论如何也难以令人信服。峡江县和泸溪县的文献记载，则更明确指出当地官员才是建县的最初倡议者。其中，峡江县初议建县在成化年间，当时临江府知府直接在奏疏中提议建设新县，理由为地广民稠、催征不便，都是从地方官的角度出发而言。只是待到朝廷批示查勘之后，府县方才取具里老甘结存案，以此为据，再次奏报设县。正德以后，知府不再直接上奏朝廷，都是上申文至巡抚、巡按，再由抚、按上奏朝廷。故泸溪县创设时，知府王之屏最初上给巡抚的申文中并未引据当地里老的呈文或甘结。在初次申详得到巡抚批复行查之后，他才前往当地履勘，取得里老的甘结，然后再次上文申请。巡抚刘尧海、巡按赵耀上奏朝廷、请求建立泸溪县，则是在知府第二次上申文、已经取得里老甘结之后，故而奏疏中才能径言"今据各官反复勘议，取具里老人等甘结称便"。据此推测，正德以后巡抚上奏请建新县时虽多据士民呈请为言，但很可能是在巡抚下令地方官行查以后才获得呈文，而非最初先由当地人士创议。

　　当然，在某些案例中，确实也存在绅士耆老首先建议、大力推动新建县治的情况。在这种情况下，政府收到当地士民呈请之后，除各级官员确议有建县必要之外，也还要到当地反复踏勘，召集里老、生员人等公议，确认建立新县为当地士民一致同意，而不只是部分人的要求。最为典型的案例是兴安县。首倡添设县治的乡绅丁洪，其实是附近铅山县的居民，而非倡言建县的横峰地方居民。他一意推动在横峰建县，是因为横峰窑民已经屡次内犯附近各县，因而希望通过设官分治来弹压窑民，维护附近地区的治安。不过，抱本上疏的生员叶馨等人却是横峰本地土著，因而才能以当地人的言辞为证，推动此事进入行政程序。嘉靖十九年至三十九年间，抚按司道等官员反复查议横峰建县一事，其间出现"愚民无知……哄然控诉"的情况，说明当地人尚未就建县达成一致，公议未能停妥，建县之事遂被长期耽搁。及至嘉靖三十九年，横峰窑民再次作乱，叶馨与耆民何毓秀等人亦再次连名呈请，事经广信府知府查勘，当地人公议"皆曰可"，巡抚、巡按方行奏请，才最终得以添设兴安县。相比于地方官首倡的情形，当地士民首倡时多了最初连名呈请（在本案例中是连名上奏疏）的环节，但之后通过抚、按各官批令本府官员行查,召集当地人公议等环节,都与地方官首倡时并无二致。最终,还是要在征得当地人一致同意、取其公呈或甘结为凭的前提下,再行添设县治。

第三节　人物的评价与奖惩

一、祠祀、旌表与入志

明清时期,政府对地方人物的旌奖表扬,主要有乡贤、名宦、节妇、孝子四种名目。获得这些名号的人物,或进入各类地方祠庙崇祀,或获得朝廷旌表,或纂入地方志相应的人物传记卷中,都是地方上最为荣耀的事情。授予谁乡贤、名宦、节妇、孝子的名号,关系到对这些个人的评价,更关系到对地方风化的引导。因此,各级官府在决定旌奖对象时都颇为慎重,需要听采地方公论,具体的办法,就是交令生员、里老等人公议,取具他们的公呈为凭。

乡贤、名宦祠的祭祀,源于附入学校文庙进行祭祀的"先贤祠"。早在宋代,此类先贤祠就在各地官学和书院中广泛存在,并且除了全国统一的先贤先儒外,又各自陆续有当地官员或乡大夫入祀。及至明代,各地先贤祠中本地名宦、乡贤的数量已经极为庞大,亟需成立专门的祠庙予以祭祀,乡贤祠和名宦祠就此应运而生[①];成化以后,从部分地方儒学的先贤祠中,已经开始分化出乡贤祠与名宦祠[②]。弘治中,明廷有旨,令天下府县各建乡贤、名宦两祠,附入地方儒学祭祀[③]。到了正德、嘉靖年间,乡贤、名宦分祀的办法逐渐在全国推广。同时,随着提学制度的成熟,乡贤、名宦两祠入祀对象的决定权也从府州县官转移到了提学官手中,推举、申请、审核入祀的

---

① 参见魏峰《从先贤祠到乡贤祠——从先贤祭祀看宋明地方认同》,《浙江社会科学》2008年第9期。

② 如嘉靖《宁国府志》卷九《禮祀纪》:"初,名宦与乡贤合祀于学宫。成化庚子,知府涂观别祀于此,属邑并置祠。"《天一阁藏明代方志选刊》第23册影印明嘉靖十五年黎晨校刻本,上海古籍书店,1982年。

③ 嘉靖《威县志》卷五《文事志·祀典》:"弘治中,令郡县各建乡贤祠,以祀邑之先贤有行义者。"(《天一阁藏明代方志选刊续编》第2册影印明嘉靖二十九年刻本,上海书店,1990年)。康熙《金坛县志》卷八《学校·仪注》:"明弘治中,奉例郡县各建名宦祠,以祀邑宦之有功德于民者。""明弘治中,奉例郡县各建乡贤祠,以祀邑先贤之有行义者。"(《北京大学图书馆藏稀见方志丛刊》第117册影印清康熙二十二年刻本,国家图书馆出版社,2013年)

一套程序,也于此时基本成型①。

正德、嘉靖以后直至清代,乡贤祠、名宦祠的入祀程序基本相同。一般说来,申请乡贤入祀至少需要获得两种连名呈文或结状,一是入祀者生前居住里坊的里(坊)长、老人、保正等人的连名呈文或结状,二是入祀府州县儒学通学生员的公呈或公结。州县官依据这两种呈文或结状申请,经过提学道批准,才可以入祀乡贤祠。关于两种推举呈文的先后顺序,陈宝良和林丽月有过不同观点。陈宝良认为,推举乡贤"先由当地乡约、党保正公举呈文,经学校生员商榷,'必士论乡评,果无间言',方由生员作呈子申详,内中备开行迹,经该县复勘的实,然后上报提学道"②。林丽月则举出万历四十二年万衣入祀九江府与德化、德安两县乡贤祠时的公移,提出应是儒学生员的推举公呈在前,乡约、党保的公呈在后③。不过,就笔者所见而言,两种呈文的先后顺序似乎无关紧要。本书第一章第三节中提到弘治四年林鹗入祀台州府太平县乡贤祠的案例,就是本坊老人先行呈请,然后知县行文儒学取具"通学廪膳生员"公结④。正德十一年尹昌隆入祀江西省吉安府、泰和县乡贤祠时,则是先由他原籍泰和县十四都人尹廷清向知府提出申请,知府申提学道后,提学道又取得了"本县通学生员彭邦瑞等"的呈文(不清楚是知府申提学道时已经取得的,还是提学道收到知府申文后再设法获得的),然后备文行县,要求查访行实事迹并"取具官吏人等不扶结状"⑤。此处,尹廷清的状诉就是代表尹昌隆原籍都图的,但他本人身份并非里长、老人,而是吉安府听缺吏,因而后续又要求"取具官吏人等不扶结状"。在林丽月举出的万历四十二年万衣入祀乡贤祠案例中,则是先有《九江府德化县两学生员公举呈文》,后有《德化县乡约党保人等公举呈文》。不过,这仅仅是向知县呈请的顺序,当知县申府时,必需生员公呈与乡约党保公呈都已齐备。综合上述三个案例看来,明代中后期入祀乡贤祠的一般程序是:里老递交连名呈状、生员递交公呈给州县官,州县官转申至府——如果申请入祀府乡贤祠也可以直接向知府递交公呈——然后转申至提学道,经提学道覆查核准,允许入祀。里老连名呈状与生员公呈仅在呈县环

<hr>

① 陈宝良:《明代儒学生员与地方社会》,第371页。

② 陈宝良:《明代儒学生员与地方社会》,第371页。

③ 林丽月:《俎豆宫墙——乡贤祠与明清的基层社会》,黄宽重主编:《中国史新论:基层社会分册》,第336—337页。原案见万衣《万子迂谈》附录《崇祀乡贤祠公移》,《四库全书存目丛书》集部第109册影印清乾隆二十二年刻本,齐鲁书社,1997年。

④ 林鹗:《畏斋存稿续集附遗稿》不分卷《附录·入祀乡贤祠案验》。

⑤ 尹昌隆:《尹讷庵先生遗稿》卷九《附录·入乡贤祠申文》。

节存在先后顺序,实际上并无关紧要。

　　名宦祠的入祀与乡贤祠相似,同样需要生员和里老两份公呈,但更偏重于里老呈请的环节,通常需要取得合邑里老公呈才能入祀。在此举出镇江府丹徒县知县茅坤入祀丹徒县名宦祠的过程为例,略加说明。茅坤任丹徒县知县在嘉靖二十二年至二十五年间,其间因救荒而为民称颂,隆庆三年该县已立有去思碑。至万历二十四年,有"丹徒县儒学生员陈琦、周曰爵、吴兴周等连名呈词"呈府,请求茅坤入祀县名宦祠。知府收到生员呈词后批文下县,要求"合邑共呈,道、府复核转详定夺,不许师生径行荐举"。知县收到批文后,再行文儒学,"取具官吏师生结状到县";此外,又取具"各坊都里老、百姓华信、朱应祯、唐宪等连名呈",重新向府提出申请。知府收到该县申文后,行县复核,"再采舆论",又取得了"约乡耆王廷理、李儒等连名呈"和"仁和等坊乡耆里老朱东等连名结"两份公呈、公结,知府方才据此申常镇道,转申江南提学御史。又因为当时茅坤尚在世,故而提学御史虽"批允已定",但并未立刻入祀。直至万历二十九年茅坤去世后,镇江知府据原案卷再上申文,终于于次年将茅坤牌位祀入名宦祠中[①]。综观茅坤入祀过程,除最初由县学生员具连名呈外,此后知府一再行查,获取了多份坊都里老、乡约的连名呈状和甘结,可见对里老公呈的重视。不难理解,名宦虽然与乡贤一样附祀于学宫,故而入祀也需要生员公呈;但不同于祭祀乡贤重在鼓舞当地士风,祭祀名宦更重在纪念官员对地方的贡献,所以在申请入祀的过程中,又更为看重"合邑共呈"。毕竟,里长、老人、乡约等人才更有资格代表当地百姓,确认地方官的口碑与功德。

　　节妇、孝子的旌表,自明初就一直存在,但在明代前期仅凭据里老呈报,需要生员公议公呈的方式是较晚起的。明初,旌表的方式沿袭自宋元,以"旌表门闾"为主要内容,即在节妇、孝子之家张挂匾额,有时也在其住址附近建立牌坊,以示表彰。从洪武年间开始,明廷就对旌表有明确的程序要求,规定首先由所在地方里老呈报州县,然后州县官造册向巡按御史、按察司申请,巡按御史、按察司向朝廷题请获准,方可予以旌表。直至万历《大明会典》中,关于节孝旌表的程序,仍然只记载了明初的此种规定,并未提及需要生员呈报[②]。在明代面向地方官的官箴书中,提到旌表时也只要求地方官取得里老呈状,并不提及生员公呈。如《新官轨范》云:"一义夫、节妇、孝子、顺孙,须自密访的实,着实举保。若里老呈报及乡宦保者不实,

<hr />

①　茅坤:《茅鹿门先生文集》卷三六《直隶镇江府为公举名宦以崇祀典以慰民情事》。

②　万历《大明会典》卷七九《礼部三十七·旌表》。

不可保举。"①《居官必要为政便览》云："一孝子、顺孙、义夫、节妇，乃地方风化所关，必须预行访实，俟其保举转达表扬，不许里老徇私妄报及隐漏不实。"②《新官轨范》虽然在"里老呈报"之外还提到了"乡宦保者"，但应该只是一小部分情形，并非所有节孝都需要乡宦保举，且仍与生员公呈不同。

　　然而，至晚在嘉靖初年，提学、儒学系统官员的文书中，已经出现要求儒学生员公议开报节妇、孝子的说法。笔者管见所及，最早的例子见于嘉靖初年广东提学道魏校的告示。当时，魏校出巡至雷州府，在面向雷州府县儒学生员的告示中称："一乡贤名宦祠，宜与修葺；郡无孝子节妇祠，今宜补立。学之师生集议，当入祠者，具实迹列上。"③年代相近者，还有嘉靖二十四年，江西南康县"合邑庠士具呈提学金事蔡"，请求旌奖节妇吴氏④；又有嘉靖三十年代，海瑞在南平县儒学教谕任上颁布《教约》称："乡贤名宦、孝子节妇，朝廷旌之礼之，所以彰先德、励后人也。有未举者，诸生商榷举之，举之未正者，商榷请废之。"⑤除南康县的记载不清楚背景外，另两条都是把"孝子节妇"与"乡贤名宦"并举，可见当时要求生员连名开报节妇、孝子，与创建节孝祠并附入儒学祭祀有关。这种节孝祠明初罕见，在弘治年间乡贤、名宦祠推广之后，历至正德、嘉靖年间，各地才仿照乡贤、名宦祠之例，陆续创建节孝祠，进行祭祀。由于各地节孝祠也多附入儒学祭祀，因此，与乡贤、名宦祭祀一样，也需要通学生员以连名呈呈请入祀。举报节妇、孝子需要生员的连名呈请，就是从此时才开始的。

　　到了万历以后，儒学师生公议开报节妇、孝子，已经逐渐成为各地通行的惯例，而且并不一定与入祀节孝祠有关。在提学官员的公文中，频频出现敦促儒学师生公正开报孝节的诫谕，如吕坤在《实政录》中即将节孝之事系于"修举学政"条内，其文云：

　　　　孝节两事，此人间首善，风化美倡也。乃闾阎贫贱，监司无闻，门第人家，官师具结，然乎不然乎？非谓沦落者皆真，而推举者皆伪，其实门第者易著，而贫贱者难达也。所贵公论，可征庶民，可质鬼神，乃师生以私意为低昂，如天理民彝何？昔余分守济南，所得民间节孝甚

①　佚名：《新官轨范》不分卷《礼仪第七》。
②　佚名：《居官必要为政便览》卷上《礼类》。
③　魏校：《庄渠先生遗书》卷九《为风化事》，《明别集丛刊》第2辑第18册影印明王道行刻本，黄山书社，2016年。
④　嘉靖《南康县志》卷八《贞节》，《天一阁藏明代方志选刊续编》第44册影印明嘉靖三十四年刻本，上海书店，1990年。
⑤　海瑞：《海瑞集》上编《教约》，第18页。

多,皆集镇乡民众口一辞者,而守令师生一无所闻,百姓何由兴起? 有司试一思之。此岂漫不经心而听人役使事乎?①

案,吕坤任济南分守道在万历初年,而据道光《济南府志》,济南各县节孝祠皆创建于雍正元年清廷饬令各地普建节孝祠之时。也就是说,吕坤令师生举报节孝,与节孝祠入祀无关。而上引文中,吕坤谓"师生以私意为低昂""守令师生一无所闻",都说明他已经把儒学师生开报节孝视作理所当然的惯例。与之相似,崇祯年间,浙江提学道蔡献臣在牌檄中也以公平举报节妇、义夫、孝子、烈女诚谕儒学,令"尔师生慎之慎之"②。这同样是将儒学公举节孝视作理所当然。

及至清初,面对地方官的官箴书中也明确提出,旌表节孝需要取得儒学生员的公呈。如黄六鸿在《福惠全书》中称:

> 为司牧者,宜岁令里耆访其僻远孤寒,果有节妇、烈女、孝子、顺孙,懿行卓然者,许开列事实,率其族属、乡地,连名举报,俟官察实,然后衿耆具呈州县儒学,取具里邻甘结,申详各宪。③

引文中提到"衿耆具呈州县儒学"的环节,就是由通学生员和耆老共同具呈儒学,说明生员公呈已经是请求旌表时不可缺少的凭据之一。

除祭祀与旌表之外,明清时期的地方志也多专设"名宦""乡贤""贞节""孝义"等门类,以姓名传记纂入地方志上述门类之中,同样是荣耀之事。地方志修纂的办法,明代前期尚多简陋,多由府州县官主持,邀请数人,即行修纂成志。明中叶以后日渐繁复,至明末清初,已多采取"开局修志"之法,即所谓"修志皆开局,集多辈,分条立例,各任所长"④。参与开局修志之人,多是本地乡绅、生员,其中,主笔各志者又是少数,而多数生员的主要工作,就是采访评议应该纂入地方志的各类人物,具体又分为两个步骤。

第一,是采访名宦、乡贤、节妇、孝子等人物的事迹,开列应该入志人物的名单,对其中尚未入祀或旌表之人,还要格外取具里老公呈或通学生员公呈为凭。一般而言,已经入祀名宦、乡贤、节孝等祠庙的人物,以及已经

---

① 吕坤:《实政录》卷三《民务·修举学政》,《吕坤全集》中册,第998—999页。
② 蔡献臣:《清白堂稿》卷三《浙学道钦条演义行十一府》,《四库未收书辑刊》第6辑第22册影印明崇祯刻本,北京出版社,2000年。
③ 黄六鸿:《福惠全书》卷二四《典祀部·旌表节孝》。
④ 崇祯《太仓州志》卷首《太仓州志纪事》,《原国立北平图书馆甲库善本丛书》第313册影印明崇祯十五年刻康熙十七年递修本,国家图书馆出版社,2013年。

获得旌表的节妇、孝子，在地方志修纂时是一定会纂入志内的。但除此以外，往往还有一些前任官员或地方贤达，虽然也有一定名声，但年份尚近，甚至仍然在世，并未入祀名宦、乡贤祠；又有一些节妇、孝子，或是因命妇例不请旌，或是守节年份未满请旌之例，或有自缢、割股等照例不许旌表的情节，因而并未题请旌表。修纂地方志时，也可以将这些人物纂入志中，以示表彰，并留待他日入祀或请旌。

现存地方志中，明确开载未经旌表、祠祀而经过公议、取具公呈入志的情况，大致始于明末，至清代才更为详明。举例而言，如崇祯《江阴县志》载，"俞治、倪诚与王正宗，俱以割股闻，里人呈请入志"①。割股，照例不可能题请旌表，而载入方志，故称"里人呈请入志"。康熙《建水州志》"孝子""列女"二门内，凡清代孝子、节妇，皆一一载明系"题请旌表""申详旌奖"或"公举孝子入志""公议载入志"，以示已经旌表与尚未旌表而公议入志的不同②。又康熙年间江西都昌县知县曾王孙的文集中，收录了《批里民陈启盛、徐祥生等呈前任县正彭一骅、章时雨、潘如安德政难忘，乞载入志书、附祠名宦事》一文。据批词可知，当地里民公呈呈请将三名前任知县载入志书，并同时入祀名宦祠。曾王孙在批词中却说："名宦非本县为政，当载入邑志可也。"③即同意载入县志，但表示入祀名宦祠与否非知县可以决定。可见载入方志与入祀名宦祠之间，由于决策权力的归属不同，难易亦不相同。

至乾隆以后，各地地方志"凡例"中陆续开列条款，明确要求将未经旌表的节妇人等载入地方志，并且要求取具士民公呈为凭。如乾隆《南城县志·凡例》云：

> 一节妇之未经题请者，若果青年矢志，白首完贞，或家无子息，或户属贫寒，以致湮没，殊可悯惜，故采访无讹，舆论共信，即具呈立案，确查事实，载入志乘，庶慰孀居。④

---

① 崇祯《江阴县志》卷四《人物志·孝义》，《无锡文库》第一辑影印崇祯十三年刻本，凤凰出版社，2011年。

② 康熙《建水州志》卷一五《忠孝节义》，《北京图书馆古籍珍本丛刊》第45册影印清康熙刻本，书目文献出版社，1998年。

③ 曾王孙：《清风堂文集》卷二〇《批里民陈启盛、徐祥生等呈前任县正彭一骅、章时雨、潘如安德政难忘，乞载入志书、附祠名宦事》，《清代诗文集汇编》第95册影印清康熙四十五年秀水曾氏刻本，上海古籍出版社，2010年。

④ 乾隆《南城县志》卷首《凡例》，《故宫珍本丛刊》第115册影印清乾隆十七年刻本，海南出版社，2000年。

乾隆《甘州府志·凡例》云：

> 至列女中，守节年分有定例可循，虽未奉旌，而甘贫茹苦，凡在三十年以内寡居者，或年四十五后身故，或现存已逾三十载，俱属年例允符，据呈核明入志，以昭善善欲长之意。①

至此，未旌表者以公呈入志，算是有了明确的规定。

第二，在生员采访完人物事迹，取具公呈、造册开报之后，还要再经过绅衿人等公议，确定采用哪些人物入志。如顺治十五年，山西高平县修纂方志，时任知县在《修志纪事》中云："顺治十五年十月内，奉宪檄修志。余集阖邑绅衿公议重校，务欲力剔宿弊，细加核实，一切孝节义者之科，舆论弗许者不入。"②此处所云"阖邑绅衿公议重校"，即校正前志与开报的内容，尤其是要公议"孝节义者"人物，与舆论不协者不采入方志。时代较晚的长沙知府吕肃高，则在乾隆初年的一份告示中，更为详细地说明了绅衿人等该如何公议入志的人物。吕肃高称：

> 为此示仰府属绅衿士子耆老人等，于明神公所，将呈报入志之人逐名公议。果有实行，虽未入，仍许补添；倘系虚词，虽已载，必行删去。匹夫孺子，亦有难没之精神；豪贵富人，休造无根之事迹。可否务协乎直道，去取必快乎人心。其已滥报杂入者，未成则停其剞劂，已刻则缓其印刷。必使大庭广众之地，论定无瑕，然后千秋万世之书，公道不灭。③

引文中的要求非常明确，乡绅、生员、耆老都被要参加集会公议，且公议无关地方志的其他内容，就是专门针对人物传记，要评议已经呈报的人物是否允许入志，又或尚未呈报的人物是否应再有补添。

总之，无论是崇祀、旌表或载入方志，但凡涉及旌奖褒扬地方人物之事，都要经过地方公议或取得公呈为凭，以示与地方舆论相允协。参与此类公议、递交公呈的人群，又以全体儒学生员以及与被褒扬人物直接关涉地方的里老为主，乡绅也间或参与其间。

---

①　乾隆《甘州府志》卷首《凡例》，《中国方志丛书》华北地方 561 号影印清乾隆四十四年刻本，成文出版社，1976 年。

②　顺治《高平县志》卷首《修志纪事》，国家图书馆藏清顺治刻本。

③　乾隆《长沙府志》卷二三《政迹》，吕肃高《重修长沙府志访实迹示》，《中国方志丛书》华中地方 299 号影印清乾隆十二年刻本，成文出版社，1976 年。

二、生员优劣的评价

普通人的品行只有在旌奖褒扬的场合需要经过公议，生员则不然。"士"作为民之秀者，品行端正是起码的要求，也因而更经常需要接受公议的考验。对生员品行优劣的公议，主要由同儒学的其他生员参与，通常发生在两种场合：一是儒学系统对生员品行进行日常考察时；二是生员牵涉词讼案件时。

明代制度对生员日常考察的规定，始于正统六年，由地方官置簿考核。成化三年以后，该职掌归于提学官，且明确生员考簿以德行、文艺、治事三项为准①。当时，对提学官如何考察生员德行，明廷没有明确规定。但可以想见，提学官巡历各府州县学，每处驻跸时间有限，不可能亲自观察所有生员的品德，其法不过向当地地方官、教官与同学生员询访。

及至嘉靖年间，明廷明确将考察生员品行与生员公议联系起来。嘉靖九年，明廷以附学生员过多，下诏沙汰天下生员②。稍后，又规定在沙汰生员时，"责令各学教官定为考语，注于三等簿"，提学官即照该三等簿上对生员德行的考语，决定是否允许生员参加乡试③。翌年，御史杨宜反对沙汰生员，事下礼部议复。时任礼部尚书夏言同意停止沙汰生员，但同时提出要"照旧以三等簿考其德行"，并首次提及生员公议在考察生员品行时的作用：

> 照旧以三等簿考其德行。若有放僻邪侈、行简不修、甚不率教，或有干伦理者，考毕之时，听有司提调官及本学教官、通学生员公同呈禀，提学官即当按实明正其罪，使不齿于乡间。不许泛滥访察，以开奔竞贿赂之门；暧昧黜退，以滋赴诉构讼之扰。④

夏言提出的甄别生员德行的标准，是"听有司提调官及本学教官、通学生员公同呈禀"。也就是说，不仅府州县地方官与儒学教官对生员的评价应该被考虑，而且与该生员在同一学校学习的其他全部生员的意见，也应该受到同等的重视。一名在地方学校中肄业的生员，他的品行应该最为他的同学所熟悉。如果他的同学意见一致，都认为这名生员人品优异或德行

---

① 万历《大明会典》卷七八《礼部三十六·学校·儒学·学规》。
② 《明世宗实录》卷一一六，嘉靖九年八月戊午。
③ 《明世宗实录》卷一一九，嘉靖九年十一月己丑。
④ 夏言：《夏桂洲先生文集》卷一二《议请申明学政疏》，《明别集丛刊》第 2 辑第 15 册影印明崇祯十一年吴氏刻本，黄山书社，2016 年。

有亏,那当然能够说明问题。这样的思考方式是自然而然的。夏言或许并不是第一个提出这种方案的人。不过,由礼部官员公开提出,对儒学生员的品德评价,应该通过"通学生员公同呈禀"的方式反映给提学官,显然产生了较为广泛的影响。

再晚一些,嘉靖、万历时期的其他官员也屡屡提到,考察生员的品德、立身,除听有司提调官与教官汇报外,还当听诸同学生员的公论。嘉靖后期,福建提学道宋仪望提出,如增、附诸生中有"身处孤寒、家徒壁立"者,可以酌量动银赈助。为了避免贫生清高不领赈助、富生反倒夤缘谋求,须由提调官会同教官查访得实,"取具通学结状,申呈本道",并由"提调校官每朔望讲书后,公同通学诸生觌面咨访,务协舆论"①。万历间,礼部尚书沈鲤建议提学官考核生员德行的办法,也提到提学官应"多方参问于合学诸生,举其与公论符合,毫无可疑者,各量其善恶轻重,分别赏罚,务裨群情快惬的然,可示劝惩"②。两浙提学道毕懋良评论三等簿考核品第之法,则提出,除据教官开造等第、事迹上报外,发落之日,提学官还须亲自"面询诸生,乃行赏罚",亦以生员之间的品第互评为重③。另一名万历年间的两浙提学道李同芳所述尤为详细:

> 督学赏罚行检,多据册报,于发落后施行。余以教士当先德行,行检当付公评,每巡历到日,当夜取各官报册检查。以府册为主,府册遗者附入,但有一处未报,星夜取完。俟明晨下学行香讲书毕后,各学师生暂出外候,照序出牌,逐学唤入,教官率领诸生站明伦堂下。余先问该学德行,公论属谁,或孝或友或节义等项,凭众信口推举,各征以事实,看与册内是否相同。如众论佥同,以称举最多者为上,稍多者为次,酌量行赏,赏毕先出。随问不肖为谁,诸生不言,余口举册内所开事实,试问有否。诸生或直言其有,是众所弃者,即去衣巾责革;或言其事虽有、情可原者,去衣巾责发五等;或言其传闻太过,救援众多者,量责示儆。一时公论,皆取衷学校,不着成心、不徇偏听。桥门之外,环听者莫不称叹,谓前此未有云。④

虽然李同芳自称他让生员公论德行之举是"前此未有",并以为其他提学官

---

① 宋仪望:《华阳馆文集》续集卷二《学政录》,《四库全书存目丛书》集部第116册影印清道光二十二年宋氏中和堂刻本,齐鲁书社,1997年。
② 俞汝楫编:《礼部志稿》卷四五《奏疏》,沈鲤《覆十四事疏》。
③ 毕懋良:《两浙学政》,日本内阁文库藏明万历刻本。
④ 李同芳:《视履类编》卷上《矢公》,李新峰点校,中华书局,2023年,第75—76页。

"赏罚行检，多据册报"，但是他的《视履类编》一书充斥着浮夸的自我标榜①，不妨认为此处他将自己与其他提学官的行为对立起来，也只是一种过分的自夸。只据册报就认定生员品行优劣的提学官或许存在，但从上述其他官员的记载中不难判断，嘉靖以来，听取生员公论已经是较为普遍的情形。李同芳的记录，不妨看作一名顺应时代的提学官的正常作为。

及至清初，清廷于顺治九年颁布新定卧碑，其中一条规定，提学官奖赏有德行的生员，要凭据本学师生甘结；至于黜陟不务学业的无德生员，则以"体访得真"为准，没有说要召集公议、取具公呈：

> 一孝弟廉让，士子立身大节。有敦本尚实、行谊表著者，提调官细加体察，取具本学师生及本族邻里甘结，申送提学核实，即加奖赏，以励颓俗。若有平日不务学业，嘱托把持，武断包揽，或捏造歌谣、兴灭词讼，及败伦伤化、过恶彰闻者，体访得真，不必品其文艺，即行黜革。其行优者，不许通同贿冒，行劣者，不许徇情姑息，并不许轻信开送，致被挟私中伤，违者从重参处。②

在此有必要对"体访"一说略作解释。"访"即访察、访问，是历代官员咨询舆论的通称。提学御史或提学道都是监察系统的官员，原本就以巡历访察为职掌。访察的具体手段并无限定，广义说来，召集绅衿里老公议、取具士民公呈，都可以算作访察的办法。不过，明代后期至清初，在惩处地方官、吏役、乡绅、生员的场合，专门有"访拿"一说。此时，"访"字特指监察系统官员秘密调查这些人的道德行迹，与召集绅衿里老公议是并行而对立的两种手段。一般说来，这种秘密访察由巡按、各道交给各府推官办理，推官则遣派吏役具体负责，然后将搜集到的资料汇报给巡按、各道，巡按、各道再据此以定黜陟。提学御史、提学道复核教官所上三等簿、考察生员品行时，也可以采取这种秘密访察的办法，但相比于召集生员公议，秘密访察容易滋生弊病，即上引夏言所说，"不许泛滥访察，以开奔竞贿赂之门；暧昧黜退，以滋赴诉构讼之扰"。于是，在提学官根据秘密访察黜陟生员之后，又往往能看到阖学生员去提学官处递交公呈，保举被黜陟者德行无亏。或是提学官虽然收到秘密访察生员德行的报告，其中事关重大者，仍然要询问阖学生员的意见，取其公呈为凭。这又开启了新一轮关于生员德行的公议。以下举出两个案例来说明。

---

① 参见李新峰《整理说明》，李同芳：《视履类编》，第2页。
② 康熙《大清会典》卷五一《礼部十二·学校·学规》。

案例之一,是崇祯十四年前后无锡县生员姚钰中被褫革一案。在当地乡绅马世奇写给知县庞昌胤的书信中,叙述了姚钰中被褫革及尝试为自己辩护的过程:

> 学所开劣生姚钰中者,老父母亦既向奇列其事而摈之矣。……钰中事发,先皇皇求拔于乡绅,乡绅不应,则又假乡绅以诳诸孝廉,而诸孝廉应之。华芬生孝廉,曾为奇详其颠末,且致书龙学师,以比匪自辨矣。所捏庠友公呈,止一呈首刘蕙滋,系钰中儿女姻,隐忍不敢置词,余尽属子虚亡是,虽小儿小婿辈,亦引而传诸黎丘之列矣。①

姚钰中被褫革,初由知县开报其劣迹,经提学御史批准,无锡县儒学将其从生员名册中开除。及被褫革后,姚钰中先后找了本地乡绅与举人,乡绅未应,举人却被骗乡绅已应,遂答应为其作保。引文中称“诸孝廉”,说明有多名举人连名,以公书或公揭为姚钰中作保。此外,还有“庠友公呈”,即生员公呈,也是姚钰中为自己辩护时必要的凭据。据马世奇之言,生员公呈为姚钰中捏造,除呈首刘蕙滋一人外,尽属乌有。但姚钰中需要捏造此公呈为己辩护,而不是凭据刘蕙滋一人呈文为自己辩护,这本身也证明了这种场合中生员公呈的必要性。

姚钰中获得举人公书或公揭、生员公呈之后,据之向提学御史申诉,但御史批词仍然存疑,并未径信公呈之言。与此同时,却有谣言忽起,称无锡县教谕龙起化即将被弹劾去官。于是无锡乡绅、生员始公议于明伦堂,约定再具公书、公呈,仍请摈斥姚钰中。马世奇记其事云:

> 邑人士始同各绅集议明伦堂,约各绅具书,诸生具呈,请于老父母,大明彰瘅之公,以破狡谋,以澄士习。②

此后,由于在绅衿公议之后一日,知县庞昌允忽然被一群生员围舆辱骂、抬出城门,疑心哄闹之人即是此前参与公议的生员,故马世奇有此一函以为诸生辩白③。至于姚钰中最终是否起复,书信中没有交代,但本县乡绅、生员既已有公书、公呈请求黜陟姚钰中,那他应该是逃不出被褫革的命运了。

案例之二,是崇祯七年祁彪佳在苏松巡按御史任上审问的一桩案件。

---

① 马世奇:《澹宁居文集》卷一〇《与庞再玉邑侯》。
② 马世奇:《澹宁居文集》卷一〇《与庞再玉邑侯》。
③ 马世奇:《澹宁居文集》卷一〇《与庞再玉邑侯》。计六奇:《明季北略》卷一八《附记·无锡诸生逐令》,任道斌、魏得良点校,中华书局,1984年,第337—338页。参见夫马进「明末反地方官士变」,『東方学報』52、1980年。

崇祯六年，有青浦县学生员杨懋官考中举人，却被提学御史甘学阔参劾，要削去他的生员名籍与新中的举人功名。据甘学阔称，杨懋官原名何宇昕，本系长洲县生员，因事涉奸淫、德行有亏，曾于天启三年被黜革，尔后改名冒籍，又窜入青浦县学中。甘学阔题疏后，圣旨批令革退举人，仍交都察院转饬巡按祁彪佳再审旧案。祁彪佳以此事批发苏松道，转批苏州、松江二府推官会审。二推官审案时，提审、取具呈结的对象，一是天启年间黜革何宇昕时的长洲县儒学经承书吏方明道，二是当年认定何宇昕德行有亏时的证人黄于玑，三则是苏州府、长洲、吴县三学生员徐嗣渊等。方明道、黄于玑二人，都是天启三年旧案的直接相关人员。三学生员则需出具通学公呈，对何宇昕德行作一断言。在本案中，证人黄于玑声称对黜革案卷中所说之事毫不知情，三学生员也保何宇昕德行无亏，并未犯有黜革案中所言之事。然而，祁彪佳并未完全相信黄于玑的证词和三学生员的公呈，指称"从来黜生，止有据实辩复之事，而无改名入泮之理"，认为何宇昕如果德行无亏，应于天启三年黜革时即行为自己辩诬雪冤。当时不辩而辩于中举之后，即有证词、公呈为据，亦在疑似之间，且冒籍改名入学应考，已是品行不端。因此，仍将何宇昕褫革生员，并依不应重律拟杖[①]。

　　从何宇昕（杨懋官）案看来，以德行不端褫革生员，可以由教官私下访察、申报提学官裁夺，且提学官也可能未经复核就径行决定褫革。祁彪佳的题本中，完全没有提到天启三年褫革何宇昕时有任何生员公呈作为凭据；从崇祯七年三学生员出公呈保何宇昕的情况看来，当年提学道也确实未再召集生员公议，以教官开报黜革之事问诸公论。但是，祁彪佳也提到，何宇昕完全可以在被褫革时就为自己辩诬雪冤，而辩诬雪冤的办法，想必仍要以通学生员的公呈作为凭据。何宇昕当时没有提出辩驳，却在中举之后，经各级官府调查，方才有三学生员出公呈为其辩护，却是为时已晚了。

　　除了提学官对生员品行的日常考核外，在生员牵涉词讼的场合，儒学师生也要对涉案生员的品行做出证词，此时同样需要同学生员的公议、公呈。

　　为了保存"衣冠体面"，明朝规定，生员诉讼一般应采取"抱告"的方式，即找人代生员本人告状。若是生员被别人告讦，为了尽可能避免读书人遭受"无辜之耻辱"，明代的提学官往往规定，准许生员本人"明白开写'生

---

　　① 祁彪佳：《宜焚全稿》卷一四《题为新中式生品行不端、教官徇庇、屡查不举、谨据实奏闻、仰祈敕处、以振士风、以肃官守事》。

员'二字,前赴各上司及本道投告"①。"其生员被告被提,非从本学起解,不得听理。"②如果提学官判断,此事并非生员本人之罪,生员只是被无辜连累,该生员就能逃脱词讼的干连。因此,生员一旦被牵扯进词讼事件中,往往要先向提学官投告求免。事情一到提学官那里,要判断该生员是否"有罪",又往往会演变为对当事生员品德的考量。此时,"通学生员公同呈禀"的方式再次开始发挥作用。

曾任山东提学道的蹇达,向袁中道讲述了一个他目睹的案件,其中就反映出生员通过公议影响案件审判的情况。万历年间,禹城县廪生郝琚因为同学的一句玩笑话,怀疑自己的妻子不贞,杀死了妻子。由于杀人者是生员,事情被呈送到提学道周之屏手中。周之屏"有批词拟偿",之后却加以宽假,"缘此生素勤学,属邑及诸生多方湔雪,止革其廪",将该生降为青衣生了事。此后蹇达提学时,考试郝琚为二等,理应恢复其廪生身份。他却因梦到郝琚的妻子诉冤,而不肯与之复廪。当时,又有"楚人吴文学率诸生为琚请甚力,且谓其贫而苦学,须此廪自给"。在蹇达的坚持之下,郝琚最终没有恢复廪生身份,并在不久后自杀身亡,但他杀妻之事早已定案,始终未得翻覆,他也终究没有受到法律的严惩③。

上述案件的办理过程体现出明代生员涉案时的典型问题。这原本是一桩杀人重案,应由地方官审理,却因为杀人者是生员,要提解、审判,必须先褫夺生员身份。于是,案件被送到提学道手中,等提学道做出褫革生员的决定后,才能进行下一步的审理。在提学道决定是否褫革生员时,又要衡量该生的"素行"与杀妻一事的情理,此时,郝琚的同学生员的证词至关重要。郝琚"素勤学"的口碑,让他的同学生员为他告求湔雪。提学道也在生员们的公议之下,做出了宽假的决定,即不褫革郝琚的生员身份,只夺其廪膳,降为青衣生待考。如此一来,州县官无法再提审郝琚,他杀妻一案自然也就没能依法惩治。从这一案件中可以看到,提审生员必须经过提学官的制度,为学校系统打开了包庇生员犯罪的便门。生员的公议,也可以被利用作包庇同学的工具。

等而降之,在不涉及是否褫革身份,因而也无需呈送到提学官处的一

---

① 姚镆:《东泉文集》文集卷八《广西学政》,《四库全书存目丛书》集部第46册影印明嘉靖刻清修本,齐鲁书社,1997年。

② 王宗沐:《敬所王先生文集》卷二七《檄各儒学》,《四库全书存目丛书》集部第111册影印明万历元年刘良弼刻本,齐鲁书社,1997年。

③ 袁中道:《珂雪斋近集》卷三《贞魂志》,上海书店,1982年,第109页。

般词讼中,也出现通学生员出名到地方官或监察官处为同学争讼的情形。祁彪佳的《莆阳谳牍》中,就有三份判牍提到了众生员递公呈为一生员争讼的情况:在生员林士颢与其兄为遗产争讼的案件中,有"诸生严志鼎之公呈"①。在刘汝贤欲赎取祖屋的案件中,"乃辄动三学公呈"②。在一桩失火案中,为了证明生员陈民宪不存在放火焚劫的行为,有"诸生连名具呈"③。这三桩案件都是一般的财产纠纷,生员虽牵涉其中,但并不需要行学褫革再行审办。祁彪佳作为推官审理案件,却也收到了生员公呈,为同学作证。这一方面,或许是因为生员们已经习惯了在提学官处为同学辩白,另一方面,也是因为地方官审案时确实会考虑这些生员公呈中的说辞。在祁彪佳审理上述案件时,虽然他面对其他证据确凿的情形,会将阖学公呈置于一旁,声称"不以佐斗之多寡为胜负"④,但在案情暧昧之时,又会认为公呈"事似出公,即陈民宪一人恐不能鼓舞众童"⑤。反之,如果词讼案件中的通学公呈不是站在生员一边,反倒是帮助其对立面,则说明该生员存在"素行有亏"的嫌疑,将使他陷入非常不利的境地。譬如,在万历末年湖广荆州府的一桩诬告案中,巡按御史钱春已经审明生员练文粹确系被诬告。但是,钱春在面对被诬告者用作证据的"通学一揭"时,却不得不质疑:"夫文粹果素行无玷,何以见责于友朋?"并为此将该案发府复审⑥。地方官员这种根据生员公呈辅助断案的态度,自然鼓舞了生员们群起佐讼的习惯。

　　万历二十年,吕坤在右佥都御史任上作《明职》篇,其《弟子之职》一节中专门指出,在生员牵涉讼案时,地方学校的全体生员集体为之奔走争告,已经演变为一种严重的社会问题。吕坤举出了他曾经任官的山西省的一桩案件,称其下属的静乐县,有生员刘凤起、刘凤仪与周继登斗殴。一桩简单的斗殴案,却引来"通学生员李钟翠等相率赴省,向两院司道哄然肤诉"。吕坤对此感慨道:

　　　　乃借斯文之名,倡义气之说。或一士见凌于乡党,则通学攘臂,争告于有司。或一士见辱于有司,则通学抱冤,奔诉于院道。不知经史

---

　　① 祁彪佳:《莆阳谳牍》卷一《巡守道一件谋叛事》,《历代判例判牍》第 5 册,中国社会科学出版社,2005 年,第 101 页。

　　② 祁彪佳:《莆阳谳牍》卷一《本府一件攫巢事》,第 177 页。

　　③ 祁彪佳:《莆阳谳牍》卷二《漳平县一件白昼焚劫事》,第 272 页。

　　④ 祁彪佳:《莆阳谳牍》卷一《本府一件攫巢事》,第 177 页。

　　⑤ 祁彪佳:《莆阳谳牍》卷二《漳平县一件白昼焚劫事》,第 272 页。

　　⑥ 钱春:《湖湘详略》卷一《打死军命事据荆州府详》,《四库全书存目丛书》史部第 65 册影印明万历四十二年刻本,齐鲁书社,1997 年。

果有此道,律令果有此法,卧碑敕谕果有此许否乎? 夫斯世之人,未有
孤立而无类者。一民被刑,则百姓聚扰于公庭;一卒当诛,则三军聚扰
于帅府。下至于工商、吏卒、里老,无不各有同衣,无不名重同雠,势必
至于私党横行,纪法尽废,此大乱之道也。①

可见,生员一人与人争讼,则阖学生员为之投递公呈、保证人品,一至于“通
学攘臂”“通学抱冤”,已经成为明后期地方诉讼中的一大奇观。

三、地方官的保留

　　评议官员廉能与否、为政得失,保举廉能,首告贪酷,是地方公议中一
项传统悠久的重要内容。其中,贪酷官员虽然也可以通过士民人等投递公
呈的方式,在平时专门进行首告,但更经常的首告方式,是在巡按御史等监
察官按临时的例行公议上,由乡绅、生员、里老人等直接向巡按御史首告,
本章第一节中已经详论,故在此不复多赘。至于保举廉能官员,通常发生
在官员受命离任之时,地方绅士里老以保举作挽留,而此时未必恰逢巡按
御史等监察官按临地方,因而需要专门以投递公呈等方式保留。在此要叙
述的就是绅士里老保留地方官的公议、公呈。

　　士民“保留”(或称为“举留”“乞留”)行将离任的地方长官,在中国历
史上古已有之。东汉建武年间,前任颍川太守寇恂随征至颍川郡,寇贼尽
降,遂有“百姓遮道曰:‘愿从陛下复借寇君一年’”②。汉安年间,广陵太守
张纲“论功当封”,而以广陵豪族张婴等人“上书乞留”,仍留广陵为太守③。
唐代咸通年间,有“颍州僧道百姓举留刺史宗回”,未获准④;中和初年,有绵
州“官众状举留”刺史高柷,奉旨获准续任⑤。五代以后,甚至逐渐出现了关
于地方士民保留长吏的法令,对保留方式形成一定规范。如后晋时期禁止
百姓进京举留本部长官,要求以后凡保留本地长官者,需通过佐贰官陈
奏⑥。至北宋庆历年间,又禁百姓“不得远诣转运、提刑司举留官员,候逐司

---

①　吕坤:《实政录》卷一《明职·弟子之职二》,《吕坤全集》中册,第 921—922 页。案,该文一
传为海瑞所作(《海瑞集》上编《规士文》,第 19—22 页),然言“明刊本无,据别本增入”,未敢据以
为信。

②　范晔:《后汉书》卷一六《寇恂列传》,第 625 页。

③　范晔:《后汉书》卷五六《张晧列传(子纲)》,第 1819 页。

④　刘昫等:《旧唐书》卷一九《懿宗本纪》,中华书局,1975 年,第 680 页。

⑤　崔致远:《桂苑笔耕集校注》卷四《谢弟柷再除绵州刺史状》,党银平校注,中华书局,2007
年,第 99 页。

⑥　董诰等编:《全唐文》卷一一五,晋高祖《岳牧善政倅贰官条奏诏》,中华书局,1983 年,第
1170—1171 页。

巡历到处陈状"，即必须在监司处保留地方官，且不得自行赴监司衙门，必须等候监司巡历至本地，才可以递状保留①。

及至明代，士民保留官员之事甚为常见，也一度颇受明廷的鼓励。赵翼在《廿二史札记》中辟写"因部民乞留而留任且加擢者"一条，专门总结《明史·循吏传》中士民乞留长官之事，其中就认为明太祖有意鼓励保留官员，以仿效"古来重吏治者多以久任为效"②。自明初开始，士民保留官员的途径有很多，除了照例等候巡按御史等监察官巡历至地方，再去巡按处公议或递公呈呈请保留地方官外，往往还要穷尽各种办法，"有力者即走北京，诉于通政司，弱者诉于府，诉于总兵官，诉于巡抚侍郎，乞留之事相继闻"③。本书第一章中，也已提及苏州知府况钟奏请"常熟县里老等连名告保本县治农县丞王恂大"，两广巡抚叶盛奏请"广州府顺德、香山、新会等县坊都乡民里老人等胡势宁等七百四十八名连名状告"保留新会县县丞陶鲁等事。

关于明代士民保留官员的情形，以及明廷相关规定的前后变化，学者已多有研究④，在此不再多赘。以下仅将目光集中于明末清初时期。此时，士民保留官员的风气愈演愈烈，且在两个方向上出现不同于前代的、值得注意的新特征：其一，当时士民保留的对象不以地方官为限，动辄要保留监察大吏，如生员保留提学道、提学御史，里老保留巡按、巡抚、总督等官。其二，无论是保留这些大吏，还是保留府州县地方官，士民人等往往不满足于在省内递交公呈，而是动辄多人进京，至通政使司递交公疏（连名奏疏），甚至在北京大小衙门遍投揭帖，乃至在京师附近伺机遮拦御舆，当面向皇帝提出保留官员的要求。在此举出三个较典型的案例。

案例之一，是崇祯七年苏松耆民进京保留巡按御史祁彪佳。刘文华已有专文详述该事件的过程，可以参看⑤，在此仅略述其事经过，并重点指出保留巡按御史与保留地方官的不同。崇祯间刊刻的《朝野公言》一书，收录

① 徐松辑：《宋会要辑稿》刑法二《禁约一》，刘琳等点校，上海古籍出版社，2014 年，第 8298 页。

② 赵翼：《廿二史札记校注》卷三三《因部民乞留而留任且加擢者》，第 761—762 页。

③ 王直：《抑庵文集》卷五《赠李太守赴清河序》，《原国立北平图书馆甲库善本丛书》第 703 册影印明景泰五年序刊本，国家图书馆出版社，2013 年。

④ 隋喜文：《明代的乞留》，《北京社会科学》1986 年第 4 期；刘文华：《明代的地方吏民保留地方官现象——以崇祯七年苏松耆民诣阙乞留巡按祁彪佳为例》，《苏州文博论丛》第 4 辑，2013 年；展龙：《乞留：明代舆论的清官期盼与官员调留》，《中国史研究》2015 年第 1 期。

⑤ 刘文华：《明代的地方吏民保留地方官现象——以崇祯七年苏松耆民诣阙乞留巡按祁彪佳为例》，《苏州文博论丛》第 4 辑，2013 年。

了此次保留的耆民公疏、上都察院公呈与都察院覆疏、祁彪佳揭帖、谕帖等文献①。这些文献显示,在崇祯七年三月,即祁彪佳奉旨巡按苏松之后的九个月,苏松常镇四府耆民俞良策等人进京,至通政司投递公疏,又至都察院投递公呈,要求留祁彪佳"再巡三任"。祁彪佳在俞良策等人进京后方知晓此事,有揭帖投内阁、都察院,又有谕帖出示四府民众,皆坚辞不可。都察院奉旨覆题,虽肯定吴民保留祁彪佳"出于诚心",但认为保留巡按不符台规,同样予以反对。最终,该年五月,崇祯帝批复都察院覆疏的圣旨称:"御史巡方,果能令吏畏民怀,方为称职,祁彪佳既称巡历将竣,著依限回京考核。"亦即不允苏松耆民的保留。

在苏松耆民保留祁彪佳一案中,各方争执的关键在于保留巡按御史是否合例。俞良策等人在民疏与公呈中,都引述正统十四年江西巡按韩雍得到吏民保留、遂擢为巡抚再巡江西等案例,极力想要证明保留巡按有例可循。都察院覆疏、祁彪佳揭帖中,则都力陈"巡方非可久任之官""耳目之臣非同守土之吏""巡方原非守土之官,直指亦非可保之人"等语,指称巡按御史与地方官不同,不在百姓可以保留范围之内。对于俞良策等人举出的旧例,都察院覆疏辩称,"必当时地方有大利害无嫌破格,非泛泛然者",并不同意引以为例。的确,巡按御史作为朝廷派出的监察官,却被百姓保留,如果朝廷竟然允准,那这样的巡按御史还如何可以作为朝廷的耳目呢?反过来说,百姓竟至于保留巡按御史,也可以看到当时保留官员的风气是何等昌盛。都察院覆疏中也提到,"年来保留成风,方借御史三尺堤防之,而宁可身为嚆矢",可见当时保留官员成风的大环境。与此同时,又不同于保留地方官时可向巡按御史投递公呈,要保留巡按御史,在本省已无可以投递公呈的衙署,当地耆民遂不得不进京,至通政使司投递公疏、至都察院投递公呈。这又成为诣阙保留官员风气的成因之一。此后直至清初,在类似保留巡按或巡抚、总督的案件中,各地百姓也多采用类似办法,进京至通政使司等处投递连名奏疏。

案例之二,是崇祯九年、十年山西生员进京保留本省提学道袁继咸。袁继咸的情况与普通任满去任官员稍有不同,是在崇祯九年大计考察时遭到巡按御史张孙振弹劾而离任的,当时奉旨械送至京勘问,且收入刑部大牢之中。由于袁继咸是被巡按御史弹劾,当地士民不可能再去巡按处保

---

① 佚名辑:《朝野公言》不分卷《直隶江南四府民本》《都察院覆疏》《都察院批语》《按院揭帖》《按院谕帖》《都察院呈词》,《北京图书馆古籍珍本丛刊》第12册影印崇祯七年施嘉遇等刊本,书目文献出版社,1990年。

留。因此，事发后，太原府生员傅山、汾州府生员薛宗周旋即进京，又联合山西省在京拔贡生王予珏等人，作保留袁继咸的奏本，前往通政使司投递。傅山记载投递连名奏本的情形甚详，称当时的通政使袁鲸数次为难山西诸生，先指奏本为不合式，要求修改，改后再投，又怀疑"诸生皆顶名不实"，要求"上本后要人人在"。

由于奏本迟迟未获通政使司通进，傅山等人此后又刊刻揭帖，"乱投在京各大小衙门"。遇有衙署不接揭帖者，他们甚至当街拦马、强投揭帖①。其中，向内阁投递揭帖，等候时间最久，傅山的记载也最为详细。如此具有画面感的记叙实属难得，故在此不嫌冗赘，抄录于下。

> 山等每夜往朝房门外，候阁老投揭，数日候不得。一日，天尚冷，山等在象房南栅栏外炀火，而从西远远有喝道上来，云："温阁老来矣。"山等约向西如墙而跪，不得令彼径过之。时天未明，衣巾壅塞长安门栅左者尚百余人，见温轿来，乱嚷。温下轿，向长安门东向立。南朝房中三阁老出，迎揖之。一黄公（士俊，广东人，秀长白晰，甚和易），一贺公（逢圣，江夏人，丰颐而笑），一张公（志发，淄川人，颇厖大，多须而面紫，独在后立）。诸生又乱嚷挨挤而前。黄公先问曰："是何人为何事？"众又乱语不辨。温徐徐曰："不须乱说，着一二人前来语之。"山趋而前曰："生员等是山西通省诸生为学道讼冤者。山等有本投通政，通政四五次阻隔之，不得上，因投揭帖，在京大小衙门皆有之矣。独候大宗师，两三月不得见，专在此候投揭。"黄公从旁微语："此他山西诸生师生之公义也。"温曰："朝廷自有处分，诸生呶呶，意欲何为？"山曰："袁学道之被诬，上有朝廷圣明，下有大宗师主持公道。前月，生等五上银台，银台五驳之，不以封进。异日昭雪不待言，生等急急请者，为山西干连无辜之人百余人，皆散寄诸五城、刑部监中，已有死者，有瘐而待死者，有乞食监中者，只恳大宗师与刑部一言，令早问一日，则此无辜者尚有生还之日。方今阳春布令，是大宗师调元赞化之第一仁政。生员等还有疏伏阙也，总望大宗师主持公道。"温颔之云："知道了。"黄公云："朝廷自有鉴裁，诸生不必复上渎，但静听处分，行即与刑部言之也。"令接揭来。诸生群起而投之，接者亦不知是何人揭帖。从后乱下，扑阁老面，长班接得一本与温，温接一本与黄公，举火把，且入

---

① 傅山：《霜红龛集》卷二九《因人私记》。

朝门,且看山等各散去。①

需要指出的是,傅山等生员四处投递揭帖的本意并非煽动舆论,而是希望接览揭帖的官员代其奏闻,最终目标仍然指向"上达天听"。不久后,果然就有人将揭帖内容奏闻御前:

> 不谓揭帖不知是厂是卫是中官径达御前矣。忽上传:"旧例本先进御,然后揭帖公行,近来有本未进御而揭帖公行者,有无通政壅蔽之情?今后不得先行揭帖。"丁时学语山曰:"诸兄揭帖济事矣。"然后举人本乘而上之,通政不得似前阻之矣。②

"举人本"指山西举人保留袁继咸的奏本。生员揭帖经厂卫或宦官"径达御前"之后,举人奏本不再为通政使司所阻,可见"揭帖济事矣"。最终,经过刑部、都察院会审,袁继咸被劾诸款悉为辩解,虽未留任山西提学道,但以原官起任湖广提学道。傅山等人亦自认连名奏本、公揭获效,欣然而返。

案例之三,是康熙十年上海县民进京保留革职知县朱光辉。保留州县官是明清两代经常发生的事情,地方官传记中也常会以曾为百姓保留为荣,但通常不过以一语带过。朱光辉获上海县民保留的过程,则在姚廷遴的《历年记》中有详细记载,据此可知当时百姓保留州县官的一般情形,故亦详录之如下:

> 六月间,造汇比簿,正要严比,忽京报:"着革职,该部议处",此信一到,民间哄传,慕布政行府追印。此时上海欠粮者,俱匍匐吴门,赴都院及布政使处保留,共约千人,直有涕泣者。七月二十六日,有进京保留朱县公者二百余人,在城隍庙演戏,祀神发行。当有沈主簿、马学官送舡六只,每舡赠钱二千、白米两担。如我地今如、吴大疏、蔡雨九等廿人,另叫舡去,至九月初二到京。值帝往满洲谒陵,阁部大臣俱随往,朱太太虽在京,见人众不敢留,只得在登闻院进一呈而各归,亦奇事也。③

观引文可知,上海县民保留知县朱光辉,是先赴苏州苏松巡抚及布政使司衙门公诉,然后再进京保留。当时百姓保留州县官,通常不过在官员离任时沿街沿水挽留,又或在布政使司或巡按、巡抚等处投递公呈,上海县民需要进京保留,当与朱光辉系革职离任有关。在清初的江南地区,地方官多

---

① 傅山:《霜红龛集》卷二九《因人私记》。
② 傅山:《霜红龛集》卷二九《因人私记》。
③ 姚廷遴:《历年记》,收入本社编:《清代日记汇抄》,上海人民出版社,1982 年,第 103 页。

因催征不能及额而被革职,朱光辉也是其中一员。此时,因革职之命系朝廷颁布,即使是督抚等官也无力挽回。于是,百姓仅在省内保留已经无济于事,只得再进京一试。这样的情形又推动了保留地方官也要进京诣阙的风气。

　　从以上三个案例中,我们看到明末清初保留官员之风盛行的特殊景象。生员、百姓不仅保留地方官,还保留巡抚、巡按等监察大吏;不仅在本省投递公呈保留官员,还要进京诣阙保留;不仅通过正常途径(通政使司)向皇帝投递奏疏保留,甚至还在京城四处投递揭帖,向京中大小官员宣扬他们保留官员的事迹。这些情形固然植根于地方公议保留官员的传统,但多少已经超出了朝廷所希望看到的程度。当时人对此就有所批评,认为士民借保留官员之名,行挟制官府之实。及至 18 世纪初,清廷更是严厉打击这种风气,索性把长期存在的民众保留官员现象一概禁绝,这更是 17 世纪保留官员的绅士里老人等始料未及的后果。关于这些问题,将在本书第五章中再详细展开。

第四节　鼎革之际的特殊公议

　　当明清鼎革之际,夹在明与清两个政权之间的州县,或是地方官已经落逃,或是虽有地方官在任,但由于政权本身并没有真正控制该地,地方官反而轻易被当地绅士里老执拿甚至杀害。此时,许多州县在归属于明朝还是清朝的问题上,竟是由当地乡绅、生员、里老公议决定的。这是一种特殊历史背景下的、相当特殊的地方公议。以下通过两个具体案例讨论此类特殊公议:一是弘光元年暨顺治二年江阴县抗清活动中的绅士里老公议,二是顺治十六年金坛县通海案中的乡绅、生员公议。

　　先看顺治二年江阴县抗清活动中的公议。

　　顺治二年,清军南下,一路击溃南明弘光政权的数道防线。五月,弘光朝廷逃离南京,清朝随即控制了整个江南地区。至六月末,清廷向江南已经降清的各府州县发布了剃发令,而各地士民不从,于是掀起了此后的抗清活动。江阴县是江南抗清活动最为激烈的县份之一,自该年闰六月初一日起,至八月二十一日城破,共坚持守城八十一天。自清军南下至江阴守城期间,江阴县绅士乡耆屡次就地方形势举行公议,今谨据《江阴城守纪》

等清人笔记,勾勒其大致情形①。

《江阴城守纪》中记录的历次公议,前三次是地方官与当地绅士里老共同参与的公议。其中,第一次公议在顺治二年五月十五日。时清朝大兵南下,弘光政权已经逃离南京。江阴县正当是否降清的关口,而有"典史陈明遇、训导冯厚敦、都司周瑞珑等纠集绅士","拜牌集议,募兵勤王,而事无由集,挥泪而散"②。实即通过此次公议,确认了江阴县无力抵抗,让乡绅、生员都同意投降清朝。

第二次公议在六月二十九日。此时江阴降清已一月有余。六月二十八日,清朝知县方亨奉到剃发令,出告示晓谕民众遵行。二十九日,遂有"乡耆何茂、邢谷、周顺、邢季、杨芳、薛永、杨起、季茂、辛荣等"至县衙递公呈,请知县详请上司留发。知县不肯,前来递公呈的众乡耆又有喧哗、詈骂知县情形。最终知县无可奈何,只得答应据耆老公呈详请③。这是耆老按照明朝旧习集会、递公呈,向知县提出请求,并要求知县转详上司。但知县方亨心知剃发之事绝非耆民公呈可以请免之事,因而拒绝为之转详。江阴县官民矛盾即起于此。甚至可以说,正是因为明末江南民众已经习惯于上公呈向地方政府提出请求,而清朝尚无民众上公呈之例,知县并不敢转请留发之事,所以才有了官民间的激烈冲突。

第三次公议在闰六月初一日日间。是日为月朔,知县方亨照惯例至文庙行香,遂有"诸生百余人及耆老百姓从至文庙"。士民与知县相见,又对剃发之事产生争执。知县再次谕令众人剃发,而士民不服。"诸生许用等大言于明伦堂曰:'头可断,发决不可薙也。'"书吏亦不听知县之言,拒绝书

---

① 韩菼:《江阴城守纪》,收入徐华根编:《明末江阴守城纪事》,上海古籍出版社,2007 年。案,《江阴城守纪》旧署韩菼,今仍据之而书。顾诚对此早有质疑,提出《江阴城守纪》的作者是"乾隆年间一位有心者整理旧文,托名于韩菼"(《南明史(上)》,光明日报出版社,2011 年,第 171 页)。徐华根据上海图书馆藏抄本《江上愚忠录》,提出《江阴城守纪》的整理者是生活在乾隆、嘉庆年间的江阴县生员祝纯嘏(徐华根编:《明末江阴守城纪事》前言,第 5 页)。但无论韩菼还是祝纯嘏,生活时代都较晚,其据以编撰《江阴城守纪》的原始文献是什么、出于何人之笔,仍然是重要的问题。笔者检夏寅官《徐簫传》载徐簫纂《小腆纪年》时参考书目,内有"黄晞《江阴城守纪》"一种(闵尔昌辑:《碑传集补》卷二四,民国十二年排印本)。又徐簫《小腆纪年附考》卷一一称:"黄晞、邵子湘诸人记江阴城守事。"据此,疑《江阴城守纪》原本出自黄晞。黄晞即清初江阴县生员黄大湛,字子心,其父毓祺因抗清活动被逮引死,黄大湛流徙,后为乡人赎回,改名晞,授学常州,另撰有《阎公死守孤城状》(道光《江阴县志》卷一六《人物·崇祀忠义·黄毓祺》、卷二五《艺文·杂著·明江阴县典史阎公死守孤城状》、民国《江阴县续志》卷二五《杂识一·复社名流》)。若然,则黄晞是亲历江阴抗清之人,又有《阎公死守孤城状》为底本,所载诸事当无可信。附记于此。

② 韩菼:《江阴城守纪》卷上,收入徐华根编:《明末江阴守城纪事》,第 5 页。

③ 韩菼:《江阴城守纪》卷上,收入徐华根编:《明末江阴守城纪事》,第 7—8 页。

写要求剃发的告示。生员、耆老"共哗而出"①。这又是朔望日惯行的公议，如本章第一节所言，知县必于朔日至文庙行香，然后与生员公议于明伦堂。此时，江阴县生员借明伦堂公议的机会再请留发，进一步加剧了官民冲突。是日夜，县吏密告士民，称知县已上申详给豫王，告知县民不肯剃发，请兵来杀县民。于是生员拘执知县，又送至举人夏维新（一说乡绅曹玑）家。当晚，生员沈曰敬等十三人再与知县方亨公议如何回复上台，而方亨"意欲多杀树威，议不协，遂散"②。

闰六月初二日，江阴县生员、耆老终于挟持知县誓师起兵，稍后又将知县方亨与主簿莫士英下狱，拥典史陈明遇为首。自是以后，虽然名义上仍有典史（先有陈明遇，后又邀原任典史阎应元）为之主持，但实际上，陈、阎二典史都由士民公议推举，且官职较卑，又无上司为之撑腰。因此，当时江阴城中诸事，实际上都由士民公议决策，二典史不过是执行公议的决定。《江阴城守纪》中记载：闰六月初二日，四乡居民"集教场议战守"③。初四日，"士民议曰：'我等誓死守城，其老弱妇孺与不能同志者，宜速去'"，又"议守、议战、议更五方服色旗号、议借黄蜚为外援、议请阎典史为主将，持论纷纭，各出一见，日无宁晷"④。初五日，"士民齐集公堂"，典史陈明遇公审细作时隆⑤。初九日，以徽商程璧推荐，典史陈明遇率众拜徽人邵康公为将，又公议"举孝廉夏维新、诸生章经世、王华管粮饷，举中书戚勋、贡生黄毓祺、庠生许用等二十余人为参谋"⑥。又是日，"密谋"杀知县方亨，《江阴城守纪》没有确言参与密谋者何人，但总不过是典史与主事的举人、生员人等，虽言"密谋"，也可算作一种"公议"。二十五日，又因清朝招降，"陈典史及城中士民等公议回书"，拒不投降⑦。及至八月初，清军围城日久，又行劝降，江阴城中"遣诸生朱晖吉、耆老王晴吾等四人诣外营会议"，亦曾一度与清军达成协议，约定投降。至朱晖吉等还入城中，"而主议降顺，众不听"，甚至在知晓四人曾与清军宴饮、收受银两后"立斩四人"，仍以公议拒绝投降⑧。凡此种种，都是士民公议决定守城抗清并安排种种细节的情状。

---

① 韩菼：《江阴城守纪》卷上，收入徐华根编：《明末江阴守城纪事》，第8页。
② 韩菼：《江阴城守纪》卷上，收入徐华根编：《明末江阴守城纪事》，第9页。
③ 韩菼：《江阴城守纪》卷上，收入徐华根编：《明末江阴守城纪事》，第9页。
④ 韩菼：《江阴城守纪》卷上，收入徐华根编：《明末江阴守城纪事》，第10页。
⑤ 韩菼：《江阴城守纪》卷上，收入徐华根编：《明末江阴守城纪事》，第11页。
⑥ 韩菼：《江阴城守纪》卷上，收入徐华根编：《明末江阴守城纪事》，第13页。
⑦ 韩菼：《江阴城守纪》卷上，收入徐华根编：《明末江阴守城纪事》，第17页。
⑧ 韩菼：《江阴城守纪》卷下，收入徐华根编：《明末江阴守城纪事》，第31页。

再看顺治十六年金坛县通海案中的公议。

顺治十六年夏,南明朝廷令郑成功、张煌言率水师从海道入长江西上,六月二十三日,其部攻克镇江府城,为一大胜利。金坛县隶属于镇江府,当南明部队占领镇江以后,遂收到府城发来檄文,勒令投诚南明。当时的金坛县知县任体坤素性贪残,刚刚将县中结余公帑六千余两输送回山西老家,尚不及开征新赋,因而县中银库空虚。任体坤担心镇江府城中的南明军队向他索要军饷,故而闭署不出,实则计划逃亡。儒学教官王之琦遂召集当地乡绅、生员,公议应对之策。当时人著《金坛公是录》中记此次公议云:

> 教官素履既不足以服众,临难又无应变之方,日请邑绅坐聚明伦堂,公议一时权宜之策,保全桑梓。凡议三日而后定,遣诸生虞巽吉、段高明、薛泰来、刘钐、于元起、王游、周羲、谭善应八人,公给盘费,间道至郡城,侦探缓兵。[①]

此处虽仅言邑绅在明伦堂公议,但后文另有两处提及此次公议情形,可知生员也参与了公议。

其一云:"甚言秀才之横,言当明伦堂公议之时,皆秀才为政,县官、乡绅一启口,则刃必加于其颈,分毫不能自主。"其二云:"盖乡绅之切齿诸生,固以其平昔之把持,更以当公议明伦堂时,蒋虎臣有'九龄受命,入主中原,圣主洪福齐天'等语,众中有鼓掌而大哗者,时疑以为于麟昆仲也。"[②]蒋虎臣即该县乡绅蒋超,于麟昆仲即生员于麟、于厚生。从此句记载看来,明伦堂公议时,乡绅发言,生员亦皆在座,且人数众多,因此,乡绅才会听见"鼓掌大哗",却无法亲眼确认是谁,从而疑心于麟兄弟。不过,发言者终究是乡绅,生员虽然无礼,也无非"鼓掌大哗",前句所言"县官、乡绅一启口,则刃必加于其颈",当是乡绅夸大其词。

在派遣生员八人去镇江府城说项之后,金坛县暂时维持着原本的政治秩序,既不与府城中的南明势力相抗敌,也并未明言投顺。然而,在七月初六日,又有丹徒县民王再兴"自称奉命来招抚"。知县任体坤不得不再次派遣书吏陈三重等十二人,耆民岳可忠、团保樊耀之、老人朱士达等十人,由县丞郭国士、练兵朱文运率领,再去谒见王再兴。此次遣人谒见王再兴,《金坛公是录》中虽未明言公议,但计六奇《金坛狱案》中记录事后清廷审查时知县任体坤之语,称此次在县衙鲁山堂公议,也有乡绅签押的公议单为

---

① 佚名:《金坛公是录》不分卷,国家图书馆藏道光年间姚文田刻本。
② 佚名:《金坛公是录》不分卷。

据,可见同样是乡绅公议派遣①。派遣书吏人等后,任体坤仍害怕王再兴前来盘查县库,更决计逃亡,不顾乡绅、生员集体恳留,于夜间私自"挈印潜逃溧阳之九龙山",数日后才被金坛县绅士找到并强拥入城。

七月二十三日,郑成功部被清军大败于江上,仓促退出长江。清廷收复镇江府后,金坛知县任体坤告发六月末明伦堂公议派遣的生员八人,以及之后私下前往镇江府城的若干人,以为皆系叛投南明之辈。乡绅们急于撇清自己的责任,也将明伦堂公议栽于生员,又罗织平日得罪乡绅的生员在内。《金坛公是录》载乡绅之计云:

> 乡绅亦隐忧祸之及己也,深思所以脱卸推诿之策。平昔子衿中有预外事、把持士大夫之短长者,如乡绅纳铺户之贿,欲为典铺加利、盐行增价,而诸生尼之;乡绅欲令纪纲立柴行,为垄断以渔利,而诸生尼之;衙蠹贿嘱乡绅,于钱粮杂派加马草料豆之类,多栽佃户,而诸生搜剔其根源。其事实关通邑利弊,有裨于生民,在秀才侃侃言之,乡绅素所痛恨。更以平昔所怨恶,各举所知,罗织十人,加以倡义投诚之罪。甚言秀才之横,言当明伦堂公议之时,皆秀才为政,县官、乡绅一启口,则刃必加于其颈,分毫不能自主。以见公遣诸人自有身任其咎者,乡绅不特无坐罪之忧,而且有举首之功。②

从这段记载也可以看到,清初乡绅、生员在一起公议的地方公事甚多,生员平日得罪乡绅,正是因为他们常常在公议中阻挠乡绅的提议。至此,乡绅遂宣称明伦堂公议派遣生员去镇江缓颊,也是出自生员的决议。

金坛县知县、乡绅、生员之间的控案历时近两年,江南巡抚、巡按、按察司等官迭次审理,意见不一。至顺治十八年四月,因苏州哭庙案起,清廷派遣户部侍郎叶成格、刑部侍郎厄满至江宁,清结一应钦案。叶、厄两侍郎遂对金坛知县、乡绅一概上夹棍大刑,逼勒其承招通海情形。计六奇在《金坛狱案》叙述其事更详,称:

> ……王重首先拘来,则曰:"投诚降海,系知县任体坤强逼所为,非某之本心"。遂拿体坤,亦上夹棍。体坤曰:"现有众绅衿共相商议之单与公约可据。一在明伦堂会集,一在鲁山之某处,俱有亲书花押,岂不愿投降者?"遂出其二议,公堂质对,王重无词。二大人将与名有押

---

① 计六奇:《金坛狱案》不分卷。

② 佚名:《金坛公是录》不分卷。

之绅名履历另奏覆上,又奉严旨,一体拿究矣。①

据此,则金坛县绅士在明伦堂公议派遣生员去镇江府城,及此后在县衙鲁山堂公议派遣书吏人等谒见王再兴,两次都不只进行了公议,还签订了公议单与公约。

最终,清廷直接以两份公议单上的签押为据,定诸绅叛投之罪。签押乡绅及历次派遣的生员、书吏、里老共拟斩四十八人,流徙十四人,知县任体坤亦拟绞刑。此前以私怨被乡绅诬蔑的十名生员则得以幸免②。《金坛公是录》中甚至直言,清廷给金坛官绅士民定的罪名正是"公议投诚":

> 乃问官即以"公议投诚"四字,合而联之,以定人之罪案。③

通观江阴、金坛两县,前者"公议抗清",后者"公议投诚",都是以地方公议决定一县的政治归属,在明清两代中都可谓是最极端的情形。然而,就参与这两县公议的乡绅、生员、耆老的本意而言,他们恐怕谁都并不希望,让地方公议拥有这么大的"权力"。只不过明中叶以来长期存在举行各种地方公议的惯例,此时必定会导向两县非常之事皆以公议决策的结果。江阴抗清,最初起于惯例性的公呈请求、月朔公议,却因官民公议不协,以至于拘杀知县。金坛乡绅与生员结怨,也是源自平日典铺加利、盐行增价、设立柴行、钱粮杂派一类的公议。官与士民、乡绅与生员,各类人群在地方上的权力结构与利益关系,早已被日常的地方公议所影响。当鼎革大变降临于地方时,官员没有绝对的权威,乡绅、生员、耆老蜂起议事,也是在日常公议的惯性之下发生的。

与此同时,官员的不在场,又让这些特殊公议深刻依赖于乡绅士民的自我组织能力。平日的公议虽然也是官员与绅士里老共议,但多半仍是官员在主持秩序并宣布决策;而在鼎革之际的特殊公议中,官员的缺席造成没有绝对的权威者,乡绅、生员、里老能否合作共事成为严峻考验。江阴县起事后,县中乡绅始终没有参与守城抗清。当时,曹玑等乡绅本应在县中,或许是因为他们并不支持起义,又与本县生员、里老有宿怨④,因而从未出现在江阴抗清的故事中。举人夏维新、贡生王华等虽然被推举管理粮饷,

---

① 计六奇:《金坛狱案》不分卷。

② 计六奇:《金坛狱案》不分卷。

③ 佚名:《金坛公是录》不分卷。

④ 曹玑在户部任司官时,曾有江阴县粮长向他求助,希望减免进京交纳漕粮时的陋规使费,而曹玑竟要从使费中贪没一半入自己囊中,遂为乡人不齿。见李介《天香阁随笔》卷一,《续修四库全书》第 1175 册影印清《粤雅堂丛书》本,上海古籍出版社,2002 年。

但他们最初本不赞同起兵，只不过被众人裹挟，后因克扣赏银激起民众大哗，又被翻说其最初维护知县方亨的旧事，竟因此被士民斩杀。陈明遇、阎应元两名典史，也是被士民推举主持事务，并非具有绝对权威、可以单独决策的官员。于是，县中议战守、议拒降，实际皆由生员、耆老人等公议决定，而决策亦日益激进。最初与众人共事的生员沈曰敬、守备顾元泌、举人夏维新、贡生王华、生员朱晖吉、耆老王晴吾等，先后因被疑有异心，被众人执杀。闰六月二十五日，士民"公议回书"，尚称"总以苏、杭为率，从否唯命"。至八月，则东、西、南三门愿降而北门独不愿，遂不降；朱晖吉等受命与清军谈判，追议定投降而还入城中，众又不降，且杀四人。如此种种，皆因县中无权威能主事之人，且公议以全体一致为定议（详见本书第二章第二节），因而有人不愿降则不能降，较缓和者总是被更激进者所裹挟。相比之下，金坛县"公议投诚"时，所幸当地乡绅始终参与公议，又确实还能以负责任的态度主持其事，甚至冒险签订公议单，于是，也能一度做出微妙的决策，派遣生员人等缓兵，又不让县官或乡绅出面，真正承认投降南明。不过，金坛县生员并不完全服从乡绅的安排，公议时就已"鼓掌大哗"，事平之后更不能容忍乡绅将投降的罪名加于己身。乡绅、生员之间的迭相控陷，也于公议时就已深种祸根。

尽管江阴、金坛两县之事最终都以悲剧收场，但笔者在此仍愿意谨慎而积极地评价两县的公议。鼎革之际，以无兵力的蕞尔一县面对政权更迭，原本就是万难应对的局面。江阴集士民之力守城至八十一日，金坛绅士公议三日而寻出一时保全之策，都已然堪称奇迹。从两县的案例中，也可以看到明清之际在官员缺席的情况下，乡绅士民仅凭地方公议自我组织、群策应变的力量。江阴、金坛出现的问题，当然也反映出当时地方公议的欠缺之处，尤其是江阴士民在守城抗清的八十一日内屡次自相残杀，不免让人产生"乌合之众"的感慨。不过，也不能一见于此，就认为没有官员参与的地方公议必定不足以维持秩序、保持理性。江阴、金坛的悲剧，首先还是外界形势所迫，是危急情形下寻找不到万全之策的结果；其次则是本地乡绅与生员、里老之间宿有积怨，无法完美形成合力的问题；再次也与当时的地方公议机制相关，由于公议总是以全体一致为决策原则，也更容易让激进而强势的一部分人裹挟态度相对暧昧的多数人群。

第四章 地方公议的运用(下)
——赋役分派

在欧洲历史上,"无代议士不纳税"被认为是推动议会民主发展的重要因素。对于明清中国而言,地方士民越来越多地参与商议地方赋役分派事务,同样是推动地方公议发展的重要原因;反过来说,地方公议在赋役分派中究竟能起到多大作用,也是理解地方公议地位的关键问题之一。因此,本章将专门聚焦于赋役相关事务,尝试探讨地方公议为何以及如何介入到赋役分派之中,我们又该如何评价地方公议在赋役事务中的权力大小。

明清两代,政府财政收入主要来自两个部分,一是向土地摊派的、以粮食或货币形式缴纳的赋税,二是向人丁摊派的徭役,包括力役与货币化的丁银在内。与赋税相关的地方公议,主要发生在州县赋税总额发生变化的场合。这种变化可能是临时性的,譬如因灾荒而减免某一年度的赋额,也可能是永久性的,譬如在不同州县间发生了赋税转移,或者由朝廷下令,普遍增派或减免税收。在不同情况下,是否需要经过地方公议、地方公议能够起到什么作用,各不相同。与徭役相关的地方公议,则主要发生在州县之内,关系到州县内部如何分派徭役,主要包括两类具体场景,一是十年一次的徭役编审,二是明末以后公议绅衿的徭役优免。本章第一、二两节将分别探讨赋税、徭役事务中的这些地方公议。

在经制内的赋役之外,地方上一些公共事业,譬如修筑城墙、修浚水利等等,会需要额外的款项、人力去兴办。此时,州县官不能擅自派征,而是需要借助地方公议的力量。此种公议所涉虽不是经制内的赋役,但也可以视作一类州县政府额外摊派的附加税,故而亦阑入本章之内,在第三节中予以讨论。

第一节　州县赋税总额的变化

一、灾荒时的临时减免

灾荒减免赋税，首先需由受灾人户报至地方政府，再由地方政府踏勘确认，然后层层上报至朝廷，最后由朝廷决定是否蠲免。这一基本程序早在南宋淳熙年间已有明确敕令。不过，当时只令各户自报，地方官亲诣田所量灾后即可上报，敕令中并未提及需要本地里正、保长等人连名状诉或作保①。略早几年，绍兴年间曾担任四川制置使的汪应辰在奏状中提到，"本路转运司据两县人户陈诉灾伤，凡一千四百五十三状"②，亦可见当时状报灾荒，系由各户分别状诉，而非连名状报。

及至明初，各地官员题明水旱灾害时，多根据粮长、里长、老人而非普通民户的状告。宣德年间，况钟在苏州知府任上屡次呈报灾荒。其中，宣德七年报水灾，系据长洲等县"该粮里长费礼等状告"③"该粮里费礼等呈"④；宣德八年报蝗灾，系据嘉定县"该二十七都粮长沈伯政呈"⑤；宣德九年报旱灾，系据吴、长洲等县"该粮老吴敬等状告"⑥。从中可以看到，如果只有一都有灾，粮长一人呈状即可；灾荒涉及多个都图，才需要多名粮里长呈状。在状报灾荒一事上，粮里长已经完全获得代替普通民户发声的权利。在稍晚一些的官员题奏中，更为明确地将这些粮长、里老状告灾荒行为表述为"连名状告"。如天顺年间，两广巡抚叶盛奏报广西桂林、柳州等府各州县旱灾，系"据里长黄应钟等连名状告""据老人礼惟信等连名告称"⑦；奏报广东东莞县水灾，系"据里老仇英等连名各状告"⑧。至此，各级地方官层层上报灾荒，俱以粮长、里长、老人等连名呈状为据，已经形成惯例。

---

① 董煟：《救荒活民书》卷中《今具旱伤敕令格式下项》，《景印文渊阁四库全书》第662册，台湾商务印书馆股份有限公司，2008年。

② 汪应辰：《文定集》卷四《御札再问蜀中旱歉》，石珹点校，北京大学出版社，2023年，第41页。

③ 况钟：《况太守集》卷九《题明水灾奏》，第93页。

④ 况钟：《况太守集》卷九《水灾请蠲奏》，第94页。

⑤ 况钟：《况太守集》卷九《呈报蝗虫生发奏》，第99页。

⑥ 况钟：《况太守集》卷九《题明旱灾奏》，第103页。

⑦ 叶盛：《叶文庄公奏疏》两广奏草卷六《题为旱伤等事》。

⑧ 叶盛：《叶文庄公奏疏》两广奏草卷一二《题为水灾民患等事》。

到了明末清初,官箴书中形成了对地方官更为详密的指导,提出但凡有人呈报灾异,地方官派本处里老查覆后,无论最终决定报灾或不报灾,都要取得里老公呈为据。潘杓灿《未信编》中说:

> 若有人将灾异呈报,非通籍共雇者,即须着本处地方人等公查公覆,或成灾,或不成灾。不成灾者,不必详报,即上司有所风闻行查,即以公呈覆之。成灾者,即以公呈详之。此则事有根据也。①

黄六鸿《福惠全书》中,"申报灾伤"一款较潘杓灿所言更为详细。其文云:

> 夫地方遇有水旱蝗蝻,印官即宜亲查,或阖境为灾,或偏隅受害,里地公呈举报,便须传集绅耆共议。凡经申报上司,一面据详具题,一面委员踏勘。其间供应有费,规礼有费,上房纸张造册有费,大部承行覆免有费。要当计所报灾伤分数与应(触)〔蠲〕钱粮分数若干,较之各项使费共若干。若费少而蠲多,则宜报;若费多而蠲少,则慎勿轻举,以滋劳扰,而无利于百姓。宜更取里地不成灾免报公呈存案,免致群口反议印官之不上陈也。②

潘杓灿和黄六鸿倡导的报灾办法,提到里老等人的公呈、公议,实际上存在于两个环节中:一是地方官接到灾荒报告后,要让"本处地方人等公查公覆"。查勘某地是否成灾,原本应该是官员的工作。《大明会典》中记载从洪武二十六年至万历九年明廷历次颁布的报勘灾伤条例,都只是规定地方官应亲自勘灾,按察司、巡按、巡抚应委官勘灾,而未提及应公同里老人等勘灾③。但实际上,官员每到一地踏勘,必然要依靠当地里老带路,指认成灾地方,故而踏勘过程本身需要与里老公同举行。二是地方官亲自查勘(或与当地里老公同查勘)之后,还需要"传集绅耆共议",决定是否上报。黄六鸿详细说明了地方上决定报灾与否的考量因素,指出并不是所有灾荒都有必要上报,需要比较报灾能够蠲免的钱粮和供应上司委员踏勘耗费的钱粮,如果"费多而蠲少",不如不报灾为宜。此时,地方官决定是否报灾,也需要与里老甚至乡绅公议,以取得他们的谅解。如果决定不报灾,需要取得"里地不成灾免报公呈存案",以便在上司行查或他人别有议论时,地方官可以以公呈为凭,开脱自己的责任。

总之,灾荒时期里老等人的勘灾报灾连名呈早在明前期就已经存在。

---

① 潘杓灿:《未信编》卷六《几务下·庶政·报荒》。
② 黄六鸿:《福惠全书》卷三〇《庶政部·申报灾伤》。
③ 万历《大明会典》卷一七《户部四·灾伤》。

及至明末清初，只要出现灾荒，都需要进行地方公议、取具公呈，以决定是否向朝廷报灾，申请临时减免税粮。参与公议者以粮长、里长、老人为主，明末清初以后甚至也包括乡绅在内。这也是关于赋税额度的地方公议中历史最为悠久的一种。

二、州县间的赋税转移

永久性的赋税额度变动，常见情形之一是赋税在各州县间发生转移。针对这种情形的地方公议，集中发生于明代中后期至清初。

在此首先有必要明了，赋税转移是怎么发生的。在明清两代，各州县的田赋正项，通常都有比较固定的"原额"。除了新开垦或坍没抛荒的田地，需要相应增加或减少赋税之外，绝大多数的土地都理应按照固定的科则，每年缴纳相同数量的田赋。就田赋正项而言，赋税转移可以认为几乎不存在。不过，各州县田赋征收上来以后，要分派做不同的用途。除本县存留外，有的要运到府里，有的要运到布政司，还有的要运到南北两京，即使最终目的地相同，兑运的水次仓口也有差异。分派的仓口决定了耗羡、运费等附加费用的差异。从15世纪开始，田赋的货币化进程又在不断推进，各地方、各时期的米银折价也多少不等。耗羡、运费、折价时时发生变动，影响着各州县的实际赋税负担。各省巡抚、巡按常常通过调整改派仓口、调整折价，有意识地平衡各州县间的赋税负担。譬如正统年间江南推行的"平米法"，就是通过牵算田赋正项与各类附加费用，达到"均平"的目的。除了田赋之外，在一条鞭法推行以前，还有均徭与物料，各州县派征的项目、额度也各各不同。粮重则差轻，差重则粮轻，同样是官府用以平衡的办法。

（一）嘉靖年间的赋税转移与地方公议

在明代嘉靖以前，无论是田赋附加税还是均徭、物料，征收项目过于纷繁复杂，又长期不存在一部可以总计所有款项的账目。每年各州县承担的赋役总额究竟如何变化，哪个州县承担着更为沉重的赋税，着实是一笔说不清的糊涂账。官员以"均平"的名义调整部分赋税款项，在各州县间重新分配时，地方士民也很难确切知晓，加派到他们头上的赋税究竟从何处转移而来。如此一来，针对赋税转移的地方公议自然无从谈起。

直到嘉靖前后，情况发生了变化，其契机是各省直的赋役均平改革，以及在改革过程中以省为单位编制、刊发的赋役总会文册(即《赋役全书》的前身)①。巡抚、巡按等各省大吏开始明白核算全省的田赋、耗羡、徭役、物料总数,分别以货币、粮食或实物的形式,制定每年的固定额度;与此同时,也趁机对各府州县的各种赋税款项进行了重新分配。有时,这些文册中甚至会专门开辟卷次,详细记载赋税款项在各州县之间转移征派的情形及其事由。譬如刊刻于嘉靖四十年的《江西赋役纪》,卷十五整卷的内容都是"改派之由",详细记载了自正德十六年起,江西省历次田赋、里甲(即物料)、均徭以及条鞭银在各府州县间转移征派的详细数额与事由②。

各省直的赋役总会文册,以及此后的《赋役全书》,大多公开刊刻印刷,并分发省内各府州县衙门③。及至清初,朝廷甚至进一步明确规定,《赋役全书》"每州县各发二本,一存户房,备有司查考,一存学宫,俾士民检阅"④。于是,不仅朝廷和官员算清了赋税的账目,各地士民也可以通过查阅这些文册,了解到自己被加派的款项从何而来。如果发现这笔税款原本由其他州县承担,如今却被改派到自己州县中,不平之情难免油然而生。也正是从此时开始,各地陆续出现了士民公议、反对从其他州县转移赋税的运动。

第一个案例出现在嘉靖三十年前后的江西省。从正德十六年开始,江西省屡次通过改派仓口、调整折价等方式,调整全省各州县间的田赋分派方案⑤。其中,南昌、新建两个省城的附郭县,由于被认为"附省差烦,不应视他县",受到了特别优待,在嘉靖二十三年厘定各县折价时,以接近全省最低的折价折征白银⑥。数年后,临川县耆老张华钦、冯泉在呈稿中提到这次改折时称:"其时止徇二县偏辞,未行各府查议,况刻板深藏于使司,文书高阁于官府,虽外郡士夫,不闻新法,何况深山小民,孰知弊端?"⑦所谓"二县偏辞",不知是南、新二县知县的申文,还是也包括了二县士民的呈词。

───────────

①　参见申斌《赋役全书的形成——明清中央集权财政体制的预算基础》,第110—131页。其中,申斌也提到了一个与省级赋役总会文册编纂有关的里老公呈事件。嘉靖二十六年,江西省减少南昌、新建二县额粮并转派其他府县后,又于嘉靖二十八年刊行《赋役总会文册》,至嘉靖三十年,遂有吉安等府县里长、老人上呈文,反对从南、新二县移派额粮(第130—131页)。

②　佚名:《江西赋役纪》卷一五《秋粮》。

③　参见申斌《赋役全书的形成——明清中央集权财政体制的预算基础》,第113—114页。

④　康熙《大清会典》卷二四《户部八·赋役一·奏报》。

⑤　佚名:《江西赋役纪》卷一五《秋粮》。

⑥　嘉靖《江西省大志》卷一《赋书》,《原国立北平图书馆甲库善本丛书》第358册影印明嘉靖刻本,国家图书馆出版社,2013年。

⑦　崇祯《抚州府志》卷七《地理志四·田赋籍》,《中国方志丛书》华中地方926号影印明崇祯七年刻本,成文出版社,1989年。

不过，这段记述至少证明，在赋役总会文书尚未刊行的当时，其他地方的士民对赋税改派的情况并不清楚，因而无由提出抗议。

及至嘉靖二十六年，江西巡抚傅凤翔再次提出，南昌、新建两县"附省差繁，田科且重"，要求"于科轻县分量为增损"①。此次改派，据说始于"南、新奸豪张明、李华"的倡议②，不过不能确定这二人究竟是在二县衙门工作的吏役，还是里长、耆老一类的人物。最终结果，是将原先派给南昌、新建的重则兑军米、南京仓本色米改派给新喻等二十七县，颜料、禄粮、俸粮等项则改派给德化等二十二县，南、新二县共计减银10379.28两。同年，恰好江西省又奉到部文，减轻南米、颜料、仓米等项9564.04两，这些款项刚刚被调换给其他州县，而减税款目却被误计入南昌、新建二县的账上。两项相加，南、新二县共获减19943两零③。

嘉靖二十六年的这次改派很快引起了争议。虽然不清楚各地民众是通过什么渠道了解到这次改派的详请，但就在当年，抚州府"耆老人等赴省呈诉，并告府县转详"。由于此时"派单已出"，当年的赋税征派任务已经不可能更改。巡抚傅凤翔安抚了前来呈诉的抚州府耆老，称"将来改处"，但不久后傅凤翔本人升迁，此事遂不了了之④。嘉靖二十八年，此前历次改派情由被刊入《赋役总册》，通行江西，而新一轮抗议随之爆发。嘉靖三十年，"吉安等府县里老"上呈文给巡抚吴鹏，称"南、新二县减派大轻，吉水等县加派过重"。经过复议，吴鹏决定将此前改派给各县的南京仓米仍派给南、新二县，并调整了其他若干款项的分派方式，刊刻了新的《派粮节略》。此前过分优惠南、新二县的办法得到了逆转⑤。饶是如此，其他府县仍不罢休。不久后，又有"临川等县耆老坊里张华钦、冯杲等节次呈稿"告省，称前项改派虽已更正，而南、新二县尚有"虚粮"洒派全省各县，要求巡抚、巡按再为更改各县田赋数额⑥。不过，他们的这次呈请没有被理会。江西省的巡抚、巡按判断，南、新二县与其他各府县间的赋税官司已经得到了公平处置，暂时无需继续调整。

第二、三两个案例都发生于嘉靖四十年前后的南直隶，其中一桩是泰州与兴化县之间的赋税争端，另一桩是靖江县与武进、无锡两县间的争端。

---

① 佚名：《江西赋役纪》卷一五《秋粮》。
② 崇祯《抚州府志》卷七《地理志四·田赋籍》。
③ 佚名：《江西赋役纪》卷一五《秋粮》。
④ 崇祯《抚州府志》卷七《地理志四·田赋籍》。
⑤ 佚名：《江西赋役纪》卷一五《秋粮》。
⑥ 崇祯《抚州府志》卷七《地理志四·田赋籍》。

嘉靖四十年,由泰州贡生陈应芳代笔,以泰州生员刘岩、张爱、郑浙等人的名义,写就了一份《通学告兑粮呈》①。陈应芳在这份呈文中说,扬州府属十州县每年秋粮 218900 余石,其中起运的部分中,有正兑米 60000 石,改兑米 37000 石。就附加费而言,正兑米高于改兑米,又高于存留税粮。为了公平起见,历年以来,各州县都是按照一定比例分担正兑米、改兑米与存留税粮。泰州原额秋粮 56300 石,按比例而言,理应承担正兑米约 15000 石。然而,自嘉靖三十年后,"不知何故",泰州承担的正兑米陡加至 29061 石。"派单到州,百姓惊骇,即时具告,有案在房。"但泰州百姓的状告并没有起到作用,此后十年间,泰州依旧承担着过高的正兑米。十年之后,陈应芳等人"才一通查,始知为兴化尽行改兑,苦泰州尽坐正兑;各州县正兑仍照旧额,不为兴化而代赔,各州县改兑因得通减,反借兴化而攘利"。呈文中没有直接说明陈应芳等人所查为何物,但兴化县的地方志提供了相关线索。据万历《兴化县新志》记载,兴化县完全承担改兑米、将原有正兑米拨归同府其他州县办理,实际上是从正德初年就开始推行的办法②。而在嘉靖三十一年,南直隶刊发了《南畿总会书册》,各州县分派改兑米、正兑米的方案,自此被登载在册并公开③。如果万历《兴化县新志》与陈应芳等人的呈文皆所言不虚,那么,扬州府的田赋分派方案至少更改过两次。一次发生在正德初年,兴化县原有正兑米与其他各州县的改兑米进行了对换。另一次发生在嘉靖三十年,其他各县此前从兴化县接收的正兑米又被全部置换给泰州。陈应芳等人应该是在《南畿总会书册》中发现了嘉靖三十年的田赋分派方案,这才知道泰州多承担的正兑米都来自于兴化县。至此,泰州生员以通学连名呈的方式提出了抗议,希望将泰州多承担的正兑米改回改兑米。不过,从地方志的记载看,兴化、泰州两地的赋额此后并未进行调整,泰州生员们的这份连名呈并没有起到作用。

在泰州人想要努力减轻多年前加派到自己身上的赋税时,靖江人开始警惕新增加的负担。嘉靖四十一年大造黄册时,靖江县新丈出长江沿岸约 900 顷"新涨沙田",与之相应,比十年前新增税粮米 14072 石、麦 6077 石。其中,部分无主沙田还可由官府召佃收租,更可以新增一笔田租收入。于

①　陈应芳:《敬止集》不分卷《通学告兑粮呈》。呈文的对象不明。据呈中内容判断,其呈告对象大概率应为巡抚或巡按,但不能排除向知县提出呈文,再由知县转申的情形。

②　万历《兴化县新志》卷三《田赋》,《中国方志丛书》华中地方 449 号影印明万历十九年手钞本,成文出版社,1983 年。

③　万历《兴化县新志》卷三《田赋》。

是，靖江县随即奉到巡按御史的公文，要求"将新涨田滩收租，协济毗陵、锡山二驿"，所涉款项银2100两零。毗陵、锡山二驿分别位于武进县与无锡县，二县与靖江同隶常州府。靖江县既有结余款项，协济本府他县，本是明代财政调拨的常规操作。不过，这笔协济银款并非田赋正项，而是官田田租。朝廷并未直接规定官田田租的支出去向，靖江县现在收到的命令仅仅来自巡按御史，这就给了靖江县官民讨价还价的空间。靖江知县王叔杲奉到巡按公文后宣称，在"本县酌议间"，连续收到"通学生员"与"通县粮塘里老"的两份连名呈，反对用这笔田租收入协济毗陵、锡山二驿。生员们在呈文中指出，靖江县沿江田滩坍涨不常，"坍则通县包陪，涨则一邑沾惠"。既然坍没的沙田税粮往往需要全县摊赔，新涨之田带来的好处自然也应该留在靖江县。倘若这笔田租被拨给了毗陵、锡山二驿，将来新涨之田再次坍没，靖江人岂不又要白白赔累？粮塘里老们的连名呈更是直接指出，"武、无二县各四五百里有奇，地广田腴，靖江较之百不及一"，以小县协济大县，令"小民实有不均之叹"。他们要求将这笔租银留于本县，用于"修城、窝铺之费"。知县王叔杲以生员和粮塘里老的连名呈为据，先后两次申详巡按，请求将这笔新增田租留于本县使用。不过，关于巡按最终是否同意了靖江县的请求，地方志中并未记录①。

以上三个案例有着诸多共通之处。首先，它们均发生于嘉靖中后期赋税均平改革的时代。其次，赋税额度调整的对象均不是田赋正项，而是除此之外的各类附加费用与其他财政收入。再次，正因为调整对象并非田赋正项，所以朝廷没有直接介入赋税额度的调整，而是把它交给各省巡抚、巡按等官员负责。正是在此背景下，由于缺乏朝廷权威的背书，巡抚、巡按制定的赋税分配方案并非一锤定音。一旦权力更替，新任巡抚、巡按常常会推行新的"均平"改革，不断重新分配各州县间的赋税款项。与此同时，各州县士民已经可以从各类赋役文册中了解到赋税额度调整的详情，自然希望维护自己的利益，尽可能减少赋税负担。于是，各州县里老、生员开始尝试以地方公议的力量，干预省内各州县间的赋税分配。

虽然有着以上共通点，但上述靖江县的案例，又表现出与前两个案例有所不同之处。在江西省与泰州的案例中，各州县里老、生员投递连名呈，都是在官府已经重新分配赋税之后发生的。这说明，在这两个案例中，巡抚、巡按重新分配赋税时，并未事先征求地方社会的意见。地方士民是在

---

①　嘉靖《新修靖江县志》卷一《疆域上·田赋》。

获知本州县赋税负担突然加增之后,通过调阅赋役文册等方式,自行了解到新增赋税来自其他州县,方才开始抗议并请求减赋。靖江县的案例则不然。巡按下文给靖江县,要求"将新涨田滩收租,协济毗陵、锡山二驿"后,靖江县的申文中出现了"本县酌议间"五个字。这说明,巡按此时并未直接制定财政调拨方案,而是以商议的形式下文给靖江县,要求该县"酌议"。靖江知县在酌议后两次上申文给巡按,并在申文中分别引用了生员和粮塘里老的连名呈。此时新的财政方案还未施行,生员和粮塘里老不可能从其他途径听到协济的消息。他们之所以会在此时上连名呈,显然是知县将消息传递给他们,召集他们公议,请他们出具连名呈,以便知县据之向巡按申请,把这笔款项留在本县使用。至此,官府主动召集地方士民、公议赋税款项的情况就出现了。

(二) 明末清初的赋税转移与地方公议

嘉靖末年以后直至清初,州县间的赋税额度调整仍然在继续,与之相关的县际争端层出不穷。同时,在越来越多的案例中,官府不只是被动应对地方士民的请愿、抗议,还会主动征求地方士民的意见,让相关州县的乡绅、生员、里老公议某项赋税款项是否应该做出调整。以下再举出两个案例予以说明。

第一个案例是发生于隆庆至万历初年南直隶徽州府的著名的丝绢税案。关于本案的过程,夫马进早已有多篇文章详细说明[1];此后,又有若干学者从财政角度进行过分析[2]。在此仅简要概述徽州府丝绢税案的大致内容,并着重就该案与地方公议的关系,申述笔者个人的见解。

徽州府丝绢税的争端,可以追溯至嘉靖十四年歙县县民王相、程鹏上连名呈文,提出徽州府6000余两"人丁丝绢"税全由歙县一县承当不妥,要求均分到该府六县。这一时间节点与上文江西省、南直隶诸案相近,同在嘉靖中叶各省直重新厘定各府州县赋税分配方案之际,可见歙县县民也想借此时机减轻本县税负。不过,王相、程鹏之说当时被知府反驳搁置。直至隆庆四年,新安卫军余帅嘉谟重提旧事,并上呈文至应天巡按处。时任巡按御史刘世曾将该事下发徽州府查议,开启了隆庆至万历初年的徽州府丝绢税案。

---

① 夫馬進:「明末反地方官士変」、『東方学報』52、1980 年;「『明末反地方官士変』補論」、『富山大学人文学部紀要』4、1981 年;《试论明末徽州府的丝绢分担纷争》,《中国史研究》2000 年第 2 期。
② 李义琼:《晚明徽州府丝绢事件的财政史解读》,《中国经济史研究》2014 年第 2 期。章亚鹏:《明代中后期徽州府丝绢分担纠纷与地方财政》,华中师范大学硕士学位论文,2014 年。

徽州府知府收到巡按御史下发的帅嘉谟呈文后，将之转发给本府六县查议，在下发的帖文中说：

> 为此帖仰六县官吏，即集知识耆民及里老人等到官，将帅加谟呈内所言丝绢事情，是否与会典、府志相同，即今应否各县均派，仍或应否照旧，作速具由申府，以凭复议，转达施行。①

值得注意的是，知府在帖文中明确要求六县官吏"即集知识耆民及里老人等到官"，公议人丁丝绢的分担办法。在后续绩溪县的回复申文中也提到，收到知府帖文后，该县即"拘集里排人民赴县审勘"，并"据呈到县"②，说明取得了本县里排人等的呈文，以此为据向府申复。这些文书清晰显示，在该案中，官府确曾主动要求各县里老人等公议赋税是否应在各县间重新分配。不过，由于除绩溪县外的其他五县都没有及时申复，该案被暂时搁置下来。

翌年，帅嘉谟进京，以丝绢问题上奏民本，希望越过徽州府，直接从朝廷获得对歙县的支持。该奏本获准下科，户科科参："典有所遵，赋当均派，合从抄出酌行。"随后，奏本到户部，部批："候本处抚按衙门题请行。"③科、部的意见，尤其是户科参语，给予了帅嘉谟极大支持。丝绢税一案遂发回到南直隶，并下徽州府要求商议。此后数年，由于帅嘉谟本人迟迟在外未归，该案也稽延日久，直至万历三年帅嘉谟本人回到徽州府后，才重新开始审议。

万历三年，徽州府再次发下帖文，要求商议丝绢税事项时，对六县下达的命令如下：

> 即查帅加谟呈内歙县额征丝绢应否分派五县，是否先年成规，并审该县人民有无输服加纳，逐一查议申府。④

这一命令中虽然没有直接要求召集里老公议，但是所谓"审该县人民有无输服加纳"，其实仍然是征求民众的意见。也就是说，官府在决定是否要转派丝绢税时，希望充分考虑被转加赋税的民众是否愿意接受。在知府的主动诱导之下，随后六县里民、生员乃至乡绅纷纷参与到丝绢税的公议中。歙县里老、绅士率先向徽州府上连名呈（表 4-1 中文书 2、3），其他五县士

---

① 程任卿辑：《丝绢全书》金集卷一《帅加谟倡议首呈、按院刘爷批府会议帖文》。
② 程任卿辑：《丝绢全书》金集卷一《绩溪县查议申文》。
③ 程任卿辑：《丝绢全书》金集卷一《帅加谟复呈府词》。
④ 程任卿辑：《丝绢全书》金集卷一《徽州府行县催议帖文》。

民则在各县的查议过程中，分别向本县上连名呈（表4-1中文书4至13），表明其态度。此时，六县士民的所作所为可以看成对官府查议的回应。然而，由于歙县与其他五县士民的态度针锋相对，官府迟迟不能确定丝绢税的分配方案。接下来，六县士民纷纷开始主动投递告词、呈词、揭帖，除向本县知县述说缘由外，更接连越级向知府、兵备道、巡抚、巡按等官员表达诉求（表4-1中文书14至27）。

聚讼一年无果后，五县士民提出查阅洪武年间黄册的办法，希望找到明初丝绢税即由歙县一县承担的证据（表4-1中文书28至31）。这一建议一直上奏到朝廷，明廷也同意了查阅黄册，但事与愿违的是，查到的明初黄册中并未记载丝绢税款项，五县士民失去了他们以为可以倚赖的凭证。至此，休宁等五县士民在丝绢税争议中落于下风，但尚未甘心输服，六邑之间的争议仍未了结（表4-1中文书32至40）。

然而，就在此时，户部却不待地方士民与地方官府的往复讨论，径直奏准，将歙县的丝绢税均分给徽州府六县①。这一决定激起了此后的轩然大波。休宁等五县乡宦、士民纷纷赴巡抚、巡按等衙门状告（表4-1中文书41至53）。徽州府推官舒邦儒恰于此时赴任署理婺源县知县，道经休宁县时，为休宁人聚众千余，遮道阻留。舒邦儒行至婺源，依制在月朔谒庙行香，聚集生员、里排参谒。恰巧此日有歙县快手来到婺源，对婺源县人宣说丝绢税转移之事，被聚集起来的婺源士民捉拿到县衙隔壁的紫阳书院。在后来官方宣判文书中，称婺源士民"占住紫阳书院，立作议事局"②。此后，婺源县民又造起一面大旗，插树郊外，旗上大书"歙宦某倚居户部，擅改祖制，变乱版籍，横洒丝绢，贻毒五邑，激议奏豁，各毋惊惶"云云，以此召集五县士民聚议，反对丝绢税均分六县的方案③。休宁、婺源士民的一系列举动让官府为之惊恐，认为休宁、婺源等县有民变之嫌，开始逮捕五县聚众竖旗的士民。然而，五县士民仍然上诉不止（表4-1中文书54至60）。最终，官府虽将程任卿等带头闹事的五县士民下狱，判处死、流等重刑④，但在丝绢税一事上，仍不得不迫于民情的压力，将均分给六县的税款复归歙县⑤。

---

①　程任卿辑：《丝绢全书》竹集卷四《户部影借户科条陈事宜议行均平疏帖》。
②　程任卿辑：《丝绢全书》革集卷七《抚按题覆招拟并刑部覆本》。
③　程任卿辑：《丝绢全书》匏集卷五《婺民诉冤说帖》。
④　程任卿辑：《丝绢全书》革集卷七《抚按题覆招拟并刑部覆本》。
⑤　程任卿辑：《丝绢全书》革集卷七《抚按会题丝绢疏并户部覆本》。

夫马进在对地方公议的研究中，尤其看重徽州府丝绢税一案，并强调婺源县紫阳书院被立为议事局一事，认为其中反映出婺源等县士民在地方公议中特别的主动性。笔者大致同意夫马先生的判断，但想在此基础上延伸作几点阐释。第一，从徽州府丝绢案一开始起，当地绅士里民就通过地方公议机制深度参与其间。无论是帅嘉谟最初的呈文、奏疏，还是六县绅士里民的奉命聚议具呈，都属于地方公议；且相比于日后休宁、婺源等县的情况，这些才是当时更加普遍、更加"正常"的地方公议。徽州府士民参与对丝绢税的公议，与前文所举嘉靖年间诸案例类似，反映出的都是明代中后期地方士民对州县间赋税转移问题的话语权。第二，婺源、休宁等县发生的"士变""民变"，并不是地方公议的题中之义，也不能代表明清时期地方公议的一般情形。就这一情况而言，丝绢税案有其特殊性。不过，我们也可以看到，地方公议确实是此类"士变""民变"产生的背景。地方士民在官府许可下参与了赋税事务的公议，而官府对其公议结果不予采纳，这自然容易导致士民行动的激进化。第三，虽然"议事局"一词罕见，但如同本书第二章所言，明末清初时期，地方公议在书院中举行其实很常见。笔者以为，"议事局"一词的出现，只能视作一种文辞上偶尔使用的表达，不能说明婺源县的地方公议发展到了比当时其他地方更制度化的程度，更不能因此认为婺源县出现了士民主导的地方公议的专门机关。

表 4-1 《丝绢全书》提及万历三年至五年间徽州府绅士里民各类文书

编号	县份	文种	身份	姓名	呈告衙门	提及篇目
1	歙县	呈词	民人	帅加谟	徽州府	卷一《帅加谟复呈府词》
2	歙县	呈文	都图里老	江子贤、谢良器、陈良知等	徽州府	卷一《歙县士民交呈本府批县转申鲍院公文》
3	歙县	呈文	乡宦、举监、生员	乡宦汪尚宁、汪道昆、江珍、方弘静、程大宾、曹楼、江东之等，举监生员殷守善、程嗣勋、许一纯等	徽州府	卷一《歙县士民交呈本府批县转申鲍院公文》
4	婺源县	呈文	城都里排	黄棠、程天雄、朱鉴等	婺源县	卷一《婺源县查议申文》

（续表）

编号	县份	文种	身份	姓名	呈告衙门	提及篇目
5	婺源县	呈文	乡宦、举监	乡宦洪垣、程文著、李寅宾、潘温、余世儒、潘澄等，举监游有常、江文明、江朝阳、潘士藻、程端容、王廷举、孙圭、江美中、朱锦、叶茂芝、潘文渊等	婺源县	卷一《婺源县查议申文》
6	绩溪县	呈文	坊都军民匠籍	姚文爵、舒仲生等	绩溪县	卷一《绩溪县查议申文》
7	绩溪县	呈文	乡宦、举监、生员	汪鲸、冯兰、黄元敬、程枢、胡一凤等	绩溪县	卷一《绩溪县查议申文》
8	休宁县	呈文	城都里老耆民	张护、朱文政、金宗稷、朱朝用等	休宁县	卷一《休宁县查议申文》
9	休宁县	呈文	乡官、举人、监生、生员	乡官胡文孚、举人程时言、监生邵龄、生员胡景星等	休宁县	卷一《休宁县查议申文》
10	祁门县	呈文	粮里耆民	汪福高、方世贤等	祁门县	卷一《祁门县查议申文》
11	祁门县	呈文	乡宦、举人、生员	乡宦华宗春、李叔和、方若坤、许试、陈天祥，举人王京祥、谢师训、黄日新，生员方浙、王大儒等	祁门县	卷一《祁门县查议申文》
12	黟县	呈文	里排	李日华、余时达等	黟县	卷一《黟县查议申文》
13	黟县	呈文	乡宦	汪如海、汪尚功等	黟县	卷一《黟县查议申文》
14	歙县	告状	不明	陈良知等	兵备道	卷一《歙民陈良知等赴兵道告词批府行县帖文》
15	婺源县	告状	不明	黄棠等	巡抚	卷一《婺民具告都院宋爷批府行县帖文》
16	绩溪县	呈文	概县士夫	胡廷瓒、汪季成等	绩溪县	卷一《绩溪县士民具呈申文》

（续表）

编号	县份	文种	身份	姓名	呈告衙门	提及篇目
17	绩溪县	呈文	里排	姚文爵等	绩溪县	卷一《绩溪县士民具呈申文》
18	休宁等五县	揭帖	民人	程文昌、程万春等	不明	卷二《五邑民人诉辩妄奏揭帖》
19	歙县	告词	民人	徐文湜等	徽州府	卷二《歙民徐文湜等催告府词》
20	婺源县	呈文	乡宦、举监、里排	乡宦洪垣、李寅宾、程文著、余世儒等，举监江朝阳、游有常、汪谟、潘士藻、叶茂芝、韩继达、潘文渊等，里排程天雄、汪裕、董应凰、余祖赐、项天锡等	婺源县	卷二《婺邑奉催再议申文》
21	祁门县	揭帖	里排	黄邦泰、谢时鸣、倪时言、李旦等	徽州府	卷二《祁门县里排黄邦泰等呈府揭帖》
22	休宁县	告词	民人	许廷攒、朱文政等	徽州府	卷二《休邑民人告府准词》
23	绩溪县	呈词	乡宦	胡廷瓒等	不明	卷二《绩溪乡宦呈词》
24	歙县	告词	民人	江伯弼等	不明	卷二《歙民江伯弼等告词》
25	休宁等五县	呈词	民人	金正旺、黄棠、汪福高、吴敏仕、姚文爵等	不明	卷二《五邑查明丝绢缘由呈词》
26	歙县	告词	民人	徐文湜等	巡抚	卷二《歙民徐文湜等告词》
27	黟县	告词	里排	余枝富等	不明	卷二《黟县里排告词》
28	休宁等五县	告词	不明	李万金、汪福高、胡国用、吴敏仕等	巡抚	卷三《五邑赴都院告准查册词》
29	休、婺等县	告词	民人	程文昌等	徽州府	卷三《帖五邑查册帖文》

（续表）

编号	县份	文种	身份	姓名	呈告衙门	提及篇目
30	休宁等五县	告词	民人	程文昌、黄棠等	兵备道	卷三《奉兵道拿究为首告诉之人牌面》
31	休宁等五县	奏本	民人	程文昌等	皇帝	卷三《五邑奏查黄册疏文》
32	休宁等五县	告词	民人	程文昌等	徽州府	卷三《五邑赴告府词》
33	休宁等五县	告词	不明	叶德容等	巡按	卷三《按院唐爷准五邑告词》
34	歙县	告词	民人	帅加谟、陈良知等	巡抚	卷三《奉都院准帅加谟告查典札宪牌》
35	歙县	呈词	生员	许一纯等	不明	卷三《歙县通学生员诋毁黄册呈词》
36	休宁等五县	告词	民人	程文昌等	巡按	卷三《五邑赴按院唐爷告词》
37	歙县	呈词	乡官、举人、生员	乡官王景象等,举人殷守善等,生员许一纯等	巡按	卷三《歙县乡宦诋毁黄册呈词》
38	休宁等五县	呈词	乡官、举人、监生	乡官何其贤、洪垣、汪文辉、李叔和、汪如海等,举人程时言、江文明、谢师训、汪尚功、黄元敬等,监生吴节、叶茂芝、马大辅、汪必辉、章其蕴等	巡按	卷三《五邑乡宦尊制呈词》
39	歙县	告词	民人	帅加谟等	巡抚	卷三《帅加谟诋毁黄册告词》
40	休宁等五县	呈词	乡宦	洪垣、何其贤、叶宗春、汪如海、汪季成等	不明	卷四《五邑乡宦辩江子贤妄诋黄册呈词》
41	休宁等五县	告词	民人	程文昌、程德用等	巡抚或巡按	卷四《五邑人民惊派均平急告院词》

（续表）

编号	县份	文种	身份	姓名	呈告衙门	提及篇目
42	黟县	告词	里排	胡仕敏、王广蟾、丁拱积等	巡抚	卷四《黟县里排具告抚院胡爷词》
43	休宁等五县	呈词	乡宦	洪垣、何其贤、叶宗春、汪如海、汪季成等	巡抚	卷四《五邑乡宦辩诉均平呈词》
44	休宁县	呈文	合县里排、耆老、民人	程文昌、胡文盛等	徽州府推官、署理婺源县	卷五《舒爷过休宁准休民告词申文》
45	绩溪县	呈文	合县民人	黄琬等	绩溪县	卷五《绩溪县申文》
46	祁门县	告词	合县民人	陈正、黄崖等	祁门县	卷五《祁门县申文》
47	祁门县	呈文	概县里排	谢岳等	祁门县	卷五《祁门县申文》
48	婺源县	揭帖	乡宦（原任尚宝司卿）	汪文辉	徽州府推官、署理婺源县	卷五《报舒府尊揭帖》
49	婺源县	告词	士民	程德用、游廷诏、郑廷亮、俞启文等五千人	徽州府推官、署理婺源县	卷五《舒爷署县申文》
50	祁门县	呈词	通学生员	吴守道、谢继纯、汪世荣等	兵备道	卷五《祁门县通学生员呈道准词》
51	婺源县	告词	民人	程德用、郑廷亮、游廷诏	徽州府	卷五《婺邑民人告府准词》
52	黟县	告词	民人	李得怀等	黟县	卷五《黟县申文》
53	黟县	呈文	通学生员	汪大伦、胡应诏、舒时英等	黟县	卷五《黟县申文》
54	婺源县	说帖	民人	不明	不明	卷五《婺民诉冤说帖》

（续表）

编号	县份	文种	身份	姓名	呈告衙门	提及篇目
55	休宁等五县	呈文	士民	程德用等	休宁等五县	卷五《徽州府申文》
56	休宁等五县	告词	民人	程文昌、程德用、胡国用	巡抚	卷五《五邑激赴都院告词》
57	休宁等五县	告词	民人	程文昌等	巡按	卷五《五邑激赴按院告词》
58	歙县	告词	民人	江昉等	不明	卷六《歙民架诬倡乱告词》
59	歙县	呈词	生员	宋子荣、安邦、汪懋功	不明	卷六《歙县生员呈词》
60	休宁等五县	状	民人	程文昌、胡敏仕、程德用、胡国用、程伯湜	兵备道	卷六《奉兵道牌拿为首告诉之人》
61	休宁等五县	书	乡宦	不明	徽州府	卷八《乡宦送本府萧爷书》
62	休宁等五县	书	乡宦	不明	巡抚	卷八《乡宦奉都院宋爷书》
63	休宁等五县	书	乡宦	不明	巡抚	卷八《乡宦奉都院宋爷书》
64	休宁等五县	书	乡宦	不明	兵备道	卷八《乡宦奉兵台书》
65	休宁等五县	书	乡宦	不明	兵备道	卷八《乡宦奉兵台书·又》
66	休宁等五县	书	乡宦	不明	巡抚	卷八《乡宦上抚院胡爷书》
67	休宁等五县	书	乡宦	不明	兵备道	卷八《乡宦上兵台书》
68	休宁等五县	说帖	生员	不明	各府	卷八《赴太平上各府说帖》
69	休宁等五县	书	乡宦	不明	徽州府	卷八《乡宦上徐太爷书》

第二个案例是清初江西省减浮运动中瑞州府高安、新昌二县间的税粮官司。

江西省的税粮，明代比元末增加许多，据传始自明初朱元璋对陈友谅故地百姓的惩罚性税收。从正德、嘉靖年间开始，江西省官员将这部分税粮称为"浮粮"，请求朝廷予以减免。嘉靖间，南昌、袁州等府先后获准减免浮粮。至隆庆元年，瑞州府亦仿为请减之议，申详巡抚，但当时并未获准。万历十九年、崇祯元年，瑞州府里民两次进京，连名奏请减浮；地方官更是多次据里老、生员连名呈申请，并获抚按转奏。但终明一代，瑞州府浮粮并未减豁，只是地方官考成得到七八成即可的宽免①。直至清顺治十一年，清廷终于批准巡抚蔡士英的题请，同意参照府志所载元末税粮旧额，减轻瑞州府浮粮。不过，由于地方志中刊载税粮旧额的参差，从前一直共同呈请减浮的瑞州府三县县民，此时却为了争夺减浮的额度，突然产生了巨大冲突。

顺治十一年六月，清廷批准瑞州府减浮的公文甫下，新昌县里民蔡文中等即向江西巡抚上连名呈，声明《新昌县志》中所载元末税粮旧额与府志不同，要求重新厘定瑞州府三县减浮额度。据称，《瑞州府志》载元末高安县税粮五万七千余石、上高县税粮三万五百余石、新昌县税粮三万七千余石；而按照历代《新昌县志》的记载，元末新昌县税粮却仅有二万七千余石，相差了整整一万石。蔡文中等人称府志数据是高安县人窜改的，把高安税粮旧额六万七千余石中的一万石挪加给了新安，要求参照《新昌县志》记载的旧额为新昌县减浮。事下高安县查议，高安县人自是不服，里民赵民安、谢朝泰等人亦出具公呈申辩，力言府志数据无误，反指新昌县并不存在旧志，所谓旧志数据尽属捏造。经过新昌、高安二县两个回合的公呈论辩后，巡抚听从了高安县民的意见，决定仍照府志数据分配减浮额度②。

表4-2　顺治十一年高安、新昌二县里民连名呈

编号	县份	身份	姓名	呈文内容
1	新昌县	里民	蔡文中等	呈为浮粮府总原符，分县互异可骇，乞查新昌历来旧志，并查府总、历年抚按题疏、高安民本，以广新恩、以定赋额事

① 乾隆《高安县志》卷四《减浮疏呈》《减浮疏呈二》，《复旦大学图书馆藏稀见方志丛刊》第33册影印清乾隆十九年刻本，国家图书馆出版社，2010年。乾隆《新昌县志》卷二五《杂志·减浮摭闻》，《稀见中国地方志汇刊》第27册影印清乾隆五十八年刊增修本，中国书店，1992年。

② 乾隆《高安县志》卷四《附余·浮额呈辨及院司道府公审断案》。

（续表）

编号	县份	身份	姓名	呈文内容
2	高安县	里民	赵民安、谢朝泰等	呈为强邻灭志欺君,倚势违旨乱赋,恳详志疏,俯查元额,以劈奸谋,以全皇仁事
3	新昌县	里递	蔡文中、漆陶能等	诉为狡邻欺计无厌,遁词巧饰愈露,谨再剖明,并乞查擅改申文缘由,以破奸谋、以均皇仁事
4	高安县	里民	赵民安、徐会远等	诉为孽邑悖旨灭志,无端横害疲邻,恳详历案,电劈奸谋,以诛欺诳,以需皇仁事

出处:乾隆《高安县志》卷四《附余·浮额呈辨及院司道府公审断案》。

及至康熙十年,瑞州府重修府志,其中需要写明田赋新旧额数,而高、新二邑之争也又一次浮上水面。康熙十一年,新昌县生员蔡起虹等人向布政使司呈控,称康熙十年修订府志时,参与修志者皆为高安县人,将府志中新昌县的税粮旧额径写为三万七千余石,而不采新昌旧志中二万七千余石的数据,要求至少在府志中二说并存。布政使司将此事下府查议,知府申复后,又经巡抚批复,要求"该府会同三县印官及合属公同纂造,具稿详院查核"①。于是事下知府,知府转批高、新二县,要求"会集乡绅士民公议纂造"②。稍后,高安县民提交了合邑公呈,反驳称所谓"新昌旧志"皆属捏造,要求不得把所谓"新昌旧志"中的数据写入府志,以免将来再度发生对减浮额度分配的争议(表4-3中文书1)。新昌县则由知县撰写申文,汇报"传集绅衿耆庶于城隍庙"③公议的结果,仍指认高安县人私修府志,税粮数据偏袒高安,对新昌不公。二县分别回报后,知府要求二县分别将本县旧志缴府查核。高安县随后缴纳了本县旧志,但新昌县却只缴纳了一份抄件,而高安县人亦以此为借口,再度上公呈,指斥所谓"新昌旧志"皆属捏造(表4-3中文书2)。在这份公呈中,高安县人除了抓住新昌县没有缴纳旧志原件的漏洞外,还攻击了新昌县在此回合中没有提供士民公呈:

> 更可异者,新昌乡绅士民无词可具,止靠伊县父母捏谎代详,其为理屈词穷,亦甚彰明较著矣。④

在这一回合中,新昌县显然处于下风。不过,新昌县人并未认输,反而越级向巡抚提交了连名呈,继续要求改写府志(表4-3中文书3)。愤怒的

---

① 乾隆《新昌县志》卷二五《杂志·减浮撅闻》。
② 乾隆《高安县志》卷四《千秋定案》。
③ 乾隆《新昌县志》卷二五《杂志·减浮撅闻》。
④ 乾隆《高安县志》卷四《千秋定案》。

高安县人除指责新昌县人说谎外，还攻击新昌县的这份连名呈只署了三人姓名，公信度远不如高安县的合邑连名公呈：

> 高安叠呈累详之后，新昌理屈词穷，不自悔过。十一月初二，反又捏虚诳耸上宪，止有蔡文中三人姓名，并非合县连名公呈。①

接下来，高、新二县里民继续用连名呈进行了两个回合的对峙，但都没有提出新的证据（表4-3中文书4至7）。最终，由于新昌县始终没有拿出过硬的证据，布政使决定仍遵循二十年前经朝廷确认的减浮方案，令二县士民不得再行生事②。

表4-3　康熙十二年高安、新昌二县里民连名呈

编号	县份	身份	姓名	呈文内容
1	高安县	里民	赵民安、詹兴旺、丁胜祖等	呈为赋税国家重务，额粮不容伪改，恳察历案转详，仍照原额成书，以息异议，以杜后争事
2	高安县	里民	赵民安、詹兴旺等	呈为公刻乃为信史，私造悉属伪书，恳恩垂察，俯赐转详，以剖真伪，以定额赋事
3	新昌县	里民	蔡文中、漆良能、张贤孙	呈为府志互改县载之额粮，僻邑哑受强邻之冤累，恳垂睿照，据信志以正国赋，存公道以纾积困事
4	高安县	里民	赵民安、詹兴旺、部张仝、丁胜祖、胡思兴、罗聂仝、况兴旺、唐幸仝、王陈涂、谢朝泰、常兴仁、郑寿生等	呈为强邻伪造改额，孽宦乘权播毒，灭志混诬，悖旨殃民事
5	新昌县	里民	不明	呈为僻邑志载之粮数，直笔二万有奇，恳存实迹，以彰公道事
6	新昌县	里民	蔡文中、漆良能、张贤孙	呈为县志昭明确据，强邻栽害无休，颁恩详情申覆，以正国赋，以苏重累事
7	高安县	里民	赵民安、詹兴旺、部张仝、丁胜祖、胡思兴、罗聂仝等	呈为强邻违旨欺君，造伪灭真，符申曲蔽，冤不共戴，吁恩察郡志、验成案，俯赐转详，以杜飞陷，以锄势孽，以救残邑事

出处：乾隆《高安县志》卷四《附余·浮额呈辨及院司道府公审断案》；乾隆《新昌县志》卷二五《杂志·减浮摭闻》。

① 乾隆《高安县志》卷四《千秋定案》。

② 乾隆《高安县志》卷四《千秋定案》；乾隆《新昌县志》卷二五《杂志·减浮摭闻》。

与前文嘉靖年间的几个案例相比,上述徽州府、瑞州府两个案例的特点在于,其涉及款项都在正项钱粮的范围之内,调整各州县间的分派方案需要上报朝廷,经户部议准,而非巡抚可以擅自决定。这反映出万历以后的时代特点。由于赋役改革持续推进,原本由各省自行决定的田赋附加税、徭役、物料额度都逐渐归并到条鞭之内,并形成固定的地丁银额,都需要写入《赋役全书》并奏报朝廷审定。因此,当地方士民再想改变本州县的赋税额度时,他们已不只是在向巡抚、巡按争取未经朝廷规定的那部分赋税,而是要触碰到经朝廷确认的正项地丁银。这使得地方士民行动的难度变大了。也正因如此,虽然明末清初时期留存的史料远多于嘉靖时期,但我们能看到的类似案例并不比嘉靖年间更多。可以推测,当时通过地方士民公议、请愿,切实改变不同州县间赋税额度分派方案的案例,应该要少于嘉靖时期。

由于赋税分派方案的调整最终需上报朝廷,各级官府在应对此类事件时,也变得更为谨慎。在徽州府、瑞州府两案中都可以看到,知府以上官员在调查、决策过程中,都在同时考虑证据、民情两项因素,二者不可偏废。徽州、瑞州二府的知府都曾明确下令涉事诸县召集乡绅士民公议,一则是为了试探可能被增加赋税的州县是否情愿“输服加纳”,二则也是给各州县士民均等的机会,让他们可以提供对本州县有利的证据。于是,这两桩案例中的地方公议都不只出现在呈请减税之初,更出现在官府查议之后,贯穿各级官员调查、决策过程的始终。这说明,当时的各级官府在面对州县间赋税分派调整时,已经习惯性允许地方公议参与,以征求地方社会的意见,帮助官府进行决策。

同时,从徽州府、瑞州府两案中也可以看到,由于利益切身相关,各州县士民会积极投身到赋税分派调整的公议中。首先,他们不仅会在知县召集公议后向本县提交公呈,还会积极组织起来,越级向知府、巡抚等官员投递公呈、告词,这已充分反映出地方士民的能动性。其次,在这两桩案例中,徽州、瑞州二府士民调查的文献已经不局限于当时新刻的《赋役全书》,还包括会典、地方志等文献中的历史记载。他们搜罗尽可能多的证据,作为理应减少本州县赋税的理由,这说明地方社会积累了斗争经验,谋求本地利益的手段变得愈发高明。再次,高安县士民在呈文中攻击新昌县乡绅士民不出具公呈,“止靠伊县父母捏谎代详”,尔后又在地方志中鄙夷新昌县的连名呈“止有蔡文中三人姓名,并非合县连名公呈”。这也说明,此时社会上已经形成以合邑公呈代表本州县民意的普遍认知,且这种民意在争取地方利益的过程中变得不可或缺。

总之，从明代中后期至清初，当赋税额度在各州县间重新分派时，地方公议发挥起日益重要的作用。这些地方公议最初出现，是因为地方士民了解到省级官员新近给本州县增派了某些不合理的赋税款项，因而主动连名抗议，请求减税。稍后，在官府调查、决策的过程中，官员们也开始要求涉事州县召集绅士里民公议，为官府更改赋税额度分派方案提供更多信息与支持。及至明末清初，随着各地赋税额度逐渐固定，此类公议出现的频率有所降低。但是，一旦遇到州县间赋税额度的调整，地方士民仍然有很高热情参与公议，各级官府也普遍认可地方公议的必要性。

三、来自朝廷的加派与向朝廷吁求减税

如果赋税额度的变化不是来自州县间的此增彼减，而是由朝廷下令直接加派或减免，情况又会有所不同。

（一）明末加派三饷与地方公议

来自朝廷的加派，最典型的案例是明末的三饷。明廷在加派三饷的过程中，一直采用直接宣布加派的办法，并没有让地方士民公议是否同意加派。那么，这是否能够证明，在朝廷决定加派钱粮时，完全不需要征询民意呢？在此有必要分析其背后的逻辑。

第一个问题在于，明廷加派三饷是否能够证明，明清时代朝廷有权力不经民意的许可，径直增加赋税？要回答这个问题，首先要注意三饷的性质。万历末年，明廷最初开始筹措辽饷时，先是设法从京边年例银等其他财政款项中截取挪用。直至万历四十六年九月，别的办法都已想尽，户部这才"援征倭、征播例，请加派"①。所谓"征倭、征播例"，指抗倭时期对浙江、南直隶地亩的临时加派，以及播州之役时对四川、湖广地亩的临时加派，皆于"兵罢之日，即行蠲免"②。与之相似，辽饷是因为"辽左虏氛未息，军饷不敷，照例暂于各省直田亩量行加派，事宁即为停止"③，亦即仅仅是战争时期的临时增税，而不是永久性的增税。这一方面表明，明朝朝廷确实拥有在紧急情况下不征询民意、直接决定加派的权力，但另一方面也要注意到，明廷从未以类似的方式对田赋正项进行永久性加派。

新增辽饷原本预计在战争结束后就将停止征派。入清之初，清廷也一

---

① 《明神宗实录》卷五七四，万历四十六年九月辛亥。
② 《明神宗实录》卷三四〇，万历二十七年十月丙戌。
③ 《明神宗实录》卷五七四，万历四十六年九月辛亥。

度宣布停免明末所加三饷,但不久后因军需不敷,仍然恢复了辽饷(清朝称之为"九厘银""九厘地亩"),日后正式归入田赋之内,形成了明清两朝历史上唯一一次全国性的、对赋税正项的永久性加派。不过,这次永久性加派的背后,是明清两朝鼎革的特殊历史背景。明廷并没有预计到加派成为永久性;清廷则将辽饷归咎于明朝,自认为不应承受加派的骂名,从而推卸了面对民意的责任。

入清以后直至19世纪末以前,由于明末加派三饷声名狼藉,即使是在战争期间,清廷也几乎从未下令加派正项钱粮。王庆云在《石渠余纪》中就特别强调:"本朝丁田赋役素轻,二百余年以来,未尝增及铢黍。"[①]这也是清朝统治者长期以来的自我标榜。现代学者则将此总结为财政上的"原额主义"[②]。遇上国用不足的情况,朝廷通常只会裁扣地方存留经费等各类款项,把额外滥征的骂名留给地方官,或是宁可多征盐税、关税,甚至开捐纳,但无论如何要尽可能避免加派田赋或地丁正项,以维护皇帝"爱民""仁政"的形象。考虑到这一点,我们恐怕不能轻易认为,明清朝廷真的拥有可以忽略民意、径直增加赋税的权力。

第二个问题则在于,明末加派三饷时,明廷曾否让各地官员制定因地制宜的加派方案?各地制定具体加派方案时,又是否曾经征询地方公议的意见?万历四十六年,户部在提议向全国地亩加派辽饷的题本中是这样说的:

> 臣窃量天下版籍,惟贵州省地硗,田鲜居平,本(籍)〔藉〕协济,目下又剿苗兵,不宜加派。今以浙江、江西、湖广、福建、山东、山西、河南、陕西、四川、广东、广西、云南十二省、南北两直隶,照《会计录》万历六年所定田土亩数,总而计之,有七百余万顷,分计每亩权以加三厘五毫起派。……总计实派额银二百万三十一两四钱三分八厘四毫一丝,凭行各抚、按,转行布政司及府州县官,遵照各加派总额,依见在本辖逐县田土税,勿论优免、不优免人户,一概如额派征。其或地有肥瘠、田有高下,难以执一,至于参差通融,乃成其平准。推在抚按督率司府,司府督率州县,办土物之宜,定赋式之正,要于额满,毋令偏枯,不以(毫)〔豪〕强少贷,不以茕弱苛求,务各明出榜示,给各州县,张挂通衢,尽使小民知悉。[③]

①　王庆云:《石渠余纪》卷一《纪蠲免》,王湜华点校,北京古籍出版社,1985年,第12页。

②　[日]岩井茂树:《中国近代财政史研究》,付勇译,社会科学文献出版社,2011年,第16—17页。

③　李汝华:《敬循征倭征播加派往例疏》,收入程开祜辑:《筹辽硕画》卷一一,《丛书集成续编》第242册影印国立北平图书馆善本丛书景明万历本,新文丰出版公司,1989年。

　　在这份题本中，户部确立了辽饷加派的两个原则：第一，除贵州外，其余十二省两直隶的加派总额，都根据《万历会计录》所载万历六年田土亩数，以每亩三厘五毫的标准加派，毋庸再议。户部在此直接拍板，而没有让其他官员参与讨论是照亩加派还是照粮加派，这是因为军需急迫，朝廷有必要直接确定各省的加派额度，避免各省之间相互推诿，以致延误辽饷征收的时间。第二，各省直之下，具体怎么摊派本省的加派额度，各省官员可以参酌地之肥瘠、田之高下，另行规定，而不必拘泥于每亩三厘五毫的标准。因此，在实行过程中，各省实际上制定了不同的分派标准，并非完全照亩均派。根据林美玲的研究，浙江将全省的田、地、山等分成不同的等则，分别进行加派，各府加派额度也会因为田、地、山的比例不同而有所参差。南直隶按照各府田地山荡的总亩数，统一以每亩三厘五毫的标准确定各府加派辽饷的总额，但各府各州县内的分派方式又各不相同。譬如松江府上海县是照亩加派，而华亭、青浦二县却是照粮加派。陕西、湖广两省尤为特殊，在全省范围内施行照粮加派而非照亩加派的方案①。由此可见，与当时其他全国性政策的推行类似，在辽饷加派的过程中，明廷仍然给各地留下了因地制宜、制订不同具体方案的空间。

　　在各省制定具体加派方案时，笔者管见所及，各省巡抚、巡按与布政使司都直接制定了本省辽饷的加派方案，而没有下令各府州县，让他们召集乡绅士民，公议辽饷分派方案。可以理解，与朝廷决定各省加派额度类似，此时为了快速征收辽饷，省级官员也需要迅速决定各地的分派额度，而不是让各府州县陷入争执之中。但是，在各省决定分派方案之后，各地却又零星出现了针对既定分派方案的反对运动。

　　在江西省，布政司议详巡抚、巡按，制定了七十五州县的加派额度，"或减、或免、或轻、或重不等"，其中，高安县因税粮本重，被列入应免辽饷之列。及至天启三年，丰城县乡绅杨惟相向巡抚、布政司等具揭帖，称丰城县分派辽饷五千五百五十余两过重，请求"扯派通省七十州县"，未得允准。至启、祯之际，杨惟相又入京上疏，直接状告高安县漏派辽饷，要求把丰城的辽饷分派给高安。高安里民不得不连名具疏抗辩，亦进京叩阍②。从天启年间至崇祯元年，在两县的互相推诿之下，甚至有二万余两辽饷无所着落。最终，江西抚、按给出了调和的方案，令高、丰二县各认一半，分摊了原

―――――――――

　　① 参见林美玲《晚明辽饷研究》，福建人民出版社，2007年，第47—63页。
　　② 康熙《高安县志》卷四《亩课二》，《崇祯元年高安里民彭惟先、袁跃等辨辽饷疏》，《稀见中国地方志汇刊》第27册影印清康熙十年刻本，中国书店，1992年。

本由丰城县承担的辽饷。这一方案也得到了明廷的批准,成为定案①。

在湖广省,按粮加派的方案也是在各府相争之后才最终定下的。湖广土地多山地与新垦垸田,亩数多而科则原轻,各省既按亩数分担辽饷,湖广所派独多。湖广省内各府的情形亦相去甚远,湖北地多而科则轻,湖南长沙府科则独重。辽饷派亩还是派粮,对各府分担多少的影响极大,自然引发了各府人士的争议。长沙府乡绅李腾芳记叙了湖广前后几次修改分派方案的过程:

> 先该辽饷加派,部议原题每亩起自七厘,增至九厘。未几,武、汉、黄等各府以亩派为重,求议派粮。未几,长沙府以派粮则重,求议派亩。数年间曲费当道展转苦心,遂定派亩之议,已两年于兹矣。顷突奉部文,仍通派粮。考其原由,盖以承天、荆州、郧阳乡官刘、谢三道长及郧阳治院题议。②

引文中的"刘、谢三道长",指的是承天府人刘兰等三名监察御史。刘兰请改派亩的奏疏保留在地方志中,其中正是抓住承天府地瘠而广、承担辽饷独多这一点,请求湖广辽饷按粮均派③。户部接受了刘兰等人的建议,下令湖广按粮均派。此后,李腾芳为长沙府计,又向巡抚吁求改为按亩均派,但最终未能实现。直至崇祯年间,湖广新加派的辽饷乃至剿饷等项皆遵循按粮均派的规则④。

湖广按粮均派的办法还波及河南。由于郧阳巡抚兼辖河南南阳府,湖广既已按粮均派,郧阳巡抚又为南阳府打抱不平,认为河南以按亩均派的原则加派辽饷,地多粮轻的南阳府加派多于正额,未免不公。崇祯四年,明廷再次加派新饷,郧阳巡抚梁应泽乘机上疏,请求南阳府新饷按粮加派,计算出多加三万余两,要求摊派给河南省其他七府。河南七府乡绅刘之凤等人亦连名上奏,予以反驳⑤。事下户部议覆后,户部建议直接减免南阳府新饷一万余两,且不改派于其他各府。不过,崇祯帝以"加派既有定额,岂得纷纷屡更"为由,拒绝了南阳府减派的方案。最终,南阳府的加派额度没有

---

① 康熙《高安县志》卷四《亩课二》,《崇祯二年巡抚江西魏讳照乘、巡按江西范讳复粹题允高安量分辽饷疏》。

② 乾隆《长沙府志》卷二四《政迹》,李腾芳《增饷议》。

③ 康熙《安陆府志》卷三三《奏疏》,刘兰《题征饷疏》,《中国地方志集成·湖北府县志辑》第42册影印清康熙八年刻本,江苏古籍出版社,2001年。

④ 毕自严:《度支奏议》新饷司卷一五《三覆会议加派事宜疏》,《续修四库全书》第485册影印明崇祯刻本,上海古籍出版社,2002年。

⑤ 毕自严:《度支奏议》新饷司卷三二《议覆南阳新派三厘疏》。

任何改变①。

从江西、湖广以及南阳府的案例中可以看到，各地乡绅士民在三饷问题上的行动，针对的都是各府州县间的额度分摊问题。至于三饷加派本身，作为朝廷的决定，并不存在被士民公议质疑的空间。另一点值得关注之处在于，对加派方案提出意见的大多是乡绅，且多采用具疏上奏的方式，直接向明廷提议。只有江西高安县里民以庶民身份与丰城县乡绅杨惟相论辩，但同样采取了进京叩阍上奏的方式。这说明，虽然明廷让各省抚按商酌本省的加派方案，但朝廷始终握有最终决定权。因此，各地绅民想要为本地方减少加派额度，就要直接面对朝廷进行申诉。乡绅具疏上奏比之普通士民更为容易，也因而显得更为活跃。这与地方上集会公议，或向地方官员递交公呈时的情形有所不同。

（二）清初减赋与地方公议

明清鼎革后不久，辽饷永久性并入田赋征收，让全国各地的赋税负担都变得更为沉重。与之相应，呼吁减赋的声音亦此起彼伏。与明代后期不同的是，此时各地赋税额度已相对固定，抚按不再于各府州县之间调整赋额。因此，清代乡绅士民呼吁减赋，通常也不是以赋税不公为由，要求把本地赋税分摊给别的州县，而是直接哭诉本地浮粮太重，要求予以减免。此时，由于有权力减免赋额的只有朝廷，绅民吁请的对象，无论直接或间接，亦皆指向朝廷。

清代最早减赋成功的是江西省袁州、瑞州二府，不妨先看一下这两个府的减赋过程。根据瑞州府地方志的记载，在元末陈友谅割据时期，瑞州府税粮有正副之征。所谓"副粮"，即因军需不敷而提前一年征收的税粮。及至朱元璋讨平陈友谅，高安县老人黎伯安希图爵赏，"以伪汉刘五所征正副米数献太祖高皇帝，受之"。从此，明朝开始以两倍元代的赋额在瑞州府征收田赋，"倍增正粮如今额"②。

到了隆、万年间，瑞州府官民两次以这段明初故事为据，请求将过重的赋税负担转移到其他府县。隆庆二年，瑞州府知府邓之屏首次向江西抚按申请减轻瑞州府税粮。按照当时的惯例，邓之屏申详时，提出把瑞州府税粮均摊给江西其他府份，而不是直接减税。江西抚按的回应，则是将瑞州

---

①　毕自严：《度支奏议》新饷司卷三三《复议南阳量免新派三厘疏》。

②　正德《瑞州府志》卷三《财赋志·按三县粮额》，《天一阁藏明代方志选刊续编》第 42 册影印明正德十年刻本，上海书店，1990 年。

府的部分兑淮米改为轻赍,即通过调整附加税额度的办法,稍稍减轻瑞州府的实际负担①。万历十九年,高安县民王乾等人又进京上奏,再次讲述明初瑞州府增税的故事,请求减免高安县税粮。事下江西抚按查议,江西抚按又建议把高安县的若干条鞭银款均派江西其他府份。不过,明神宗在圣旨中担忧"一县钱粮均派通省,果否人情相安",要求"抚按官取具各府县公结具奏"②。最终,因为其他府县不愿均摊高安条鞭银,其事遂"不期寝而寝耳"③。明廷对这一事件的处理方式与万历初年徽州府丝绢税案相似,其结局亦相似。由于明廷此时开始普遍采用获取公结的办法,要求获得被加派府州县的同意,才允许转嫁赋税,各府州县间赋税的转移变得越来越困难。至此,在转嫁赋税以求减免这条路上,瑞州府走进了死胡同。

此后,由于瑞州府税粮长期难以足额征收,江西官员又数次上疏,请求宽免瑞州府地方官的钱粮考成④。通过不足额征收税粮的方式,瑞州府民力稍纾。不过,随着三饷开征,当地士民再次开始哭诉赋税太重。崇祯十五年,瑞州府上高县岁贡生黄鼎彝、卢瑜、选贡生陈其谟连名向明廷上疏,希望明廷念及田赋已重,减少当地的里甲浮费,但这一请求也并未获得明廷的积极回应⑤。同年,高安县徐世柏等二百八十八名里递连名向巡按具呈,请求减少三饷加派。巡按亦据之具疏入告,奉旨高安县"一应征派照实粮起科"⑥。

袁州府"浮粮"问题的由来同样可以追溯到明初。据称,明初当地割据势力欧祥遣子向朱元璋投诚,误将本府田赋科则三乡斗(相当于九升)报作了三官斗,明廷减则至每亩科粮一斗六升。正统元年,分宜知县周瑛奏准,比照江西其他府县科则,袁州每亩民田纳本色米五升三合,其余准收折色银、布。至此,袁州府明初重赋的问题实际上已经解决⑦。然而,到了崇祯五年,由于三饷加派日益沉重,在京为官的袁州府缙绅钟炌等人连名具奏,请求减免袁州府加派。奏疏中突然旧事重提,以明初欧祥之事为借口,论

①　康熙《高安县志》卷四《亩课二》,《隆庆二年瑞州府知府邓公之屏申详抚按文》。

②　康熙《高安县志》卷四《亩课二》,《万历十九年高安里民请免浮粮疏》。

③　康熙《高安县志》卷四《亩课二》,《万历二十七年郡守孟公绍庆条议》。

④　康熙《高安县志》卷四《亩课二》,《万历三十四年监兑周公御题减旧例疏》《万历四十四年抚院王公佐、按院陈公于廷题定上疲疏》《天启四年抚院韩公光裕、按院田公珍题允旧例疏》。

⑤　同治《重修上高县志》卷一〇《艺文志·并里疏一》《艺文志·并里疏二》,《中国地方志集成·江西府县志辑》第39册影印清同治九年刻本,江苏古籍出版社,1996年。

⑥　康熙《高安县志》卷四《亩课二》,《崇祯十五年徐按院题减浮粮疏》。

⑦　康熙《袁州府志》卷四《赋税》,《北京图书馆古籍珍本丛刊》第31册影印清康熙九年刻本,书目文献出版社,1996年。

证袁州府税粮本重,不应对袁州再加派过重的三饷①。

及至清顺治十年,江西右布政使庄应会、按察使安世鼎入京朝觐,刚刚亲政不久的顺治帝令其具奏地方利弊,二人以瑞州、袁州二府的重赋问题相告,且都归咎于明初税粮册籍之误。随后,清廷令两江总督、江西巡抚、巡按详查瑞、袁二府重赋的原委,督抚按又将此事批发瑞、袁二府并各县详议。从此后各府县回详中看,各县都"会集绅衿耆老从长酌议"②,有的知县还直接引用了本地乡绅士民的连名呈③。这些当地的乡绅士民自然不会错过难得的减赋机会,纷纷援引地方志,力证本地重赋都是明初误派所致。江西巡抚蔡士英、两江总督马国柱亦据此上疏,请求瑞州府照地方志所载元末旧额减赋,袁州府照相邻的临江府新喻县上则田亩科则减赋。顺治十一年,江西督抚的建议得到了清廷的批准,瑞、袁二府竟从此获得了大幅的赋税减免④。

顺治十一年瑞、袁二府减赋的成功,创造了一种明代所无的新模式。从前,如果找不到能够接受赋税款项的其他州县,明廷无论如何不会同意对一个州县的正项赋税单独进行减免。但是现在,瑞、袁二府的成功案例显示,只要找到依据,证明本地赋税过重是由历史上的"错误"造成,清廷就愿意纠正前朝的"错误",依照宋元旧额或邻县科则,直接减免某一州县的正项赋税。顺治十八年三月二十三日,清廷进一步借瑞、袁二府之事发布上谕,表明普施恩泽于天下的决心:

> 凡故明有仇怨地方,或一处加粮甚重,我朝并无仇怨,何可踵行?此等情由,详察具奏。⑤

从此以后,各地官民也纷纷援引瑞、袁二府之例,开始了崭新的吁求减赋活动。

最早援引瑞、袁二府之例请求减赋的是江西南昌府。康熙元年,江西右布政使王庭入觐,奏称南昌与瑞、袁二府事同一例,都曾在元末陈友谅割

---

① 康熙《袁州府志》卷一七《艺文六》,《减派辽饷公疏(崇祯五年在京乡官钟炌、袁业泗、张承诏、彭大科、袁一凤、袁一鳌、袁继咸等)》。

② 康熙《袁州府志》卷四《赋税》,《国朝顺治十一年四月二十八日江西布政司为清汰浮粮以苏民困以弘圣事》。

③ 如高安县有"阖邑乡绅士民邓应韬、徐日曦、徐迁、萧时习、陈士珂、陈翰廷、陈辅廷、胡惟圣、陈九畴、徐会远等呈",上高、新昌县有"各乡绅士民呈"。见康熙《高安县志》卷四《亩课三》,《江西布政司为请汰浮粮以苏民困以弘圣事》。

④ 康熙《高安县志》卷四《亩课三》,《江西布政司为请汰浮粮以苏民困以弘圣事》。

⑤ 道光《苏州府志》卷八《田赋一》,陆大鹏等《疏略》。

据时加征，明代因袭而成重赋，请求清廷予以减免。随后，经江西督抚核查，清廷一度同意如瑞、袁二府一例核减南昌府"浮粮"，自康熙二年开始减征[1]。不过，与瑞、袁二府不同，南昌府所谓陈友谅加征，其实并没有本地地方志的记载可以佐证。清廷也很快意识到了这一点，从康熙三年开始，就停止了南昌府减征"浮粮"，甚至下令追征康熙二年减征的"浮粮"[2]。但短暂实行了一年的减征，让南昌士民认定了本府确实存在"浮粮"，此后开始不断呈请减浮。雍正元年，分巡道查培继入京觐见，"临行之时，南昌一府七州县士民攀辕号吁，皆为南昌府浮粮事"，求查培继代为奏请减赋[3]。随后，户部酌议，南昌府七州县比照瑞州府高安县科则起征，应核减赋税银十五万余两。不过，因减数太多，户部最终只许可南昌府减免请减银额的一半，即减免七万五千余两，自雍正二年开始减征[4]。此后，南昌府士民仍不满足，又屡次向督抚吁求减赋。乾隆元年，江西巡抚俞兆岳再次奏请为南昌府减浮。户部议令南昌府七州县详议[5]。随后，南昌府七州县召集士民公议，并取具士民公呈[6]，据以申复题请。经户部议准，自乾隆二年始，南昌府减剩浮粮银再减一半，即减征三万七千余两。

　　江西之外，援引瑞、袁二府之例请求减征的还有江苏省苏州、松江二府。康熙初年，因奉上谕详查"故明有仇怨地方"的钱粮加重问题，江宁巡抚韩世琦、马祜、慕天颜、汤斌，科道官施维翰、严沆、孟雄飞、吴正治、任辰旦等人先后上奏，声称苏、松重赋是因为明初朱元璋怒二府之民附张士诚，故赋税照元末加重尤多，请求清廷加恩减免[7]。在此过程中，苏、松士民同样发挥着积极作用。康熙二十四年，常熟县生员李安臣、王孙蕃、周王命、钱炼等人向知县上呈文，吁请减赋。常熟知县高登先据之向巡抚汤斌申详，汤斌随即向清廷上题本，吁请减免苏松重赋[8]。康熙二十八年，清圣祖

　　① 康熙《南昌郡乘》卷四三《艺文志二》，张朝璘《敬陈南昌浮粮疏》，《北京图书馆古籍珍本丛刊》第 30 册影印清康熙中刻本，书目文献出版社，1998 年。

　　② 康熙《新建县志》卷一七《艺文》，董卫国《带征浮粮疏略》。

　　③ 道光《丰城县志》卷四《官政志三·民赋·附录减浮稿案》，查培继《乞免浮粮疏》，《中国方志丛书》华中地方 279 号影印清道光五年刻本，成文出版社，1975 年。

　　④ 道光《丰城县志》卷四《官政志三·民赋·附录减浮稿案》，《部准减浮疏》

　　⑤ 道光《丰城县志》卷四《官政志三·民赋·附录减浮稿案》，《部议减浮疏》。

　　⑥ 道光《丰城县志》卷四《官政志三·民赋·附录减浮稿案》，龚英、周长庚、毛沇等《呈为沥诉浮粮积困、颁请循例具题、上邀新恩、下苏民困事》。

　　⑦ 周梦颜辑：《苏松历代财赋考》附《请减苏松浮粮疏稿》，《北京图书馆古籍珍本丛刊》第 60 册影印清康熙中刻本，书目文献出版社，1998 年。

　　⑧ 康熙《常熟县志》卷八《田赋下》《巡抚汤公斌疏》《知县高登先详略》，《江苏历代方志全书·苏州府部》第 62 册影印清康熙二十六年刻本，凤凰出版社，2016 年。

第二次南巡，途经苏州时，苏州府士民刘廷栋、朱尔秀、李安臣，松江府士民张三才、胡克成、朱世楷等更是直接拦驾叩阍，上民本请求减赋①。康熙三十八年，清圣祖第三次南巡，苏松士民陆大鹏、邵之德等人再次叩阍疏请酌减浮粮②。叩阍失败后，昆山生员周梦颜还编纂了《苏松历代财赋考》一书，记述苏松重赋的由来与清初以来历次吁请减赋的情况，"邮寄京师数百本，冀达宸聪"③。康熙四十四年，清圣祖第四次南巡，松江府人吴亮斌以老农的身份面圣跪陈，又一次请减苏松浮粮④。不过，由于苏、松二府赋甲天下，减赋所涉钱粮数额巨大，超过了清廷能够承受的范围，终康熙一朝，虽然官绅士民屡屡呼吁，清廷对其事由与民情也早已了然，但终究未能为苏、松二府减去浮赋。直至雍、乾年间国库充裕之后，清廷才终于开始为苏、松二府减赋，于雍正三年、乾隆二年两次共减免浮粮六十五万余两⑤。

在清代前期的这些案例中，地方社会乡绅士民的公议、公请，是朝廷同意减赋的必要条件，但并不是充分条件。一方面，如同江西瑞、袁二府的事例表明，当官员向朝廷请求为某一地方减赋时，朝廷会下令调查当地的实际情况。此时，地方官不仅需要提供地方志的记载，证明本地确实因为历史原因造成不合理的"浮粮"，还一定会召集本地乡绅士民公议，让他们提供公呈，充分证明本地民情迫切呼吁减赋。要让朝廷同意减赋，这些步骤都必不可少。但另一方面，朝廷始终牢牢把握着是否减免赋额的最终决定权，且并不存在对地方公议"有求必应"的义务。如果朝廷考虑到财政需求等其他因素，不愿意放弃某一笔税收款项，那么，无论官绅士民如何向朝廷表达民情，朝廷仍有权置之不理。

总之，相比于州县间赋税转移，在单纯的赋税加派或减免中，地方公议虽然依旧存在，但能够发挥的作用相对较小。二者之间产生区别的原因或许有二。第一，当赋税负担发生转移时，财政收入总量不变，官府要考虑的只是赋税分派方案，因而需要听取不同州县士民的意见，综合这些信息做出决策。相关州县的士民以公议、公呈的形式向各级官员提供的有利于本州县的证据，是官府决策是否进行赋税转移的重要参考。而在单纯的赋税加派或减免中，官府决策要考虑的因素，除了该地方的赋税负担是否合理

---

① 康熙《苏州府志》卷二五《田赋三·汇录恩旨减粮并请减奏疏》，《江苏历代方志全书·苏州府部》第 9 册影印清康熙三十年刻本，凤凰出版社，2016 年。

② 道光《苏州府志》卷八《田赋一》，陆大鹏等《疏略》。

③ 道光《苏州府志》卷一〇〇《人物·文苑五·周梦颜》。

④ 嘉庆《松江府志》卷五八《古今人传十·吴亮斌》。

⑤ 参见罗仑、范金民：《清前期苏松钱粮蠲免述论》，《中国农史》1991 年第 2 期。

外,还有财政收入的增加或减少。后者不是地方公议可以讨论的问题。第二,明代中后期州县间发生赋税转移时,决策者常常是巡抚、巡按等省级官员,在他们之上还有朝廷。如果被加派赋税州县的士民反对巡抚、巡按的决策,还可以以具疏上奏等方式向朝廷告状。此时,巡抚、巡按更需要获得地方公议的支持,用以分卸责任。相反,当朝廷决定赋税加派或减免时,无论地方士民反对与否,朝廷都可以凭借自身的权威做出最终决策。此时,地方公议所扮演的角色就仅限于建议、呼吁而已。

第二节　州县内的徭役分派

一、徭役(丁银)的编审

上一节讨论了有关州县赋税总额变化的地方公议。当一个州县的赋税总额确定以后,在州县之内如何分派赋役,是否还需要经过地方士民的公议呢? 我们知道,明清时期的赋役是向着土地与人丁摊派的。其中,田赋或一条鞭法以后的地亩银向土地摊派,而每块土地有着固定的科则,在州县总额确定以后,地方官就可以根据土地登记册籍摊征,自然无需再与地方社会商议如何征派。向着人丁摊派的徭役(也包括一部分上供物料)则与丁银有所不同,其内容与额度每年都在发生变化,每户人家登记的“人丁”数额、科则的变化也远比土地更为复杂。按照明代里甲制度的规定,全国各州县每十年一次编审户籍、大造黄册,根据人丁事产的多少,将各民户划分为里长户、甲首户与畸零户,并决定接下来十年中的轮役次序。各户承担徭役的多少,与十年一次的户籍编审密切相关,而户籍编审是一件需要地方社会高度参与的事情。因此,一个重要问题在于,地方社会如何参与户籍与徭役的例行编审,这种活动是否构成一种地方公议?

先看明初官方的规定。《明实录》记载,洪武二十三年,户部奏定大造黄册的办法:

> 以册式一本并合行事宜条例颁行所司。不许聚集,团局科扰。止将定式颁与各户,将丁产依式开写,付该管甲首,造成文册,凡十一户,以付坊厢里长。坊厢里长以十甲所造册凡一百一十户攒成一本,有余

则附其后，曰畸零户，送付本县。①

《明会典》记载这一规定系洪武二十四年奏准，内容亦大体相似②。总之，当时明廷规定的造册方法是：官府制定造册式样并分发给各户，先由各户分别填写本户丁产，再由甲首、里长收集各户填写的内容，分造里甲册，最后送县汇造，形成一县的黄册。按照这一规定，里甲只是起到收集、传递各户丁产信息的作用，最终如何编排里甲，完全由"有司验其丁产，从公定夺"③，即由州县官直接决定。如果严格照此落实，那么，编审黄册一事，并不存在地方公议的空间。

不过，上述引文中特别强调"不许聚集，团局科扰"，值得关注。《明会典》的该条记载中也提到："所在有司官吏里甲敢有团局造册、科敛害民……许老人指实，连册绑缚害民吏典赴京具奏，犯人处斩。"④在此之前，洪武十八年颁行的《大诰》中也有一条专门的诰文针对"团局置造"问题：

> 置造上中下三等黄册，朝觐之时，明白开谕，毋得扰动乡村。止将黄册底册，就于各府州县，官备纸札，于底册内挑选上中下三等，以凭差役，庶不靠损小民。所谕甚明。及其归也，仍前着落乡村，巧立名色，团局置造，科敛害民。此等官吏，果可容乎！⑤

可见，当时地方上大造黄册时，经常存在"团局造册"的现象。正是因为屡禁不止，明廷才需要反复申禁。

那么，究竟什么是"团局造册"呢？明初史籍中并无详细说明。不过，嘉靖《东乡县志》提供了一个嘉靖初年的案例：

> 造册里长，以第十甲者充之，主十甲人户十年事产推收、丁口消乏之事。大造之年，赴官局书造黄册、实征。有书手、算手，即人户之能其事者充之。间有飞洒税粮、埋没军匠之弊，皆里书之不良者为之也。⑥

大造之年，第十甲里长"赴官局书造黄册、实征"，就是所谓的"团局造册"。可以想见，汇总全县的户籍材料、写造黄册，是非常复杂的工作，需要投入

① 《明太祖实录》卷二〇三，洪武二十三年八月丙寅。

② 万历《大明会典》卷二〇《户部七·户口二·黄册》。

③ 万历《大明会典》卷二〇《户部七·户口二·黄册》。

④ 万历《大明会典》卷二〇《户部七·户口二·黄册》。

⑤ 《御制大诰》不分卷《造册科敛第五十四》，《续修四库全书》第 862 册影印明洪武内府刻本，上海古籍出版社，2002 年。

⑥ 嘉靖《东乡县志》卷上《户口第十》。

大量人手,绝非知县与十数名县吏可以完成。将全县的现年里长与各里书手、算手聚集起来,成立专门的"造册局",来完成这项复杂的工作,才是符合常理的做法。洪武间,明廷一再下令禁止团局造册,是因为这样做将产生人工成本,需要向百姓额外科敛,而明初朝廷希望尽可能减轻百姓的负担。不过,这些禁令的效果如何,其实是颇为可疑的。

当全县现年里长聚集到造册局、共同参与编造黄册时,黄册上里甲的编排、徭役的分配,必然会参酌这些里长的意见,而非仅由知县根据上报信息定夺。这里便蕴含着类似于"集会公议"的可能性。不过,在黄册的"团局造册"过程中,里长具体如何表达意见、究竟能够发挥多大作用,我们仍然所知甚少。

及至明中叶均徭法创设后,关于里长等人如何参与均徭册的编审,史料中有了更多记载。明代的均徭出自杂役,明初系各地方官临时向各里佥派,再由各里里长自行在里户中佥点。至正统年间,江西按察司佥事夏时创为均徭法,"建议造册,以税粮多寡为差,官为定其徭役,谓之均徭册"[1]。于是,在大造黄册之外,又有了编审均徭册。关于均徭法的编佥方式和其中的权力结构,日本学者曾有所争议。山根幸夫、岩井茂树认为,均徭法是以甲为单位轮役,即以甲为单位分派均徭负担,均徭法的"官为定其徭役",意味着地方官直接审定各甲承担的均徭,从而将里长佥点杂役的职能收归官府[2]。小山正明则认为,均徭法虽以甲为单位轮役,但仍然贯彻此前杂役佥点具体到户的原则,而粮里长仍掌握着在里甲内编佥各户均徭的大权[3]。两派观点看似针锋相对,不过,如果我们仔细考察均徭编审的程序,会发现两种观点并非没有调和的余地。

以下且看三种明代中期华北地区编审均徭的具体记载。第一种出自嘉靖间官箴书《新官轨范》,记录的是嘉靖初年以前华北的情形:

> 一均徭合计每岁该役若干,共该工值若干。其家富力寡者,使之出银,定为柴薪、皂隶之类;家贫力众者,使之出力,定为祗候、弓兵之类。如狱卒,点惯熟人;如铺兵,佥傍近人户。临审编定日期,每日十甲人户集于概下,逐日审其愿承何役,既与注定。如有贴户,止是算银津贴数足,将正户一人出名,以贴户别立一小票,使之自贴,不可照名

---

① 《明英宗实录》卷二八一,天顺元年八月戊戌。

② 山根幸夫:「15·6世紀中国における賦役労働制の改革—均徭法を中心に—」、『史学雑誌』60卷11号、1951年。［日］岩井茂树:《中国近代财政史研究》,第180—214页。

③ 小山正明:『明清社会经济史研究』、東京大学出版会、1992年、第214页。

行属追扰。

　　一审均徭，不须各里先递手册，只照黄册在县委人誊出，如有出卖田地，临审时即于本户下开注定。审编之时，先示之日期，使之依日候审。本日倘有事冗，虽夜必尽，不得姑待明日。如事不得已，须将是日之人尽令回还，后通审完日补审。①

　　第二种记载出自北直隶蠡县知县李复初所作《审编均徭议》一文，写作时间在嘉靖十一年至十五年间：

　　　窃谓知一里之虚实者，莫如里老，知一家之虚实者，莫如户长。今俱另议年长公直者各一人，并各户人丁，每一门亦议年长公直者一人，拘集公所，将誊出上年均徭底札，各甲领去一本，照依此册为主，私下对众商议。如某人新贫当减，本户本甲本里必有某人新富者，可照门顶补。某人年老、某人逃、某人亡，必有某人成丁、某人复业、某人漏籍者，可照门顶补。某人有职役，该用供丁，必有某人革职役，该扣供丁者，可照门顶补。如无人顶补，亦须除豁，参酌调停，对面讲究。须使人人各得其所，甚毋蹈袭前非，致生嗟怨。仍要将更改过人丁，各里甲通行清算，以合原额，不许短少，方许呈送本职，以凭唱名对面覆审。若里老、户长受贿作弊，许本甲受害人户登时直言告讦。若呈本公，或有人诬讦者，查出罪亦如之。一审之后，再不许挟私妄言。每甲取具“不致隐漏、并无后词”执结一张附卷。②

　　第三种记载出自吕坤的《实政录》，记录的是万历初年吕坤任山西襄垣县知县时编审均徭的办法：

　　　一审户拙法，莫简于自审。将各里里长、老人、书手拘集于关公或城隍庙中，将一里里老、书手会在一处，令其一里差银自行均派，赵甲该升几则，钱乙该擦几则，李丁应照旧则，务足本里差银数目，各具一手本投递审官。审官预先张挂分日告示，某日某里、某里听审，某日某里、某里听审，观其词色，以为增减。里老、书手之情大概可知，人户之情大概可知。色听词听，吾心自有尺寸矣。……

　　　一里老以为应升，而本人苦告难升，即问某人该升，可以代汝？如

────────────

①　佚名：《新官轨范》不分卷《民情第四》。

②　嘉靖《蠡县志》卷三《户田第三·力役》，李复初《审编均徭议》，《天一阁藏明代方志选刊续编》第1册影印明嘉靖十三年刻本，上海书店，1990年。案，李复初任蠡县知县在嘉靖十一年至十五年间。

无代，不准告。里老以为不当擦，而本人苦告应擦，即问某人不该擦，可以补汝？如无补，不准擦。此等苦告之人，不可即从，另为记号。①

以上三种文献中记载的编审均徭办法，有相同之处，亦有不同之处。相同之处在于，三者都提到，知县需要分别召集每一里的所有编户，逐里亲自编审。最终的均徭编派方案，都是地方官在当面审户的基础上亲自决定的。除《新官轨范》中直接提到"每日十甲人户集于概下"之外，《审编均徭议》中提到"若里老、户长受贿作弊，许本甲受害人户登时直言告讦"，《实政录》中提到"里老以为应升，而本人苦告难升"，也都说明知县审户时不只里长、老人等人在场，其他各户也都有人在现场面见地方官听审。

三种记载的不同之处则在于，在地方官亲自审户以前，据以编审的底册来自何处。《新官轨范》强调"不须各里先递手册"，地方官根据前次黄册记载的各里人丁事产，直接开始编审均徭。如此一来，知县确实剥夺了各里里长等人佥派本里各户杂役的权力，编审均徭成为地方官个人直接面对每一编户的活动。不过，在李复初与吕坤的记载中，情形有所不同。李复初《审编均徭议》一文要求，在编审以前，各里各甲先以上年均徭底札为底本，"私下对众商议"。里老、户长②分别主持各里、甲的商议，并在知县面审时，作为里甲的代表，向知县呈送本里甲的均徭分派方案。吕坤《实政录》中略去了各里甲自行商议的环节，直接让各里的里长、老人、书手草拟本里差银均派方案，随即"各具一手本投递审官"。在后二者的记载中，里长、老人等职役都拥有对均徭分派方案的建议权；相比于仅仅听从地方官编审，其能动性更为充足。

上述三种文献记载的都是华北地区的均徭编审办法，户口数更多的江南地区又是如何呢？浙江自天顺间起，就实行所谓"两役法"，十年之中要轮役两次，其中一次是缴纳甲首钱，另一次为均徭。编审均徭时，"（里）长率民诣县庭，审诸役"③。知县直接召见各里编户、当面编审的办法，看似与华北的情形相去不远。万历《上海县志》中则记载："往年编审均徭，预令粮长查照丁田，注三等九则，造册面审。"④这一记载强调的是均徭编审前粮长

---

① 吕坤：《实政录》卷四《民务·编审均徭》，《吕坤全集》中册，第 1029—1030 页。案，吕坤任襄垣知县在万历二年至四年间。

② 按，文中的"户长"，根据上下文可以判断，并非每户的户长，而是每甲一人，实际上相当于"甲首"。类似表述，还可见于黄六鸿《福惠全书》卷九《编审部》。

③ 徐渭：《徐渭集·徐文长三集》卷二四《庞公碑文（代）》，中华书局，1983 年，第 619 页。

④ 万历《上海县志》卷四《徭役》，《上海图书馆藏稀见方志丛刊》第 23 册影印明万历十六年刻本，国家图书馆出版社，2011 年。

造册的环节，但没有交代知县收到粮长所造册籍后，是仅召集粮、里长面审，还是直接召集编户面审。总之，相比于华北，在户口数更多、里甲数也更多的江南地区，知县直接审定每一户的均徭，难度也一定更大。依赖里长甚至粮长提供各里人户的基本信息，初步草拟均徭分派方案，应该是难以避免的。

直至一条鞭法推行以后，但凡仍然编审人丁、征收条鞭丁银的地方，州县官依旧会在编审之期召集里老、人户，当面审定各户丁数、丁则，以决定丁银的分派方案。万历末年，河南伊阳知县文翔凤如是记载他编审条鞭的办法：

> 乡约、里老等，即依期会议，造册投递，仍照新发刊刻丁单，开写上次原审丁则、姓名，随册投递，当堂审注，面付本户人领出执照。即日先发审过丁则小榜，如榜上丁则与丁单丁则不对，即系抄誊书记舞文，赴禀究处。仍候审完，通出差丁总数大榜，以原审差丁总数户单给散本户收执，以防诡粮飞洒之弊。

> 本里里老、乡约、书手、花户听大牌唤进，至二门外，里户、花户暂住。老人、乡约、书手先随牌进，投册并丁单毕，乡约月台西跪，老人月台东跪，书手台下西跪。另听手牌唤各甲里户、花户进审，户内乡宦、生员，户首代审。

> 审编虽有粮、丁二项，本县之所审者，丁则耳。其粮上坐差，惟在开收明白，责令书役的确造报外。至于丁则，本县并不差人私访，亦无片纸嘱托。则之升擦，以开收为主；丁之添除，以赤历为主。每户有乡约，有旧老人，有新老人，有旧里户，有新里户，有户首，有各花户面同议册，势难作弊。临审，每甲又选公直二人，本县仍查开收赤历，逐名对审有何情弊。即有不平花户，即当堂面禀，其告辩丁则呈状，即在审时面查，审后一宗不改，毋得再扰取究。[①]

一条鞭法推行后，明代前期赋役体系中的徭役与上供物料合并为条鞭银，其中一部分向税粮摊派，一部分向人丁摊派。引文中强调，"审编虽有粮、丁二项，本县之所审者，丁则耳"。"粮、丁二项"，正是指分别按税粮和人丁科派的条鞭银。税粮有册籍可据，相应的条鞭银即可按此摊派，无需再向里甲花户面审；唯有丁银一项，知县还要通过面审，决定各户的丁数与丁则，方法与此前编审均徭几乎一致。

---

① 文翔凤：《皇极篇》卷一四《审编约》，《四库禁毁书丛刊》集部第 49 册影印明万历间刻本，北京出版社，2000 年。

在伊阳县,知县文翔凤采用的办法,是让乡约、里老等人预先会议造册,投递给官府。编审之时,知县仍然召集所有人户到县,逐里当面进行编审。引文提到参加面议的人,除了花户(即普通人户)之外,还有乡约、新旧老人、新旧里户(即里长户)、户首(即甲长户)以及各甲选出的"公直二人"。参与编审的各里甲职役,除乡约、老人已经参与预先造册外,里户、户首、公直等其他职役也可以对本里甲各户的丁则有发言权。知县需要和所有这些人一起"面同议册",以保证每一户摊派得的丁银都获得本里的公认。

明末清初其他地方的一些记载也显示,编审条鞭时,针对其中的丁银部分,里甲职役要提前草拟册籍,或是地方官要召集里甲面审。如崇祯年间,江西临川县知县鲍之祥"例当编审,召里长集庭下,面均徭役"①;顺治十三年,山西石楼县造人丁赤历,以定各户丁银,"唤各里里书、老人同赴城隍庙公议"②。这些记载相对比较简略,从中不能判断完整的编审程序是否都与伊阳县一致。不过,至少可以肯定的是,在丁银编审过程中,里长、老人、里书等里甲职役仍然可以参与意见,而非仅由地方官独断。

以上考察了从明初编审黄册到明中叶编审均徭,再到明末清初编审条鞭丁银时,里甲职役与普通人户参与编审的情形。必须承认,里甲职役与普通人户参与徭役(丁银)的编审,与本书其他章节所讨论的地方公议仍然有所差别。在编审过程中占据主导地位的是地方官,里甲人户处于"被审"的地位。而且,一般说来,各里是分别接受编审的;全县里长、老人即使被召集到一起"团局造册",也只是各自草拟本里甲的册籍,而非公同商议全县的徭役(丁银)分配。从这一意义上说,里甲职役参与编审还不能被称为地方公议。不过,不可否认的是,当里长、老人等人草拟里甲册籍时,他们的意见确实在徭役(丁银)分配中发挥着作用;在他们当面接受地方官编审时,"议"的形式也已初步具备。那么,或许可以认为,里长、老人等人参与徭役(丁银)编审,至少算得上地方公议的某种先驱形态。

二、徭役的优免

嘉靖末年以后,又出现了另一种有关州县内徭役分派的地方公议,即在役法改革中,由乡绅、生员等人公议,如何调整他们自己的优免权。

---

① 康熙《抚州府志》卷一〇《良牧传·鲍之祥》,国家图书馆藏康熙四年刻本。
② 雍正《石楼县志》卷五《艺文第二》,周士章《申拿积蠹厘正赤历文》,《中国地方志集成·山西府县志辑》第 26 册影印清雍正十年刻本,凤凰出版社,2005 年。

从明代嘉靖末年到清代雍正年间，赋役改革的重心从田赋转向了役法。这段时期的役法改革，无论仍冠以"均徭法"的名目，抑或称为"十段法""均平法""一条鞭法""均田均役""官收官解""摊丁入地"，其最核心的内容都是两项：一是把原本按照人丁摊派的各类杂役杂派一概折银，并逐步改按地亩或税粮摊派；二是在改按地粮摊派时，减少乡绅、生员的优免特权，让他们的土地与庶民的土地一样承担从杂役杂派中改折的银两。明中后期至清前期不断推行这样的改革，其背景是各地寇盗频发，兼之倭寇、鞑靼、女真侵扰，直至明清之际更是不断征战，运输兵饷、修造器械，皆不得不变为民户的杂役、杂派，层层向各地派征。所有这些杂役、杂派，起初多向里甲摊派，在里甲内各以审丁定役的方式分派。然而，民户买产并不都在本里甲之内，田产虽照常纳粮，但纳粮户名多仍其旧，并不更至本户名下，于是里长、老人亦不知本里各户资产详情，公议徭役时遂不能公正分派，即所谓"花分"之弊。针对这种情况，官府开始把杂役、杂派改向土地征派，令花分之户无法躲避。然自此以后，另一弊端开始显现。起初，在杂役向里甲征派时，乡绅、生员俱得优免，故而各款杂役改向土地征派之初，乡绅、生员从优免人丁转为优免土地，其地粮仍不摊派杂役银两。然而，随着杂役负担愈来愈重，乡绅、生员与庶民人户之间的负担分派未免畸轻畸重，且此时还有不少庶民地主将土地登记到乡绅、生员户下，滥用其优免特权，即所谓"诡寄"之弊。于是，官府又不得不力求削减乡绅、生员的优免特权，最终将各项杂役、杂派均一派入所有人户的地粮征收。由于杂役、杂派款项繁多，其编征方式的改革系分头完成，因而历经数百年，从明代嘉靖年间一直持续到清代雍正年间，役法改革才算大体完成。

与田赋改革常常牵动一县总额、动辄由一县绅士里老公议公呈不同，役法改革更为直接地指向了乡绅、生员，尤其是作为大土地所有者的乡绅的利益，因而主要经由乡绅公议，次则也间或经由生员公议。乡绅人等自行商议削减他们优免的具体措施，保证不对自己优免特权的减少产生异议、去上级官府告状，如此，才能将改革推行下去。明末清初乡绅公议特别活跃，其中最重要的原因，就是因为这段时期的役法改革对乡绅优免权的触动最大，官府也最需要争取乡绅的支持。

乡绅公议削减他们自己的优免权，笔者所见最早的事例，发生在嘉靖四十二年的浙江省余姚县。滨岛敦俊在对均田均役法的研究中，已将削减

乡绅、生员优免特权的改革追溯到万历九年浙江省嘉兴府海盐县的改革①，
但余姚县的改革其实还要更早于此。据该县翁大立、沈一贯等人的记载，
余姚改革之议始倡于该县乡绅吕本。吕本回籍前官至礼部尚书、武英殿大
学士，当时被目为严嵩党羽。嘉靖四十年，吕本因丁忧回籍，翌年，严嵩即
得罪于嘉靖帝，籍没罢官，吕本亦不再有复出之望。吕本此时在他的故乡
倡议赋役改革，不知是否有为他自己收买人心、希图免受严嵩牵连之意。
但无论如何，余姚县赋役改革皆因此而得以推进。据翁大立、沈一贯等人
的记载，吕本首先倡行的是清丈田亩，丈田之后又倡行均一粮则，这些都是
当时江浙多地已经推行的田赋改革的内容。在丈田均则推行之后，他很快
又转为倡议"均徭"。吕本创议之法虽名为"均徭"，但不同于此前早已存在
的均徭法，而是更接近于稍后的一条鞭法，将原本五年一轮的均徭改为每
年均输，均摊入全县土地征收。沈一贯记其法云：

> 公于是又力主均徭之议。均徭议者，谓往者十岁两徭，虽逸四而劳
> 一，然当徭则劳愈甚，而加以贵官大家之优免多，奸胥里豪之诡弊多，故
> 徭益少而愈困。公议岁尽徭其民，毋复轮年，徭惟视赋，即贵官大家与
> 齐民同，毋复优免。县每岁计需几何金而征之，自为费，毋复烦其民，
> 于是民虽岁岁徭而以银不以力，所输银复少于旧，易举。公且尽出其
> 优免田而输官，当免者服其公，亦罔不听。令布之日，欢然更生焉。②

在此尤当注意者，是"即贵官大家与齐民同，毋复优免"，亦即乡绅、生员田
地皆同庶民一样分摊均徭杂役。这是万历年间推行一条鞭法时很多地方
尚且做不到的。余姚当时能率先举行此法，既得益于吕本的首倡，也得益
于当地乡绅的配合，而乡绅能够配合放弃优免，则多得益于吕本倡议的办
法。据翁大立《均徭或问》记载，吕本"读礼家居，闻赋役不均，民间甚苦，以
役法质于少司空笑斋龚公，谓必弛其力差，悉用雇直，庶几均平无偏累。遂
白当路，下其议邑侯周君"③。"笑斋龚公"，即龚辉，原任工部左侍郎，嘉靖
三十年乞休致仕，此时年已八十有余。吕本先与龚辉达成一致，是则此时
余姚县中年齿最长、官位最尊的两名乡绅已决意放弃优免。"当路"以吕

① ［日］滨岛敦俊:《围绕均田均役的实施》，栾成显译，收入《日本学者研究中国史论著选译》
第六卷《明清》，中华书局，1993年，第192—228页。
② 沈一贯:《喙鸣文集》卷一八《光禄大夫柱国少傅兼太子太傅礼部尚书武英殿大学士赠太
傅谥文安期斋吕公行状》，《续修四库全书》第1357册影印明刻本，上海古籍出版社，2002年。
③ 万历《绍兴府志》卷一五《田赋志二·赋下》，翁大立《均徭或问》，《中国方志丛书》华中地
方520号影印明万历十五年刻本，成文出版社，1983年。

本、龚辉之言下知县周鸣埠查议，查议之法并无详细记载，但翁大立在《均徭或问》中记载了反对方的提问，从中推测，知县查议时必与当地乡绅有过公议，且公议之始，并非所有乡绅都赞同放弃优免的办法。《均徭或问》载反对者提问云：

> 若然，民则受惠矣，士夫之族，免田有差，盖令甲也，今不免，无乃非制乎？①

所谓"士夫之族，免田有差，盖令甲也"，是指嘉靖二十四年明廷制定的优免则例。明初绅衿优免特权，原指优免人丁杂泛差役而言。至嘉靖年间，各地均徭丁银摊入地粮征收，绅衿优免从人丁转向地粮，而"诡寄"之弊日益彰显。因此，明廷于嘉靖二十四年议定优免则例，厘定了官吏绅衿优免田额与优免丁额间的折算办法②；乡绅、生员优免摊派于土地的均徭、杂役，也于此获得合法性支撑。翁大立对此巧为设辩，称明初立法，免丁而不免田，嘉靖间以免田准免丁之例并非初制。然此说实与当时制度相抵牾，恐怕并不能服众。最终号召一县乡绅放弃优免特权的，大概仍在于道德感召，即翁大立所言"此吾辈捐己利以惠穷阎，相时宜以救弊法"③。当然，还有赖于吕本的以身作则，"尽出其优免田而输官，当免者服其公，亦罔不听"④。

万历以后，类似削减乡绅优免的改革，以"均田均役"的名目先后在嘉兴、湖州二府推行，至崇祯年间又扩展至苏州、松江、常州等府，至清代康熙年间，则在南方各省普遍推行。嘉、湖、苏、松、常五府推行均田均役法的过程，滨岛敦俊有过详细的考论，不需赘述⑤。滨岛敦俊在对以上五府均田均役法的研究中，也已发现乡绅公议的存在，并据之指出："在地方政治方面，这时出现了'地方公议'或'士民公议'等约定俗成的习惯。按这种习惯，知县虽是皇帝的全权代表，但也不得不与当地居民代表共同商议。只有在协商一致的情况下，决策才有实行的可能性。"⑥此观点虽与本书全书主旨相

---

① 万历《绍兴府志》卷一五《田赋志二·赋下》，翁大立《均徭或问》。
② 万历《大明会典》卷二〇《户部七·户口二·赋役》。
③ 万历《绍兴府志》卷一五《田赋志二·赋下》，翁大立《均徭或问》。
④ 沈一贯：《喙鸣文集》卷一八《光禄大夫柱国少傅兼太子太傅礼部尚书武英殿大学士赠太傅谥文安期斋吕公行状》。
⑤ 滨岛敦俊：『明代江南農村社会の研究』第二部「明清江南の均田均役法」，第209—417页。
⑥ ［日］滨岛敦俊：《论明末苏松常三府之均田均役》，陈支平主编：《第九届明史国际学术讨论会暨傅衣凌教授诞辰九十周年纪念论文集》，厦门大学出版社，2003年，第42页。参见滨岛敦俊『明代江南農村社会の研究』第二部「明清江南の均田均役法」，第209—417页；「明末清初の均田均役と郷紳（その四）——李日華〈味水軒日記〉をめぐって」，『史朋』16、1983年。

合,但在此仍要强调,均田均役法中的乡绅公议只是当时地方公议中较为特别的一类,而并非当时所有地方公议都以乡绅为主。均田均役法之所以一定要由乡绅来公议,有一特殊条件,即均田均役法是在要求乡绅让渡他们的合法权益。

当时乡绅记叙均田均役法公议情形最为详细的,当属李日华的《味水轩日记》。不妨以此为例,一窥当时乡绅对限制优免的态度。李日华记嘉兴县公议云:

> (万历三十八年七月)二十七日,从诸绅会天宁禅寺,议均田均里。
> (八月)二日,雨即霁,同诸大夫、孝廉、文学会仁文书院,讲均甲事宜。议倡于徐寺丞德夫。先是,海盐、嘉善、平湖三邑前后行均甲法,海盐田多,士绅少,行之最便,嘉善、平湖稍稍称不便。德夫既上疏,议革监兑,议裁白粮水脚,民颇德之,因勇为此举。然嘉兴田最少,士绅最多,优免不如他邑,则士绅嗛然,免如他邑,则所均田益少,不胜役。乃曲议消去一百六十余里,以当优免之数。夫无故而日蹙国百里,恐非上所乐闻也。且旧士绅之不充里役,原无限免之数,故田多至数千亩者,不过二三家,其千亩以下,或不满五百亩者,往往而是。今既限甲科三千亩,乡科乙千五百亩,贡监而下递减,以至吏承,皆有免额,势必受诡匿,取盈而止,其数占必多,受均之田益狭矣,良民安得不困?且近来人情谲诈,躲闪百端,每至十年编审,必借精察英断之令,密切留意,预先调探得富厚之实者,不拘其田多少,一以重役任之,故虽诡出之田,渐自收复。今既拘田数,善诡者无法制之,不均之叹方复兴矣。余私为两言以括之曰:明设免额则富民奸诡之窟愈多,必拘田数则有司操纵之权尽失。未为无见也。①

从引文中不难看出,包括李日华在内的大多数嘉兴县乡绅,对均田均役法皆不以为然。在嘉兴县首倡均田均役法的乡绅是徐必达,万历二十年进士,此时以光禄寺丞丁忧乡居。嘉兴县诸乡绅中,徐必达年齿、官位皆非最尊,他提出倡议,并不能收到像吕本、龚辉那样的效果。嘉兴县的乡绅们提出了两种优免限制的办法。第一种方案是"消去一百六十余里,以当优免之数"。嘉兴县一共不过三百八十一里,此即以全县五分之二强的里数抵当优免。但乡绅们也自知,这个"无故而日蹙国百里"的方案绝不会被官府通过。另一方案则是限制优免田亩数额,"限甲科三千亩,乡科乙千五百

亩，贡监而下递减"。相比于《大明会典》中嘉靖二十四年的优免则例，这一方案其实远为宽松。不过，就在万历三十八年，明廷制定了优免新例，自进士以至监生出身的官绅，各照会典所载优免则例增加了一倍至十倍，优免土地数额最多可至万亩①。嘉兴县把进士、举人出身官员的优免土地分别限制到三千亩和一千五百亩，相比明廷新例已经大为减少。正因如此，李日华等乡绅才找出种种理由，声言此方案不便。从这一案例中可以清楚看到，均田均役改革已经超越了明廷公布的优免则例，要求乡绅让渡更多既得利益。乡绅公议，议的是如何减少他们自己的权益。均田均役法既无朝廷法规以为准绳，地方官府亦无权径自执行，那么让乡绅让步的唯一手段，就只有诉之公议，让他们自己定出愿意遵守的方案来。

李日华记载的上述公议之后的一年，即万历三十九年，正当编审之年，然而嘉兴县该年并未实施均田均役法。由此可知，嘉兴县乡绅当时公议并未议定方案，故只能将限制优免一事暂时搁置。直至十年以后，天启元年再逢编审之时，嘉兴县知县蒋允仪才申详该县均田均役的具体方案，并获得巡抚批准施行。其中，限定"优免之数，自甲科、乡贡以及衿士，自三千亩以及三十亩"②，采用的仍是万历三十八年的后一议案。这十年之中，该县乡绅必定又经过反复公议，才最终达成一致，只是具体公议的情形并无明文记载。

与上述嘉兴县乡绅公议均田均役大致同时期，江南巡抚徐民式也开始尝试在江南苏州、松江、常州三府推行均田均役法。万历三十九年，常州府率先议定施行，而苏州、松江二府以乡绅不服，又迁延至天启、崇祯年间，反复再为公议。崇祯四年编审以前，常熟县乡绅钱谦益在写给知县杨鼎熙的信中，仍要求以公议定优免限制。其辞云：

> 为台下计，与其独裁之，不若公议之也；与其拮据料理于一堂，不若疏通商榷于一邑也。今将通县优免数目，本邑乡绅、举贡等项若干，客户若干，别户若干，据现造册籍，先送阖邑缙绅公议，或免或否，各各公同注定。一则为通邑清役，一则为父母分怨，料缙绅必不辞也。次则送本学师长，集诸生公议。诸生公为桑梓，私为门户，苟有所见，必

---

① 万历《常熟县私志》卷三《优免新则》，《北京大学图书馆藏稀见方志丛刊》第 106 册影印民国晒印本，国家图书馆出版社，2013 年。参见[日]滨岛敦俊：《论明末苏松常三府之均田均役》，第 47—48 页。

② 崇祯《嘉兴县志》卷一〇《食货志·赋役》，蒋允仪《为厘正赋役以苏民困事均田十议》。参见同书卷二二《艺文志·遗文四》，陈懿典《嘉兴县蒋侯新定均田役法碑记》。

竭诚相对,不敢诓且隐也。又次则行首告之法,或投匦,或面陈,许其直言情弊,核实施行。则言者摩厉争进,而其可采者必十得五六,虽桀黠之上下其手者,亦将形见而计穷也。[1]

钱谦益在此把"与其独裁之,不若公议之也"说成是"为台下计",与上述嘉兴县的情形相似,都是因为限制优免其实无法可据。知县不希望惹祸上身,最好的办法无过于让享受优免权者自己议定。

唯有在湖州府乌程县,均田均役法的公议范围超出了乡绅、生员,以"百姓""大议泮宫"的方式进行。但该县情形实有特殊,是在百姓请愿于巡按御史之后,为了平息民愤而仓促决定公议的。乌程县乡绅朱国祯,也是该县最初向巡抚、巡按提议均田均役者,如是记载公议发起时的情形:

> 此议发之已久,余有所感,揭之抚按,误采发下。时编审已定,众当愤结时,哄然并起。适按台马起莘从聘自嘉兴将至,众往迎,大刻"均田便民"四字粘于道傍,处处皆遍。因随按台舟,自平望至郡城一百二十里,布满极目,不见首尾,愈近愈多,号呼投水者往往而是。既至,登舆,众拥枳不得行。擒数人,旋释之。抵署问状,两县主又失辞。按台怒,却立曰:"民情如此。三日不靖,于汝乎取之!"于是大议泮宫,挤排几至堕桥,权在百姓,不在县主矣。县主亦怒,据均字以一切法齐之。而各大族之子弟互纠集,直犯府主,加恶声。府主震怒,多潜遁去。有二生犷甚,自以名实之,以示无惧,遂逮捕不可解。[2]

为了平息民众集体请愿而临时决定公议,本非常态。乌程县此次议起仓促,且民众有必须逼迫乡绅削减优免之势,因而聚众"大议","权在百姓,不在县主",已成逼迫乡绅不得不均之势。知县"据均字以一切法齐之",即应允百姓要求,尽为削减优免之权。众乡绅其实不服,故而又出现大族子弟聚众侵犯知府之事。其后还有大族子弟聚众欲焚朱国祯之庐,幸因百姓护持,朱国祯方得幸免。乌程县如此情形,其实是百姓与乡绅的矛盾已经达到极点,故不待乡绅自议,百姓即要以百姓公议逼迫乡绅。然而,乌程知县虽依照百姓公议申详均役,巡抚、巡按又据之上奏,但最终还是被户部否决[3]。户部否决乌程县议案的过程不知其详,但可以想见,该县削减优免既非乡绅自愿,乡绅们自然会动用一切资源,说动当朝官员。户部也不可能

---

① 钱谦益:《牧斋初学集》卷八七《与杨明府论编审》,第1827—1828页。
② 朱国祯:《涌幢小品》卷一四《均田》,中华书局,1959年,第315—316页。
③ 朱国祯:《涌幢小品》卷一四《均田》,第316页。

贸然批准这样一项强迫乡绅放弃其合法优免权的议案。乌程县的案例，其实正好从反面证明，在没有朝廷明文规定的情况下，要让乡绅放弃其优免特权，还是得经过他们自己公议决定，各级政府才能够顺利推行。

与均田均役法相似的，还有明末清初推行的官收官解法。均田均役法均的只是"里役"，即来源于均徭杂泛等项、此时已经编入一条鞭征收的丁银。"里役"之外，明末清初的江南、浙江等省还存在白粮解役、南粮解役等漕粮项下的杂泛差役，乡绅人等也可以优免，且不在条鞭之列。均田均役法推广之后，江浙等省又推行针对这些项目的"官收官解法"，将它们一一折银摊入田地征收，乡绅人等的土地也一并承担折银后的解役款项。官收官解法的推行比均田均役法稍晚一些。万历年间嘉兴等县公议均田均役时，其实已经议及白粮改为官解，取消乡绅优免，但当时并未实行①。绍兴府万历年间也已议及南粮改为官解，但因乡绅反对，未能实行②；至崇祯十四年编审前后，山阴、会稽两县乡绅反复公议，终于在绍兴府推行了南粮官解③。直至清代初年，官收官解的改革仍在进行中，且其中仍可见乡绅积极参与公议。如顺治末年，安徽太平县南、北二粮改为官解，系知县鹿兆图"与乡绅程言、李一元协议，详改官征官解"④；康熙初，桐城县南粮议改官解，乡绅姚文然"同乡耆里老集议于城隍庙者，三日不决于兹矣"⑤。总之，推行官收官解法时的乡绅公议，本质上与推行均田均役法时一样，都是为了让乡绅让渡他们自己的优免权。

第三节　县域内公共事业的款项筹集

县域内的公共事业，主要指各类公共设施的修缮、维护，如城墙、水利工程、学校、桥梁、渡口等，以及一些慈善、福利事业的举办，如灾荒时期的赈济、平日的善堂善会等。由于政府财政通常不能覆盖全部地方公共事业的支出，兴办这些项目所需的人力物力，往往需要借助地方公议的力量，向

---

①　李日华：《味水轩日记》卷二，万历三十八年八月二日。

②　乾隆《绍兴府志》卷六〇《人物志二十·义行上·黄日中》，《中国地方志集成·浙江府县志辑》第40册影印清乾隆五十七年刻本，上海书店，1993年。

③　祁彪佳：《祁彪佳日记》卷一〇《感慕录》，第478页；卷一一《小捄录》，第574页。

④　嘉庆《太平县志》卷六《遗爱·鹿兆图》，《中国地方志集成·安徽府县志辑》第62册影印清嘉庆十四年刻本，江苏古籍出版社，1998年。

⑤　姚文然：《姚端恪公集》文集卷九《与蔡总漕书》。

地方社会的乡绅士民募集筹措。具体而言,可以分为两类情形。

第一类也是较为常见的情形,是由乡绅、生员或富户集会公议并募捐钱款,用以兴办地方公共事业。此时,出资人仅限于参加公议的乡绅、生员、富户,出资额度由个人认捐。此类情形并不始于明清时期。有学者指出,早在南宋,士大夫阶层已经深入参与地方公共事业的建设。地方学校、祠庙、桥梁、水利等设施的兴建、维护,往往以乡居士大夫会议募捐为主要筹款形式①。及至明清两代,类似情形同样存在。譬如地方儒学维修的经费,往往来自本地乡士大夫、生员会议捐款②。又譬如灾荒年份的赈济,除政府赈贷外,多由本地乡绅、生员和富户筹款出力③。又譬如承担着日常育婴、恤嫠功能的善堂善会,往往由地方乡绅常年出资维护④。这些项目如何筹款、如何办理,当然都要由参与者进行公议。

明清两代地方上的公共事业兴办到什么程度,乡绅士民在兴办公共事业时付出了多少人力物力,相关研究已经非常丰富,无需笔者多加赘述。这一类公共事业的建设管理,通常也被学者视为"地方自治"或"公共领域"⑤。不过,如同序章所言,本书无意关注"地方自治"或"公共领域"的问题。由于这类公议的实质是一种民间发起、举办某项事业的组织,对于没有参加公议的普通民众,并不能强制他们服从决议、出资出力,因此,这类公议其实并不具备"政治权力"。这一点与本书关注的核心问题相背离。

本节真正想要讨论的,是在16世纪末以后出现的第二类情形:地方公议可以决定,为了替某一项地方公共事业筹款,全县所有或部分人户,都要按照土地或人丁摊派若干款项。普通民众都必须服从此类地方公议的决定。相比于第一类情形,此类情形并不那么普遍,但其存在本身值得我们格外予以关注。因为在这种情形下,地方公议实际上成为地方政府在法定额度外加派税收的权力来源。以下将通过若干案例,探讨此类地方公议出

① 参见宋燕鹏《南宋士人与地方公益事业之研究》,第133—183页。
② 廖华生:《官府、士绅与庙学的修建——明清时期婺源庙学的个案考察》,《中国社会经济史研究》2008年第2期。杨莉:《明清时期天津庙学修缮与地方社会的互动——以方志为中心的考察》,《湖南社会科学》2022年第5期。
③ 如明末祁彪佳参与绍兴府赈荒事务的公议,参见本书第二章第二节。
④ [日]夫马进:《中国善会善堂史研究》,伍跃、杨文信、张学锋译,商务印书馆,2005年。
⑤ 费孝通:《基层行政的僵化》,收入《乡土中国》,上海人民出版社,2006年,第149—150页。William T. Rowe, *Hankow: Conflict and Community in a Chinese City, 1796-1895*, Stanford: Stanford University Press, 1989. Mary B. Rankin, "The Origins of a Chinese Public Sphere: Local Elites and Community Affairs in the Late Imperial Period", *Études Chinoises*, vol. IX, n°2 (automne 1990), pp. 13-60.

现的缘由与意义。

第一个案例是崇祯八年至九年间，南直隶安庆、太平两府七县公议修筑城墙一案。明代安庆、太平两府县城大多旧无城墙，州县财政也从未预留修筑城墙的款项。直至崇祯八年，张献忠部焚掠南直隶庐州、安庆等府。事平后，安庆府太湖县知县杨卓然"集诸父老，议建砖城"，因事无旧例，更令"耆民刘璧、马承应诣阙上疏"，请求集资建筑城墙①。疏上，奉旨下应天巡抚张国维、巡按刘令誉查议奏报。抚按以其事下各道查议后，发现应天府属六合、高淳，太平府属繁昌、建平，安庆府属潜山、太湖、宿松共七县俱无城墙，防守无资，于是"行该府县唤集士民粮里，从长酌议经久之利，务期妥便画一，毋得加派厉民"②。七县各自公议后，唯有太湖、建平二县公议允协，绅民合力筑城；六合、高淳仅略浚城壕，或设更楼巡警；繁昌始称愿筑，而"突有谣帖阻挠"，潜山、宿松二县始终公议不合，遂尔放弃筑城。巡抚张国维在《太湖筑城疏》《建平筑城疏》二疏中汇报七县筑城与否，其中叙述潜山、宿松、太湖、建平四县公议情形较为详细，今据之略叙于下。

据张国维奏疏，潜山、宿松二县属于"实不愿筑"的县份。其中，潜山县有"合邑士民吴国新等连名禀为回天罢城等情到县"。该县知县朱家相也认为潜山县四面皆沙，难以筑城，于是据"合邑士民连名具结，哀求罢役"，请免筑城之役。宿松县署理知县苟天麒的申文，则既提到士民公呈，又提到绅衿公议。他在申文中称：

> 据士民汪文伟等连名公呈恳恩曲体民瘼、以罢重役事，该卑县看得：宿松修城更急于他邑，修筑不待再计而决也，必乡绅士民协力乐修，然后可图万全。卑职初到，随就绅衿公议，俱称凋残之元气未复，况时值饥馑，又迫农务，食息且不遑，未易以俯仰无给之民，而能赴大事也。据士民呈词，实不愿修等情前来。具由各转呈到道。③

苟天麒是在崇祯八年乱后才赴宿松县署任的，因此他甫一到县，就已召绅衿公议修城之事。然而当地绅衿声称凋残未复，其实就是不愿出钱出力。公议之后，遂有"士民呈词，实不愿修等情前来"。申文开头引据的"士民汪文伟等连名公呈"与此处的"士民呈词"应是指同一份文件，即此时作为公议结果呈递的公呈。潜山、宿松二县经过公议，又有公呈为凭，表示当地士

---

① 同治《太湖县志》卷四《舆地志四·城池》。

② 张国维：《抚吴疏草》不分卷《太湖筑城疏》。

③ 张国维：《抚吴疏草》不分卷《太湖筑城疏》。

民确实不愿修筑城墙,各级官府也不能强迫,于是听凭他们放弃筑城。

太湖、建平二县,则通过公议正式决定了筑城的办法。据张国维奏疏,在他饬令各县公议筑城事宜后,太湖县"遵依唤集通县乡绅黄自泰等及士民、乡约、里耆人等于本县公所,将筑城工料、钱粮一一酌议妥确"。通过绅士里耆等人的公议,太湖县决定了派认工费的办法和分管工程各项事务的人选。其中,工费共五万六千余两,全县士民通过"计田认造"分担大半,另有十分之三出自"乡绅有力之家"的"乐助",各级上司和知县本人也捐助了一千余两,以示鼓励。分管办法,点选了"老成行优"生员、耆老八十八人,负责分号管理具体施工;每乡里老,负责"向花户催纳砖石灰椿价银";县官率同典史督催外,"仍择公忠士民八人协稽工程"①。

建平县筑城较之太湖县又多一重波折。崇祯八年,抚、按饬令七县公议筑城后,建平县知县侯佐"鸠邑通议",决议筑城。筑城之法,完全按田分造,以田四百零七亩余分认造城一丈。未料翌年二月,有建平县"耆民里老"潘仲修径行上疏,具奏建平修城"厉民、加派倍征"。疏下抚、按查议后,抚、按檄令徽宁道转委宁国府推官钟鼎臣亲往建平县,再次召集当地绅士里老公议。此次公议后,推官分别取具建平县"乡绅吕明炳等、举人杨时春等、杂职潘汝瑚等、武举人杨世科等、贡生任有敬等呈"一份、"通学生员潘廷梅等呈"一份、"筑城耆民胡良初等一百二十九人连名呈"一份,各自担证他们是自愿出钱出力修筑城墙,并非知县强派,且城工已经完半,必不可停。又指认潘仲修"久住京城",不悉建平县建城详情。抚、按反复查议确认后,即据建平绅士耆民各呈覆奏,其事方解,建平县城墙终于得以完工②。

在这一案例中,由于明末各地农民起义蜂起,修筑城墙以抵御"流贼土寇",不仅是地方社会的迫切需要,其实也是明朝政府的需要。不过,在明末以前原本没有城墙的州县,经制款项中并没有留有专门的修城夫银、料银,突然之间需要修城,夫役、工料就要在原有赋役以外另行筹措。如果这样的事情发生在明代中叶以前,地方官完全可以以徭役的形式摊派夫役、工料,由官府统筹城墙的修筑。但是,在一条鞭法普及之后,所有杂项徭役、支办款项都写入了《赋役全书》,地方官无权再额外征派任何徭役,只能指望本地士民自愿承担。因此,我们在本案例中看到的情况是,当太湖县知县杨卓然想要为本县修筑城墙时,他并没有直接下令在本州县中加派徭役或役银,而是召集了本地父老,公议是否修筑城墙。

---

① 张国维:《抚吴疏草》不分卷《太湖筑城疏》。

② 张国维:《抚吴疏草》不分卷《建平城竣疏》。

太湖县公议之后，其实该县士民已经初步达成修城的意愿，但因为事涉额外加派，该县仍然谨慎起见，让耆民进京上疏，进一步谋求朝廷的认可。理论上说，朝廷此时有权力直接下令加派筑城，但实际上朝廷也没有这么做，而是下令抚按查议，而抚按又令没有城墙的各县分别召集绅民公议，决定是否要筹措钱款、修筑本县城墙。最终，我们看到，各县是否修筑城墙，完全依照其各自公议的结果而定。于此可见，在面对经制内财政不足以包办的地方公共事业时，即使是有权力下令加派的朝廷，也会尽量避免额外加派，而将之推诿于地方公议。只有在本地绅士里老通过公议、达成一致的情况下，正额外的加派才被认为可以举行。

第二类案例是明末以后江南地区若干中型水利工程的修浚。明清两代水利工程的修浚办法，大中小型工程很不一样。大型水利工程，如黄河、运河的修浚，朝廷会派遣专管官员主持，也有专门的财政经费。小型水利工程，即支河港道的修浚，并没有专门财政经费，官府也不征发徭役修浚，而是交给民间自办。具体的办法，明代大多数时间以塘长、圩长督率附近居民修浚；明后期至清代，部分地区也以"业食佃力"的方式，直接交给当地地主督率佃户修浚。这两种类型的水利工程，都与地方政府关系不大。唯有中型水利工程，如江南浏河、白茆河等地方主干河流的修浚，依照明前期的惯例，当由各府州县官主持，分令塘长、圩长等职役督率民夫修筑。在河流港汊较多的地方，地方财政的均徭项下往往额设修河夫役，里甲支应项下额设工料款项，至一条鞭法推行以后，相关款目亦仍保留于赋役全书之中，可供地方修浚水利之用。然而，这些财政款项数额有限，至明末清初，又常常以节省冗费的名义被裁，改充起运兵饷等项。于是，地方上修浚中小型的水利工程，又不得不令绅士里民额外捐输，或摊出夫役。此时，就出现了地方绅士里老公议水利工程的情况。需要经过公议的许可，同意向全县或部分地区摊派额外的钱款、徭役，并取具公呈存案，地方官才能向上司申请兴办水利。

明末清初时，本该由地方财政出钱修浚的河段，却由地方绅民上公呈，表示情愿自力兴办水利，这样的例子在江南地区能够看到不少。如万历三十二年，苏州府奉到巡抚、巡按之令，让所属各县兴修水利，以资农业。府帖令各县"估计夫工，工程小者，督令塘里着业主佃户自行修筑，工程大者，详动官银，量行给发"①。常熟县奉到府帖，集众公议后，决议兴修福山塘等

---

① 耿橘编：《常熟县水利全书》附录卷上《按院明文兴修水利府帖》，《常熟文库》第 28 册影印明万历刻本，国家图书馆出版社，2019 年。

处。福山塘本系大工，例由官修，但"官银有限"，该县知县遂取得当地里长等人的公呈，"其必查照先年开白茆、七浦等塘大工事例，请详抚按道府，动用通县有力大户，为之首倡，官给其工费之五六，民用其力者三四"①。据此，则不仅万历三十二年福山塘大工系官费民力共举，较之更早的万历十七年修浚白茆河等役中，已经采用官民共修之法。其中，需要动用民力者，即不得不取里排人等的公呈为凭。

此后，在江南地区的部分州县，甚至逐渐形成常例，每年定时让各里汇报，今年将自力修浚哪些河流港汊，官府收到各里汇报后再行勘查，并召集绅士公议，确认修浚河段和具体出夫派工办法。如康熙《嘉定县志》所载：

> 又云每岁孟秋之朔，先令耆里举是岁应开之河报。仲秋，委水利衙官勘实。季秋之朔，集绅士会议，某干河确应开，应用某都塘长若干名，立附近居民某某董率，某枝河确应开，计亩出夫，谓之地头夫若干名。（干河役塘长，官儒照例优免，若枝河自利庄田，宜各发佃户，给以工食，一体均役。）②

该段后文讲疏浚当限以时日，在农隙之时完成，而注之云："近吴淞、刘河大役动支官帑，兼用济荒，不拘农隙，若寻常疏浚，专用民力，岂容后时。"以是知前文所言，皆专指不动官帑的"寻常疏浚"而言。按照一般规定，干河应该官修，因而才会有"官儒照例优免"之说；支河则应附近地主各自修浚，即所谓"各发佃户，给以工食"。但无论是官修还是自修，嘉定县都规定了必须报官公议，才能决定是否修浚。直至清代嘉、道年间，江南地区水利修浚的方式依然类似。张崇儒曾谓嘉定、宝山一带乡间修浚支河汊港，"乃必乡民具呈请浚"；且言呈请后官府勘查阅视，一切供应皆由公呈时为首的"呈头"一人承担③。

第三个案例是清康熙年间山东省常平仓捐谷备荒一事。常平仓是地方上积贮备荒的重要公共设施。清初常平仓谷未有定额，其来源主要包括"州县以自理赎锾、积谷入仓，鼓励富民捐谷者"，而不许地方官向民户额外

---

①　耿橘编：《常熟县水利全书》附录卷上《里排乞浚福山塘呈》。

②　康熙《嘉定县志》卷六《水利考·杂论》，《中国地方志集成·上海府县志辑》第7册影印清康熙十二年刻本，上海书店，2010年。

③　葛士濬编：《皇朝经世文续编》卷九六《工政九》，张崇儒《嘉宝水利论（节录）》："乃必乡民具呈请浚，于是丈量勘阅，供亿官吏，一切取足于呈头，其费不支，加以奔走接应，万苦千辛。若非商旅凑集之处，力不能具呈者，永无通理矣。"（《近代中国史料丛刊》第75辑影印清光绪二十四年石印本，文海出版社，1972年。）

摊派①。至康熙二十九年，山东巡抚佛伦因该年山东普免钱粮，且地方丰收，民有余力，奏请每亩捐谷三合，入常平仓备荒。这一建议虽为地方公益起见，且当年正项钱粮已全部豁免，照亩捐谷亦未为苦累，但毕竟仍属于额外加派。因此，佛伦上疏时特别声明，"阖省绅衿士民咸愿及时乐输"，以此争取朝廷的同意。户部议覆时，也特别强调"今该抚既称阖省绅衿士民咸愿及时乐输……应如所题"②。

数年后，清廷再次下旨，令"各该地方官劝谕百姓，量力捐输麦石"，以备荒年。山东东阿县知县"纠集绅衿耆民公议"，要求"照二十九年每亩三合旧例"摊捐。虽然奉有上谕，又有旧例可循，但事涉照亩摊派，知县无权决定，仍然要召集绅民公议。在这次公议中，当地贡生苏日增还提出了不同意见：

> 愚谓在丰年则谷贱而易输，若凶年则谷贵而难办。此一时权宜之计，非百年经久之谋也。今会同再议，愿稍求变通，每亩捐谷二合，与上谕量力之说庶几相符。但部文开载"乡绅士民不论几石几斗"等语，愚意贫富不同，多寡难强，如不酌定数目，安知贫者难慷慨、富者无吝啬乎？惟准以二合为率，将地多者不至巧为规避，地寡者亦皆无所推诿。此均输之法，似可施行。③

东阿县最终如何完成这次捐谷，因史料所限，不得而知。不过，从苏日增留下的议文中至少可以知道，像捐谷备荒这样的地方公益事业，如果没有朝廷的明确旨意，地方官在其职权范围内只能劝捐，不能派捐。想要照亩摊派，同样要经过乡绅士民的公议。

除了上述三个典型的地方公共事业案例外，明末以降，一些自上而下派办的、在正项以外的杂项赋役，地方上也经常采用公议的方式决定如何分担。如明末北直隶永平府因军事需要，在条鞭外加派驿马，各州县如何承担、是否按亩加派，皆出自本地地方公议的决定：

> 崇祯三年，抚宁、乐亭士绅公议，照地平铺，每亩每月量出铜钱一二文，协助当差，免于金报脱逃，应当苦死。昌黎士绅亦以为便，比例

---

① 王庆云：《石渠余纪》卷四《纪常平仓额》，第172页。

② 康熙《章丘县志》卷一○《艺文志》，《户部题覆捐谷备赈咨（康熙二十九年）》，《北京图书馆古籍珍本丛刊》第22册影印清康熙三十年刻本，书目文献出版社，1996年。

③ 道光《东阿县志》卷一七《艺文志三》，苏日增《积贮条议》，《中国地方志集成·山东府县志辑》第92册影印民国二十三年铅印本，凤凰出版社，2004年。

请行。而滦、卢、迁安三州县则未也。然或用老人私收帮贴,民间苦乐不均,或凭市棍承揽代当,遇差逃躲不出。①

又如清初安徽歙县有"缺额田亩摊赔粮赋","于康熙三十六年奉革粮长时,里民公议,每亩加摊一厘二毫"②。没有着落的田赋虚粮,同样要通过公议,才能摊派给全县地亩。这些事项看似已经脱离了"地方公共事业"的范畴,但实际上与上述修城、水利、备荒等事务类似,都是在正项赋役之外,需要全县摊派出钱的事务。州县官不能擅自派征,故而也都诉诸地方公议。

总之,无论是兴办地方公共事业,或为了杂项赋役筹措款项,以上案例需要进行地方公议的背景是一致的。在一条鞭法全面推行以后的相当一段时间内,地方政府确实受到赋役定额化的约束,即使是出于地方公共利益的目的,也不能由州县官擅自决定加派。于是,当地方上出现新的公共事业需求时,可以采取的办法,就只剩下呼吁官绅富户捐款。如果所需款项较大,捐款也不足以覆盖开支,必须要本地民众共同分摊,那地方官也一定会召集绅士耆老公议,征求他们的认同甚至取具公呈为据,以此证明并非地方官擅自加派。在这样的行政逻辑下,地方公议不仅是绅士耆老自行捐款举办公共事业的组织,更是向地方官赋权、允许他们向民众额外加派的权力机构。在后者的意义上,地方公议的权力与地位更值得受到重视。

---

① 杨嗣昌:《杨文弱先生集》卷六《巡历海滨周咨民隐疏》,《明别集丛刊》第5辑第53册影印清初刻本,黄山书社,2016年。

② 乾隆《歙县志》卷五《食货志上·田赋》,《中国方志丛书》华中地方232号影印清乾隆二十六年刻本,成文出版社,1975年。

第五章　地方公议的弊病与整顿

　　在 17 世纪,地方公议前所未有地频繁召开,士民公呈也前所未有地被官府重视,这一切既是公议、公呈制度历史演进的结果,也说明地方社会的力量确实发展到了新的高度。在这个时代中,一方面,读书人以乡绅、生员的身份积极参加本地方的公议,而另一方面,当他们以官员身份面对积极公议的绅士里老,尤其是在公议中显得有些意气嚣张的生员、百姓时,他们又表现出对社会秩序上下颠倒的恐惧,也会因而指摘地方公议中出现的弊病。

　　到了 18 世纪初,也就是康熙后期至雍正年间,清朝统治者日益不满于士气民风的嚣凌,开始加倍放大 17 世纪就已经存在的对地方公议的指摘,并出手对之进行种种打压。雍正年间,甚至一度有官员提出禁止生员公议。在雍正朝整饬士风风潮与朝廷强力推行的各项改革中,地方士民的公议活动开始受到压制。雍正、乾隆年间,地方公议仍然继续存在,但却受到种种限制,地位大不如前,越来越成为清政府借以统治的工具。

第一节　17 世纪人对地方公议的反思

一、"挟制官府"

　　在 17 世纪前后,当地方公议最为活跃的时期,在朝廷、官员乃至乡绅阶层中也开始出现一种忧惧,认为生员与里老、百姓已然借公议挟制地方官长,逼迫官府满足他们的要求,而这将造成上下秩序的颠倒,乃至令天下纪纲荡然无存。当时人用于描述此种现象,并指控参与公议的生员、里老人等的罪名,称为"挟制官府"。

　　明代律例中明确涉及"挟制官府"的罪名,主要有以下三款:

表5-1　明代有关"挟制官府"的条例

编号	内容	《大明律》对应律条	最早出处
A	一、弘治十六年十一月,刑部题准:各处刁军刁民,专一挟制官吏,骗害良善,起灭词讼,欺打平人,结成群党,捏词缠告,制缚官府不得行事等项,情犯深重者,事发问罪。就于本处地方枷号半年,从重发落。	卷二二《刑律五·诉讼·教唆词讼》	《续例附考》
A	一、弘治十七年十二月初六日,该御史周季麟奏:各处刁民挟制官吏,骗害良善,起灭词讼,欺打平人,情犯重者,问罪毕日,就在本处地方枷号半年,从重发落。	卷二《吏律一·职制·滥设官吏》	胡琼《集解附例》
B	一、在外刁徒,身背黄袱,头插黄旗,口称奏诉,直入衙门,挟制官吏者,所在官司就拿送问。若系干己事情,及有冤枉者,照常发落。不系干己事情,别无冤枉,并追究主使之人,一体问罪。属军卫者俱发边卫充军。属有司者俱发口外为民。	卷二二《刑律五·诉讼·越诉》	《弘治问刑条例》
B	一、凡假以建言为由,挟制官府,及将暧昧不明奸赃事情,污人名节,报复私仇者,俱问罪。有职役者,各罢革为民。旗军人等,发边卫,民发附近,俱充军。		《嘉靖问刑条例》
C	一、各处奸徒串结衙门人役,假以上司访察为由,纂集事件,挟制官府,陷害良善,或诈骗财物,或报复私雠,名为窝访者,事发,勘问得实,依律问罪。用一百二十斤枷,枷号两个月发落。该徒流者,发边卫充军。	卷二二《刑律五·诉讼·诬告》	《万历问刑条例》

来源:黄彰健编著:《明代律例汇编》,"中研院"历史语言研究所,1994年,第884、410、856、861、880页。

以上三款中,A款所涉情形,是卫所军舍或土豪蠹棍之人,以清勾逃军、缉捕私盐、兑运漕粮等事诬赖勒索民户,反复缠告,直至逼勒地方官遵从他们的意见判案为止。地方豪棍的这种行为由来已久,在宋元时代已有专门的法律严禁,当时称为"把持官府"①。自明初开始,也称为"挟制官府"。明初案例,则如洪熙元年,周干巡视苏松嘉湖,奏称江南各府弓兵"不

---

① 如《新集至治条例》不分卷《刑部·刑禁·禁奸恶·把持人再犯禀例迁徙》:"黄鼎元系把持官府,起灭词讼。"(《元典章》,陈高华、张帆、刘晓、党宝海点校,中华书局、天津古籍出版社,2011年,第2250页)参见毛亦可《从"把持官府""挟制官府"到"聚众抗官"——论明清法律中的官民秩序颠倒问题》,[日]中国史学会编:《中国史学》第31卷,2021年10月。

由府县佥充,多是有力大户令义男家人营谋充当……稍有不从,辄加以拒捕私盐之名,各执兵仗,围绕其家擒获,以多桨快舡装送司监收,挟制官吏,莫敢谁何,必厌其意乃已"①。又如宣德二年,浙江巡按吴讷指控"浙江及直隶松江等处逃军、逃吏、逃囚与顽民之避役者肆无畏惮,骋凶恣暴,凌虐乡里,挟制官府"②。直至弘治十六年,这种情形被写入《问刑条例》。此种"挟制官府"与地方公议的关系不大,故在此不多展开。

至于 B、C 两款,都与明代的地方公议有着密切关系。

先说 C 款。虽然该条款写入律例的时间最晚,但相关记载很早就出现在明代文献中。最典型的情形,是里老人凭借向监察官陈说地方官贤否的机会,挟制地方官满足其私欲,否则,向监察官捏告,致令其被罢黜。从明初开始,各级官员就陆续在文书中将此种情形形容为"挟制官府"。如洪熙元年七月,四川巡按何文渊奏称,各地老人多所用非人,往往"凭借官府,肆虐闾阎",又"或遇上司官按临,巧进谗言,易置〔矣〕〔贤〕愚,变乱白黑,挟制官府"③。亦即老人一方面凭借地方官府欺压百姓,一方面又凭借向监察官进言的机会挟制地方官。这种"挟制官府",就与监察官召集里老公议地方官贤否脱不了干系。景泰三年,太仆寺少卿黄仕儁上疏,详细叙述了里老借监察官考察以挟制地方官的弊病。黄仕儁奏称:

> 访得各处巡抚官考察州县官吏,多凭里老呈说可否,以为去留,是与除稂莠而保嘉禾、去泥滓而洁泉源者同意也。奈何人心狡黠,法出奸生,利反成害。近闻里老多因前官纵容往来,嘱托公事,结揽收物,营求催办,害众成家,积有岁年。及代者间有端己临民,持廉执法,革去此辈,辄贻怨恨。兹因考察,反将廉正官员捏无作有,指虚成实,一概具呈。其巡抚官所临州县风飞电过,不及覆实,因而黜罢。州县官员恐被诬陷,一闻考察将临,盛设酒席,邀求里老,垂泣对诉,贿以钱帛,以此多得保留,否则去之殆尽。是里老乃有权之有司,而官员乃受制之里老。及无籍刁民,亦缘此而告害者多矣。不惟使见任者不能振作,恐代者虽称廉介,亦将听命于里老,因而猫鼠一家,奸犬同窝,则民之增害,其可胜言!④

观黄仕儁之言可知,在明代中期,关于官员考察的里老公议已经带来了严

---

① 《明宣宗实录》卷六,洪熙元年闰七月丁巳。
② 《明宣宗实录》卷二八,宣德二年六月丙寅。
③ 《明宣宗实录》卷四,洪熙元年七月丙申。
④ 《明英宗实录》卷二二二,废帝郕戾王附录第四十,景泰三年十月庚戌。

重问题。由于巡抚考察地方官多听凭里老人等呈说可否,直接以此决定地方官的去留,地方官不得不设法讨好里老,甚至纵容他们嘱托公事、把持官府,以致"里老乃有权之有司,而官员乃受制之里老"。黄仕儁虽然指出问题所在,但并没有给出解决问题的可行办法。他当时建议,"自后考察,不可一一专凭里老百姓呈告,务须从容设法采访,或在此而询诸彼,或稠人中而审一人,或独步暗行,或问道路之父老、田野之匹夫,或临有司而反复诘问"。但这些只是史书中间或记载的访察方式,若如此,则访无定法,不能定为一定的制度,其实无法实行。景泰帝与吏部官员商议黄仕儁奏请之事,又以为被诬官员可以向吏部申诉,辩明即可,巡抚官听里老呈说官员可否亦未必真有害处。此后,明廷一直没有采取任何实际措施,改变监察官据里老公议考察地方官的办法。可以想见,里老借此"挟制官府"的问题必然长期存在。

直至 17 世纪,里老等人保留或参劾地方官,通过公议影响朝廷考察官员,一直被认为是他们"挟制官府"的主要原因之一。明末官员祁彪佳在拒绝苏州府耆老保留的揭帖中明确提出,无论是否出自贿嘱,朝廷都应该反对百姓保留官员。他说:

> 是非虽明于下,赏罚必操于上。若坚好稂莠出于众言,必致小加贱妨之渐。故凡保官留官者,即果真正循良,亦惟严叱峻绝。①

"小加贱妨",即"以小加大、以贱妨贵"。"以小加大"典出《史记》贾逵注,原指曹国以小国侵欺晋国大国②;"以贱妨贵"典出《春秋》胡安国传,一指卫公子州吁(庶出)弑其嫡兄卫桓公以篡位,一指东周景王庶子朝杀害其嫡长兄猛以争立③。两个词原本都是专指统治阶层内部的斗争而言。及至明清之际,才出现用这两个词形容士民"挟制官府"的景象。毕竟,明末天下局势动荡,公议中士变、民变之事亦时有发生,里老借保留官员"挟制官府"这一早已受到诟病的问题,至此也更加激起统治阶层内心的不安。何况此时苏州府里老进京诣阙保留巡按,在百姓保留官员事件中也算略有出格,愈发令人疑惧。这一切在此时的官员眼中都成为"小加贱妨之渐",被当作可能导致社会秩序上下颠倒的致乱之源。祁彪佳的这份揭帖,恰如其分地体现了明末官员在社会动荡中的不安。

---

① 祁彪佳:《按院揭帖》,佚名辑:《朝野公言》不分卷。
② 司马迁:《史记》卷三五《管蔡世家第五》,中华书局,1982 年,第 1574 页。
③ 胡安国:《春秋传》卷二《隐公中》、卷二六《昭公下》,王丽梅点校,岳麓书社,2011 年,第23、341 页。

与祁彪佳严词拒绝里老保留几乎同时，南京吏部考功司郎中徐石麒也在私人书信中使用了"小加贱妨"一语，指控通过公议令地方官遭到罢黜的里老人等。当时，南直隶正在进行大计考察，徐石麒给丁忧居乡的无锡县乡绅钱振先写信，劝其向朝廷上奏，举报南直隶大计考察不公。信中形容明末世事之语云："如今日小加贱妨，世界纪纲荡然，六逆并见，祸发于二老，而害延于易世。"①所谓"祸发于二老"，是指时任应天巡抚张国维主持大计考察，对江南各府州县官多有黜落。徐石麒对此颇为不满。在上引书信中，徐石麒将张国维在大计考察中参劾地方官指为"小加贱妨，世界纪纲荡然，六逆并见"，所谓"小加贱妨"，显然是指里老人等公议地方官贤否、致令巡抚张国维黜陟官员而言。除了鼓动钱振先上奏，直接向朝廷反映本地乡绅对大计的不满之外，他还同时写信给巡按祁彪佳，指责张国维黜陟不公，要求祁彪佳加以厘正②。

在上述两个案例中，也可以看到明末士大夫对待地方公议自相矛盾的态度。祁彪佳在强调"赏罚必操于上"的同时，也提到了"是非虽明于下"。说明他虽然反对朝廷满足里老人等保留官员的请求，但仍然相信地方公议可以明示是非，并未否定公议本身的合理性。联系到祁彪佳本人乡居时也积极参与地方公议，他显然也不可能真正否定公议机制。徐石麒作为南京吏部考功司郎中，考察官员本是他自己的职掌，他不径直反驳张国维的考察意见，却要通过迂回的手段建议乡绅上题本干预大计。以里老公议地方官贤否为秩序颠倒，却不以乡绅干预朝廷考察为不妥，也是颇值得玩味的态度。仅仅这两个案例，已经足够体现明末士大夫阶层的双面性，他们虽然对里老人等公议官员贤否抱有相当大的忧惧，但作为乡绅，他们自己也要公议地方公事，包括公议朝廷对地方官的考察，他们并没有把这些公议也纳入秩序颠倒、"小加贱妨"的范围。正因如此，明末士大夫对里老等人公议官员贤否的抵触情绪是不彻底的，也是不可能彻底的。在万历年间写入《问刑条例》的，也仅仅是"各处奸徒串结衙门人役"，如若没有"串结衙门人役"，正常参与公议、臧否地方官员的里老等人，依旧不能作为"奸徒"处置。

---

① 徐石麒：《可经堂集》卷九《答钱车驾凝庵》，《四库禁毁书丛刊》集部第 72 册影印清顺治徐氏可经堂刻本，北京出版社，2000 年。

② 徐石麒：《可经堂集》卷一一《与祁世培》："旧繁昌张继曾在云曹自贤者，而外计忽及，不知何故。盖闻池太之间吏治最苦，即斤斤自好，鲜得终者。又如钱句容性傲而守洁，瓜期行及，亦挂计议。溧水以清慈受知于张二老，而外以贪酷闻。诸如此类，老公祖得无于处分轻重之间，加之意也。"

再说 B 款。该款所指,是军民人等以越诉,尤其是直接向通政使司投递军民奏本的手段,要挟地方官遵从其要求的情形。这一条看似并非专门针对地方公议的问题,但其内容同样涉及民众通过体制内言路挟制地方官员的问题,而类似问题常常发生于地方公议发展到最激烈的时期。在此仅以徽州府丝绢税案为例,说明士民人等如何在地方公议中将上奏建言当成"挟制官府"的工具,各级官员又如何运用 b 款条例进行处置。

丝绢案中,当明廷宣布歙县丝绢税均摊至徽州府六县后,休宁等五县士民甚为不服,于是应天巡抚胡执礼前往五县安抚。当胡执礼到达休宁县时,该县吴大江、程时鸣、汪十保、苏容等人"聚集乡村愚民万余入城",并"将木梯搭上县首屏墙,揭扯原给告示榜文毁坏,又主愚民遍插黄旗,鸣锣喊嚷",尔后经知府开门禁谕,又"直入衙门,招集愚民一齐拥进,逼求申豁"。事平后,抚按在草拟涉事民众罪责时,将上述情形认定为"故违在外刁徒口称奏诉,直入衙门,挟制官吏,主使之人一体问罪,属有司者,俱发口外为民事例",按照该例拟罪。此外,又有叶挺、叶文炳二人"身着青衣小帽,手执锁链,亦跟吴大江等在外扬言,要锁原议官员进京等语",抚按招拟中以"故违挟制官吏,结党捏词,把持官府,不得行事者问罪,仍于本处地方枷号半年发落"①。

值得注意的是,抚按以"口称奏诉,直入衙门,挟制官吏"定拟的吴大江等四人,定罪情节是聚众入城、毁坏告示、直入衙门、逼求申豁,招拟中并未提及他们有"口称奏诉"之状。"扬言要锁原议官员进京"的叶挺、叶文炳,才是真正"口称奏诉"之人,抚按招拟中反倒以把持官府之例拟以轻罪。这说明在巡抚、巡按与各级地方官眼中,民众聚集起来、直入衙门,才是最为可怕,可能导致激变、造成地方动荡的情节;至于"口称奏诉",哪怕是扬言要锁拿官员进京,不过是"以口舌招祸",并非破坏地方稳定的罪魁祸首。由此也可以理解,将"挟制官吏"与奏诉建言联系在一起的条例,实际上并非适用于一切军民上奏建言的场合,主要还是在地方民众因公议而至于鼓噪动乱之时,借用作惩处为首者的法律依据。

二、"假公济私"

除了"挟制官府"之外,"假公济私"也是 17 世纪前后较为常见的对地方公议、公呈的指控。"假公济私"一词,本多用于指控官员或吏役,形容他

---

① 程任卿辑:《丝绢全书》革集卷七《抚按题覆招拟并刑部覆本》。

们滥用职权谋求私利或中饱私囊。到了明代万历年间以后，由于地方公议、士民公呈都打着"公"的名号，于是"假公济私"一词也出现在对公议、公呈的指责中。

与"挟制官府"不同的是，"假公济私"一说从未进入到律例之中，但在官员、乡绅的文书中常常可以看到这些说法。举例而言，如隆、万之际，常州武进县乡绅恽绍芳认为疏浚孟河河道适足以引导倭寇进入内地，而将此前的疏浚工程归因于"彼乡有一等豪民阴主其事，鼓众具呈，假公济私"①。万历末年，福建龙溪县知县计元勋叙述当地卖地留粮之弊，其中一条云："又有奸党成群，探有升科田米，遂纠弊户连呈，假公济私，夤缘冒豁。"②该条指已将土地卖给他人、而自留税粮的人户而言，称他们或他们的后代上公呈请求开豁无田税粮，其实是"假公济私，夤缘冒豁"。又如清康熙年间，闽浙总督李之芳在告示中将生员条陈说成是"借称利弊，假公济私"，要求只准生员就切身之事"指名呈告"，其余地方公事俱不许条陈③。此则无论是非，将生员条陈一概打成了"假公济私"。

通观以上几个事例，所谓"假公济私"，其实并无一定的标准，更多是反对地方公议者给公议参与方扣上的帽子。地方公议之中，"公"与"私"原本就是并存的。地方公议的参与者，努力追求的多是私人利益，只不过众人在一起公议，协调彼此各方的私利，或是具有某一共同私利的人聚集起来，以公呈的形式向官府呈请。然而，地方公议的正当性来源于"公"的名号，私人利益始终不是可以公开宣扬的，只有披上公理、公平或是地方公共利益的外衣，才可以成为地方公议的主题。于是，一方面，当本地绅士里老或各级官员赞同地方公议的内容时，他们自然承认公议为"公"，还要打着"公"的名号，作为向上级官员或朝廷申请时的凭据。另一方面，当他们对地方公议的内容有所不满时，也可以抓住对立一方在公议中为自己谋求利益的私心，将之指称为"假公济私"，以此来扭转自己可能并未获得多数人支持的劣势。

不过，有两种情形一旦被证实，相关公议就真的洗不脱"假公济私"的嫌疑了。

---

① 恽绍芳：《林居集》不分卷《孟河议》，《四库未收书辑刊》第 5 辑第 20 册影印清钞本，北京出版社，2000 年。

② 康熙《漳州府志》卷一一《赋役上·田赋考》，国家图书馆藏清康熙五十四年刻本。

③ 李之芳：《李文襄公别录》卷六《严禁衿棍条陈告示》，《清代诗文集汇编》第 80 册影印清康熙四十一年彤锡堂刻本，上海古籍出版社，2010 年。

第一,是在召集公议或写立公呈的过程中,为首之人存在向其他公议参与者收敛经费的行为。这种情节多数发生在士民人等自发写立公呈的场合,有时甚至与士民发起、逼迫官府公议的案件相关。此时,参加写立公呈之人往往要筹措一定经费,以供纸张笔墨乃至赍投公呈时水脚盘缠等用度,而一旦各级官员有意严惩为首之人,他们收敛钱财的情节往往成为证明其"假公济私"的关键证据,且可以适用"诬告"律中"捏写本词,声言奏告,恐吓得财,计赃满贯者,不分首从,俱发边卫充军"之例入罪[1]。

一个案例即徽州府丝绢税案。起初,歙县帅嘉谟进京上奏,要求将歙县丝绢税均摊一府六县,进京前就曾向歙民摊派四十余两银子,用作进京盘缠使费。尔后休宁等五县为与歙县争讼,亦每县摊派十两银子,专门用作反对摊征筹谋划策的花费。迨明廷下令一府六县均摊之后,五县之人不服,仍要申诉,婺源县为此设立议事局,程任卿掌管局事,亦"先议通县每粮一石收银六分为用"。六县士民的这些行为,在各级官员最后要惩办他们的时候,都被当作"假公济私",并最终按照"无藉棍徒将不干己事情捏写本词,声言奏告,得财计赃满贯者,发边卫充军事例"定罪[2]。

另一案例是万历年间湖广湘潭县知县包鸿逵反对开通道林小路。当时,湖广长沙、善化二县民众上公呈,请求开通久已废弃的湘潭县道林小路,以便利长、善二县交通。湘潭人获利不多,却要出工出力,因而并不赞同。知县包鸿逵在反对开路的文书中,就以长、善二县呈首周望吕为制作公呈收敛经费为由,指其为假公济私:"今长、善巨棍周望吕包贴夫马,网骗金钱,恃利嘴,效首功,假公呈,肥私囊,纷纷有开复之告。"[3]此案中虽然还没有到要抓捕为首之人定罪的地步,但至少敛费一节也成为一个把柄,让包鸿逵得以反驳长、善二县公呈所谋并非公利。

第二,在部分士民公呈中,还存在着代为署名或者说伪造署名的情况,这也绝对是落人口实的严重问题。当时,大部分集体文书的署名都不甚严格,公疏、公揭无需当事人亲自签押,因此代为署名的情况相当普遍。公呈签署,虽然偶见"公呈必金押"的要求[4],但伪造署名者也不在少数。如崇祯

---

① 按,该条例出自《嘉靖问刑条例》,见黄彰健编著:《明代律例汇编》卷二二《刑律五·诉讼·诬告》,第879页。

② 程任卿辑:《丝绢全书》金集卷一《婺源县查议申文》、革集卷七《抚按题覆招拟并刑部覆本》。

③ 康熙《长沙府志》卷一五《典章志》,包鸿逵《湘潭县塞道林小路文案》,《稀见中国地方志汇刊》第37册影印清康熙二十四年刻本,中国书店,1992年。

④ 祁彪佳:《祁彪佳日记》卷一四《甲申日历》,第752页。

十四年无锡县生员姚钰中被褫革一案中，为姚钰中辩护公呈中的连名生员，就仅有呈首刘蕙滋一人为实，其余尽属乌有①。及至清初，公呈代为署名的风气比明末更为严重。清康熙间，潘耒辩《致身录》为伪书，称溧阳绅衿为史仲彬入乡贤祠作公呈不可信，因而言及公呈代为署名的情况。潘耒之言曰：

> 近来公呈岂必出于公议，但结纳一二为首者，余代署名，不必相闻也。②

不仅"代署名"，甚至"不必相闻"，是则公呈联署名单等同于捏造，公呈本身也只能视同伪物。潘耒此言虽并未举出证据，不过是强辩溧阳绅衿公呈不可凭信，但他的话适足以反映在当时人的认知中，公呈代为署名之事已甚普遍，且因其普遍代为署名而不足为据。

有时，也会发生被假冒签名之人发现代署公呈，不肯依饶，于是向官府告状的情况。如康熙十八年，福建莆田县举人彭鹏写信给兴化知府卞永誉，告发莆田知县详文中所引绅衿公呈为伪造。彭鹏说：

> 不意八月寅宾馆内，突见署县梁公署席未暖，即办详稿，为加征优免什差事。原呈首不孝名，亟询呈内某绅，谢不知，又询某绅，某绅谢不知，乃敢以冒名欺宪乞电历批事具呈。亦惟曰：加征优免，此举虽属至公，自愿均差，匹夫各行其志，请批县查明，将呈首削去某名而已。③

此事起于三藩之役福建用兵，多有杂差杂办，绅衿虽称优免，仍不时被迫承担这些加征杂差。彭鹏几次办差之后，呈县请求放弃优免，止照粮均差。及至此时，该县又出现绅衿公呈，请求优免绅衿加征杂派，而以彭鹏列为呈首。彭鹏偶尔发现此呈，大为不满，因有写信告发之事。后经府批县详查，查出该公呈确系莆田县人某某等写立呈县，只是未曾预知彭鹏等人，就直接借用其名字装点，于是依彭鹏之请削去他的名字。此事最终的结局，彭鹏因写信给知府反对公呈，而遭到同县写立公呈绅衿的忌恨，不得已再次写信给知府，声明他此前只是不知公呈之事，故要求削去名字，并非真心反对公呈中的请求优免，也承认公呈请求优免是"至公"，并非为绅衿私欲④。

---

① 马世奇：《澹宁居文集》卷一〇《与庞再玉邑侯》。

② 潘耒：《遂初堂文集》卷一一《从亡客问》，《清代诗文集汇编》第170册影印清康熙刻本，上海古籍出版社，2010年。

③ 彭鹏：《古愚心言》卷五《复郡太守卞公祖书》，《清代诗文集汇编》第146册影印清康熙闽中莆田彭氏刻本，上海古籍出版社，2010年。

④ 彭鹏：《古愚心言》卷五《复郡太守卞公祖书》。

不过,彭鹏此信只是暂时妥协,绝非甘愿被冒名连署公呈。翌年,莆田县有一对兄弟缘事被上宪惩黜,该县绅衿在儒学公议,并出公呈为这对兄弟辩冤,又将彭鹏之名列于呈首。彭鹏为此又专门写作《上兴泉道饬禁连名寇签状》,申辩自己实未参与公呈,并要求兴泉道严禁公呈代为署名的情况。在该状文中,彭鹏谓"切大利大害,灼见何难自陈,如魅如魈,假公不应朦混",即指公呈代署之举实为"假公"①。

由于上述情形的存在,即使是在 17 世纪公议、公呈最为鼎盛之时,虽官府公文仍往往要以公呈为凭,但公呈是否真的能反映地方民意,甚至能否反映"连名者"的真实意图,当时就已不能完全取信于人。

第二节　18 世纪清廷对地方公议的整顿

一、立法整顿地方公议

清朝建立之初,新订立的《大清律》及其条例大体继承了明代,有关"挟制官府"的条款皆被保留。与此同时,制度环境却发生了急剧变化——巡按御史几度被裁,又几度复设,最终于顺治十八年彻底裁废;通政使司也逐渐对普通民众关闭,不再接收军民奏本。言路既已逐渐关闭,民众难以再通过上告挟制地方官,"刑律诉讼门"中有关"挟制官府"的条例遂逐渐流为具文。与此同时,清廷对民众借公议"挟制官府"却变得更为警惕,尤其是对地方公议中屡屡出现的、最为激进的"民变""士变"等情形,开始立法严行弹压。从 18 世纪初暨康熙末年开始,《大清律例》中出现了两个与之相关的新动向。

(一) 禁止"民人附合结党"

新动向之一,是清廷开始日益严格地限制民众保留官员,并最终在康熙五十二年制定了禁止"民人附合结党、妄预官府之事"的条例。如本书第三章第三节所言,民众对地方官的保留是明清两代地方公议的重要内容之一。及至明末,虽然祁彪佳等官员已经提出民众保留官员有挟制官府之嫌,但明廷并未禁止这种行为。清初,民众保留官员的事件仍时有发生,清廷亦仍延续明代的做法,不过稍稍加以限制,不许民众进京诣阙,只允许他

---

① 彭鹏:《古愚心言》卷一《上兴泉道饬禁连名寇签状》。

们向本省抚按保留，以及严禁官员贿嘱百姓保留。直至康熙五十二年，清廷才真正全面禁止民众保留官员，并以禁止"民人附合结党、妄预官府之事"的名义，将该事项写入《大清律例》之中。

《大清律例》中的该条例全文云：

> 民人附合结党、妄预官府之事者，杖一百。如有降调黜革之员贿嘱百姓保留者，审实，将与受官民俱照枉法赃治罪。①

这条条例本身写得很简单，所指亦不甚明确。例文本身一共两句话。前一句话针对"民人附合结党、妄预官府之事者"，这个提法尤为特别。一般说来，中国古代所谓的"结党"，指的都是官员之间形成的政治利益联盟。如果说没有官职的民人"结党"，通常是指"结党谋逆"一类的叛乱行为。此处说"民人附合结党"却并非如此。民人附合于谁结党？前一句语焉不详，但从后一句"降调黜革之员贿嘱百姓保留"看来，显然是指民人附合于"降调黜革之员"；而所谓"结党"，具体表现不过是"保留"。历代都存在、清初也一直合法的民众保留官员，至此竟突然被扣上"民人附合结党、妄预官府之事"的大帽子，足可见18世纪初叶清朝统治风向的变化了。

追踪这条例文的来源，可知这一立法源于康熙五十二年御史周祚显的上奏②。周祚显的奏疏题为《请严禁官民党援之习疏》，"官民党援"四字正是《大清律例》中"民人附合结党"之说的来源。《皇清奏议》中收入了周祚显题本原文，今摘录其中形容民人"附合结党、妄与官府之事"情形的一段话，略见清朝立法针对的目标：

> 乃近有一种奸民，视衙门为垄断，不材官吏一挂弹章，遽借誉于百姓之口，冀以顾破甑而收覆水。独不思官者，治人者也，若乃摇尾乞怜，向所受治者而听命焉，民以阿保市德，官以轨法酬劳，喜附憎背，弱肉强食，党成于下，刑淆于上，其害非细故也。然豪民之所以敢肆无忌惮者，实由大吏倡之也。夫使受天子宠灵，畀以封疆重任，扬清激浊，乃其职也。今且于属员内之降调斥革者，曲为保护，不曰士民环吁，则曰舆情迫切。盖不知费地方几许卖儿贴妇之金钱，而始得此不敢壅于上闻之一请也。甚且如关差榷使，刻期代卸，亦借无稽之舆词，以遂沾

---

① 《大清律例》卷三四《刑律·杂犯·嘱托公事》，《景印文渊阁四库全书》第673册，台湾商务印书馆股份有限公司，2008年。

② 薛允升：《读例存疑》卷四四《刑律之二十·杂犯·嘱托公事》，见薛允升著，胡星桥、邓又天主编：《读例存疑点注》，中国人民公安大学出版社，1994年，第761页。

恋之私情，此尤其彰明较著矣。至于保题迁调，载在会典，定有缺分，必实已试成效，免使荐举匪人。今则不拘成例，躐等逾衔，惟期速化。其远恶地方，人情畏避，虽系应调之缺，反以本省无可调之员、请归部选为辞，开奔竞之门，启规避之阶。逢迎钻缘，巧宦遂成蹊径，吏治日偷，吏品日下，甚非所以核名实而使之勉修夫职业也。请自今民有不务本业，附合结党，妄与官府之事者，即以违悖圣训治罪。①

清圣祖见到周祚显的奏疏后，立即表示了赞赏，并举出周祚显上疏前不久刚刚发生的民众叩阍保留山东莱州知府事件为例。当时，进京叩阍虽然已遭阻遏，但清朝皇帝经常在北京附近巡游，途中叩阍呼冤请恩的行为一直不断发生。此次事件中，先有两百余人在口外青城地方叩阍，请求保留知府，因清圣祖未予允准，又有五六十人前往热河叩阍，第二次请求保留。清圣祖随命拿审，结论是叩阍民众俱"系现居口外之山东民，为知府家人顾觅指使而来"。清圣祖举此事为例，是说百姓保留地方官多出于官员指使贿嘱，这也是长期以来早就被认识到的弊病。不过，在清圣祖的上谕中还有一段意味深长的话：

> 凡有百姓纠党保留地方官者，若准留任，则官必为民挟制，实非美事。且令民不畏官，官不畏其上司，关系匪轻，故宜留意。清官或倚仗廉洁，不畏上司，而贪官被参之后，亦谓我不能迎合上司，所以被参，学为清官之语以自饰。朱子畏大人注云：大人理所当畏。国家有上下贵贱之体，虽清官，可不畏上司乎？②

清圣祖所说"官必为民挟制"，以及周祚显所说"向所受治者而听命焉""党成于下，刑淆于上"，看似都与明代以来对民众借保留"挟制官府"的指控相类，但细绎二人之言，又可以发现他们的侧重点其实有所不同。在周祚显的叙述中，因保留而挟制官员的并不是普通老百姓，而是"视衙门为垄断"的奸民、豪民。他们以保留向官员"市德"，亦即以此收买官员，而地方官则以枉法满足这些人的要求，作为接受保留的酬劳。此种挟制之说，与上引明代黄仕僬、祁彪佳等人之言相似，重在声讨民众保留官员中出现的信息扭曲，强调被民众保留的不一定是真正的清官廉吏。清圣祖之言则有所不同，他的上谕不仅针对与地方豪民沆瀣一气的贪官、以保留挟制官员

---

① 周祚显：《请严禁官民党援之习疏（康熙五十二年）》，收入罗振玉辑：《皇清奏议》卷二四，张小也、苏亦工等点校，凤凰出版社，2018 年，第 543 页。

② 《清圣祖实录》卷二五六，康熙五十二年十月庚辰，中华书局影印本，1985—1987 年。

枉法的奸民，也针对正受到百姓拥戴的清官、真心实意保留清官的百姓。在清圣祖的谕旨中，保留之害重在"民不畏官"，且从"民不畏官"还可以延伸至"官不畏其上司"——当官员去留为民众舆论所决定时，清官自恃廉洁、得到百姓拥戴，就可以不必畏惧上司的参劾。甚至，我们不难想象，当清圣祖敕诫"官不畏其上司"时，他担心、警惕的还不止于此，更为可怕的，是"官不畏皇帝"。

康熙年间，确实曾经出现过几次声势浩大、可能触发清圣祖疑虑的保官运动，其中当以汤斌之事为甚。康熙二十五年，江苏巡抚汤斌升任礼部尚书，进京为皇太子讲授经筵。将要离开时，"百姓啼号罢市十余日，投匦敛钱谋叩阍不得，则老幼提携奔送，自吴门至江北，千里不绝于道"①。汤斌为了劝解百姓，在贴出的告示中说："尔百姓念本都院爱民有心，忘本都院救民无术。"②未料此语日后为仇家告至清圣祖面前，以为是收买民心、诽谤皇帝③。清圣祖传旨责问时，又逢汤斌病重，扶病入朝，而"道路宣传汤尚书入旗矣……江南人多客都下者，并集鼓厅门，将击登闻鼓讼冤"，直至众人听闻汤斌散朝回家，才肯散去④。这是发生在北京的第二次保汤斌运动。大臣如此得民心，确实不由得皇帝不警惕忧心。

汤斌在康熙二十六年就因病去世，他得民心还没有让清圣祖担心太久。及至康熙五十年前后，又出现了一个处处模仿汤斌、也同样大得民心的江苏巡抚张伯行。从康熙四十九年两江总督噶礼弹劾苏州知府陈鹏年开始，张伯行因袒护陈鹏年，与噶礼相持不下。在翌年的江南科场案、剿捕海贼案中，两人屡次互相参讦。康熙五十一年，噶礼、张伯行二人俱被解任，而江南百姓相率罢市挽留张伯行，"数万人围集公馆，哭声振扬城，欲相率赴京叩阍"⑤。甚至被朝廷派去审办噶、张互参案的刑部尚书张鹏翮，只因为在审理案件时没有偏袒张伯行，他本人立在苏州府城中的生祠竟被吴中生员拆毁一空⑥。清圣祖虽深知张伯行清廉，但屡次说他为人清刻、沽

---

① 徐乾学：《工部尚书汤公神道碑》，收入钱仪吉编：《碑传集》卷一六，靳斯点校，中华书局，1993年，第457页。

② 汤斌：《汤子遗书》卷九《告谕·临行晓谕士民》，《清代诗文集汇编》第102册影印清同治九年汤氏祠堂重刻本，上海古籍出版社，2010年。

③ 李光地：《榕村续语录》卷一五《本朝时事》，陈祖武点校，中华书局，1995年，第753—754页。

④ 杨椿：《汤文正公传》，收入钱仪吉编：《碑传集》卷一六，第471页。

⑤ 费元衡：《张先生行状》，收入钱仪吉编：《碑传集》卷一七，第515页。

⑥ 徐珂编：《清稗类钞》义侠类《华希闵待张清恪》，中华书局，2010年，第2665—2666页。

名,甚至指责他在理学上推崇汤斌,也是存有私心①。归根结底,还是张伯行如此深得民心,让清圣祖联想到了几十年前的汤斌,心底隐隐不安。康熙五十二年周祚显题禁保留时,张伯行案正在审理之中。清圣祖的谕旨虽然没有直接提到张伯行案,但从他所说的"清官或倚仗廉洁,不畏上司"中,不难看到陈鹏年、张伯行乃至汤斌的影子。

当民众舆论足以影响人事任免时,普通民众能够借保留挟制官员,官员亦得以借民众的保留以自重。"民不畏官,官不畏其上司",虽然未必是康熙年间的政治现实,但至少皇帝和一部分官员已经敏锐地嗅到了这种政治失序的危险。为了从制度上根绝这一危险,他们选择了最简单粗暴的手段——彻底禁止民众保留官员。似乎只要民众再不能保留地方官,他们通过地方公议干预官僚人事安排的途径被堵上,王朝秩序就会恢复到上下相维的旧轨上去。于是,周祚显上疏,清圣祖下谕旨,很快决定了全面禁止民众保留官员。除了此前已经明令禁止的地方官贿嘱民众保留及民众叩阍保留外,甚至从前允许的民众向督抚呈请保留、督抚代为题请的方式,至此也一概禁绝。随后,周祚显的题本经过刑部官员提炼概括,写入《大清律例》,就成为我们看到的"民人附合结党"例。

(二) 禁止"聚众抗官"

新动向之二,是康熙至乾隆年间,《大清律·兵律·军政·激变良民律》下陆续增添了若干款针对民众"聚众抗官"的条例。这些条例所针对的,正是在部分地方公议中出现的、最为激进的"士变""民变"事件。清廷认定,"聚众抗官"是民众挟制官府的主要手段;对"聚众抗官"的严厉惩处,也成为清代法律中维护官民上下秩序的重心所在。

值得注意的是,直到17世纪末,中国历代法律中几乎没有针对民众非暴力聚众闹事的条款。明代律例中,只有强盗律、反叛律、劫囚律以及殴官律下的一款条例提及"聚众"问题。强盗律自不必言。反叛律以"攻陷城池"为条件,绝非普通的聚众闹事。劫囚律针对的情况,是"若官司差人追征钱粮,勾摄公事,及捕获罪人,聚众中途打夺者"②,同样局限于暴力打夺行为。唯一值得重视的是"殴制使及本管长官律"下的一款条例:

> 凡因事聚众,将本管官及公差勘事、催收钱粮等项一应监临官殴

---

① 《清圣祖实录》卷二六一,康熙五十三年十二月戊子;卷二六二,康熙五十四年二月癸亥;卷二六六,康熙五十四年十一月庚子。

② 黄彰健编著:《明代律例汇编》卷一八《刑律一·贼盗·劫囚》,第760页。

打绑缚者，俱问罪，不分首从。属军卫者，发极边卫分充军；属有司者，发口外为民。若止是殴打，为首者俱照前充军为民问发，若为从与毁骂者，武职并总小旗俱改调卫所，文职并监生、生员、冠带官、吏典、承差、知印，革去职役为民，军民舍余人等，各枷号一个月发落。其本管并监临官与军民人等饮酒赌博宿娼、自取凌辱者，不在此例。①

"殴制使及本管长官律"规定，"凡奉制命出使，而官吏殴之，及部民殴本属知府知州知县……杖一百、徒三年；伤者，杖一百、流二千里；折伤者，绞"。至弘治《问刑条例》增入上引条例，针对"聚众"殴官行为，在本律之上加重惩处。这一部分，其实都是针对使用暴力、殴打官员的情形。不过，该条例同时对于"聚众"场景下的"毁骂"行为，也规定了"枷号一个月发落"的刑罚。这是明代律例中唯一一条涉及民众"聚众骂官"行为的条例，不过相应的惩处甚为轻减，止于枷号而已。

　　及至晚明，随着地方公议的蓬勃发展，公议中官民间的激烈冲突也越来越常见。"民变""士变"之事迭发，聚众哄闹、骂詈甚至扭打官员的场景不时出现②。然而，由于法律的缺失，只要士民的行为未曾诉诸暴力，晚明官府的处置方式，或则引"挟制官府"例问军流，或则只以毁骂官员处枷号，甚至只求息事宁人，对生事者全不处罚。及至清朝入主中原之初，面对士民动辄聚众上书、罢考罢市，从而抗官抗旨的风气，竟茫然不知如何应对。在清廷眼中，对此类行为处以枷号乃至军流，都惩处过轻。于是，清初处置"剃发""哭庙"等案，频频动用反叛重律，将各种"聚众抗官"行为都等同于叛逆，进而加以极刑。

　　直至清朝建立七十余年之后，清廷才开始在"激变良民律"下增添专门针对民众聚众抗官的条例，将其与真正的反叛稍作区分。"激变良民律"本律所称良民"激变"之事，原指"聚众反叛、失陷城池"而言。将普通的民众聚众抗官事件纳入该律之下，反映出的正是清初将民众抗官一律以反叛论处的粗暴观念。康熙末年开始订立专门的聚众抗官例时，清廷仍然部分延续着这种粗暴严酷的观点。此后三十余年间，同一律文下又增设了两款条例，皆针对各类"聚众抗官"行为，所涉范围逐渐扩大，惩处亦颇为严酷。新增的三条例文包括：

---

① 黄彰健编著：《明代律例汇编》卷二〇《刑律三·斗殴·殴制使及本管长官》，第 831—832 页。

② 参见夫马進「明末反地方官士変」、『東方学報』52、1980 年；「『明末反地方官士変』補論」、『富山大学人文学部紀要』4、1981 年。

　　一直省刁恶顽梗之辈,假地方公事强行出头,逼勒平民约会抗粮,聚众联谋敛钱构讼、抗官塞署,或有冤抑不于上司控告,擅自聚众至四五十人者,地方官与同城武职无论是非曲直,拿解审究。为首者照光棍例拟斩立决,为从拟绞监候,其逼勒同行之人,各杖一百。(下略)(A)

　　一福建地方如有借事聚众,罢市、罢考、打官等事,均照山、陕题定光棍之例,分别治罪。(下略)(B)

　　一凡直省刁民因事哄堂塞署,逞凶殴官,聚众至四五十人者,为首依例斩决,仍照强盗杀人例枭示。其同谋聚众、转相纠约、下手殴官者,虽属为从,其同恶相济,审与首犯无异,亦应照光棍例拟斩立决。其余从犯,照例拟绞监候。被胁同行者,照例各杖一百。(下略)(C)①

　　据吴坛《大清律例通考》、薛允升《读例存疑》,可以考见以上三款条例定例时间、缘由。条例 A 系康熙五十三年十一月内,于"刑部议覆四川总督鄂海题蒲州、朝邑两处人因争地界殴毙数命案"内纂定条例,至雍正三年律例馆奏准附律,乾隆三十二年馆修改定文字。条例 B 系雍正二年内,于"刑部议覆福建巡抚黄国材奏惠安县童生纠众辱殴典史一案"内纂定条例,至雍正三年律例馆奏准附律。条例 C 系乾隆十三年五月内,"刑部钦奉上谕议定条例",同年馆修入律②。至乾隆五十三年,律例馆又将以上三条条例修并为一条,至嘉庆十四年改定文字。最终的定例如下:

　　直省刁民假地方公事强行出头,逼勒平民约会抗粮,聚众联谋敛钱构讼,及借事罢考、罢市,或果有冤抑,不于上司控告,擅自聚众至四五十人,尚无哄堂塞署并未殴官者,照光棍例,为首拟斩立决,为从拟绞监候。如哄堂塞署、逞凶殴官,为首斩决枭示,其同谋聚众、转相纠约、下手殴官者,拟斩立决,其余从犯,俱拟绞监候。被胁同行者,各杖一百。③

　　以上新订条例中,除"约会抗粮""打官""逞凶殴官"之外的情节,如"假地方公事强行出头""敛钱构讼""抗官塞署""有冤抑不于上司控告,擅

---

　　① 《大清律例》卷一九《兵律·军政·激变良民》。三款条例中对官员应对聚众抗官事件不力的惩处皆略去。

　　② 吴坛:《大清律例通考》卷一九《兵律·军政》,见吴坛著、马建石、杨育棠主编:《大清律例通考校注》,中国政法大学出版社,1992 年,第 593 页。薛允升:《读例存疑》卷二一《兵律之二·军政·激变良民》,见薛允升著,胡星桥、邓又天主编:《读例存疑点注》,第 338 页。

　　③ 薛允升:《读例存疑》卷二一《兵律之二·军政·激变良民》,见薛允升著,胡星桥、邓又天主编:《读例存疑点注》,第 338 页。

自聚众"罢市、罢考""哄堂塞署"等，都不涉及暴力行为，而且是地方公议中常见的情形。其惩处方式，则均比照光棍例，为首者拟斩立决，为从拟绞监候，逼勒同行者亦各杖一百，条例C中甚至出现了为首者"仍照强盗杀人例枭示"的酷刑。至合并后的最终定例，更是明确规定了"尚无哄堂塞署并未殴官者"，亦"照光棍例，为首拟斩立决，为从拟绞监候"。相比于殴官律下聚众殴官罪止军流、毁骂官员止于枷号的明代旧例，激变良民律下的清代新例，用刑不可谓不重①。

激变良民律下诸新例中，虽然都没有直接出现"挟制官府"字样，但若追究其立法时的背景，不难发现，立法者注意之处仍在于民众"挟制官府"的问题。

雍正二年制定条例B，直接针对的虽是福建省惠安县童生纠众辱殴典史一案，但根据地方志中的相关记载，刑部处置该案时，系比照同年发生的河南省生员王逊组织罢考一案处置②。今惠安一案案卷无存，而河南王逊一案，当时影响更大，现有总督田文镜、巡抚石文焯奏报之折，可知其详情。据巡抚石文焯奏报，王逊组织罢考，皆因封邱县知县唐绥祖主持修理水利，要求各社按照地亩出夫，论方给价，并未分别儒户、民户。王逊等生员认为唐知县违背生员优免徭役之规，遂组织罢考，并声称："若要我等赴考，必须免了我们按地出夫，参了唐知县，若是不免夫、不参官，断断不考。"奏报案情时，巡抚石文焯痛斥生员"似此胁众罢考，挟制官长，不法已极"③；总督田文镜亦称生员"希图挟制官长，不法殊甚"④。清世宗为此专门派出部臣，赴河南审办罢考一案，并随之掀起整饬士风的运动。生员罢考，并提出条件，不但要求免于派夫，还要求参免知县，若督抚大员不照办则断不赴考，确实堪称挟制官府。将生员罢考比照聚众"抗官塞署"的行为，订立条例B，也正是针对其行为挟制官府的性质而论罪。

乾隆十三年制定条例C，所据上谕系针对江苏省青浦县县民阻米出境

---

① 为与新例相符，殴官律下旧例后于乾隆三十六年删除。见薛允升《读例存疑》卷三五《刑律之十一·斗殴上·殴制使及本管长官》，见薛允升著，胡星桥、邓又天主编：《读例存疑点注》，第631页。

② 乾隆《歙县志》卷一一《人物志·宦迹·程鉴》："又迁刑部福建司郎中。时有惠安童生罢考案，议照河南王逊例立决，堂主之。鉴谓：'罢考同，所由罢考者不同，河南以派夫挠国法，惠安以禁夜忤典史。'偕司官包涛力争得减。"

③ 石文焯：《谨奏为奏明事》（雍正二年六月二十三日），收入《世宗宪皇帝朱批谕旨》卷三〇《朱批石文焯奏折》，《景印文渊阁四库全书》第417册，台湾商务印书馆股份有限公司，2008年。

④ 田文镜：《奏为据实奏闻仰祈圣鉴事》（雍正二年六月二十二日），收入《世宗宪皇帝朱批谕旨》卷一二六《朱批田文镜奏折》。

一案。是年,因米价高昂,苏州、松江一带频频发生民众阻遏商人贩米出境并打毁米行的案件。当地地方官因弹压阻米民众,又无力遏制米价高涨,遂至于被民众拘禁殴打;时任江苏巡抚安宁奉旨办理阻米殴官之案,又因大力弹压民众、不参劾当地府县官员,遂被粘贴匿名揭帖、倍加讽刺①。清高宗针对此案,有极为严厉的上谕:

> 刁民聚众抗官,大干法纪,最为地方恶习,不可不亟加整顿。前因山西有万泉、安邑之案,及河南、安徽、福建等省,或抢赈闹官,或邪匪勾结,往往聚众抗违,逞凶滋事。曾屡饬地方官严究重处,并通行降旨晓谕,所期安静奉法。而愚民动辄汹涌喧哗,甚至殴官伤役,骄悍之风,竟成锢习。揆厥由来,总因朕保赤心殷,伊等有恃无恐,虽有严究重惩之谕,并未专设科条,是以无所畏惮。且地方小有水旱,有司匿灾不报者,朕必重其处分,而抚绥乏术者,督抚亦必加参处。刁民缘此挟制官长,不但不知敬畏,一若地方官之去留,可操之由己。不知朕所矜怜者,颠连而无告者也,善良自好之人也,是宜加恩保护。至于聚众抗官、目无国宪,乃王法之所必诛,岂可稍为姑息! 惟当下立置重典,则不逞之辈,触目警心,凛然知不可犯。②

上谕中称“刁民缘此挟制官长”,是针对当时苏州街巷粘贴的无名揭帖,其中有“吉甫如来天有眼,禄山不去地无皮”之语,“吉甫”指时任两江总督尹继善,“禄山”指时任江苏巡抚安宁③。民众以此种揭帖褒贬官员、煽动舆论,促令朝廷派遣符合其心意的官员前往办案,即清高宗所言“一若地方官之去留,可操之由己”。条例 C 承此上谕而订立,其意同样重在严惩民众“挟制官长”的行为。

总之,无论“民人附合结党”例还是“聚众抗官”例,针对的都是地方公议中最为极端的民众“挟制官府”,甚至出现民变的情况。18 世纪的清廷订立这些新条例的目的,并不是否认民众参与地方公议的正当性,而是希望维系官民间旧有的上下秩序,避免士民参政议事发展为政治秩序的颠倒。

---

① 参见范金民、罗晓翔《乾隆十三年苏松聚众阻粜案述论》,《苏州大学学报(哲学社会科学版)》2011 年第 3 期。

② 《清高宗实录》卷三一四,乾隆十三年五月己丑。

③ 《清高宗实录》卷三一四,乾隆十三年五月丁酉。

二、整饬士风与禁止生员公议

除了在法律层面限制地方公议中的极端情况外，雍正年间，清廷还推行了一系列整饬士风的政策，其中就包括禁止生员人等递交公呈、地方官依凭公呈详报上司的行为。这一举动一度对地方公议形成沉重打击。

雍正年间禁止生员公呈的背景，是汪景祺、查嗣庭两案接连发生之后，清世宗于雍正四年至八年间强力推行的整饬士风政策。雍正四年七月，就在查嗣庭案案发前两个月，清世宗在上谕中感慨各省督抚布按等大吏对乡绅、生员毫无束缚，以枉法取悦地方官民、沽名钓誉。此时，清世宗的思路、语气尚接近于前引康熙五十二年清圣祖的上谕：

> 盖此等清官，无所取于民，而善良者感之，不能禁民之为非，而豪强者颂之，故百姓之贤不肖皆称之。无所取于属员，而亦不能禁属员之不法，故属员之贤不肖者皆安之。大臣之子弟亲戚犯法，则姑容而不行参革，地方之强绅劣衿生事，则宽待而不加约束，故大臣、绅衿皆言其和平而望其久留。甚至胥吏作奸而不能惩，盗贼肆行而不能察，故自胥吏至于盗贼皆乐其安静而不欲其去任。及至事务废弛，朝廷访闻，加以谴责罢斥，而地方官民人等群然叹息，以为去一清廉上司，为之称屈。此则平日模棱悦众、违道干誉之所致也。①

从引文中可以看到，此时，清世宗关注的重点仍然是清官以枉法干誉，而朝廷受制于舆论、无如之何的问题。这些话都与康熙五十二年清圣祖的上谕如出一辙。解决办法亦与前代相同，不过是从官僚一侧下手，劝诫地方大吏要"实心任事，整饬官民，不避嫌怨"。

及至同年九月，查嗣庭一案爆发，清世宗在其日记中见到非议朝政之语，为之震怒，直斥为"悖乱荒唐、怨诽捏造"②。至此，清世宗对学校系统官员与士人的不满达到极点，从前主要针对封疆大吏与各级地方官、令其不得枉法干誉的诫令，一变而成为直接针对士人、令其不得妄议朝政的整饬士风运动。由于查嗣庭与前一年犯下类似案件的汪景祺都是浙江人，于是清世宗决定率先在浙江开展整饬士风运动。一个月之后，清世宗以"浙省风俗浇漓"为由，专门向浙江省遣派一员观风整俗使③；稍后，还决定暂停浙

---

① 《清世宗实录》卷四六，雍正四年七月戊戌。
② 《清世宗实录》卷四八，雍正四年九月乙卯。
③ 《清世宗实录》卷四九，雍正四年十月甲子。

江士子乡试、会试,以便大力高压推进整风一事①。观风整俗使的职掌,是"省问风俗,稽察奸伪,应劝导者劝导之,应惩治者惩治之,务使绅衿士庶有所儆戒,尽除浮薄器凌之习,归于谨厚,以昭一道同风之治"②,亦即专为整治绅衿而设,目的就是打击乡绅、生员们把持官府、武断乡曲、妄议朝政等习气。从前后三任浙江观风整俗使王国栋、许容、蔡仕舢的奏折中看,他们在任上的主要工作就是巡行浙江各府州县,每到一处即宣讲圣谕、严加诫饬,并清查仓库、清理狱讼。表面上看,观风整俗使的工作与明代的巡按御史很相似,但实际上他们的各项工作都是针对乡绅、生员展开的,清查仓库重在追征绅衿欠逋钱粮,清理狱讼亦重在惩治不法绅衿③。向浙江派遣观风整俗使之举据称效果显著,至雍正五年十月,清世宗首次在上谕中承认"浙俗渐次转移,改而迁善"④;六年八月,又称浙江"士风丕变",同意浙江士子照旧参加科举⑤;八年十一月,又乘蔡仕舢"缘事降调"之机,裁撤了浙江观风整俗使官缺⑥。在浙江观风整俗使设置期间,清世宗一度认为浙江省整风成效显著,故又于雍正七年仿效其制,先后在福建、湖南、广东三省各添设观风整俗使一员。其中,湖南一员系针对曾静案添设,福建、广东两员亦以当地"士习未能端谨"等缘由设置⑦。广西学政卫昌绩、广西籍御史陈弘谋亦于该年奏请添设广西观风整俗使一员,然清世宗谓广西乃边远小省,缙绅无多,故并未批准添设观风整俗使,只是在上谕中饬诫广西绅士各自改过迁善⑧。

在没有设置观风整俗使的省份,清世宗主要通过学政一官贯彻其整饬士风的政策。首先,雍正四年十一月,即刚刚设置浙江观风整俗使之后,清世宗将全国各直省学政都升级为学院,即以提学御史完全取代提学道,从而提高学政一官的地位,使之完全独立于布按二司等省级衙门,以便加强朝廷对各直省生员的直接稽察管理⑨。雍正五年闰三月,清世宗还批准河

---

① 《清世宗实录》卷五〇,雍正四年十一月乙卯。

② 《清世宗实录》卷四九,雍正四年十月甲子。

③ 《世宗宪皇帝朱批谕旨》卷六〇《朱批王国栋奏折》、卷六七《朱批蔡仕舢奏折》、卷二一二《朱批许容奏折》。

④ 《清世宗实录》卷六二,雍正五年十月己酉。

⑤ 《清世宗实录》卷七二,雍正六年八月丁未。

⑥ 《清世宗实录》卷一〇〇,雍正八年十一月甲戌。

⑦ 《清世宗实录》卷七八,雍正七年二月壬午、乙未;卷八九,雍正七年十二月戊申。

⑧ 《清世宗实录》卷八二,雍正七年六月壬寅。

⑨ 《清世宗实录》卷五〇,雍正四年十一月辛卯。

南巡抚田文镜奏疏，将捐纳贡监也归并学政管理约束①。其次，在雍正四年至八年间，清世宗多次颁发上谕，反复申饬学政举报优劣生员，并增强举报的频次、效果，以此诱导生员"向化"。如将从前学政三年任满一次举报，改为每年一次举报；准许将被举报优生贡入太学；饬令儒学教官严格举报劣生，不得容隐，以凭褫革，并严禁被褫劣衿"挟仇肆横，以图报复"②。再次，各省学政整饬士风的内容，与上述浙江观风整俗使的具体工作类似，主要是通过宣讲圣谕，让生员洗心革面，并严惩生监包揽词讼、逋负钱粮的行为。如雍正五年颁布条例，"文武生员倘事非切己，或代亲族具控作证，或冒认失主尸亲者，饬令地方官即行申详学臣褫革之后，始审其是非曲直"③；雍正七年上谕，则严饬士子"抗粮逋赋是导民为非"，要求按限追完，否则褫革严追④。

各省学政奉旨整饬士风之时，面对生员挟制官府、假公济私等问题，往往都强调禁止生员假公议、公呈以谋私利。如李绂代拟"直隶学政条约"中一条云："倘有文会人数太多，及非公事而连名妄呈者，访查得实，立即褫其章逢，收以夏楚。"⑤如果仅仅停留于此，倒还只是对生员公议略加整顿，并非从根本上否定生员参与地方公议的权利。然而，就在这段时期，山东学政王世琛真的提出了禁止生员公议、公呈的建议。王世琛请禁生员公议、公呈的奏折被收入《世宗宪皇帝朱批谕旨》，未注明年份；笔者翻检《雍正朝汉文朱批奏折汇编》与中国第一历史档案馆馆藏档案，亦未见该奏折原件。但他出任山东学政在雍正四年至七年间，故这一奏折必写于该时期，亦即雍正朝集中整饬士风时期。王世琛的这份奏折关系重大，标志着地方公议的一次巨大挫折，故在此将全文谨录于下：

> 窃东省济、兖、东三府所属州县俱有漕米，定例征收本色兑运。因州县之离水次远者，运送维艰，又滨海之沙土，产米原少，山僻之区，车行不便。此等州县，向皆粮户折价与官，官遣役往水次籴米兑运，漕务无误，民亦称便。无如州县官明知折价之便民，而惧违征收本色之定

---

① 《清世宗实录》卷五五，雍正五年闰三月丙寅。

② 素尔讷等：《钦定学政全书》卷二七《举报优劣》，中华书局影印清乾隆三十九年武英殿刻本，2015年。

③ 素尔讷等：《钦定学政全书》卷二六《整饬士习》。

④ 《清世宗实录》卷七九，雍正七年三月乙丑。

⑤ 李绂：《南园诗文钞》卷八《直隶学政条约拟稿》，《清代诗文集汇编》第257册影印清嘉庆二十五年临川李氏容轩刻本，上海古籍出版社，2010年。案，李绂本人未曾在直隶担任官职，该文应作于其兄李绂担任直隶总督期间，即雍正三年至五年之间。

例,恐地方劣恶生监讦告阻挠,故每年于征漕时,先集生监公议折价,联名具呈,州县乃据以申详上司,出示征收,此臣所闻征漕之事一也。其他或更有如此类者,亦未可定。臣思此等事既无误于公,有益于民,州县官即应详明上司,定议奉行,何必假借生监以示公论。倘欲于公论之中,存自利之私,则劣恶生监必有逢合意指,剥民媚官,以为结交把持之端,从此妄行生事,州县官不复能制矣。臣请皇上敕下督抚,凡地方公事,应随时随地斟酌宜民者,皆令地方官据实详明督抚,小则批示,大则请旨。如有假借生监呈议申详者,即系假公济私,将地方官、生监一并参处。如有地方官详议允协,而生监故意阻挠者,即行褫革,从重治罪。如此,则有司尽职而生监安分,干预公事之端可杜。抑臣更有请者,东省向来征漕折价之州县,仰恳皇上敕下督抚,于每年秋收时,该州县将米谷时价详报督抚,酌定折价数目,晓谕粮户输纳。州县官仍于水次籴米兑运,如有于定价外浮征者,即行参处,则州县无违例之嫌,漕务易办,官民俱沐皇恩于无既矣。谨奏。①

从引文中可以看到,王世琛提出禁止生员公议公呈,直接针对的是漕粮折价的问题。山东济南、兖州、东昌三府漕粮折征并非经制,漕运时仍需运输本色漕粮,只是地方上自行改征折色,再至水次买米兑运。故每年折征价格需参照市价低昂,公议决定。除山东外,清初浙江等省也存在同类公议②。王世琛举此为例,认为此等事务交由公议,则生员人等可以假公济私("倘欲于公论之中,存自利之私"),又可以以公议挟制地方官("劣恶生监必有逢合意指,剥民媚官,以为结交把持之端,从此妄行生事,州县官不复能制矣")。因此,他提出应该停止公议,且不许地方官"假借生监呈议申详",改为径由地方官申详上司定议。这一提议是此前百余年间从未出现过的对地方公议的彻底否决。而且,王世琛在奏折中虽然仅举出漕粮私折一例,但他还提到,"其他或更有如此类者,亦未可定",可见并非只针对漕折一事,而是在更为普遍的意义上针对所有生员公议。

那么,王世琛这一提案是否真的被批准推行了呢?在《朱批谕旨》中,清世宗对该奏折的朱批仅有"九卿速议具奏"六个字,不能反映处理结果。

---

① 王世琛:《谨奏为请杜生监干预公事之端事》,收入《世宗宪皇帝朱批谕旨》卷一六九《朱批王世琛奏折》。

② 乾隆《诸暨县志》卷一一《赋役四·征输·南米改折色案由》:"每年开征时,里老人等于城隍庙内集议价值,私折银两,官差丁役赴省购米交仓。"

各类档案中亦未觅得该奏折原件与九卿议覆题本。在《清实录》《大清会典》《学政全书》等官方史书、典志中，则不见相关内容的转述记载，说明王世琛的提案至少没有修纂成条例，载入相关典章则例中。不过，在成书于乾隆初年的《锡金识小录》一书中，也提到雍正年间生员"公呈有禁"，可以证明王世琛的提案在当时至少有一定影响。《锡金识小录》"胥吏"条云：

> 按康熙以前，邑中有不便于民者，生监耆老得连名具呈。官吏有赃私，每恐人告发，生监之出入公门者，得挟其短而把持之。故衙棍之势盛，而吏有顾忌。雍正中，公呈有禁，则官无所惮，而胥吏之恶甚于虎狼矣。①

《锡金识小录》中所言"公呈有禁"，是针对生监耆老连名具呈"邑中有不便于民者"而言，范围比王世琛奏折所言者更为广泛。引文中虽然笼统谈及"生监耆老"公呈，但后文又说"生监之出入公门者，得挟其短而把持之"云云，可知"公呈有禁"主要还是针对生员、监生而言。再联系"雍正中"一说，当知这些都属于雍正年间整饬士风的成果。

雍正年间的整饬士风运动，虽然直接针对的是生员、监生，但是曾经出任官职、后因种种原因回乡居闲的乡绅，同样在清廷警惕的范围之内。尤其是科甲出身的乡绅，更是随时可能被阑入清世宗打击朋党的天罗地网。雍正八年，左副都御史王图炳就在奏折中秘密建议清世宗，除约束生监外，也当留意在籍闲居的科目翰林，提防他们谤议朝政。王图炳直言，乡居翰林中"率其恃才傲世之性，或私自札记，讹传谤议，无根时事，造为诗歌，寄托讽刺者，恐正复不少"②。在这种氛围中，除生监公议、公呈明确被禁之外，乡绅也往往就此敛手，不敢与闻地方公事。《锡金识小录》"邑绅"条下比较明清两代乡绅居乡行为，也以雍正中为一大转折：

> 本朝邑绅居乡，较前明远胜。风雅自命、工于诗词者有之，闭户读书、留心经史者有之，加意任恤、惠及贫困者有之，谨饬自守、不入县庭者犹间有之。其下者亦不过持筹握算，戚额忧贫，或饱食无为、呼朋纵

---

① 黄卬：《锡金识小录》卷一《备参上·胥吏》，《无锡文库》第二辑影印清光绪二十二年木活字本，凤凰出版社，2012年。

② 王图炳：《奏为科甲翰林年未老迈者应令来京修书馆效力缘由事》，中国第一历史档案馆馆藏宫中档朱批奏折，档号04-01-30-0045-077。

博,至吊丧不拘良贱远近,博取折帛舆金,斯其甚矣。若与闻讼事、关说得财,则康熙中为甚,雍正中绝无之。近日虽稍通往来,而不至狼藉于乡里,未为有害。……今科名日盛,列谏垣者有人,居九列者有人,百余年来,从未有抗权倖、陈疾苦、谔谔不回如古人者。虽谨慎小心,不敢放纵,要之保位安身之念周其胸中,久不知有气节二字矣。①

黄卬所谓乡绅居乡"较前明远胜",是指雍正以后乡绅"安分守己",不再"与闻讼事、关说得财",亦即不再干预自己身家以外之事,或者说不再关心乡党之事或地方公事。缙绅们这种"谨慎小心,不敢放纵"的为人处世态度,既表现为居乡时的"谨饬自守",也反映为在朝为官时的"保位安身"、"久不知有气节二字"。从士风到绅风、官风,都从此为之一变。

然而,当乡绅、生员纷纷缄口,不再公议地方公事之时,最终结果并非如清世宗所愿,朝廷收回一切权力,从此可以政令通达、上令下行。地方政务的决策总需要结合各地的实际情况,而这并非州县官一人可以全知全能。于是,一方面,地方衙门中的书吏、衙役人等填补了基层权力的真空,他们的横恶同样不下于此前的乡绅、生员。由于地方公议之事,原本大半属于没有定法、需要因时酌议之事,故地方官据士民公呈以申详。地方官申详若不引据士民公呈,就只能更多地引据成案、旧例,而事遂多半决于翻检旧例的书吏之手。清代胥吏之横,亦于此时达到顶点。上引《锡金识小录》"胥吏"条中所谓,"公呈有禁,则官无所畏,而胥吏之恶甚于虎狼矣"。同书"衙棍"条则云:"生监之出入县庭、把持官府、鱼肉乡民者,在顺治康熙初,曰十三太保,时有正十三、拗十三之称。康熙中,曰州桥七棍。盖此辈上以邑绅之不肖者为靠山,下以各乡之土棍为爪牙。……至雍正以后,此风始息,而胥吏之横,则十倍于前,即有衣食公门者,亦仰胥吏之鼻息而分其余润耳。"②另一方面,各级地方官府始终存在了解地方民情、政策利病的需求,士民人等也存在向官府反映各项政策实施效果的需求,这些需求并不会因为公议被禁就消失。即使无法以正常渠道进行公议、投递公呈,反对某项政策的生监庶民也仍然会以种种手段向官府控诉,甚至可能聚集哄闹、发展为民变。因此,雍正朝禁止绅士地方公议并未彻底实现,雍正后期,各地地方公议仍然在陆陆续续地进行着,至乾隆年间又更大规模地回归。

---

① 黄卬:《锡金识小录》卷一《备参上·邑绅》。
② 黄卬:《锡金识小录》卷一《备参上·衙棍》。

第三节　雍正、乾隆年间的地方公议

虽然从康熙末年开始，清廷的一系列整顿措施使地方公议受到种种限制，但作为一种已经施行了上百年的机制，地方公议自有其顽强的生命力，并未从此销声匿迹。雍正、乾隆两朝，地方公议的记载事实上仍颇可见于各类史籍。只不过从雍正中叶开始，地方公议的活跃程度有所下降，不少地方在推行朝廷政令之初并不先经公议，要等到当地士民控诉反对某项政令，甚至激起民变，才召开公议讨论。清高宗登基以后，地方公议在更大范围内回到地方政府与基层社会的日常决策之中，但是政府对地方公议结果的尊重程度仍不及从前，在部分事务的决策中明确表示不在意士民公呈的意见。本节以摊丁入地、卫所裁并二事为例，约略说明雍正年间至乾隆初年地方公议的实际情况。

一、摊丁入地中的地方公议

摊丁入地之政，本是一条鞭法改革的后续事项。清代康熙年间，江苏、浙江、江西、湖广、广东、四川等省多个州县已经推行将丁银摊征到地粮中征收的办法①。究竟是否实行摊丁入地，当时朝廷并无统一规定，故各个州县多采取召集绅民公议、再详报布政司或巡抚批准的方式决定。如清代康熙年间，浙江鄞县"邑令议以丁粮并入田税，邀绅士公议。（仇）兆鳌言杨炎两税已合租庸为一，后世又加口率之赋，今又并丁于田，后来得无别增力役以病民乎。是时无田之民利于更法，群聚兆鳌宅，毁其外墙，而持议不少变"②。是即如本书第二章第二节所言，因地方公议采取"全体一致"原则决议，故有一人反对，即无法实行摊丁入地。

及至清世宗登基，大力整顿财政、盘查各省亏空，直隶巡抚李维钧因为丁银难以征缴，于雍正元年提出仿照浙江部分州县之例，在直隶全境通行摊丁入地。这是首次有督抚提议在一省范围内完全实行摊丁入地。九卿遵旨议覆时，最初议令"该抚确查各州县田土，因地制宜，作何摊入田亩之处，分别定例"③。所谓各州县"分别定例"，其实仍旧是各州县分别召集士

①　参见郭松义《论"摊丁入地"》，《清史论丛》第 3 辑，中华书局，1982 年，第 1—62 页。
②　乾隆《鄞县志》卷一七《人物·仇兆鳌》。
③　《清世宗实录》卷一一，雍正元年九月戊戌。

民公议定例的办法。然而,清世宗突然被九卿议覆触怒,指责该议覆是"依违瞻顾,皆由迎合上意起见",决定同意李维钧的建议,在直隶通行摊丁入地。于是,摊丁入地之政首次不经地方公议,通过朝廷的行政命令强制施行。其后,各省督抚藩纷纷以丁银亏空,题请仿照直隶新例摊丁入地。雍正年间全国通行摊丁入地,就是这么开始的。

直隶之外,福建、山西两省布政司分别于雍正元年、二年题请仿行摊丁入地,在各省之中时间最早,却因各州县公议纷杂,迟迟不能统一推行,因而完成时间反倒最晚,待下文再行叙述。除福建、山西两省外,云南、山东在雍正三年题请摊丁入地,其余省份均至雍正四年、五年方行题请。督抚将其事下达至各府州县办理,往来文书又要废去一些时日,因此,各省多至雍正四年至八年间才真正开始推行摊丁入地。此时正逢雍正朝整饬士风运动的高潮,大约雍正五六年之后,禁止生员公议、公呈的法令也已经生效。于是,这些省份推行摊丁入地并未再行各府州县分别公议,而是径以宪檄强行推广,至雍正九十年间,就几乎全部完成①。

在江苏、安徽、浙江、江西、山东、广东、四川等省份,由于相当部分州县早已实行摊丁入地,此时通行全省,是以抚藩檄文推广到尚未摊征的州县,各地分别以本州县丁银摊入本州县地粮征收。这样的办法,激起的矛盾相对较小,推行也还算顺利,但在部分州县仍然出现士民哄闹等问题。浙江省城杭州的仁和、钱塘二县,就因为城市人丁的丁银是否向乡村田土征摊而发生激烈矛盾。雍正四年,闽浙总督李卫在奏折中详细叙述了浙江省摊丁入地时的民变情形:

> 如浙省向来有丁归粮办一事,业经均摊将妥,乃有田多丁少之土棍,蛊惑百余人,齐集巡抚衙门喊叫,拦阻摊丁。彼时法海惊慌失措,即令官员劝散,暂缓均摊之议。及后又被有丁无田、情愿均摊者窥破伎俩,复聚集乡民围辕炒闹更甚。又有一班门面丁差,亦为效尤。从此开端聚众,更迭而起,毫无忌惮。仁、钱二县,遂分为六起,动则打街罢市。后两司护理抚印,以及福敏在浙,仍常聚闹不已。及臣抵任未几,群党即以此事纷纷来控,遂经批司查议,杳无回复,只得出示开导,招集城乡老民面谕,着令听候编审,务使均平,不致偏累,遂欣然乐从,无复缠扰。忽于七月二十八、九两日,乘乡试,人众又出,有劣恶金济路暗中雇出土棍闻尚德等,复挟故智,聚众进城,闹至钱塘县堂。因知

---

① 参见郭松义《论"摊丁入地"》,《清史论丛》第 3 辑,中华书局,1982 年,第 1—62 页。

县秦炌初任未谙，不能开慰，遂将沿街铺面抛掷瓦泥，勒令罢市。及臣闻知，即令杭府李慎修率领仁、钱二县，密嘱以办理之法，而该守与秦炌竟手足无措，不能驱逐。惟仁和百十人一见本官，随即散去，而在省司道乃若不知者然。臣只得令杭协副将李灿协同署仁和县张坦熊谕以利害，押令钱塘棍徒出城，始得解散。此事若不将首恶分别惩创，则十一郡贡监劣衿俱在省下场，从今愈长聚众挟官之恶风，为害非细。①

仁、钱二县摊丁入地，显然并非通过公议"众论佥同，舆情协合"才实施的。正因如此，方才有田多丁少、有丁无田之人分别哄闹，浙江巡抚法海不得不暂缓均摊之议。闽浙总督李卫为了弹压民变，"只得出示开导，招集城乡老民面谕"，实际又回到了由官府召集士民公议的老路上。随后两县方集"绅衿里民公同会议"，决定不分乡市人丁一概均摊，李卫亦以"众既情愿，亦即照议批行"②。

在湖北、陕甘、云南、贵州等省份，由于此前并无实施摊丁入地的基础，此时竟以通省丁银摊入通省地粮。这一决议显然是督抚等官自行做出的，并未经过各州县分别查议，更遑论士民公议。如此一来，部分州县猛然增加一大笔增摊丁银，民众的反对亦更为激烈。雍正八年九月，湖北钟祥县"通县民人群至县堂公缴农具，求请详豁"。至九年"三月内，县差下乡催征加丁银两，而通县一十三乡百姓复于城东武当宫地方聚众呼吁，知县王世经并不委曲劝谕，为民请命，竟知会城守率领兵役出城捕捉。众皆惊惶奔走，彼处桥窄人众，堕水死者一百余人"③。惨剧发生以后，巡抚王士俊在奏折中向清世宗汇报其事，提出应该严惩知县，并以各州县丁银分别摊征。然而，此时正当清廷整饬士风、严禁士民"挟制官府"的高峰时期，因此，湖北按察使唐继祖奉旨调查此事后，并不同意巡抚王士俊的处理办法，反而声称，"若因奸民聚众抗官，将县令一并究处，诚恐无知愚民犹谓将来官吏顾惜考成，不敢妄撄众怒，逞刁效尤，亦未可定"④。湖北省以通省丁银摊入通省地粮的摊征办法，也未有任何改变，即强硬推行下去了。

① 李卫：《奏为陈明省会情形事》（雍正四年八月初二日），收入《世宗宪皇帝朱批谕旨》卷一七四《朱批李卫奏折》。

② 雍正《浙江通志》卷七一《户口一》，《景印文渊阁四库全书》第 521 册，台湾商务印书馆股份有限公司，2008 年。

③ 王士俊：《奏为据实密奏事》（雍正九年十二月初六日），收入《世宗宪皇帝朱批谕旨》卷七三《朱批王士俊奏折》。

④ 唐继祖：《奏明县官失职未行定拟缘由》（雍正十年闰五月初八日），收入张伟仁主编：《明清档案》第 51 册，"中研院"历史语言研究所，1986 年，第 29379—29380 页。

反倒是最早题请仿行摊丁入地的福建、山西两省,由于雍正元、二两年间地方制度变革要经过当地士民公议仍是当时流行的惯例,奉旨摊丁之后,两省大吏均依照旧例,将摊丁入地一事下达到各州县,分别查议具体实施细则。结果各州县公议意见纷纭,摊丁入地之政只能一县议妥方在一县推行,部分州县反复公议不成,甚至一直拖延到乾隆年间。

福建省的情况相对还比较顺利,大部分州县随即议妥奉行,只有少数州县在公议中提出异议,将推行摊丁入地政策拖延了一段时间。如漳州府长泰县,"因奉宪地亩加匀丁银,通邑具呈请丈",于是直至雍正九年清丈完毕,方才实施摊丁入地①。宁洋县则议称"丁多地少,不能概匀",知县唐孝本于雍正五年详请,决定"以一半匀入地亩征收,一半仍存丁纳"②。又如建宁府南平县,"雍正五年就田匀丁,议论纷更"③,是即公议尚有异同。当时该县以"每田粮一两匀征银二钱之例,共匀入丁银三千四百二十六两零",剩下的丁银也"不能通匀",直至乾隆二年经布政使题请,竟将南平县"浮多丁银"悉行蠲免④。是皆因士民公议反复而决策过程漫长,推迟实行摊丁入地的例子。

山西各州县公议摊丁入地时,反对声音更为强烈,实际推行也更为延缓。雍正四年,山西巡抚伊都立奏报,称除寿阳、平遥、介休、徐沟、孝义等州县已经推行摊丁入地之外,其余各州县均拖延至雍正四年编审年份,"现在传同士庶公议,尚未定局"。反对者在公议中提出,"晋省居民置产者少、逐末者多,且地土瘠薄,不同于他省,若一经归并,恐地价愈贱,并恐无人承买,输赋愈难,事在难行"等理由。伊都立接到各州县详报,也对山西是否适合推行摊丁入地产生怀疑,即据此入奏。清世宗在朱批中又没有给出明确回复,只是要求伊都立自己决断,不得把责任诿卸给朝廷⑤。于是,山西的摊丁入地一事被交给各州县反复公议,并因此被拖延下去。

以太原府兴县为例,该县县志记载,雍正五年,知县杨智胜奉到督抚批文,"其太、汾五府十二州,蒙批另议,必众论佥同,舆情协合,方为妥当"。

① 乾隆《长泰县志》卷四《赋役志·土田》,《中国方志丛书》华南地方236号影印民国二十年重刊本,成文出版社,1975年。

② 同治《宁洋县志》卷四《赋役志·户口》,《中国地方志集成·福建府县志辑》第34册影印民国二十四年铅印本,上海书店,2000年。

③ 民国《南平县志》卷五《田赋志第八》,《中国地方志集成·福建府县志辑》第9册影印民国十年铅印本,上海书店,2000年。

④ 《清高宗实录》卷五四,乾隆二年十月丙申。

⑤ 伊都立:《谨奏为请旨事》(雍正四年七月二十九日),收入《世宗宪皇帝朱批谕旨》卷五《朱批伊都立奏折》。

杨智胜随即"传集士庶民等查问"摊丁入地之事，而"合邑士民孙馥、白金铮、原肇昌、刘祖乙、尹郊等"力陈本县丁重粮轻、摊征不便。杨智胜遂取具士民公呈申详，蒙批暂缓摊丁入地。至雍正九年编审，山西布政司再以督办摊丁入地下各州县，而兴县以雍正五年已有士民公议，仍以旧说再取公呈申详，亦获布政司批允。从兴县的案例看来，山西各州县在雍正九年饬查摊丁入地时，因此前曾经公议、已有公呈旧案，故并未受到雍正五六年以后禁止地方公议公呈的影响。直至乾隆年间，山西巡抚、布政使每逢五年编审，定要重提摊丁入地之事。乾隆十年，兴县又奉宪行查议摊丁入地，知县又召集士民公议，取具"合邑士民白金锐、郭辉祖、原宗郢、孙赟、白佩玉等呈"，仍然声称丁银过重、不便摊征。白金锐等人还在公呈中大言不惭道："夫奉令守法，固下民之公议，而体情察俗，尤上宪之先筹。锐等就兴邑土俗，度兴邑民情，诚知地粮断不能加，丁徭原不必摊。"公呈中透露出来的那种以地方公事为己任的气概，实与明末清初时的绅士相去不远。清廷此时也不再如雍正年间那般警惕士民"挟制官府"，竟就此决定听从民便，允许兴县等山西尚未摊丁入地的州县不必摊征，从此也不再反复督饬查办了①。

前后对比可以发现，较早开始查办摊丁入地的福建、山西两省反而最晚完成，山西部分州县甚至最终得以不推行摊丁入地，恰恰是因为这两省开始查办较早，当时尚付诸地方公议决策，因而拖延未决。若干拖延到乾隆初年的州县，因为此时地方公议已经复归，朝廷重新开始听取地方公议的意见，所以这些州县或如福建南平县那般得以部分蠲免丁银，或如山西兴县那般索性免于摊丁入地。至于雍正四年以后才开始实际办理摊丁入地的省份，则多如浙江、湖广一般，并不经过各州县地方公议，很快以行政手段强制推行下去并迅速完成。直至强制推行激发矛盾以后，才间或考虑召集公议讨论问题，又甚或仍然压制民众自发的请愿，将之视作民变，严酷镇压。正是以此种专制集权的手段，摊丁入地改革才得以在大多数省份强力、高效地贯彻下去。

二、卫所裁并中的地方公议

雍、乾年间另一桩与地方公议有关的大政是卫所归并州县。如本书第三章第二节所言，自明代中叶以来，地方行政区划的调整通常都要经过地

---

① 乾隆《兴县志》卷九《户口》，《中国地方志集成·山西府县志辑》第23册影印清乾隆二十八年增刻本，凤凰出版社，2005年。

方公议,获取当地绅士耆老的公呈作为凭证。清初以来,卫所归并州县虽然是一项全国性的政策,但在具体推行过程中,始终遵循因地制宜的原则,各地卫所裁撤早晚、裁撤后的处置办法均有参差,其中即充分参考了各地地方公议的不同意见。及至雍正初年,仍然保留着卫所建制、迟迟没有改归州县的,除了漕运卫所和少数边疆卫所外,就是当地军户反对改制最为强烈的卫所。山东沿海的安东、灵山、鳌山、大嵩、威海、成山、靖海七卫,正是其中的代表。笔者曾经从卫所改制的角度探讨过清廷对这七个卫所的处置办法①,在此则从地方公议的角度出发,重新审视七卫改制过程中,地方公议地位的前后变化。

安东等七卫反对卫所改制,核心原因是改制将影响当地童生考试入学。这些沿海卫所自明代以来长期设有卫学,拥有单独的学额。清廷设想将这些卫所归并附近州县,但如此一来,卫学必将裁撤,军户子弟将与附近州县的童生共同竞争州县学校的学额。这显然触犯了当地军户,尤其是读书人家的利益。在官府通过地方公议征求当地人意见时,绅衿又恰好是参加公议的主力。因此,自清初开始,以绅衿为首的七卫军户就一直极力反对裁撤卫所、归并州县。

七卫士民通过地方公议反对卫所归并州县,最早见诸记载者在康熙二十年。当时,清廷下旨山东,查议卫所是否应裁并,而沿海各卫纷纷反对。乾隆《威海卫志》中,收录了一份威海卫绅士上呈给知县的《阖卫绅士留卫条议》。这些绅士在条议中即以卫学为言,声称若裁卫裁学,当地子弟必将离开卫城,海疆必将因此空虚。这几乎是赤裸裸地以海防重务挟制官府:

> 前于逆猖獗,官率诸生子弟守荒城、拒狂敌,总恃人心为城之力。
> 若裁卫而改学,则诸生子弟亦去卫而就食,是无卫即无卫学,无卫学即
> 无卫人,无卫人,则穷荒退畷之地,势必有空虚叵测之虑矣!②

除威海卫绅士条议外,该卫志还收录了文登县知县、登州府知府的两份详文,要求保留大嵩、靖海、成山三卫。登州知府在详文中明确提到,除询问了相关县卫官员的意见外,三卫士民也已提交连名公呈反对裁卫,保留三卫系"俯顺舆情"之举:

> 据莱阳、文登二县及大嵩、成山、靖海三卫反复敷陈,不便裁并讫。
> 且又据各卫士民连名公呈,历陈风土形势,追言创制始末,极言利弊。

---

① 参见毛亦可《清代卫所归并州县研究》,社会科学文献出版社,2018年,第117—121页。
② 乾隆《威海卫志》卷九《艺文志》,《阖卫绅士留卫条议(康熙二十年)》。

是县卫两议固所佥同，而士民公论又皆画一，则大嵩、成山、靖海三卫似当俯顺舆情，仍然旧制，以留为便者也。①

最终，在康熙二十年这一轮查议中，山东省卫所无一被裁，说明当时清廷确实充分尊重了地方公议的意见。

及至雍正二年，清廷重启卫所改制一事，对山东省遗留沿海卫所的情况也展开了新一轮查议。此轮查议中，当地士民通过地方公议参与其事的身影依然清晰可见。雍正三、四两年，威海卫、灵山卫士民各有公呈反对裁并，分别保留在两卫卫志之中。其中，威海卫公呈的草拟者是邑贡生吕曰卓，公呈在卫志中被命名为《阖卫绅士留卫公呈》，投递对象不明②。灵山卫公呈名为《吁请存留边卫公呈》，于雍正四年七月投递给山东巡抚陈世倌，但不清楚是以绅士还是士民的名义具名③。雍正四年六月二十六日之后，陈世倌"轻骑减从，遍历登、莱、青三府，自安东卫起至灵山卫，折而浮山所，至鳌山卫，又折而雄崖所，历大嵩、靖海、成山、威宁等卫"④。灵山卫军户的公呈，正是趁着陈世倌亲莅考察的机会呈递的。陈世倌在此后的奏疏中提到，"所到之地，又据绅士军民纷纷具呈吁留"，可见除灵山卫外，其他六卫士民也通过地方公议的机制，表达了相同的意见。最终，结合七卫绅士军民的公呈与他本人亲身考察的见闻，陈世倌在奏疏中向清廷建议，继续保留沿海卫所。清廷也采纳了陈世倌的意见，在这一轮卫所改制中没有对山东沿海七卫出手。

然而，到了雍正末年，在经历了清廷整顿士风、限制绅士参加地方公议之后，情况发生了变化。雍正十二年，清廷再次动议裁改山东省沿海卫所。河东总督王士俊亲至登州府查办此事。各卫士民仍依旧贯，"纷纭具呈，牢不可破"⑤。据《灵山卫志》记载，该卫士民向王士俊投递公呈时，王士俊批复"仰登莱道确议详报"，仍将公呈下地方查报⑥。可见当时官府仍没有完全否认地方士民上公呈的权利。然而这一次，王士俊接收士民公呈只不过是略作姿态，其实裁撤卫所之见已经甚为坚定。道府州县与卫所官员亦"望风承旨，不敢异词"。最终，王士俊非但没有根据士民公呈请旨留卫，反

---

① 乾隆《威海卫志》卷九《艺文志》，《登州府留卫详文》。

② 乾隆《威海卫志》卷九《艺文志》，吕曰卓《阖卫绅士留卫公呈（雍正三年）》。

③ 乾隆《灵山卫志》卷八《艺文志》，《吁请存留边卫公呈（雍正四年七月投巡抚陈大人）》，胶南市史志办公室点校，五洲传播出版社，2011年，第170—171页。

④ 乾隆《威海卫志》卷九《艺文志》，陈世倌《奏留山东边海七卫（雍正四年）》。

⑤ 乾隆《威海卫志》卷九《艺文志》，王庭槐《裁卫记略（乾隆七年）》。

⑥ 乾隆《灵山卫志》卷八《艺文志》，《舆情改县公呈（序）》，第172页。

而下手捉拿了卫所士民中最坚定反对裁卫的一批人,以此弹压地方社会的不同意见。"靖海触怒尤甚,拿送宁海州监禁,以奸匪论罪。"①稍后,除安东卫外,山东省大嵩等六卫俱行裁撤,成山卫改为荣成县,大嵩卫改为海阳县,灵山、鳌山、靖海、威海四卫则归并附近各县。

雍正十二年裁卫后,大嵩等六卫士民仍然心存不甘,留剩的安东一卫也需要进一步安置。因此,在乾隆初年,山东沿海卫所的相关公议仍不绝如缕。安东卫因无卫志,卫所军户在裁卫过程中的公议详情不得而知。不过,安东卫最终裁撤于乾隆七年,而在乾隆六年冬,山东沿海地方奉有"上宪明文,查裁卫便否,本卫士民不得与闻"②。这显然是针对安东卫而发出的命令。可见在卫所改制过程中,安东卫士民始终坚持反对,以致清政府最后不得不明确表示,在决策中不采纳地方公议的意见。乾隆十年春,山东巡抚喀尔吉善巡历至灵山卫故地,卫人又具公呈,请求以故卫地单独设县。巡抚以此公呈批布政司,布政司转批胶州查议。卫人又具呈到州,署理知州王志曾"面谕回籍,静候取例,到日即唤卫众公同议复",即表示要另日召开地方公议。卫人听信其言,回卫等待公议。不料事后知州未经召集公议,"竟私自捏详,极言改县不便,其事遂寝"③。

可以看到,从雍正末年到乾隆初年,一方面,清廷与各级官员从未明文禁止地方士民以公议、公呈的形式表达其意愿,相反,收到公呈的官员还不得不表示会查议办理、会召开地方公议的姿态。然而,另一方面,此时的清政府显然并不认为,非得充分尊重地方士民的意愿不可。统治者仍然乐意摆出"俯听民情"的姿态,但也仅仅是姿态而已。对于朝廷实际上已经做出的决定,各级官员只想获得地方公议的支持,而不想听到反对的声音。如果有人想利用公议机制跟国家唱反调,那么或被忽视,或遭镇压。此后,地方公议虽继续存在,但国家与社会博弈的天平开始向着国家一侧倾斜,地方社会想要通过公议达成其目的变得越来越困难,地方公议越来越成为统治者手中牢牢掌握的工具。

---

① 乾隆《威海卫志》卷九《艺文志》,王庭槐《裁卫记略(乾隆七年)》。
② 乾隆《威海卫志》卷九《艺文志》,王庭槐《裁卫记略(乾隆七年)》。
③ 乾隆《灵山卫志》卷八《艺文志》,《吁请改县公呈(序)》,第 172 页。该书中还收录了卫人向巡抚、知州投递的两份公呈,见同卷《投巡抚喀大人呈》《投署胶州事诸城县知县王呈稿》,第173—175 页。

结　语

至此，我们已经对 18 世纪以前地方公议的历史演进、运作程序和运用范围做出了一系列考察。由于这一现象的普遍性、复杂性与笔者学力所限，本书内容所揭示的仍不过是明清两代地方公议的冰山一角。不过现在我们有必要回到序章的问题中，尝试对地方公议的地位与性质做出总结。

一、地方公议的源与流

首先，让我们来回顾地方公议诞生与演进的历史，尝试回答序章中的一个问题：地方公议究竟代表着中国传统民本观念的实践，还是可以对标于西方近代早期民主制度的兴起？

地方公议的源头无疑是深深植根于中国历史传统中的。"民本"观念是它的思想根源。早在战国时期，孟子就曾经这样劝诫齐宣王：

> 左右皆曰贤，未可也；诸大夫皆曰贤，未可也；国人皆曰贤，然后察之，见贤焉，然后用之。左右皆曰不可，勿听；诸大夫皆曰不可，勿听；国人皆曰不可，然后察之，见不可焉，然后去之。左右皆曰可杀，勿听；诸大夫皆曰可杀，勿听；国人皆曰可杀，然后察之，见可杀焉，然后杀之。……如此，然后可以为民父母。[①]

在孟子看来，好的统治者应当听取国人的声音，而非仅仅听从左右之人或诸大夫的意见。这样的观念也一直影响着后世，是历代儒家学者的共识。

政治理想贯彻于行政实践中，便有了历代官员就地方利病问政于耆老，以及朝廷参照士人清议而进贤退不肖。与此同时，豪族士大夫出于经营地方的目的，也会参与地方公共事业的建设。长期以来，耆老、士人、豪族士大夫作为"中间群体"，作为国家与社会之间的纽带发挥着作用。他们在其各自的领域参议公共事务，既向统治者传达民意，也代表地方社会对

---

① 《孟子·梁惠王下》，阮元校刻：《十三经注疏（清嘉庆刊本）》，中华书局影印本，2009 年。

政权提供支持。这在实践层面上构成地方公议的源头。

　　不过,直至明代中叶以前,上述社会群体的意见对统治者并不构成任何实质性的约束,各级官员听取社会意见但并不一定遵循这些意见。由于乡士大夫、士人(生员)、耆老(里老人)各自只参议部分公共事务,且分别向官府反映意见,他们的意见只有在流向官府以后,才发生碰撞、汇聚。总结、比较并取舍不同社会群体的意见,在详加考察后做出最后决策,一直是留给官员的工作。因此,在明中叶以前,所谓的"民本主义"观念从未导向对"民主"的追求,二者之间的鸿沟截然可见。

　　到了16世纪中叶以后,一方面旧的政治秩序仍然在延续,绅士耆老向官府提出诉求,官府回应他们的诉求并做出最终决策,这种"民告—官理"式的基本官民关系并没有本质性改变。但在另一方面,引人注目的新变化也开始悄然出现。新变化主要表现为两点:第一,是不同社会群体开始就公共事务直接交流,并在此基础上展开共同行动。在抗倭、赋役改革等地方重大事务的决策中,以乡绅、生员、里老共同集会议事为特征的地方公议,逐渐成为普遍现象。与此同时,作为地方公议成果、反映地方社会集体意见的文书形式也不断进化。"通学连名呈""合邑连名呈"等新名目陆续出现,最终形成由乡绅、生员、里老共同联署,代表地方社会全体意志的"合邑公呈"。第二,由于地方公议与合邑公呈代表了地方社会的"民意",虽然各级官员在理论上仍然扮演着裁决者的角色,但他们其实很难强硬地否决地方公议的意见。与之相反,更多官员选择积极利用地方公议机制,主动获取并引用士民公呈,作为他们向上级汇报地方民意的证据。通过这种方式,地方公议开始系统性地进入政治权力结构,获得制约官府的力量。国家—社会关系中"以官治民"的单一结构也由此发生了些许改变。

　　从16世纪下半叶到18世纪初,地方公议在诸多领域发挥着重要作用,并逐渐成为一种行政惯例。地方官上任与每月朔望,监察官巡历至各个州县,都要例行召集绅士里老,向他们咨访本地民生利病、地方官廉贪贤否。国家要设置新的行政区划,乡贤、名宦要入祀地方祠庙,孝子、节妇要请求旌表,提学官要考核生员品德或褫革生员身份,地方官要向朝廷报告灾荒、请求蠲免,或者要在正项赋役之外额外加派,都需要征求里老、生员等相应群体的意见,获取他们的公呈为凭据。绅士里老想要保留地方官乃至督抚大吏,或是想要向朝廷请求减少本县赋税,也需要采取集体行动,联署公呈,甚至进京上公疏。虽然经过地方公议提请的事项仍然不是百分之百能够成功,但是诸多案例显示,朝廷会以没有公呈、公揭为由驳回官员的奏疏,因此,没有地方公议是万万不行的。

当地方公议日益成为行政程序中的"必需品",我们确实可以在一定程度上,把它视为某种与西方世界近代早期议会相平行的历史现象。尤其是当我们把目光投向财政领域,越发可以看到这种相似性。16、17世纪的战争与财政危机被认为是西欧代议制发展的重要催化剂①。本书的研究则表明,这一时期的税收增长同样促使明清两代的绅士耆老展开集体行动,用地方公议维护自身利益。简言之,当国家面临危机时,政府更需要获取社会的支持,社会也因而获得了更大的议价权。这一全人类所共通的现象,在当时的中国与西方同时指向了蕴含着民主因素的"现代性"。

二、地方公议与明清中国的权力结构

如果说明清地方公议中确实已经蕴含了某些民主因素,那么,紧接而来的问题就在于:它是否能够超越我们所熟知的"皇权专制"模式?其演进方向是否指向西方式的议会制度?它的存在对于明清中国的权力结构而言,又究竟意味着什么呢?

要回答这一串问题,我们可以从明清地方公议与同时代西欧议会的差异入手。二者间的基本区别之一,便是地域范围的不同。在英国等西欧国家,自中世纪以来就有了国家层次的代议制议会②。而在中国,由于庞大的疆域,全国性的绅士耆老公议是不可想象的。地方公议通常只在县一级行政区划内进行。只有在个别情况下,才会出现同一府下辖的若干州县绅士耆老共同公议或联署公呈。这注定了地方公议只可能代表某一特定地方的"民意",而无法代表全国的"民意"。在作为全国最高权威的朝廷面前,地方之"公"只不过是一方之"私"。朝廷作为全国之"公"的唯一决断者,始终拥有对地方公议结果的最终否决权,其地位从未真正受到地方公议的挑战。因此,可以认为,在明清中国,地方公议始终从属于中央集权国家皇权专制的结构。

明清地方公议与同时代西欧议会之间的第二项基本区别,则是决议机制的不同。明清地方公议一直采用全体一致的决议机制,不存在多数决的

---

① [美]菲利普·T.霍夫曼、凯瑟琳·诺伯格编:《财政危机、自由和代议制政府(1450—1789)》,储建国译,格致出版社、上海人民出版社,2008年。

② [法]弗朗索瓦·基佐:《欧洲代议制政府的历史起源》,张清津、袁淑娟译,复旦大学出版社,2008年,第42页。

理念,也从未产生投票的办法。在本书中,我们看到了若干因为一个人反对而导致地方公议流产的案例,甚至看到了针对个别反对者的暴力行为。这些现象反映出"全体一致决"机制的问题。那么,为什么明清时代的地方公议选择了"全体一致决"而不是"多数决"呢?

这可以从行政运作的逻辑来理解。首先,从理论上说,16世纪中叶以后,地方公议超乎前代的力量就来源于代表"合邑民意"。正是因为绅士耆老可以联署"合邑公呈",表达本地所有民众的意愿,各级官府才无法轻易否决他们的诉求。如果参与地方公议的绅士耆老达不成全体一致,无法联署"合邑公呈",那么,裁决权就应该归于官府,而地方公议的地位将大大下降。其次,在实践中,如果在并未达成全体一致的前提下,部分绅士耆老代表地方社会出具了公呈,地方官也据此向上汇报,那么,事实上存在着某种风险,即反对者可能向上级官府告发,而地方官也可能受到调查甚至惩处。以上两方面的理由决定了,明清地方公议必须采用"全体一致决"的决议方式。因此,沿着既有道路无论如何演进,地方公议中都不会发展出投票、多数决的机制,地方公议永远不会变成西方式的议会。

不过,明清地方公议与西方议会制的差异,并不意味着它对中国固有权力结构毫无挑战。如果考虑朝廷、地方官和地方社会三者间的复杂权力关系,那么,地方公议的广泛存在确实产生了诸多影响。

第一,通过地方公议与公呈、公疏等文书,朝廷与地方社会之间建立起了更直接的联系,从而打破了地方官对信息渠道的垄断。朝廷了解地方社会的民情民意,不再单一依赖于地方官的奏报,还可以要求官员提供士民公呈作为凭据。代表朝廷出巡的巡抚、巡按,也会召集绅士耆老进行公议,直接询问他们对地方官的评价。这些机制都有助于朝廷监督、约束地方官员。从这一角度上看,地方公议拉近了朝廷与地方社会间的距离,因而有助于中央集权的加强。

第二,与此同时,地方官也会利用地方公议机制,挟持地方"民意",增加与朝廷议价的砝码。他们不时引用士民公呈为据,向朝廷请求优惠政策,或者推诿不利于本地的政策。有时,他们甚至指使本地耆老进京上疏,直接向朝廷展示地方"民意"。朝廷面对这种情况,也经常不得不展示俯从民愿的姿态。在颁布全国性政策时,朝廷往往会要求地方官召集公议、采访舆情,尽可能制定因地制宜的具体办法。因此,地方公议也赋予了地方官府新的手段去与中央博弈,并使得中国这个庞大国家的治理变得更为多元而富有弹性。

第三，地方社会同样会利用公议机制，依违于朝廷与地方官府之间，以扩张自己的利益。在地方官不满足其诉求时，绅士耆老可以在抚按面前投诉地方官，或向抚按投递公呈，甚至假借公疏上奏为名，"口称奏诉，直入衙门，挟制官吏"。如果地方官如其所愿，他们又可以连名向朝廷保留官员，甚至可以借用保留机制，诱使地方官为其利益代言。从这一角度出发，地方公议也让地方社会获得前所未有的政治能量，在制度框架内为其自身利益博弈。

总体而言，在明清中国皇权专制、中央集权的权力结构之下，地方公议仍然能以其特有的方式，赋予地方社会表达其诉求的机制，也赋予朝廷和地方官完善治理的手段。但地方公议所带来的，并不是朝廷、地方官和地方社会三者对权力非此即彼的争夺，而是三者间彼此纠缠的博弈与合作。这让明清中国的地方公议走上了与西方议会制度不同的发展道路。

三、地方公议的历史走向

最后，我们要关心地方公议的历史走向。地方公议在 16、17 世纪已经相当普遍，也在行政流程中具有了一定地位，但在 18 世纪以后，我们没有看到它的地位进一步提升，也没有看到地方社会的力量进一步扩张。那么，是什么原因限制了地方公议的继续壮大呢？

抑制地方公议的需求主要来自两个方面。第一，是对地方公议究竟代表谁的利益的质疑。众所周知，所谓的"地方社会"并不是铁板一块。参与地方公议的绅士耆老真的能够代表地方社会的整体利益吗？抑或他们会利用地方公议为自己谋求私利？这不只是今人会关心的问题，也是明人、清人始终抱有的疑问。

从原理上说，地方公议的根基在于代表"民意"。参加地方公议的人群中，里老才是庶民阶层真正的代表，因此，地方官要了解地方社会的"民意"时，往往最重视里老的公议。然而，在地方公议的实际运作中，乡绅和生员往往更为主动、活跃。在官场上的人脉、在本地的号召力乃至文书写作能力，让他们拥有里老所不具备的力量。于是，我们经常看到，以里老名义出具的公呈，实际上由某位乡绅或生员主笔。甚至以生员名义出具的公呈，有时也出自乡绅、举贡之手。当里老、生员在明处参加公议、投递公呈时，乡绅会私下写信给官员，嘱托相关事务。可以认为，在地方公议的实际运作过程中，里老通常是出头人，乡绅是幕后操作者，生员则介于二者之间。

地方社会想要通过公议机制达到其目的,既需要借用里老的名义,也需要乡绅、生员发挥主观能动性,这两面都不可或缺。

然而,乡绅、生员参与地方公议虽然在16世纪以后被普遍接受,但其中始终存在着令人生疑之处。17世纪以后,部分官员反复质疑乡绅、生员公器私用,利用地方公议机制"假公济私",因而一直提防、限制地方公议。这样的观念并非毫无依据。在部分案例中,我们确实可以看到乡绅、生员利用公议机制谋求私利。但也应该认识到,"假公济私"并不是地方公议中独有的现象,也不是乡绅、生员参与地方公议必然导致的问题。绅士耆老精诚合作、切实为地方社会谋求利益的案例同样不在少数。部分地方官反复质疑地方公议中的"假公济私",既有实际问题的因素,也是因为他们自己受到了来自地方社会的压力,需要以"假公济私"为由打击地方公议。

第二,对于明清朝廷而言,比"假公济私"更大的问题还在于"挟制官府"乃至"挟制朝廷"。朝廷始终希望把地方公议限制在自己可以利用、控制的范围之内,通过地方公议了解民意、听取建议、监督地方官,但并不希望看到地方士民或地方官凭借公议向朝廷施加舆论压力、不断索取更多的利益。与此同时,地方士民所希冀的却越来越多,不但学会了利用地方公议向地方官施压,甚至还在部分集会公议的场合聚众哄闹。地方公议与"士变""民变"连结在一起,让17世纪原本便动荡不安的社会秩序变得愈发摇摇欲坠。到了政治重新走向稳定的18世纪,清朝统治者自然要着手解决这些问题。

从康熙末年到乾隆年间,清廷陆续采取了若干手段整顿地方公议,概括起来主要是两点。其一是专门就"民人附和结党""聚众抗官"立法,将地方士民聚众哄闹、要挟官府乃至朝廷满足其诉求的行为入刑。这是针对地方公议中的以下犯上问题,重点打击最为"嚣竞"的社会群体,以此重新规整"以官治民"的上下秩序。其二是通过整饬士风,限制绅士群体尤其是生员参与地方公议。绅士群体一方面是地方公议中最为主动、活跃的群体,最有能力利用地方公议与官府叫板,但另一方面其身份获得自科举考试,也很容易被政府把住命脉。通过限制乡绅、生员的行动,清廷对地方公议的掌控进一步加强。

饶是如此,18世纪清廷的整顿举措,并不是要从根本上否认、取消地方公议,而只是要让它更好地为政府所用,为朝廷所用。18世纪以降,直至清末各省咨议局诞生以前,地方公议仍然是绅士耆老表达地方社会意愿、参与地方政务的主要手段。在需要了解民情民意、获得民众支持时,清朝各级官府仍然在不断召集地方公议、获取士民公呈。只不过,地方士民曾经通过这一机制挑战各级官员、与官府博弈的现象逐渐归于沉寂,地方公议终究更为完美地融入了中央集权的传统政治体制。

参 考 文 献

一、史料

1. 正史、编年

司马迁:《史记》,中华书局,1982 年。

班固:《汉书》,中华书局,1962 年。

范晔:《后汉书》,中华书局,1965 年。

陈寿:《三国志》,陈乃乾校点,中华书局,1982 年。

房玄龄等:《晋书》,中华书局,1974 年。

魏收等:《魏书》,中华书局,1974 年。

刘昫等:《旧唐书》,中华书局,1975 年。

脱脱等:《宋史》,中华书局,1985 年。

张廷玉等:《明史》,中华书局,1974 年。

李焘:《续资治通鉴长编》,中华书局,2004 年。

李心传:《建炎以来系年要录》,胡坤点校,中华书局,2013 年。

《明实录》,"中研院"史语所校印本,1962 年。

《清实录》,中华书局影印本,1985—1987 年。

2. 典志、律例

杜佑:《通典》,王文锦等点校,中华书局,1988 年。

徐松辑:《宋会要辑稿》,刘琳等点校,上海古籍出版社,2014 年。

《新集至治条例》,收入《元典章》,陈高华、张帆、刘晓、党宝海点校,中华书局、天津古籍
    出版社,2011 年。

《御制大诰》,《续修四库全书》第 862 册影印明洪武内府刻本,上海古籍出版社,
    2002 年。

黄彰健编著:《明代律例汇编》,"中研院"历史语言研究所,1994 年。

万历《大明会典》,广陵书社影印明万历十五年内府刻本,2007 年。

康熙《大清会典》,《近代中国史料丛刊三编》第 72—74 辑影印清康熙二十九年内府刻
    本,文海出版社,1992 年。

《大清律例》，《景印文渊阁四库全书》第 672—673 册，台湾商务印书馆股份有限公司，
　　2008 年。

吴坛著，马建石、杨育棠主编：《大清律例通考校注》，中国政法大学出版社，1992 年。

薛允升著，胡星桥、邓又天主编：《读例存疑点注》，中国人民公安大学出版社，1994 年。

3. 诏令奏议

毕自严：《度支奏议》，《续修四库全书》第 483—490 册影印明崇祯刻本，上海古籍出版
　　社，2002 年。

陈子龙编：《明经世文编》，中华书局影印明崇祯云间平露堂刻本，1962 年。

房可壮：《房海客侍御疏》，《四库禁毁书丛刊》史部第 38 册影印明天启二年刻本，北京
　　出版社，2000 年。

葛士濬编：《皇朝经世文续编》，《近代中国史料丛刊》第 75 辑影印清光绪二十四年石印
　　本，文海出版社，1972 年。

李嵩：《醒园疏草》，《故宫珍本丛刊》第 534 册影印明万历四十六年自刻本，海南出版
　　社，2000 年。

罗振玉辑：《皇清奏议》，张小也、苏亦工等点校，凤凰出版社，2018 年。

祁彪佳：《宜焚全稿》，《祁彪佳文稿》第 1 册影印明末钞本，国家图书馆出版社，1991 年。

秦世祯：《按吴疏稿》，国家图书馆藏清顺治刻本。

王恕：《太师王端毅公奏议》，东京大学东洋文化研究所藏嘉靖十三年刊嘉庆十一年补
　　刊本。

叶盛：《叶文庄公奏疏》，《四库全书存目丛书》史部第 58 册影印明崇祯四年叶重华刻
　　本，齐鲁书社，1997 年。

佚名辑：《海运摘抄》，《明清史料丛书八种》第 5 册影印《明季辽事丛刊》本，北京图书馆
　　出版社，2005 年。

张国维：《抚吴疏草》，《四库禁毁书丛刊》史部第 39 册影印明崇祯刻本，北京出版社，
　　2000 年。

张伟仁主编：《明清档案》，"中研院"历史语言研究所，1986 年。

《世宗宪皇帝朱批谕旨》，《景印文渊阁四库全书》第 416—425 册，台湾商务印书馆股份
　　有限公司，2008 年。

中国第一历史档案馆馆藏宫中档朱批奏折。

4. 官箴书、政书

毕懋良：《两浙学政》，日本内阁文库藏明万历刻本。

程开祜辑：《筹辽硕画》，《丛书集成续编》第 242—243 册影印国立北平图书馆善本丛书
　　景明万历本，新文丰出版公司，1989 年。

程任卿辑：《丝绢全书》，《北京图书馆古籍珍本丛刊》第 60 册影印明万历刻本，书目文
　　献出版社，2000 年。

董煟:《救荒活民书》,《景印文渊阁四库全书》第 662 册,台湾商务印书馆股份有限公司,2008 年。

耿橘编:《常熟县水利全书》《常熟文库》第 28 册影印明万历刻本,国家图书馆出版社,2019 年。

黄六鸿:《福惠全书》,《官箴书集成》第 3 册影印清康熙三十八年金陵濂溪书屋刻本,黄山书社,1997 年。

蒋廷璧:《璞山蒋公政训》,《官箴书集成》第 2 册影印明崇祯金陵书坊唐氏刻《官常政要》本,黄山书社,1997 年。

李渔编:《资治新书二集》,《李渔全集》第 17 册,张道勤点校,浙江古籍出版社,1991 年。

刘邦翰辑:《政刑大观》,日本公文书馆藏清康熙三年刻本。

吕坤:《实政录》,《吕坤全集》中册,王国轩、王秀梅整理,中华书局,2008 年。

毛奇龄:《湘湖水利志》,《清代诗文集汇编》第 88 册影印清康熙刻《西河合集》本,上海古籍出版社,2010 年。

潘杓灿:《未信编》,《官箴书集成》第 3 册影印清康熙二十三年刻本,黄山书社,1997 年。

祁彪佳:《莆阳谳牍》,《历代判例判牍》第 5 册,中国社会科学出版社,2005 年。

钱春:《湖湘详略》,《四库全书存目丛书》史部第 65 册影印明万历四十二年刻本,齐鲁书社,1997 年。

索尔讷等:《钦定学政全书》,中华书局影印清乾隆三十九年武英殿刻本,2015 年。

王庆云:《石渠余纪》,王湜华点校,北京古籍出版社,1985 年。

吴遵:《初仕录》,《官箴书集成》第 2 册影印明崇祯金陵书坊唐氏刻《官常政要》本,黄山书社,1997 年。

谢肇淛:《北河纪》,《景印文渊阁四库全书》第 576 册,台湾商务印书馆股份有限公司,2008 年。

佚名:《居官必要为政便览》,《官箴书集成》第 2 册影印明崇祯金陵书坊唐氏刻《官常政要》本,黄山书社,1997 年。

佚名辑:《保龙全书》,国家图书馆藏清乾隆刻本。

佚名辑:《皇明制书》,《北京图书馆古籍珍本丛刊》第 46 册影印明镇江府丹徒县刊本,书目文献出版社,1988 年。

佚名:《江西赋役纪》,《天一阁藏明代政书珍本丛刊》第 8—9 册影印明嘉靖刻本,线装书局,2010 年。

佚名:《新官轨范》,《官箴书集成》第 1 册影印明崇祯金陵书坊唐氏刻《官常政要》本,黄山书社,1997 年。

佚名:《新官轨范》,日本内阁文库藏万历十二年重刊本。

佚名:《新官到任仪注》,《官箴书集成》第 1 册影印明崇祯金陵书坊唐氏刻《官常政要》本,黄山书社,1997 年。

佚名辑：《朝野公言》，《北京图书馆古籍珍本丛刊》第 12 册影印明崇祯七年施嘉遇等刊
　　本，书目文献出版社，1990 年。

俞汝楫等：《礼部志稿》，《景印文渊阁四库全书》第 597—598 册，台湾商务印书馆股份
　　有限公司，2008 年。

张国维：《吴中水利全书》，蔡一平点校，浙江古籍出版社，2014 年。

郑若曾：《筹海图编》，李致忠点校，中华书局，2007 年。

周梦颜辑：《苏松历代财赋考》，《北京图书馆古籍珍本丛刊》第 60 册影印清康熙中刻
　　本，书目文献出版社，1998 年。

5. 地方志

至顺《镇江志》，《宋元方志丛刊》第 3 册影印清道光二十二年丹徒包氏刻本，中华书局，
　　1990 年。

弘治《兴化府志》，北京大学图书馆藏同治十年重刊本。

正德《建昌府志》，《天一阁藏明代方志选刊》第 34 册影印明正德十二年刻本，上海古籍
　　书店，1982 年。

正德《瑞州府志》，《天一阁藏明代方志选刊续编》第 42 册影印明正德十年刻本，上海书
　　店，1990 年。

嘉靖《湖广图经志书》，《日本藏中国罕见地方志丛刊》影印明嘉靖元年刻本，书目文献
　　出版社，1991 年。

嘉靖《江西省大志》，《原国立北平图书馆甲库善本丛书》第 358 册影印明嘉靖刻本，国
　　家图书馆出版社，2013 年。

嘉靖《邵武府志》，《天一阁藏明代方志选刊》第 30 册影印明嘉靖二十二年刻本，上海古
　　籍书店，1982 年。

嘉靖《海宁县志》，《原国立北平图书馆甲库善本丛书》第 366 册影印明嘉靖三十六年刻
　　本，国家图书馆出版社，2013 年。

嘉靖《东乡县志》，《天一阁藏明代方志选刊》第 40 册影印明嘉靖三年刻十五年补刻本，
　　上海古籍书店，1982 年。

嘉靖《新修靖江县志》，《稀见中国地方志汇刊》第 13 册影印明隆庆四年刻本，中国书
　　店，1992 年。

嘉靖《宁国府志》，《天一阁藏明代方志选刊》第 23 册影印明嘉靖十五年黎晨校刻本，上
　　海古籍书店，1982 年。

嘉靖《南康县志》，《天一阁藏明代方志选刊续编》第 44 册影印明嘉靖三十四年刻本，上
　　海书店，1990 年。

嘉靖《蠡县志》，《天一阁藏明代方志选刊续编》第 1 册影印明嘉靖十三年刻本，上海书
　　店，1990 年。

嘉靖《威县志》，《天一阁藏明代方志选刊续编》第 2 册影印明嘉靖二十九年刻本，上海
　　书店，1990 年。

嘉靖《建宁府志》,《天一阁藏明代方志选刊》第 27—28 册影印明嘉靖二十年刻本,上海
　　古籍书店,1982 年。

嘉靖《清流县志》,《天一阁藏明代方志选刊续编》第 38 册影印明嘉靖二十四年刻本,上
　　海书店,1990 年。

嘉靖《汀州府志》,《天一阁藏明代方志选刊续编》第 39—40 册影印明嘉靖六年刻本,上
　　海书店,1990 年。

隆庆《临江府志》,《天一阁藏明代方志选刊》第 35 册,上海古籍书店,1982 年。

隆庆《长洲县志》,《天一阁藏明代方志选刊续编》第 23 册影印明隆庆五年刻本,上海书
　　店,1990 年。

万历《邵武府志》,《原国立北平图书馆甲库善本丛书》第 386 册影印明万历四十七年刻
　　本,国家图书馆出版社,2013 年。

万历《上元县志》,《原国立北平图书馆甲库善本丛书》第 295 册影印明万历刻本,国家
　　图书馆出版社,2013 年。

万历《江宁县志》,《原国立北平图书馆甲库善本丛书》第 295 册影印明万历二十六年刻
　　本,国家图书馆出版社,2013 年。

万历《常熟县私志》,《北京大学图书馆藏稀见方志丛刊》第 106—107 册影印民国晒印
　　本,国家图书馆出版社,2013 年。

万历《上海县志》,《上海图书馆藏稀见方志丛刊》第 23—24 册影印明万历十六年刻本,
　　国家图书馆出版社,2011 年。

万历《兴化县新志》,《中国方志丛书》华中地方 449 号影印明万历十九年手钞本,成文
　　出版社,1983 年。

万历《绍兴府志》,《中国方志丛书》华中地方 520 号影印明万历十五年刻本,成文出版
　　社,1983 年。

天启《慈溪县志》,《中国方志丛书》华中地方 490 号影印明天启四年刻本,成文出版社,
　　1983 年。

天启《海盐县图经》,《中国方志丛书》华中地方 589 号影印明天启四年刻本,成文出版
　　社,1983 年。

天启《云间志略》,《原国立北平图书馆甲库善本丛书》第 259 册,国家图书馆出版社,
　　2013 年。

崇祯《抚州府志》,《中国方志丛书》华中地方 926 号影印明崇祯七年刻本,成文出版社,
　　1989 年。

崇祯《嘉兴县志》,《日本藏中国罕见地方志丛刊》影印明崇祯十年刻本,书目文献出版
　　社,1991 年。

崇祯《太仓州志》,《原国立北平图书馆甲库善本丛书》第 313 册影印明崇祯十五年刻康
　　熙十七年递修本,国家图书馆出版社,2013 年。

崇祯《江阴县志》,《无锡文库》第一辑影印明崇祯十三年刻本,凤凰出版社,2011 年。

顺治《高平县志》，国家图书馆藏清顺治刻本。

康熙《建水州志》，《北京图书馆古籍珍本丛刊》第 45 册影印清康熙刻本，书目文献出版
　　社，1998 年。

康熙《苏州府志》，《江苏历代方志全书·苏州府部》第 8—11 册影印清康熙三十年刻
　　本，南京：凤凰出版社，2016 年。

康熙《常熟县志》，《江苏历代方志全书·苏州府部》第 62—64 册影印清康熙二十六年
　　刻本，南京：凤凰出版社，2016 年。

康熙《嘉定县志》，《中国地方志集成·上海府县志辑》第 7 册影印清康熙十二年刻本，
　　上海书店，2010 年。

康熙《金坛县志》，《北京大学图书馆藏稀见方志丛刊》第 117 册影印清康熙二十二年刻
　　本，国家图书馆出版社，2013 年。

康熙《安陆府志》，《中国地方志集成·湖北府县志辑》第 42 册影印清康熙八年刻本，江
　　苏古籍出版社，2001 年。

康熙《长沙府志》，《稀见中国地方志汇刊》第 37 册影印清康熙二十四年刻本，中国书
　　店，1992 年。

康熙《堂邑县志》，《中国地方志集成·山东府县志辑》第 89 册影印清光绪十八年重刊
　　本，凤凰出版社，2004 年。

康熙《南昌郡乘》，《北京图书馆古籍珍本丛刊》第 30 册影印清康熙中刻本，书目文献出
　　版社，1998 年。

康熙《袁州府志》，《北京图书馆古籍珍本丛刊》第 31 册影印清康熙九年刻本，书目文献
　　出版社，1996 年。

康熙《抚州府志》，国家图书馆藏康熙四年刻本。

康熙《新建县志》，《稀见中国地方志汇刊》第 25 册影印清康熙十九年刻本，中国书店，
　　1992 年。

康熙《高安县志》，《稀见中国地方志汇刊》第 27 册影印清康熙十年刻本，中国书店，
　　1992 年。

康熙《临高县志》，《日本藏中国罕见地方志丛刊》影印清康熙四十六年刻本，书目文献
　　出版社，1992 年。

康熙《漳州府志》，国家图书馆藏清康熙五十四年刻本。

康熙《章丘县志》，《北京图书馆古籍珍本丛刊》第 22 册影印清康熙三十年刻本，书目文
　　献出版社，1996 年。

雍正《浙江通志》，《景印文渊阁四库全书》第 519—526 册，台湾商务印书馆股份有限公
　　司，2008 年。

雍正《石楼县志》，《中国地方志集成·山西府县志辑》第 26 册影印清雍正十年刻本，凤
　　凰出版社，2005 年。

乾隆《江南通志》,《景印文渊阁四库全书》第 507—512 册,台湾商务印书馆股份有限公司,2008 年。

乾隆《娄县志》,《中国地方志集成·上海府县志辑》第 5 册影印清乾隆五十三年刻本,上海书店,2010 年。

乾隆《歙县志》,《中国方志丛书》华中地方 232 号影印清乾隆二十六年刻本,成文出版社,1975 年。

乾隆《绍兴府志》,《中国地方志集成·浙江府县志辑》第 40 册影印清乾隆五十七年刻本,上海书店,1993 年。

乾隆《诸暨县志》,《中国方志丛书》华中地方 598 号影印清乾隆三十八年刻本,成文出版社,1983 年。

乾隆《鄞县志》,《续修四库全书》第 706 册影印清乾隆五十三年刻本,上海古籍出版社,2002 年。

乾隆《高安县志》,《复旦大学图书馆藏稀见方志丛刊》第 32—35 册影印清乾隆十九年刻本,国家图书馆出版社,2010 年。

乾隆《新昌县志》,《稀见中国地方志汇刊》第 27 册影印清乾隆五十八年刊增修本,中国书店,1992 年。

乾隆《南城县志》,《故宫珍本丛刊》第 115 册影印清乾隆十七年刻本,海南出版社,2000 年。

乾隆《长沙府志》,《中国方志丛书》华中地方 299 号影印清乾隆十二年刻本,成文出版社,1976 年。

乾隆《宁乡县志》,《北京大学图书馆藏稀见方志丛刊》第 281—282 册影印清乾隆十三年刻本,国家图书馆出版社,2013 年。

乾隆《长泰县志》,《中国方志丛书》华南地方 236 号影印民国二十年重刊本,成文出版社,1975 年。

乾隆《甘州府志》,《中国方志丛书》华北地方 561 号影印清乾隆四十四年刻本,成文出版社,1976 年。

乾隆《兴县志》,《中国地方志集成·山西府县志辑》第 23 册影印清乾隆二十八年增刻本,凤凰出版社,2005 年。

乾隆《怀集县志》,《广东历代方志集成·肇庆府部》影印清乾隆二十年刻本,岭南美术出版社,2009 年。

乾隆《威海卫志》,《中国方志丛书》华北地方 2 号影印民国十八年铅印本,成文出版社,1968 年。

乾隆《灵山卫志》,胶南市史志办公室点校,五洲传播出版社,2011 年。

嘉庆《松江府志》,《中国地方志集成·上海府县志辑》第 1—2 册影印清嘉庆二十三年松江府学刻本,上海书店,2010 年。

嘉庆《太平县志》，《中国地方志集成·安徽府县志辑》第 62 册影印清嘉庆十四年刻本，
　　江苏古籍出版社，1998 年。

道光《苏州府志》，《江苏历代方志全书·苏州府部》第 15—20 册影印清道光四年刻本，
　　凤凰出版社，2016 年。

道光《丰城县志》，《中国方志丛书》华中地方 279 号影印清道光五年刻本，成文出版社，
　　1975 年。

道光《定南厅志》，《中国方志丛书》华中地方 264 号影印清道光五年刻本，成文出版社，
　　1983 年。

道光《泸溪县志》，《复旦大学图书馆藏稀见方志丛刊》第 36 册影印清道光九年刻本，国
　　家图书馆出版社，2010 年。

道光《东阿县志》，《中国地方志集成·山东府县志辑》第 92 册影印民国二十三年铅印
　　本，凤凰出版社，2004 年。

同治《兴安县志》，《中国地方志集成·江西府县志辑》第 26 册影印清同治十一年刻本，
　　凤凰出版社，2003 年。

同治《万年县志》，《中国地方志集成·江西府县志辑》第 33 册影印清同治十年刻本，凤
　　凰出版社，2003 年。

同治《重修上高县志》，《中国地方志集成·江西府县志辑》第 39 册影印清同治九年刻
　　本，江苏古籍出版社，1996 年。

同治《安义县志》，《中国地方志集成·江西府县志辑》第 43 册影印清同治十年刻本，凤
　　凰出版社，2003 年。

同治《太湖县志》，《中国方志丛书》华中地方 672 号影印清同治十一年刻本，成文出版
　　社，1985 年。

同治《宁洋县志》，《中国地方志集成·福建府县志辑》第 34 册影印民国二十四年铅印
　　本，上海书店，2000 年。

光绪《江西通志》，《中国地方志集成·省志辑·江西》第 3—7 册影印清光绪七年刻本，
　　凤凰出版社，2009 年。

民国《南平县志》，《中国地方志集成·福建府县志辑》第 9 册影印民国十年铅印本，上
　　海书店，2000 年。

6. 文集

蔡献臣：《清白堂稿》，《四库未收书辑刊》第 6 辑第 22 册影印明崇祯刻本，北京出版社，
　　2000 年。

陈继儒：《陈眉公先生全集》，《明别集丛刊》第 4 辑第 54 册影印明万历四十三年刻本，
　　黄山书社，2016 年。

陈康伯：《陈文正公文集》，《四库全书存目丛书》集部第 15 册影印清康熙二十九年刻
　　本，齐鲁书社，1997 年。

陈应芳:《敬止集》,《原国立北平图书馆甲库善本丛书》第 402 册影印明万历二十四年
　　陈氏刻本,国家图书馆出版社,2013 年。

崔致远:《桂苑笔耕集校注》,党银平校注,中华书局,2007 年。

范仲淹:《范仲淹全集》,李勇先等点校,中华书局,2020 年。

费宏:《费宏集》,吴长庚、费正忠点校,上海古籍出版社,2007 年。

傅山:《霜红龛集》,《清代诗文集汇编》第 25 册影印清宣统三年山阳丁氏刻本,上海古
　　籍出版社,2010 年。

龚诩:《龚安节先生遗文》,《明别集丛刊》第 1 辑第 34 册影印民国十一年昆山赵氏刻
　　《又满楼丛书》本,黄山书社,2013 年。

郭之奇:《宛在堂文集》,《明别集丛刊》第 5 辑第 81 册影印明崇祯刻本,黄山书社,
　　2016 年。

海瑞:《海瑞集》,中华书局,1962 年。

霍与瑕:《霍勉斋集》,广西师范大学出版社影印清光绪十二年南海石头书院重刊本,
　　2014 年。

况钟:《况太守集》,吴奈夫、张道贵、丁凤麟点校,江苏人民出版社,1983 年。

李东阳:《李东阳集》,周寅宾点校,岳麓书社,2008 年。

李绂:《南园诗文钞》,《清代诗文集汇编》第 257 册影印清嘉庆二十五年临川李氏容轩
　　刻本,上海古籍出版社,2010 年。

李之芳:《李文襄公别录》,《清代诗文集汇编》第 80 册影印清康熙四十一年彤锡堂刻
　　本,上海古籍出版社,2010 年。

梁启超:《饮冰室合集》,中华书局,2015 年。

林鹗:《畏斋存稿续集附遗稿》,《明别集丛刊》第 1 辑第 47 册影印明正德刻本,黄山书
　　社,2013 年。

林景熙著,章祖程注:《林景熙集补注》,陈增杰笺注,浙江古籍出版社,2012 年。

刘宰:《漫塘文集》,《宋集珍本丛刊》第 72 册影印明万历三十二年刻本,线装书局,
　　2004 年。

罗伦:《一峰先生文集》,《明别集丛刊》第 1 辑第 53 册影印明万卷楼刻本,黄山书社,
　　2013 年。

马世奇:《澹宁居文集》,《四库禁毁书丛刊》集部第 113 册影印清乾隆二十一年刻本,北
　　京出版社,2000 年。

茅坤:《茅鹿门先生文集》,《续修四库全书》第 1344—1345 册影印明万历刻本,上海古
　　籍出版社,2002 年。

潘耒:《遂初堂文集》,《清代诗文集汇编》第 170 册影印清康熙刻本,上海古籍出版社,
　　2010 年。

彭鹏:《古愚心言》,《清代诗文集汇编》第 146 册影印清康熙闽中莆田彭氏刻本,上海古
　　籍出版社,2010 年。

彭韶：《彭惠安集》，《明别集丛刊》第 1 辑第 53 册影印清《文渊阁四库全书》本，黄山书社，2013 年。

钱琦：《钱临江先生集》，《明别集丛刊》第 2 辑第 6 册，黄山书社，2016 年。

钱谦益：《牧斋初学集》，钱仲联标校，上海古籍出版社，2009 年。

秦观：《淮海集笺注》，徐培均笺注，上海古籍出版社，2000 年。

沈一贯：《喙鸣文集》，《续修四库全书》第 1357—1358 册影印明刻本，上海古籍出版社，2002 年。

史鉴：《西村集》，《明别集丛刊》第 1 辑第 51 册影印清《文渊阁四库全书》本，黄山书社，2013 年。

宋仪望：《华阳馆文集》，《四库全书存目丛书》集部第 116 册影印清道光二十二年宋氏中和堂刻本，齐鲁书社，1997 年。

宋征舆：《林屋诗文稿》，《四库全书存目丛书》集部第 215 册影印清康熙九籥楼刻本，齐鲁书社，1997 年。

苏轼：《苏轼文集》，孔凡礼点校，中华书局，1986 年。

汤斌：《汤子遗书》，《清代诗文集汇编》第 102 册影印清同治九年汤氏祠堂重刻本，上海古籍出版社，2010 年。

唐顺之：《荆川先生文集》，《明别集丛刊》第 2 辑第 74 册影印明万历元年纯白斋刻本，黄山书社，2016 年。

万衣：《万子迁谈》，《四库全书存目丛书》集部第 109 册影印清乾隆二十二年刻本，齐鲁书社，1997 年。

王圻：《王侍御类稿》，《明别集丛刊》第 3 辑第 51 册影印明万历四十八年刻本，黄山书社，2016 年。

王守仁：《王阳明全集》，吴光等编校，上海古籍出版社，1992 年。

王缜：《梧山王先生集》，《明别集丛刊》第 1 辑第 77 册影印清光绪四年东莞王氏刻本，黄山书社，2013 年。

王直：《抑庵文集》，《原国立北平图书馆甲库善本丛书》第 703 册影印明景泰五年序刊本，国家图书馆出版社，2013 年。

王宗沐：《敬所王先生文集》，《四库全书存目丛书》集部第 111 册影印明万历元年刘良弼刻本，齐鲁书社，1997 年。

汪应辰：《文定集》，石珹点校，北京大学出版社，2023 年。

魏良弼：《魏水洲先生文集》，《明别集丛刊》第 2 辑第 39 册影印明万历三十五年刻本，黄山书社，2016 年。

魏校：《庄渠先生遗书》，《明别集丛刊》第 2 辑第 18 册影印明王道行刻本，黄山书社，2016 年。

文天祥：《文山先生全集》，《四部丛刊》景明本，商务印书馆，1919 年。

文翔凤:《皇极篇》,《四库禁毁书丛刊》集部第 49 册影印明万历间刻本,北京出版社,2000 年。

夏言:《夏桂洲先生文集》,《明别集丛刊》第 2 辑第 15 册影印明崇祯十一年吴氏刻本,黄山书社,2016 年。

谢应芳:《龟巢集》,《明别集丛刊》第 1 辑第 1 册影印民国二十五年上海涵芬楼影印江安傅氏双鉴楼藏抄本,黄山书社,2013 年。

徐石麒:《可经堂集》,《四库禁毁书丛刊》集部第 72 册影印清顺治徐氏可经堂刻本,北京出版社,2000 年。

徐渭:《徐渭集》,中华书局,1983 年。

阎尔梅:《白耷山人文集》,《清代诗文集汇编》第 19 册影印清康熙刻本,上海古籍出版社,2010 年。

杨嗣昌:《杨文弱先生集》,《明别集丛刊》第 5 辑第 53—54 册影印清初刻本,黄山书社,2016 年。

姚镆:《东泉文集》,《四库全书存目丛书》集部第 46 册影印明嘉靖刻清修本,齐鲁书社,1997 年。

姚文然:《姚端恪公集》,《清代诗文集汇编》第 75 册影印清康熙桐城姚氏刻本,上海古籍出版社,2010 年。

尹昌隆:《尹讷庵先生遗稿》,《明别集丛刊》第 1 辑第 29 册影印明万历刻本,黄山书社,2013 年。

于谦:《于谦集》,魏德良点校,浙江古籍出版社,2013 年。

袁中道:《珂雪斋近集》,上海书店,1982 年。

恽绍芳:《林居集》,《四库未收书辑刊》第 5 辑第 20 册影印清钞本,北京出版社,2000 年。

曾国藩:《曾文正公全集》,中国书店,2011 年。

曾王孙:《清风堂文集》,《清代诗文集汇编》第 95 册影印清康熙四十五年秀水曾氏刻本,上海古籍出版社,2010 年。

张伯淳:《养蒙文集》,《景印文渊阁四库全书》第 1194 册,台湾商务印书馆股份有限公司,2008 年。

张居正:《新刻张太岳先生文集》,《四库全书存目丛书》集部第 113—114 册影印明万历四十年唐国达刻本,齐鲁书社,1997 年。

郑元祐:《郑元祐集》,邓瑞全、陈鹤点校,吉林文史出版社,2010 年。

郑烛编:《济美录》,《四库全书存目丛书》史部第 95 册影印明嘉靖十四年家塾刻本,齐鲁书社,1997 年。

朱长春:《朱太复文集》,《四库禁毁书丛刊》集部第 82—83 册影印明万历刻本,北京出版社,2000 年。

朱德润：《存复斋文集》，《续修四库全书》第 1324 册影印明刻本，上海古籍出版社，2002 年。

周忱：《双崖文集》，《明别集丛刊》第 1 辑第 34 册影印清光绪四年刻本，黄山书社，2013 年。

左懋第：《左忠贞公剩稿》，《明别集丛刊》第 5 辑第 75 册影印清乾隆左光昴刻左彤九续刻本，黄山书社，2016 年。

7. 笔记

曹家驹：《说梦》，载吴履震：《五茸志逸随笔》附录，《四库未收书辑刊》第 10 辑第 12 册影印清道光八年醉沤居钞本，北京出版社，2000 年。

戴柬：《鹊南杂录》，《明清史料丛书续编》第 18 册影印《虞阳说苑乙编》本，国家图书馆出版社，2009 年。

丁元荐：《西山日记》，《历代日记丛钞》第 4 册影印《涵芬楼秘笈》影旧钞本，学苑出版社，2006 年。

冯梦龙辑：《甲申纪事》，《四库禁毁书丛刊》史部第 33 册影印明弘光元年刻本，北京出版社，2000 年。

韩菼：《江阴城守纪》，收入徐华根编：《明末江阴守城纪事》，上海古籍出版社，2007 年。

黄印：《锡金识小录》，《无锡文库》第二辑影印清光绪二十二年木活字本，凤凰出版社，2012 年。

计六奇：《金坛狱案》，《明清史料汇编二集》第 8 册影印《纪载汇编》本，文海出版社，1967 年。

李介：《天香阁随笔》，《续修四库全书》第 1175 册影印清《粤雅堂丛书》本，上海古籍出版社，2002 年。

李同芳：《视履类编》，李新峰点校，中华书局，2023 年。

陆文衡：《啬庵随笔》，广文书局影印本，1969 年。

王世贞：《觚不觚录》，明万历沈氏尚白斋刻《宝颜堂秘笈》本。

徐珂编：《清稗类钞》，中华书局，2010 年。

佚名：《金坛公是录》，国家图书馆藏道光年间姚文田刻本。

朱国祯：《涌幢小品》，中华书局，1959 年。

8. 日记、年谱

龚绶编：《龚安节先生年谱》，《明别集丛刊》第 1 辑第 34 册影印民国十一年昆山赵氏刻《又满楼丛书》本，黄山书社，2013 年。

李日华：《味水轩日记》，《历代日记丛钞》第 5—6 册影印民国十二年刻本，学苑出版社，2006 年。

祁彪佳：《祁彪佳日记》，张天杰点校，浙江古籍出版社，2017 年。

姚廷遴：《历年记》，收入本社编：《清代日记汇抄》，上海人民出版社，1982 年。

9. 其他

陈鼎:《留溪外传》,《四库全书存目丛书》史部第 122 册影印清康熙三十七年自刻本,齐
　　鲁书社,1997 年。

董诰等编:《全唐文》,中华书局,1983 年。

顾炎武著、黄汝成集释:《日知录集释》,栾保群、吕宗力点校,上海古籍出版社,2006 年。

胡安国:《春秋传》,王丽梅点校,岳麓书社,2011 年。

黄宗羲:《明夷待访录》,《黄宗羲全集》第 1 册,浙江古籍出版社,2012 年。

计六奇:《明季北略》,任道斌、魏得良点校,中华书局,1984 年。

李光地:《榕村续语录》,陈祖武点校,中华书局,1995 年。

《孟子》,阮元校刻:《十三经注疏(清嘉庆刊本)》,中华书局影印本,2009 年。

钱仪吉编:《碑传集》,靳斯点校,中华书局,1993 年。

陶梁:《红豆树馆书画记》,《续修四库全书》第 1082 册影印清光绪八年刻本,上海古籍
　　出版社,2002 年。

吴应箕:《复社姓氏录》,日本公文书馆藏道光十一年刻本。

张之洞:《劝学篇》,湖北人民出版社,2002 年。

张崇德:《恒岳志》,《四库全书存目丛书》史部 236 册影印清顺治十八年刻本,齐鲁书
　　社,1997 年。

赵翼:《廿二史札记校证》,王树民校证,中华书局,1984 年。

中国历史研究社编:《明武宗外纪》,上海书店,1982 年。

周念祖辑:《万历辛亥京察记事始末》,《续修四库全书》第 435 册影印明万历间刻本,上
　　海古籍出版社,2002 年。

朱荃宰:《文通》,《续修四库全书》第 1713—1714 册影印明天启六年刻本,上海古籍出
　　版社,2002 年。

二、近人论著

1. 专著

岸本美绪:『明清交替と江南社会』、東京大学出版会、1999 年。

岸本美绪:『史学史管見』、研文出版、2021 年。

北村敬直:『清代社会経済史研究』,大阪市立大学経済学会,1972 年。

濱島敦俊:『明代江南農村社会の研究』、東京大学出版会、1982 年。

曹淑娟:《流变中的书写——祁彪佳与寓山园林论述》,里仁书局,2006 年。

陈宝良:《明代儒学生员与地方社会》,中国社会科学出版社,2005 年。

川勝守:『中国封建国家の支配構造—明清賦役制度史の研究—』、東京大学出版会、
　　1980 年。

《辞源(修订版)》,商务印书馆,1979 年。

杜正贞：《村社传统与明清士绅：山西泽州乡土社会的制度变迁》，上海辞书出版社，
　　2007 年。

［美］菲利普·T.霍夫曼、凯瑟琳·诺伯格编：《财政危机、自由和代议制政府（1450—
　　1789）》，储建国译，格致出版社、上海人民出版社，2008 年。

费孝通、吴晗等：《皇权与绅权》，观察社，1948 年。

费孝通：《乡土中国》，上海人民出版社，2006 年。

冯贤亮：《明清江南的州县行政与地方社会研究》，上海古籍出版社，2015 年。

冯玉荣：《明末清初松江士人与地方社会》，中国社会科学出版社，2011 年。

冯天瑜、谢贵安：《解构专制：明末清初“新民本”思想研究》，湖北人民出版社，2003 年。

［日］夫马进：《中国善会善堂史研究》，伍跃、杨文信、张学锋译，商务印书馆，2005 年。

［法］弗朗索瓦·基佐：《欧洲代议制政府的历史起源》，张清津、袁淑娟译，复旦大学出
　　版社，2008 年。

［日］沟口雄三：《中国的历史脉动》，龚颖译，三联书店，2013 年。

［日］沟口雄三：《中国的公与私·公私》，郑静译，三联书店，2011 年。

［日］沟口雄三：《中国前近代思想的屈折与展开》，龚颖译，三联书店，2011 年。

顾诚：《南明史》，光明日报出版社，2011 年。

侯外庐主编：《中国思想通史》第五卷，人民出版社，1956 年。

胡恒：《皇权不下县？——清代县辖政区与基层社会治理》，北京师范大学出版社，
　　2015 年。

Hymes, Robert P., *Statesmen and Gentlemen: The Elite of Fu-Chou, Chiang-Hsi, in Northern
　　and Southern Sung.* New York: Cambridge University Press, 1986.

金耀基：《中国民本思想之史底发展》，嘉新水泥公司文化基金会，1964 年。

金耀基：《中国民本思想史》，台湾商务印书馆，1993 年。

橘朴：『“支那”思想研究』、日本評論社、1936 年。

橘朴：『“支那”社会研究』、日本評論社、1936 年。

李永菊：《望族、士绅与社会：明清河南归德府地区研究》，中国社会科学出版社，
　　2019 年。

梁启超：《清代学术概论》，上海古籍出版社，1998 年。

梁启超：《中国近三百年学术史》，商务印书馆，2011 年。

林美玲：《晚明辽饷研究》，福建人民出版社，2007 年。

刘志伟：《在国家与社会之间：明清广东里甲赋役制度研究》，中山大学出版社，1997 年。

鲁西奇：《中国古代乡里制度研究》，北京大学出版社，2021 年。

罗竹凤主编：《汉语大词典》，汉语大词典出版社，1988 年。

马伯庸：《显微镜下的大明》，湖南文艺出版社，2019 年。

毛亦可：《清代卫所归并州县研究》，社会科学文献出版社，2018 年。

内藤湖南：『内藤湖南全集』、筑摩书房、1971—1972 年。

钱杭:《库域型水利社会研究——萧山湘湖水利集团的兴与衰》,上海人民出版社,
　　2009 年。

钱穆:《钱宾四先生全集》,联经出版事业股份有限公司,1998 年。

Rankin, Mary B., *Elite Activism and Political Transformation in China：Zhejiang Province,
　　1865-1911*. Stanford：Stanford University Press, 1986.

仁井田陞:『中国法制史研究——奴隷農奴法・家族村落法』、東京大学出版会、
　　1962 年。

Rowe, William T., *Hankow：Conflict and Community in a Chinese City, 1796-1895*. Stan-
　　ford：Stanford University Press, 1989.

Schoppa, R. Keith, *Chinese Elites and Political Change：Zhejiang Province in the Early
　　Twentieth*. Cambridge, Mass and London：Harvard University Press, 1982.

［日］森正夫:《明代江南土地制度研究》,伍跃、张学锋等译,江苏人民出版社,2014 年。

施由明:《明清江西乡绅与县域社会治理》,中国社会科学出版社,2018 年。

［日］寺田浩明:《权利与冤抑:寺田浩明中国法史论集》,王亚新等译,清华大学出版社,
　　2012 年。

寺田隆信:『明代郷紳の研究』、京都大学学術出版会、2009 年。

松本善海:『中国村落制度の史的研究』、岩波書店、1977 年。

宋燕鹏:《南宋士人与地方公益事业之研究》,中国社会科学出版社,2019 年。

［加拿大］宋怡明:《被统治的艺术:中华帝国晚期的日常政治》,钟逸明译,中国华侨出
　　版社,2019 年。

孙竞昊:《经营地方:明清时期济宁的士绅与社会》,广西师范大学出版社,2023 年。

［法］托克维尔:《旧制度与大革命》,冯棠译,商务印书馆,1992 年。

［法］托克维尔:《论美国的民主》,董果良译,商务印书馆,1991 年。

吴光主编:《从民本走向民主:黄宗羲民本思想国际学术研讨会论文集》,浙江古籍出版
　　社,2006 年。

萧公权:《中国政治思想史》,商务印书馆,1946 年。

萧公权:《中国乡村——19 世纪的帝国控制》,张皓、张升译,九州出版社,2018 年。

小山正明:『明清社会经济史研究』、東京大学出版会、1992 年。

［日］小野和子:《明季党社考》,李庆、张荣湄译,上海古籍出版社,2013 年。

徐斌:《明清鄂东宗族与地方社会》,武汉大学出版社,2010 年。

徐彬:《明清乡村绅权建构与社会认同研究:以徽州士绅修谱为中心》,中国社会科学出
　　版社,2021 年。

徐茂明:《江南士绅与江南社会(1368—1911 年)》,商务印书馆,2004 年。

徐望之编著:《公牍通论》,档案出版社,1988 年。

阎步克:《察举制度变迁史稿》,辽宁大学出版社,1991 年。

严耕望:《中国地方行政制度史 甲部 秦汉地方行政制度》,"中研院"历史语言研究所,

1990 年。

［日］岩井茂树：《中国近代财政史研究》，付勇译，社会科学文献出版社，2011 年。

杨庆球：《民主与民本：洛克与黄宗羲的政治及宗教思想》，三联书店（香港）有限公司，
　　2005 年。

杨艳琪：《祁彪佳与〈远山堂曲品·剧品〉研究》，中国戏剧出版社，2007 年。

余英时：《士与中国文化》，上海人民出版社，1987 年。

张师伟：《民本的极限：黄宗羲政治思想新论》，中国人民大学出版社，2004 年。

章毅：《理学、士绅和宗族：宋明时期徽州的文化与社会》，浙江大学出版社，2017 年。

赵素文：《祁彪佳研究》，中国社会科学出版社，2011 年。

［日］中岛乐章：《明代乡村纠纷与秩序：以徽州文书为中心》，郭万平、高飞译，江苏人民
　　出版社，2010 年。

衷海燕：《儒学传承与社会实践：明清吉安府士绅研究》，世界图书出版广东有限公司，
　　2012 年。

周一良：《魏晋南北朝史论集续编》，北京大学出版社，1991 年。

［日］滋贺秀三：《中国家族法原理》，张建国、李力译，法律出版社，2003 年。

2. 论文

［日］岸本美绪：《"后十六世纪问题"与清朝》，《清史研究》2005 年第 2 期。

岸本美绪：「中国中间団体論の系譜」、收入氏編『岩波講座「帝国」日本の学知』第三巻
　　『东洋学の磁場』、岩波書店、2006 年。

［日］岸本美绪：《近一百年日本的清代社会史研究——以中间团体论为中心》，《清史研
　　究》2015 年第 2 期。

包伟民：《精英们"地方化"了吗？——试论韩明士〈政治家与绅士〉与"地方史"研究方
　　法》，荣新江主编：《唐研究》第十一卷，北京大学出版社，2005 年。

濱島敦俊：「明末清初の均田均役と郷紳（その四）—李日華<味水軒日記>をめぐっ
　　て—」、『史朋』16、1983 年。

［日］濱島敦俊：《围绕均田均役的实施》，栾成显译，收入《日本学者研究中国史论著选
　　译》第六卷《明清》，中华书局，1993 年。

［日］濱島敦俊：《论明末苏松常三府之均田均役》，陈支平主编：《第九届明史国际学术
　　讨论会暨傅衣凌教授诞辰九十周年纪念论文集》，厦门大学出版社，2003 年。

［日］濱島敦俊：《江南的聚落、社区与农民共同关系》，《社会》2007 年第 3 期。

［日］濱島敦俊：《明代中后期江南士大夫的乡居和城居：从"民望"到"乡绅"》，吴大昕
　　译，《明代研究》第 11 期，2008 年。

［日］重田德：《乡绅支配的权力与结构》，邱添生译，收入《日本学者研究中国史论著选
　　译》第二卷《专论》，中华书局，1993 年。

杜勇涛：《徽郡的困境：1577 年徽州府人丁丝绢案中所见的地方性与国家》，《安徽大学

学报(哲学社会科学版)》2020 年第 1 期。

范金民、罗晓翔:《乾隆十三年苏松聚众阻粜案述论》,《苏州大学学报(哲学社会科学版)》2011 年第 3 期。

冯峰:《"局"与晚清的近代化》,《安徽史学》2007 年第 2 期。

冯贤亮:《明代江南的争田问题——以嘉兴府嘉、秀、善三县为中心》,《中国社会经济史研究》2000 年第 4 期。

冯玉荣:《明伦、公议、教化——明末清初明伦堂与江南地方社会》,《史林》2008 年第 2 期。

冯玉荣:《明末清初社会变动与海塘的修筑——以漴缺海塘为中心》,《农业考古》2008 年第 4 期。

[美]傅礼初:《整体史:早期近代的平行现象与相互联系(1500—1800)》,董建中译,《清史译丛》第十一辑《中国与十七世纪危机》,商务印书馆,2013 年。

夫馬進:「明末反地方官士変」、『東方学報』52、1980 年。

夫馬進:「『明末反地方官士変』補論」、『富山大学人文学部紀要』4、1981 年。

[日]夫马进:《试论明末徽州府的丝绢分担纷争》,《中国史研究》2000 年第 2 期。

高寿仙:《"官不下县"还是"权不下县"?——对基层治理中"皇权不下县"的一点思考》,《史学理论研究》2020 年第 5 期。

高秀昌:《梁漱溟、熊十力、冯友兰早期政治思想特点论析》,《中州学刊》2015 年第 10 期。

关晓红:《晚清局所与清末政体变革》,《近代史研究》2011 年第 5 期。

郭松义:《论"摊丁入地"》,《清史论丛》第 3 辑,中华书局,1982 年。

Hartwell, Robert, "Demographic, Political, and Social Transformations of China, 750-1550", *Harvard Journal of Asiatic Studies*, Vol. 42, No. 2(1982), pp. 365-442.

鶴見尚弘:「明代における郷村支配」、『岩波講座 世界歴史』12、岩波書店、1971 年。

侯旭东:《中国古代专制主义说的知识考古》,《近代史研究》2008 年第 4 期。

胡恒:《清代佐杂的新动向与乡村治理的实际——质疑"皇权不下县"》,收入杨念群主编:《新史学》第 5 卷《清史研究的新境》,中华书局,2011 年。

胡恒:《"皇权不下县"的由来及其反思》,《中华读书报》2015 年 11 月 4 日。

黄敏兰:《质疑"中国古代专制说"依据何在———与侯旭东先生商榷》,《近代史研究》2009 年第 6 期。

吉书时:《略论汉代的三老》,《北京师范大学学报》1983 年第 6 期。

蒋竹山:《晚明江南祁彪佳家族的日常生活史——以医病关系为例的探讨》,《都市文化研究》第 2 辑,上海三联书店,2006 年。

[美]孔复礼:《公民社会与体制的发展》,《近代中国史研究通讯》第 13 期,1992 年。

李义琼:《晚明徽州府丝绢事件的财政史解读》,《中国经济史研究》2014 年第 2 期。

廖华生：《士绅阶层地方霸权的建构和维护——以明清婺源的保龙诉讼为考察中心》，《安徽史学》2008 年第 1 期。

廖华生：《官府、士绅与庙学的修建——明清时期婺源庙学的个案考察》，《中国社会经济史研究》2008 年第 2 期。

廖心一：《略论明朝后期嘉兴府争田》，《明史研究论丛》第五辑，江苏古籍出版社，1991 年。

林丽月《俎豆宫墙——乡贤祠与明清的基层社会》，收入黄宽重主编：《中国史新论：基层社会分册》，联经出版事业股份有限公司，2009 年。

柳田节子：『宋代の父老－宋代専制権力の農民支配に関連して－』、「東洋学報」第 81 卷第 3 号、1999 年 12 月。

刘文华：《清代嘉兴府争田述论》，《古今农业》2009 年第 4 期。

刘文华：《明代的地方吏民保留地方官现象——以崇祯七年苏松耆民诣阙乞留巡按祁彪佳为例》，《苏州文博论丛》第 4 辑，2013 年。

鲁西奇：《"下县的皇权"：中国古代乡里制度及其实质》，《北京大学学报（哲学社会科学版）》2019 年第 4 期。

罗仑、范金民：《清前期苏松钱粮蠲免述论》，《中国农史》1991 年第 2 期。

［美］罗威廉：《近代中国的公共领域》，伍国译，收入张聪、姚平编：《当代西方汉学研究集萃·思想文化史卷》，上海古籍出版社，2012 年。

［美］罗威廉：《晚清帝国的"市民社会"问题》，邓正来、杨念群译，收入邓正来、［美］杰弗里·亚历山大主编：《国家与市民社会：一种社会理论的研究路径（增订版）》，上海人民出版社，2005 年。

毛亦可：《从"把持官府""挟制官府"到"聚众抗官"——论明清法律中的官民秩序颠倒问题》，［日］中国史学会编：《中国史学》第 31 卷，2021 年 10 月。

Rankin, Mary B., "The Origins of a Chinese Public Sphere: Local Elites and Community Affairs in the Late Imperial Period", *Études Chinoises*, vol. IX, n°2 (automne 1990), pp. 13-60.

乔素玲：《基层政区设置中的地方权力因素——基于广东花县建县过程的考察》，《中国历史地理论丛》第 25 卷第 1 辑，2010 年。

秦晖：《传统中华帝国的乡村基层控制：汉唐间的乡村组织》，《中国乡村研究》第一辑，2003 年。

青山一郎：「明代の新県設置と地域社会－福建漳州府寧洋県の場合－」、『史学雑誌』101 卷 2 号、1992 年。

邱捷：《晚清广东的"公局"——士绅控制乡村基层社会的权力机构》，《中山大学学报（社会科学版）》2005 年第 4 期。

森正夫：「一六四五年太倉州沙溪鎮における烏龍會の反亂について」、『中山八郎教授頌寿紀念明清史論叢』、燎原書店、1977 年。

森正夫：「明末の社会関係における秩序の変動について」、『名古屋大学文学部三十周
　　年紀念論文集』、1979 年。

森正夫：「明代の郷紳―士大夫と地域社会との関連についての覚書―」、『名古屋大学
　　文学部研究論集』26、1980 年。

森正夫：「中国前近代史研究における地域社会の視点」、『名古屋大学文学部研究論
　　集』83、1982 年。

山根幸夫：「15・6 世紀中国における賦役労働制の改革―均徭法を中心に―」、『史学
　　雑誌』60 巻 11 号、1951 年。

山田賢：「『紳糧』考―清代四川の地域エリート―」、『東洋史研究』50 巻 2 号、1991 年。

上田信：「明清期・浙東における州県行政と地域エリート」、『東洋史研究』46 巻 3 号、
　　1987 年。

［日］寺田浩明：《合意与齐心之间》，宋军译，收入森正夫等编：《明清时代史的基本问
　　题》，商务印书馆，2013 年。

松本善海：「旧中国社会の特質論への反省」、『东洋文化研究』9、1948 年。

松本善海：「旧中国国家の特質論への反省」、『東洋文化研究』10、1949 年。

苏力：《耆老与元代基层社会的控制》，中央民族大学历史系编：《民族史研究》第 7 辑，
　　民族出版社，2007 年。

隋喜文：《明代的乞留》，《北京社会科学》1986 年第 4 期。

孙立涛：《汉代清议研究述论》，《天中学刊》2020 年第 6 期。

王浩：《在朝廷功令与地方公议之间――从嘉靖、万历年间休宁县的赋税争议看明代的
　　知县行政与地方社会》，《安徽大学学报（哲学社会科学版）》2019 年第 4 期。

王先明《绅董与晚清基层社会治理机制的历史变动》，《中国社会科学》2019 年第 6 期。

［美］魏斐德：《市民社会和公共领域问题的论争――西方人对当代中国政治文化的思
　　考》，张小劲、常欣欣译，收入邓正来、［美］杰弗里・亚历山大主编：《国家与市民社
　　会：一种社会理论的研究路径（增订版）》，上海人民出版社，2006 年。

魏峰：《从先贤祠到乡贤祠――从先贤祭祀看宋明地方认同》，《浙江社会科学》2008 年
　　第 9 期。

温铁军：《半个世纪的农村制度变迁》，《战略与管理》1999 年第 6 期。

温铁军：《农村税费制度改革不可孤军深入》，《经济工作导刊》1999 年第 7 期。

Wong, R. Bin, "Great Expectations: The 'Public Sphere' and the Search for Modern Times
　　in Chinese History", *Zhongguo Shixue*, vol. 3 (October 1993), pp. 7-50.

吴滔：《从折布到折漕》，收入吴滔、佐藤仁史：《嘉定县事：14 至 20 世纪初江南地域社会
　　史研究》，广东人民出版社，2014 年。

穴沢彰子：「唐五代における地域秩序の認識―郷望的秩序から父老的秩序への変化
　　を中心として―」、『唐代史研究』第 5 号、2002 年 6 月。

西川喜久子：「珠江デルタの地域社会―新会県のばあい―」、『東洋文化研究所紀要』

124、1994 年。

细野浩二：「里老人と衆老人一『教民榜文』の理解に関連して一」、『史学雑誌』第 78 卷
　　第 7 号、1969 年。

小島毅：「中国近世の公議」、『思想』889、1998 年。

小山正明：「明末清初の大土地所有」、『史学雑誌』66 卷 12 号、67 卷 1 号、1957、
　　1958 年。

小野和子：「東林派とその政治思想」、『東方学報』28、1958 年。

谢湜：《明代太仓州的设置》，《历史研究》2012 年第 3 期。

阎步克：《政体类型学视角中的"中国专制主义"问题》，《北京大学学报（哲学社会科学
　　版）》2012 年第 6 期。

杨莉：《明清时期天津庙学修缮与地方社会的互动——以方志为中心的考察》，《湖南社
　　会科学》2022 年第 5 期。

杨艳琪：《祁彪佳研究史略》，《北京印刷学院学报》2003 年第 4 期。

余新忠：《中国的民间力量与公共领域——近年中美关于近世市民社会研究的回顾与
　　思考》，《学习与探索》1999 年第 4 期。

展龙：《乞留：明代舆论的清官期盼与官员调留》，《中国史研究》2015 年第 1 期。

展龙：《揭帖：明代舆论的政治互通与官民互动》，《史学集刊》2018 年第 3 期。

赵克生：《明代地方庙学中的乡贤祠与名宦祠》，《中国社会科学院研究生院学报》，2005
　　年第 1 期。

郑振满：《明清福建的里甲户籍与家族组织》，《中国社会经济史研究》，1989 年第 2 期。

朱晓征：《断裂还是延续：这是一个问题——读罗伯特·海姆斯〈政治家和绅士：两宋江
　　西抚州的地方精英〉》，《河南大学学报（社会科学版）》2004 年第 5 期。

3. 学位论文

戴赟：《晚明徽州府丝绢纷争研究》，安徽大学硕士学位论文，2021 年。

李小波：《明代会议制度研究》，北京大学博士学位论文，2018 年。

廖华生：《明清婺源的官绅关系与地方政治：以地方公共事务为中心》，厦门大学博士学
　　位论文，2006 年。

廖云德：《明清时期江西重赋问题与地方社会：以南昌、袁州、瑞州三府为中心》，江西师
　　范大学硕士学位论文，2008 年。

秦庆涛：《〈丝绢全书〉的整理与研究》，江西师范大学硕士学位论文，2011 年。

申斌：《赋役全书的形成——明清中央集权财政体制的预算基础》，北京大学博士学位
　　论文，2018 年。

张磊：《明清江西新设县厅研究》，复旦大学硕士学位论文，2012 年。

章亚鹏：《明代中后期徽州府丝绢分担纠纷与地方财政》，华中师范大学硕士学位论文，
　　2014 年。

后　记

　　第一次升起研究明清地方公议的念头，是在 2016 年的春季。当时，我正随意翻阅清人文集，偶然读到清初娄县乡绅的两份公揭，抗议清廷将娄县从华亭县中分置出来，要求华、娄二县重新合并。娄县乡绅们在公揭中指责前任知府详请分县时"未尝采之舆论"，"今并县卷内并无公揭、公呈可据"。这些表述瞬时击中了我。作为明清史学习者，此前我对地方公议的存在也并不陌生。但是娄县乡绅们的公揭让我第一次意识到，在清人眼里，一件政务的决策没有经过地方绅士们的公议，会成为一个问题。倘若这样的事情是普遍现象，那地方公议就不仅是"可以有"，而且是"必须有"。这远远超过此前我对它的认识。于是，我很快就决定，以"地方公议"作为自己博士论文之后的下一个大课题。

　　真正着手地方公议的研究，是从 2017 年秋季开始。彼时我回到北京大学历史学系从事博士后研究，就以此作为我的博士后课题。由于这一课题与我读书期间的研究并没有太多关系，进入这一领域几乎可以算作是重起炉灶，一切都要从头开始摸索，最初的工作进行得也并不很顺利。经过两年时间磕磕绊绊地搜集材料与写作，才终于在 2019 年年中形成了 20 余万字的博士后出站报告，亦即本书最初的草稿。

　　出站报告完成时还很粗糙，我也自觉不够满意。同年，我正式入职北京大学历史学系，随后一面开始备课、上课等工作，一面断断续续地修改，甚至可以说是重写这份出站报告。2021 年以后，部分章节经过修改，陆续发表于《历史研究》、《史学月刊》、(日本)《中国史学》等期刊。

　　2022 年秋冬，我申请到浙江大学人文高等研究院访学。时值新冠疫情最为肆虐之际，而钱塘江畔不啻为一片避世净土。我从高研院学人的跨学科交流中收获灵感，开始重新构思本书的学理框架。序章近五万字，皆重写于此时。这也是我第一次尝试作这样长篇的理论阐述，其中虽不乏拉杂之处，但确实是我真诚思考所得。

经过几年修改之后，2023年，我用这部书稿申请并获批了国家社科基金后期资助项目。之后，又花费近一年的时间完成最后的修改，于2024年9月提交了结项报告。至此，这部书稿才算是大致敲定。

本书得以成书，需要感谢许多师友的帮助。除了业师郭润涛老师的悉心指导外，高寿仙、张帆、赵冬梅、李新峰几位老师参加了我的博士后出站答辩，对我不成熟的初稿提出了许多直率的批评。国家社科基金后期资助项目评审时，五位匿名评审专家提出了宝贵的修改意见。关于本书序章中使用的"中间群体"一词，我曾请教过崇明、熊芳芳两位法国史的老师，承蒙他们不吝赐教。北京大学出版社的张晗先生，在我申报国家社科基金后期资助项目时，以及在本书的出版流程中，都对我助力良多。姜瑞雯师妹、周思铭同学在本书付梓前帮忙核对了部分引文，纠正了我的若干错误。

此外，还要特别感谢我的同门郑小悠、李小波、宋上上、姜瑞雯。博士毕业十年，仍能与他们时时讨论学问，共同进步，是我极大的幸运。

感谢我的丈夫丁义珏。他是本书灵感的首位倾听者。他告诉我的"宋代不一样"，也是激励我完成本书的重要动力。

最后感谢本书的每一位读者。本书与我的第一部专著相比，无论是选题还是研究风格，其实都有不小的转变。新领域的挑战固然令人欢欣鼓舞，但对沉淀不足的担忧，也一直让我惴惴不安。书中的不足之处，敬请读者不吝批评指正。

2025年4月于北京大学人文学苑5号楼